中国民营经济
发展报告

No.12 (2014-2015)

中华全国工商业联合会

主编/王钦敏

主审/全哲洙

中华工商联合出版社

图书在版编目（CIP）数据

中国民营经济发展报告.2014-2015／王钦敏主编.--北京：
中华工商联合出版社，2016.1

ISBN 978-7-5158-1576-3

Ⅰ.①中… Ⅱ.①王… Ⅲ.①民营经济—经济发展—
研究报告—中国—2014~2015 Ⅳ.①F121.23

中国版本图书馆 CIP 数据核字（2015）第 318739 号

中国民营经济发展报告 No.12 （2014-2015）

主　　编：王钦敏
主　　审：全哲洙
出 品 人：徐　潜
项目统筹：李红霞
责任编辑：李红霞　潜柳溪
封面设计：戚开刚
责任审读：李　征
责任印制：迈志宏
出版发行：中华工商联合出版社有限责任公司
印　　刷：三河市宏盛印务有限公司
版　　次：2016 年 3 月第 1 版
印　　次：2016 年 3 月第 1 次印刷
开　　本：710mm×1000mm　1/16
字　　数：354 千字
印　　张：22.75
书　　号：ISBN 978-7-5158-1576-3
定　　价：69.00 元

服务热线：010-58301130
销售热线：010-58302813
地址邮编：北京市西城区西环广场 A 座
　　　　　19-20 层，100044
http：//www.chgslcbs.cn
E-mail：cicap1202@sina.com（营销中心）
E-mail：gslzbs@sina.com（总编室）

编辑委员会

报告负责人及撰稿人

抽样调查报告

2014 年第十一次全国私营企业抽样调查数据分析综合报告

课题组成员及报告执笔人（以姓氏拼音为序）：

陈光金、戴建中、范晓光、胡林辉、林泽炎、林蔚然、刘平青、吕鹏、能建国、陶世隆、杨　典、张久荣、赵　刚、赵　莉

私营企业主的互联网行为与媒体信任

作者：吕　鹏

中国私营企业主的职业流动与阶层地位认同（2004 – 2014）

作者：范晓光

私营企业不同行业的内外部治理比较研究

作者：刘平青　郭慧超

专题报告

2014 年全国个体私营经济发展报告

课题组负责人：赵　刚

课题组成员：李　楠　赵　莉

2014 年民营企业对外经济贸易发展报告

课题组成员：林卫龙　邓娜

2014 年民营经济融资报告

课题组成员：纪　敏　王新华

2014 年中国民营经济税收发展报告

课题组负责人：付广军

课题组成员：史书新　张玉春　龙海红　李冬梅

2014 年民营上市公司研究

课题组成员：孙卜雷　廖宗魁

区域及地方报告

课题组负责人（按姓氏笔画顺序）：

王　涛、司学志、孙增泰、刘炳行、李建南、吴永久、吴曙光、何昌林、屈开平、郭汉毅、黄　琅、磨长英

出 版 说 明

由全国工商联主编的《中国民营经济发展报告 No. 12 （2014—2015）》终于和读者见面了。今年，本书新增了 2014 年第十一次全国私营企业抽样调查的内容，包括主报告和专题分析报告。全国私营企业抽样调查是由中央统战部、国家工商总局、全国工商联和中国民营经济研究会四家单位，于 1993 年开始联合开展的大型调查活动。该调查每两年进行一次，旨在连续了解全国范围的民营经济发展状况。此外，专题报告、区域报告和地方报告，用大量详实的数据系统分析了 2014 年我国个体私营经济、对外贸易、融资、税收、民营上市公司等多个领域民营经济发展情况，反映了各地区民营经济发展的现状、特点、问题和趋势展望。

出于工作原因，从今年起本书将由中华工商联合出版社出版，虽然不再作为社会科学文献出版社的蓝皮书，但我们会一如既往地本着严谨务实的态度做好民营经济课题研究，继续做好《中国民营经济发展报告》。希望通过我们的不懈坚持和努力，使广大读者继续关注《中国民营经济发展报告》，让更多的人关心关注中国民营经济的健康发展。

编 者
2015 年 12 月

目　录

抽　样　调　查

专　题　报　告

地　方　报　告

地方专题报告

抽 样 调 查

2014 年第十一次全国私营企业抽样调查
数据分析综合报告

中国私营企业研究课题组

一、前言

从 2008 年以来，中国私营企业经受住了国际金融危机冲击的考验，克服了国内经济形势中不确定因素带来的困难，企业数量仍呈快速增长态势，经营管理更趋规范，产业结构出现积极变化，已经成为活跃我国社会主义市场经济的重要力量。当前，全面深化改革正在稳步推进，虽然近年来我国经济下行压力持续加大，但经济运行仍处于合理区间，工业化、信息化、城镇化和农业现代化稳步推进的过程中带来许多新的市场需求，经济结构调整与技术飞跃进步正在倒逼企业转型升级和创新，我国非公有制经济发展面临历史上少有的重要发展机遇。在此背景下，本课题组在 2014 年进行了第十一次全国私营企业抽样调查，并撰写完成了本报告。

本调查由中央统战部、全国工商联、国家工商总局、中国民营经济研究会组成课题组，联合中国社会科学院、北京市社会科学院、北京理工大学等学术团体和高等院校的专家，依托各省、市、自治区工商联和工商局力量，自 1993

年起每两年一次在全国范围内进行抽样调查，迄今已完成十一次①。

本次调查有如下特点。

1. 数据可靠。每次调查对私营企业采取多阶段抽样，即按经济发展水平，在各省、市、自治区抽取县或县级市，再按城乡与行业分布，随机抽取被调查企业。调查由各地工商联和工商局派员进入私营企业，由企业主或企业主要投资者填写问卷。本次调查按全国私营企业户数 5.5‰ 的比例抽样，共发放 7 000 份问卷，回收有效问卷 6 144 份，回收率为 87.8%，其中工商联在 31 个省（区、市）调查了 4 429 户，工商局在 28 个省（区、市）调查了 1 715 户。由于抽样方法科学，工商联和工商局的调查员熟悉私营企业情况并经过专门培训，因此数据可靠，能够从样本中了解私营企业总体情况。

2. 结构完整。调查问卷总体上沿袭了以往的惯例，分为私营企业和企业主两大块。包括了企业主的主要经历、社会任职、政治诉求、阶层认同等，还包括了私营企业的资本构成、所属行业、治理结构、员工福利、社会责任等，特别着重了解企业近两年的融资、收入、利润、税费、投资、人力资源等情况。

3. 比较分析。在分析本次抽样调查数据时，不但对 2012 年至 2013 年年底两年时间跨度的企业状况进行了比较，还与以往调查的相应的部分数据做了比较。本次调查不仅要回答具体某一时段私营企业的发展状况与存在问题，而且希望能够比较全面、完整地表现企业的内在发展规律。

本报告分为十个部分。第一部分的数据主要是从宏观的层面介绍截至 2013 年年底全国个体私营经济发展的状况，数据的来源是国家工商行政管理总局个体私营经济监管司。从第二部分到第十部分，是针对企业层面和企业家个体层面数据的微观分析，数据的来源是第十一次全国私营企业抽样调

---

① 前十次全国私营企业抽样调查，分别在 1993 年、1995 年、1997 年、2000 年、2002 年、2004 年、2006 年、2008 年、2010 年和 2012 年进行，每次调查的数据及分析报告分别发表在《中国私营经济年鉴（1994 版）》（香港经济导报出版社）、《中国私营经济年鉴（1996 年版）》（中华工商联合出版社）、《中国私营企业发展报告（1997—1998）》（社会科学文献出版社）、《中国私营经济年鉴（2000—2001）》（中华工商联合出版社）、《中国私营经济年鉴（2004 年版）》（华文出版社）、《中国私营经济年鉴（2002—2004.6）》（中国致公出版社）、《中国私营经济年鉴（2004—2006.6）》（中华工商联合出版社）、《中国私营经济年鉴（2006.6—2008.6）》（中华工商联合出版社）、《中国私营经济年鉴（2008.6—2010.6）》（中华工商联合出版社）、《中国私营经济年鉴（2010.6—2012.6）》（中华工商联合出版社）上。

查。2013 年 11 月，十八届三中全会通过了《中共中央关于全面深化改革若干重大问题的决定》，"支持非公有制经济健康发展"是其中的重要内容，强调"非公有制经济在支撑增长、促进创新、扩大就业、增加税收等方面具有重要作用"。为实现中华民族伟大复兴的中国梦作出更大贡献，是非公经济义不容辞的光荣责任。我们希望通过调查，全面、客观地反映私营企业发展状况，鼓舞和增强私营企业的发展信心，争取社会各界对私营经济发展的理解和支持。

二、2013 年全国个体私营经济发展的宏观情况

(一) 私营企业发展基本情况

私营企业户数和注册资金增长情况。一是从企业户数方面看，截至 2013 年年底，全国实有私营企业 1 253.86 万户（含分支机构，下同），比上年年底增加 168.14 万户，增长 15.49%。私营企业户数排在前 5 名的省市是：广东省 152.92 万户、江苏省 145.07 万户、上海市 93.88 万户、浙江省 93.63 万户、山东省 75.34 万户。以上 5 省、市共计 560.84 万户，占到了全国私营企业总数的 44.73%。二是从注册资金方面来看，私营企业注册资本（金）为 39.31 万亿元，比上年年底增加 8.21 万亿元，增长 26.40%。三是从户均注册资金数量来看，私营企业户均注册资金 313.51 万元，比上年年底增加 27.06 万元，增长 9.45%。

1. 私营企业投资者人数、雇工人数增长情况。截至 2013 年年底，全国私营企业从业人员为 1.25 亿人，比上年同期增加 0.12 亿人，增长 10.84%。其中投资者人数 2 485.74 万人，增加 285.64 万人，增长 12.98%；雇工人数 10 035.82 万人，增加 939.80 万人，增长 10.33%。

截至 2013 年年底，全国个体私营经济从业人员实有 2.19 亿人，比上年同期增长 9.70%。其中，私营企业 1.25 亿人，增长 10.84%（见表 1）；个体工商户 0.93 亿人，增长 8.20%。个体私营经济从业人员在三次产业中的比例为 1：9.41：24.02。

表1　近年来全国私营企业发展基本情况

年份	户数（万）	增长率（%）	人数（万）	增长率（%）	注册资金（万亿）	增长率（%）
2002	263.83	20.0	3 247.5	19.7	2.48	35.9
2003	328.72	24.8	4 299.1	32.3	3.53	42.6
2004	402.41	22.4	5 017.3	16.7	4.79	35.8
2005	471.95	17.3	5 824.0	16.1	6.13	28.0
2006	544.14	15.3	6 586.4	13.1	7.60	23.9
2007	603.05	10.8	7 253.1	10.1	9.39	23.5
2008	657.42	9.0	7 904.0	9.0	11.74	25.0
2009	740.15	12.59	8 606.97	8.89	14.65	24.8
2010	845.52	14.24	9 417.58	9.42	19.21	31.14
2011	967.68	14.45	10 353.62	9.94	25.79	34.27
2012	1 085.72	12.20	11 296.12	9.10	31.10	20.59
2013	1 253.86	15.49	12 521.56	10.84	39.31	26.40

注：表中历年户数均包含分支机构数量。

2. 企业组织形式情况。私营企业按照资金组合方式在开业时可以注册为独资、合伙、有限责任公司和股份有限责任公司，在其后发展过程中可以申报变更。从表2中可以看到，随着我国企业经营环境不断改善，对私营企业的相关政策愈益宽松以及私营企业本身的发展，注册为有限责任公司的比例稳步上升，股份有限责任公司数量迅速增加，这一方面表现出私营企业内部组织机构、管理机制越来越严密，另一方面适应和扩大了投资者的多样性要求与范围，自我约束趋于完善。

表2　不同时期企业注册类型

年份	2007		2009		2011		2013	
企业类型	户数（万户）	比例（%）	户数（万户）	比例（%）	户数（万户）	比例（%）	户数（万户）	比例（%）
独资企业	101.7	18.4	115.8	15.6	142.3	14.7	194.4	15.3
合伙企业	13.1	2.4	12.6	1.7	13.8	1.4	16.7	1.3

年份	2007		2009		2011		2013	
企业类型	户数（万户）	比例（%）	户数（万户）	比例（%）	户数（万户）	比例（%）	户数（万户）	比例（%）
有限责任公司	436.3	79.1	610.3	82.5	808.7	83.6	1 038.1	82.8
股份有限责任公司	2 186（户）	0.04	15 113（户）	0.2	28 920（户）	0.3	47 112（户）	0.4
合计	551.3	100.0	740.2	100.0	967.7	100.0	1 253.9	100.0

数据来源：国家工商行政管理总局《工商行政管理统计摘要 2007、2009、2011、2013 年》。

到 2013 年年底，私营有限责任公司实有 1 038.1 万户，比上年年底增加 131.51 万户，增长 14.51%，占私营企业总户数的 82.8%；注册资本 33.56 万亿元，比上年年底增加 6.80 万亿元，增长 25.41%，占私营企业注册资本总额的 85.37%；实收资本 31.64 万亿元，比上年年底增长 27.02%。

私营股份有限公司户数增长较快。私营股份有限公司实有 4.71 万户，比上年增加 0.79 万户，增长 20.15%，占私营企业总户数的 0.38%；注册资本 1.39 万亿元，比上年年底增加 0.18 万亿元，增长 14.88%；实收资本 1.30 万亿元，比上年年底增长 26.21%。

3. 产业结构发展情况。私营企业实有户数在第一、第三产业保持较快增长态势，所占比重持续扩大。私营企业在第一产业实有 39.57 万户，比上年年底增长 26.83%，占私营企业总户数的 3.16%，比上年同期扩大 0.29 个百分点。注册资本（金）0.91 万亿元，增长 37.88%，占私营企业总注册资本（金）的 2.31%；第二产业实有私营企业 320.32 万户，比上年年底增长 10.27%，占全国私营企业总户数的 25.54%。注册资本（金）11.30 万亿元，增长 19.83%，占私营企业总注册资本（金）的 28.73%；私营企业在第三产业实有 893.98 万户，比上年年底增加 129.96 万户，增长 17.01%，占全国私营企业总户数的 71.30%，比上年同期扩大 0.93 个百分点。注册资本（金）27.11 万亿元，比上年年底增加 6.11 万亿元，增长 29.10%，占私营企业总注册资本（金）的 68.96%（见图 1）。

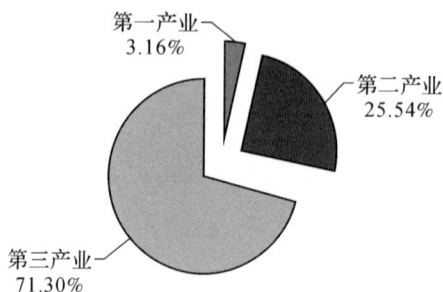

图1　2013年全国私营企业实有户数产业结构图

在第三产业中，从事私营企业经营批发和零售业的最多，有458.27万户，比上年增长24.93%，占私营企业从事第三产业经营总户数的51.26%。从业人数达3491.56万人，增长14.64%。注册资本（金）8.14万亿元，增长37.73%；租赁和商务服务业140.65万户，比上年增长18.22%。从业人数1146.18万人，增长13.07%。注册资本（金）6.91万亿元，增长19.97%；科学研究、技术服务和地质勘察业实有户数达到76.96万户，比上年增长19.34%。从业人数604.00万人，增长16.50%。注册资本（金）1.94万亿元，增长36.62%；房地产业43.10万户，增长11.89%。从业人数455.33万人，增长11.67%。注册资本（金）4.19万亿元，增长21.45%；信息传输、计算机服务和软件业41.99万户，减少4.51%。从业人数328.23万人，增长0.86%。注册资本（金）7932.22亿元，增长18.93%。

私营企业在金融业，文化、体育和娱乐业，批发和零售业，教育业发展较快。2013年全国私营企业在金融业增长最快，实有86.90万户，比上年增长62.96%，注册资本（金）2.87万亿元，比上年年底增长90.07%；文化、体育和娱乐业实有17.15万户，比上年年底增长25.22%，注册资本（金）2322.55亿元，比上年年底增长33.33%；批发和零售业实有458.27万户，比上年年底增长24.93%，注册资本（金）8.14万亿元，比上年年底增长37.73%。

4. 区域结构发展情况。2013年，总局积极参与多省市组织的经贸洽谈会工作，在广州第十届中国中小企业博览会上举办了"个体工商户与新型城镇化建设"研讨会，应青海、甘肃、天津市人民政府邀请组织开展了"百企进青"、"民企陇上行"、"全国民企贸易投资洽谈会"活动。各地工商机关和个私协会采取"走出去、请进来"的办法,搭建招商引资、投资洽谈项目平台,促进了东中西部个体私营企业之间的项目合作。从区域结构看,西部地区私营企业实有户数发展速度相对较快。私营企业在东、中、西部的发展情况是:西部地区实有私营企业 190.31 万户,比上年年底增长 17.78%,占全国私营企业实有总户数的 15.18%,比上年同期扩大 0.30 个百分点;东部地区实有私营企业户数为 808.02 万户,比上年年底增长 15.18%,占全国私营企业总户数的 64.44%;中部地区实有私营企业 255.54 万户,比上年年底增长 14.79%,占全国私营企业总户数的 20.38%(见图 2)。

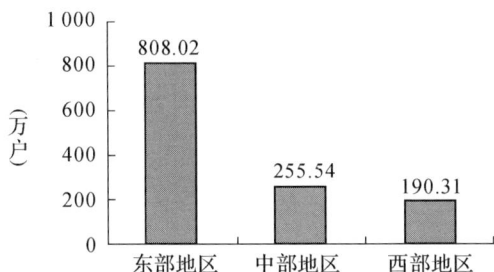

图 2　2013 年全国私营企业实有户数区域分布图

私营企业在农村、城镇发展情况。随着城乡一体化进程的推进,城镇私营企业保持了快速发展的势头。农村私营企业向城镇转移,发展速度加快。全国城镇实有私营企业 899.25 万户,比上年同期增长 14.22%,占全国私营企业总户数的 71.72%;投资者人数为 1 826.78 万人,比上年同期增长 10.98%;雇工人数为 6 415.53 万人,比上年同期增长 8.53%;注册资本 29.56 万亿元,比上年同期增长 26.60%。农村私营企业 354.61 万户,比上年同期增长 18.82%,占全国私营企业总户数的 28.28%;投资者人数为 658.96 万人,比上年同期增长 18.93%;雇工 3 620.29 万人,比上年同期增长 13.68%;注册资本 9.75 万亿元,比上年同期增长 25.81%。

(二)个体工商户发展的基本情况

1. 个体工商户户数和资金情况。2013 年全国实有个体工商户 4436.29 万户,比上年增加 377.02 万户,增长 9.29%(见表 3)。从实有户数看,排在前 5 位的省份是:广东 398.97 万户、江苏 379.35 万户、山东 312.21 万户、四川 274.87 万户、湖北 268.49 万户。

资金数额 2.43 万亿元，比上年同期增长 23.12%；户均资金数额 5.49 万元，比上年同期增长 12.73%；从业人员 9 335.74 万人，比上年同期增长 8.20%。

2013 年全国新登记个体工商户 853.02 万户，比上年同期增长 16.39%。新登记个体工商户规模不断扩大，资金数额为 7 129.85 亿元，比上年同期增长 34.31%。新登记个体工商户户均资金 8.36 万元，比实有个体工商户户均资金高 2.87 万元，比上年新登记个体工商户户均资金增长 15.47%。

表3　近年来全国个体工商户发展基本情况

年份	户数（万户）	增长率（%）	人数（万人）	增长率（%）	资金数额（亿元）	增长率（%）
2002	2 377.5	−2.3	4 742.9	−0.39	3 782.4	10.1
2003	2 353.2	−1.0	4 299.1	−9.4	4 187.0	10.7
2004	2 350.5	−0.1	4 587.1	6.7	5 057.9	20.8
2005	2 463.9	4.8	4 900.5	6.8	5 809.5	14.9
2006	2 595.6	5.3	5 159.7	5.3	6 468.8	11.4
2007	2 741.5	5.6	5 496.2	6.5	7 350.8	13.6
2008	2 917.3	6.4	5 776.4	5.1	9 006.0	22.52
2009	3 197.4	9.6	6 632.0	14.81	10 856.6	20.55
2010	3 452.89	7.99	7 007.56	6.41	13 387.58	23.31
2011	3 756.47	8.79	7 945.28	13.38	16 177.57	20.84
2012	4 059.27	8.06	8 628.31	8.60	19 766.72	22.19
2013	4 436.29	9.29	9 335.74	8.20	24 337.69	23.12

2. 个体工商业产业结构情况。2013 年个体工商户实有户数在第一产业增长最快，增长率达 22.44%。从行业来看，第一产业实有个体工商户 93.36 万户，比上年同期增长 22.44%，占个体工商户实有总户数的 2.11%，比上年同期扩大 0.23 个百分点，资金数额 1 880.03 亿元，增长 44.90%；第二产业实有个体工商户 324.36 万户，比上年同期增长 2.08%，占个体工商户实有总户数的 7.31%，比上年同期减少 0.52 个百分点，资金数额 2 927.12 亿元，增长

15.37%；第三产业实有个体工商户 4 018.57 万户，比上年同期增长 9.64%，占个体工商户实有总户数的 90.58%（见图 3），比上年同期扩大 0.29 个百分点，资金数额 1.95 万亿元，增长 22.64%。

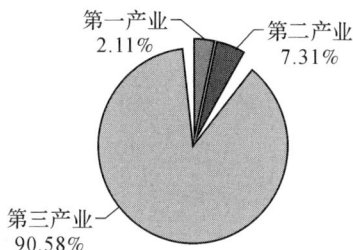

图 3　2013 年全国个体工商户实有户数产业结构图

从各行业发展情况来看，批发和零售业 2 887.14 万户，比上年同期增长 14.52%，资金数额 1.27 万亿元，增长 26.62%；居民服务和其他服务业 420.00 万户，增长 8.44%，资金数额 1 999.97 亿元，增长 21.98%；住宿和餐饮业 368.82 万户，增长 13.97%，资金数额 2 345.58 亿元，增长 31.81%；制造业 310.29 万户，增长 2.86%，资金数额 2 575.46 亿元，增长 16.67%；交通运输、仓储和邮政业 165.81 万户，减少 31.69%，资金数额 1 243.04 亿元，减少 10.14%。这五个行业个体工商户实有总数为 4 152.05 万户，占个体工商户实有总户数的 93.59%。

3. 个体工商业区域结构发展情况。从区域结构看，中、西部地区个体工商户发展较快，与上年同期相比，增长率均超过 10%。东部地区实有个体工商户 2 081.48 万户，比上年同期增长 7.54%，占全国个体工商户总户数的 46.92%，比上年同期减少 0.76 个百分点；资金数额 1.22 万亿元，比上年同期增长 19.61%。中部地区实有 1 413.59 万户，比上年同期增长 10.54%，占全国个体工商户总户数的 31.86%，比上年同期扩大 0.36 个百分点；资金数额 7 685.56 亿元，比上年同期增长 25.70%。西部地区实有 941.22 万户，比上年同期增长 11.41%，占全国个体工商户总户数的 21.22%，比上年同期扩大 0.40 个百分点；资金数额 4 425.00 亿元，比上年年底增长 27.88%（见图 4）。

4. 个体工商户城乡发展情况。2013 年，全国城镇实有个体工商户 2 988.10 万户，比上年年底增加 314.24 万户，增长 11.75%，占个体工商户总数的

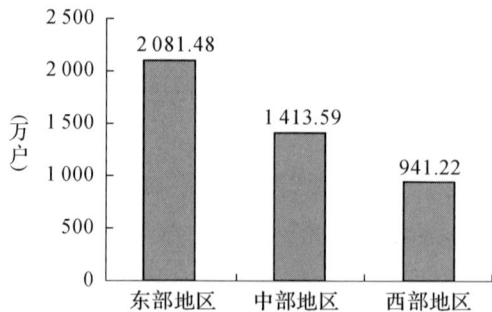

图 4　2013 年全国个体工商户实有户数区域分布图

67.36%；资金数额 1.55 万亿元，增加 0.29 万亿元，增长 23.02%；从业人员 6 142.27 万人，增加 499.6 万人，增长 8.85%。农村个体工商户 1 448.19 万户，比上年年底增加 62.78 万户，增长 4.53%，占个体工商户总数的 32.64%；资金数额 0.88 万亿元，增加 0.16 万亿元，增长 22.22%；从业人员 3 193.47 万人，增加 207.83 万人，增长 6.96%。

5. 港澳居民内地个体工商户发展情况。2013 年，工商总局按照中央统一部署，认真开展港澳地区居民、台湾地区农民和台湾地区居民在大陆设立个体工商户登记管理工作。

截至 2013 年年底，全国实有港澳地区居民个体户 6 971 户，比上年年底增长 8.22%；从业人员 18 847 人，比上年年底增长 22.49%；资金数额 5.82 亿元，比上年年底增长 23.04%。其中香港地区居民申办个体户 5 982 户，增长 26.98%；从业人员 16 476 人，增长 24.58%；资金数额 5.17 亿元，增长 24.28%。从行业分布来看，零售业最多，为 3 887 户，增长 7.20%，占港澳地区居民个体工商户实有总户数的 55.76%；其次为批发业，实有 1 070 户；再次为餐饮业 931 户，增长 34.15%。

（三）农民专业合作社发展的基本情况

2013 年，全国农民专业合作社数量持续快速增长（见表 4）。

1. 农民专业合作社户数和资金情况。截至 2013 年年底，全国实有农民专业合作社 98.24 万户（含分支机构），比上年年底增长 43.58%。出资总额 1.89 万亿元，增长 71.82%，其中货币出资额 1.63 万亿元，比上年年底增长 75.27%，占出资总额的 86.24%；非货币出资额 0.26 万亿元，增长 52.94%，占出资总额的 13.76%。

从地区范围看，农民专业合作社实有户数最多的是山东省，实有 9.89 万户，出资总额 1 850.04 亿元；其次为江苏省，实有 7.11 万户，出资总额 1 726.06 亿元；再次为河南省，实有 7.01 万户，出资总额 1 787.83 亿元。

2. 出资额百万以上的农民专业合作社法人实有户数情况。全国实有农民专业合作社法人户均出资总额为 192.39 万元，比上年同期增长 18.13%。其中出资总额 100 万元以下的农民专业合作社法人（不含分支机构，下同）最多，实有 53.61 万户，比上年同期增长 30.92%；出资总额 100 万元以上的农民专业合作社法人实有 44.63 万户，增长 67.15%，其中出资总额 100 万~500 万元的有 34.79 万户，增长 62.80%、500 万~1 000 万元的有 7.20 万户，增长 87.50%、1 000 万~1 亿元的有 2.63 万户，增长 78.91%、1 亿元以上的有 212 户，增长 39.47%。

2013 年新登记农民专业合作社规模不断扩大，法人户均出资总额为 253.26 万元，比实有农民专业合作社户均资金高 60.87 万元。

3. 农民专业合作社实有成员情况。全国农民专业合作社实有成员总数 2 950.97 万个，比上年同期增长 24.33%，其中农民成员 2 899.38 万个，增长 23.70%，占全国农民专业合作社实有成员总数的 98.25%；非农民成员 35.99 万个，增长 34.79%，其中企业单位成员 14.93 万个、事业单位成员 3 541 个、社会团体成员 3 201 个。

4. 农民专业合作社业务范围。从业务范围看，农民专业合作社从事种植、养殖业的最多，全国实有 44.66 万户农民专业合作社的经营范围中包含种植业，比上年同期增长 41.64%，占实有总户数的 45.46%；25.19 万户农民专业合作社的经营范围中包含养殖业，增长 28.26%，占实有总户数的 25.64%。

表4 2013 年全国各地区期末实有数据基本情况

项目	私营（户）	注册资本（万元）	个体（户）	资金数额（万元）	农合（户）	出资总额（万元）
合计	12 538 648	3 931 275 292	44 362 945	243 376 882	982 443	189 342 455
北京	673 436	178 551 821	664 306	1 854 185	6 010	653 791
天津	189 553	125 076 002	276 190	1 910 096	5 004	1 640 839

续表

项目	私营 （户）	注册资本 （万元）	个体 （户）	资金数额 （万元）	农合 （户）	出资总额 （万元）
河北	400 071	141 075 468	1 652 522	12 523 274	57 971	12 454 827
山西	220 457	86 979 794	1 000 632	4 080 619	63 380	6 595 242
内蒙古	165 718	87 712 101	1 098 955	5 180 134	37 318	8 391 234
辽宁	390 953	100 619 743	1 704 510	10 601 312	28 829	5 280 806
吉林	179 848	39 959 076	1 143 397	5 355 073	43 035	7 805 008
黑龙江	204 330	45 578 546	1 338 795	6 324 660	49 533	16 141 034
上海	938 821	266 632 705	367 976	996 277	8 989	2 004 202
江苏	1 450 732	475 680 795	3 793 451	37 226 048	71 085	17 260 616
浙江	936 330	287 465 314	2 592 246	16 950 362	53 140	5 091 628
安徽	353 841	117 495 588	1 678 333	9 943 850	41 801	6 929 752
福建	401 704	185 880 560	1 098 933	6 794 195	21 015	6 383 272
江西	262 935	79 095 664	1 373 482	10 346 460	26 861	5 265 141
山东	753 390	237 710 781	3 122 067	15 801 555	98 869	18 500 389
河南	400 662	151 073 223	1 990 541	10 832 388	70 091	17 878 290
湖北	462 511	116 322 708	2 684 947	14 972 379	39 591	6 392 098
湖南	305 078	102 864 820	1 826 839	9 820 056	25 004	5 696 022
广东	1 529 701	453 482 371	3 989 651	9 958 831	24 245	2 664 628
广西	282 513	55 124 129	1 243 444	6 379 010	14 392	1 687 726
海南	132 978	47 997 134	309 488	1 276 092	10 506	1 660 649
重庆	355 568	67 541 295	1 114 588	5 169 608	19 271	4 343 482
四川	504 225	122 282 518	2 748 661	11 005 640	35 603	6 919 276
贵州	195 469	50 970 977	1 060 604	4 749 397	18 253	2 528 761
云南	229 479	84 734 385	1 507 855	9 416 100	21 719	2 628 944
西藏	13 248	5 837 061	113 089	484 760	1 895	134 137
陕西	271 946	87 558 024	1 049 269	4 355 457	27 553	4 489 438
甘肃	117 063	33 447 418	774 157	3 894 522	29 965	6 603 895
青海	26 088	12 744 231	154 109	788 561	7 495	1 108 856
宁夏	55 975	23 583 054	243 866	1 813 726	7 814	1 263 554
新疆	134 025	60 197 987	646 042	2 572 254	16 206	2 944 919

三、私营企业主的社会面貌与阶层状况

（一）私营企业主的社会与教育特征

在第十一次私营企业全国抽样调查的 6 122 位私营企业主中，男性为 5 187 位，占比接近 85%，为 84.73%；女性企业主为 935 人，占比为 15.27%。该性别结构与最近两次企业家调查基本相当，说明中国私营企业家阶层仍然以男性为主导。

在年龄结构方面，总体呈现"右偏"的趋势，但并不明显。在 6 021 位有效填答者中，44.34% 的被访者属于 40～50 岁群体，50～60 岁和 30～40 岁的企业主分别占了总体的 26.49% 和 20.48%，此外，30 岁以下仅为 232 人，低于 60 岁以上的 291 人，前者的占比比后者低近 1 个百分点。统计表明，本次调查的私营企业主平均年龄为 46.18 岁，中位数为 46 岁，标准差为 8.6 岁。2010—2012 年的调查显示，2010 年的年龄均值为 45.95 岁，中位数为 46 岁，标准差为 8.8 岁；2012 年的平均年龄为 45.9 岁，中位数为 46 岁，标准差为 8.98 岁。比较表明，本次调查的企业家平均年龄略有增加，并且内部的异质性也有所扩大。

私营企业主的文化程度。私营企业主的文化程度偏高，近七成的人具有大专及以上学历。本次调查显示，高中/中专学历者占 24.21%，大专学历者占 32.74%，大学本科学历者占 26.44%，研究生的占比为 9.23%。与 2012 年同期相比，企业主群体的大学本科和研究生比重都有不同程度上升，增长占比分别为 2.52% 和 1.1%。在性别维度，除了研究生、大专和高中/中专学历，女企业家中的大学本科学历略占优势，但总体不存在显著差异（$\chi^2 = 6.69$，$p > 0.1$）。在地区维度方面，小学及以下、初中、高中/中专和大专学历的私营企业主占比呈现"东低西高"的特征，而大学本科和研究生学历者则是"东高西低"。例如，东部地区的大学本科学历企业主为 28.14%，而中西部分别为 25.76% 和 22.43%；东部地区研究生学历企业家占比为 10.84%，其他两个地区的占比分别为 6.93% 和 7.68%（见图 5）。卡方检验表明，企业家文化程度存在显著的地区差异（$\chi^2 = 55.21$，$p = 0.000$）。

在企业规模维度方面，小微企业企业主高中及以下文化程度占比明显高于

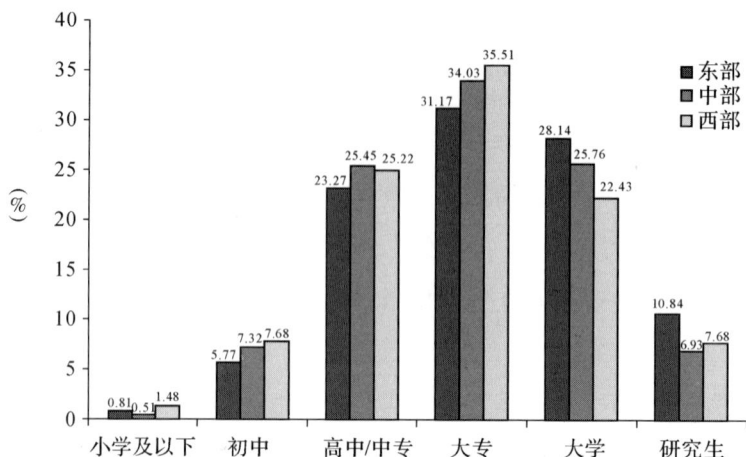

图 5　私营企业主文化程度的地区比较

大中型企业的企业主，但是大学本科及以上学历的企业主在大中型企业的优势明显，尤其是研究生比例，在大中型企业占比为 17.05%，而小微企业仅为 6.78%，这种差距与 2012 年相比有所扩大（分别为 14.76% 和 6.48%）。此外，大专学历的企业主比例在小微企业略微偏高，达到 32.88%。卡方检验显示，企业主文化程度在不同企业类型上存在显著差异（$\chi^2 = 192.12$，$p = 0.000$）。

（二）私营企业主的职业流动

在开办私营企业之前，大多数企业主经历了不同程度的职业流动。本次调查表明，企业主职业流动区间为 [0, 6]，有近 6 成（59.7%）的企业主经历过 1 次职业流动，23.31% 的企业主经历了 2 次流动，2.98% 的企业主职业流动在 4~6 次，只有 6.69% 的企业主未经历任何流动（见图 6），总体与 2012 年的水平相当。从职业流动部门看，开办私营企业前在党政机关和事业单位工作过的人共计 883 人，科级及以下的占比为 55.49%，专业技术人员和教师占了 33.75%，处级及以上为 10.76%；有国有集体企业工作经历的有 2 302 人，中层管理者和技术人员占了 51.61%，单位负责人的比例为 25.33%，从事销售及其他工作的占比为 23.07%；在有外资企业工作经历的企业主中，有 48.41% 的人是中层管理者和专业技术人员，32.05% 的人为企业负责人，仅有不到两成的人从事销售及其他工作；那些曾经在私营企业工作的被访者中，企业主要负责人的占比接近 5 成（48.05%），中层管理者和技术人员占 33.64%；在农村工作过的企业主中，曾经为基层干部的占 34.06%、曾经在国外留学或工作的企业主占 1.77%、曾经是个体户的有 25.94%。

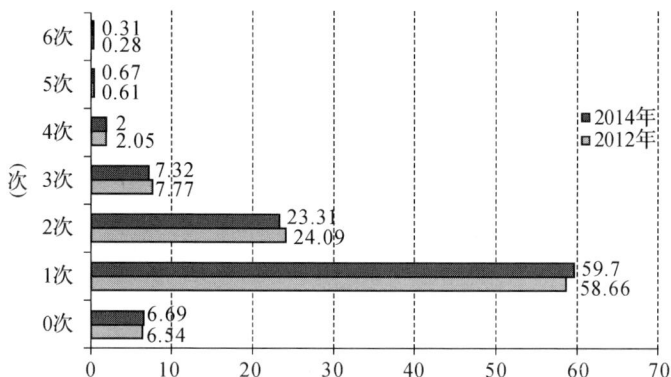

图6　私营企业主职业流动频次

跨体制流动在企业主开办私营企业前普遍存在。本次调查显示，曾在党政机关事业单位、国有集体企业、军队等体制内工作的企业主占了 48.03%，接近总体的一半。对有过体制内职业经历的企业主而言，他们在私营企业工作的人中，担任主要负责人或中层管理人员的占比高达 81.93%；在外资或港澳台企业工作的人员中，该比率为 71.95%；曾经在农村工作的人员中，担任村干部的有 43.01%，有外出打工经历的占了 21.51%。同时，体制内流动也存在强关联。统计表明，企业主在党政机关事业单位与国有集体企业之间的职业流动存在显著差异（$\chi^2 = 20.25$，$p = 0.000$），但是在私营企业、外资企业的流动不存在显著差异。具体而言，在国有集体企业担任主要负责人的企业主中，61.07% 的人曾在党政机关事业单位担任科级及以下职务，处级及以上的占 22.9%；在中层管理人员中，曾在党政机关事业单位工作的占 49.38%，技术干部和教师占 38.12%。

此外，我们还比较了企业主在体制内部门与市场部门之间的职业流动。有过党政机关事业单位工作经历，并拥有外资、港澳台企业工作的企业主在本次调查中仅有 119 人次，而从机关事业单位流动到私营企业的企业主有 260 人次。经过比较发现，不论是外资、港澳台企业还是私营企业，主要负责人超过半数来自科级及以下的党政机关工作人员，在私营企业中有超过 3 成的主要负责人来自技术干部及教师。而且，同时拥有国有集体企业和外资、港澳台企业职业经历的企业主有 173 人次，同时拥有国有集体企业和私营企业工作经历的有 542 人次。具体而言，外资、港澳台企业的主要负责人来自国有集体企业主要负责人的占比为 57.14%，而私营企业的该比例仅为 39.94%；外资、港澳台企业的中层管理和技术人员来自国有集体企业相应岗位的占比为 69.01%，而私营企业的该比例高达 72.18% （表5）。

表5　国有部门与市场部门的职业流动

		外资、港澳台企业			私营企业		
		主要负责人（%）	中层管理和技术人员（%）	销售人员及其他（%）	主要负责人（%）	中层管理和技术人员（%）	销售人员及其他（%）
国有集体企业	主要负责人	57.14	16.9	10.26	39.94	9.77	9.21
	中层管理和技术人员	34.92	69.01	43.59	47.45	72.18	34.21
	销售人员及其他	7.94	14.08	46.15	12.61	18.05	56.58
	合计 （人）	63	71	39	333	133	76
	统计检验	$\chi^2 = 52.72$, $df = 4$, $N = 173$, $p < 0.001$			$\chi^2 = 118.28$, $df = 4$, $N = 542$, $p < 0.001$		
党政机关事业单位	科级及以下	68.18	52.73	35.0	53.66	54.55	50.0
	县处级及以上	11.36	10.91	15.0	13.41	1.52	10.0
	技术干部及教师	20.45	36.36	50.0	32.93	43.94	40.0
	合计 （人）	44	55	20	164	66	30
	统计检验	$\chi^2 = 7.15$, $df = 4$, $N = 119$, $p = 0.128$			$\chi^2 = 8.42$, $df = 4$, $N = 260$, $p < 0.1$		

（三）私营企业主的地位认同

地位认同操作化为经济地位认同、社会地位认同和政治地位认同三个维度。从总体上看，企业主的经济地位认同最高，政治地位认同偏低，呈现"经济地位＞社会地位＞政治地位"的阶梯特征。具体而言，在经济地位方面，认为自己的经济地位属于第 5 等级的占了 28.37%，属于第 6 等级的占比为

18.46%，共有 30.38% 的企业主认同第 1～4 等级的经济地位，该占比相对 2012 年调查结果（28.53%）上升近 2 个百分点；在社会地位方面，认同第 5 等级的占比高达 27.07%，第 6 等级占了 18.2%，认同第 1～4 级社会地位的业主占比与经济地位相当，为 30.91%，比 2012 年略有上升（29.05%）；在政治地位方面，认同第 5 等级的占比为 22.36%，第 6 等级占了 15.62%，第 1～4 级占比仅为 23.84%，比 2012 年调查结果相比略有下降（24.82%）。

私营企业主的地位认同普遍存在内在不一致性。本次调查表明，经济地位认同与社会地位认同一致的比例最高，为 56.96%，经济地位认同与政治地位认同一致的比例为 38.67%，而社会地位认同与政治地位认同的占比居中，为 47.08%；所认同经济地位高于社会地位（即上偏）的企业主有 23.69%，低于社会地位（即下偏）的占比为 19.34%。与政治地位认同相比，所认同经济地位偏高的比例接近 5 成，达到 46.48%，所认同社会地位偏高的比例为 43.04%（见图 7）。由此可见，私营企业主的"经济—政治"维度的认同偏差是最为突出的。

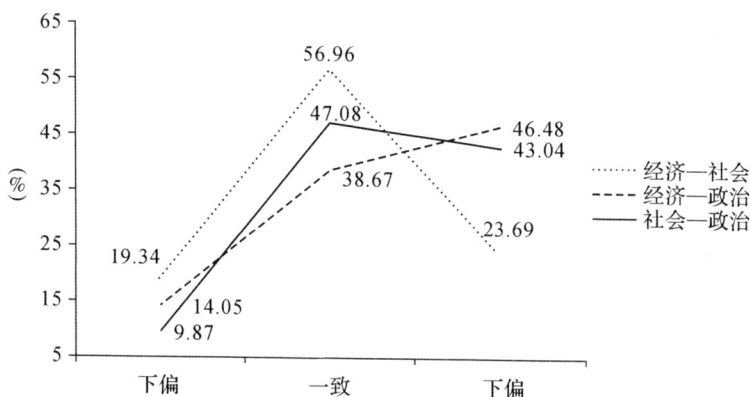

图 7　私营企业主地位认同的不一致性

（四）私营企业主的个人收入

本次调查表明，2013 年企业主在本企业的年薪最高达到 29 200 万元，平均年薪为 32.56 万元，中位数是 12 万元，标准差为 416.27 万元。与 2012 年的调查结果相比，2011 年的年薪中位数为 10 万元，平均收入为 22.9 万元，可见企业家的收入水平在 2011—2013 年有较快增长。跨地区比较显示，东部企业主的平均年薪为 29. 27 万元，西部地区为 26. 05 万元，而中部地区最高，达到 44. 22 万元，高出东部近一半。在性别方面，男性企业主的平均年薪为 28. 73 万元，而女企业主的年薪超过 50 万元，达到 53. 7 万元；在年龄方面，40 ~ 50 岁的私营企业主年薪最高，为 38. 46 万元，30 岁以下的年薪最低，仅为 15. 29 万元；在企业规模方面，大中型企业的企业主年薪高达 40. 08 万元，比小微企业的企业主高了近 10 万元。

为了更清楚地呈现私营企业主的收入差异，我们将年薪划分为 4 组（10 万元及以下、10 万 ~ 50 万元、51 万 ~ 100 万元及 100 万元以上）。在性别方面，女企业主在 "10 万元及以下" 占比为 56. 17%，高出男性近 10 个百分点，而 "10 万 ~ 50 万元" 占比男性为 44. 04%，高出女性近 6 个百分点。在年龄方面，除了年薪低于 10 万元组外，40 ~ 50 岁企业主的占比都为最高。同时，本次调查表明，教育程度对企业主年薪具有正向作用，高中及以下学历者的年薪主要集中在 10 万元及以下，而大学本科及以上者主要集中在 10 万 ~ 50 万元，而且学历较高者在年薪 50 万元以上群体中优势更为明显（见表 6）。在企业规模方面，小微企业的企业主有超过半数的年薪在 10 万元以下，而大中型企业的企业主超过半数的年薪在 10 万 ~ 50 万元。

表 6　私营企业主的教育程度与收入水平

教育程度 收入水平	小学及以下 （%）	初中 （%）	高中/中专 （%）	大专 （%）	大学本科 （%）	研究生及以上 （%）
10 万元及以下	64. 44	62. 43	56. 52	52. 5	42. 43	27. 02
10 万 ~ 50 万元	35. 56	34. 46	37. 81	40. 62	49. 14	59. 04
51 万 ~ 100 万元	—	1. 69	3. 83	4. 3	6. 36	9. 8
100 万元以上	—	1. 41	1. 84	2. 58	2. 07	4. 14
合计（个）	45 （100. 0）	354 （100. 0）	1 304 （100. 0）	1 743 （100. 0）	1 400 （100. 0）	459 （100. 0）
统计检验	$\chi^2 = 200.32$, $df = 15$, $p = 0.000$					

（五）私营企业主的家庭收入

除了企业主年薪外，本次调查还考察了企业主家庭 2013 年的总收入。总体而言，家庭年总收入的区间为 [0, 50 000 万]，均值为 76. 65 万元，中位数是 23 万元，标准差达到 827. 83 万元。与 2011 年相比，中位数和均值分别上升

15%和60.4%。在性别方面，50万元以下者中以女性居多，而在50万元以上者中男性占优势；在年龄方面，家庭收入随着企业主的年龄上升而升高，年长者的优势在10万~50万元收入组中尤为明显；在企业规模方面，家庭收入的特征与年薪类似，即除小微企业在10万元及以下组的占比高于大中型企业外，其他组别均低于后者，而且100万元以上组的差距尤为明显（见表7）。

同时，在东中西部地区，中部地区家庭年收入最高，平均水平达到109.6万元，而东部和西部地区分别为67.34万元和57.27万元。虽然中部地区的异质性远超过东西部地区，但方差分析表明地区与家庭收入没有显著相关。在家庭人均年收入上，2013年全国私营企业主家庭平均年收入为18.61万元，最高水平达到14 600万元，中位数为5万元，标准差为268.79万元。2011年的私营企业主调查表明，家庭年均收入为10.07万元，中位数为4.15万元，标准差为30.88万元。通过比较不难发现，企业主家庭年均收入在2011—2013年间同样有一个明显的上升。

表7　私营企业规模与企业主　　　　　　单位:%　个

企业规模 企业主收入	小微企业（%）	大中型企业（%）
10万元及以下	23.79	5.89
10万~50万元	58.98	61.94
51万~100万元	10.89	16.53
100万元以上	6.34	15.65
合计	4 132（100.0）	1 240（100.0）
统计检验	$\chi^2 = 279.08$, $df = 3$, $p = 0.000$	

四、私营企业主的政治状况

（一）政治面貌及党内任职情况

非公有制经济人士加入共产党组织比例较高。与第十次抽样调查相比，本次调查中，私营企业出资人加入共产党组织的比例略有下降，加入民主党派的比例略有提升。在6 144个有效样本中，共产党员共有1 996名，占32.49%；加入民主党派的有389名，占6.33%；未参加任何党派的占61.18%（见表8）。

表8　私营企业主政治面貌状况

政治面貌	人数（人）	百分比（%）
民主党派	389	6.33
未参加	3 759	61.18
中国共产党	1 996	32.49
总计	6 144	100.00

在加入共产党组织年份方面，绝大部分是在改革开放后30年间入党的，1981—2010年间入党的占到83.82%，2010年以后入党的占比为7.41%，1980年以前入党的占8.76%（见表9）。

表9　入党年份统计

入党年份	人数（人）	百分比（%）
1970年以前入党的	25	1.40
1971—1980年入党的	131	7.36
1981—1990年入党的	472	26.50
1991—2000年入党的	544	30.54
2000—2010年入党的	477	26.78
2010年以后入党的	132	7.41
总计	1 781	100.00

担任党内职务主要是在企业党组织内。在企业党委（总支、支部）任正、副书记的占33.73%；在城镇居委会或村党委（支部）任正、副书记的占3.03%，在县级以上党委任委员的占2.23%；在乡镇（街道）党委任副书记、委员的占0.97%；未担任党内职务的有1 725人，占60.04%（表10）。

表10　担任党内职务情况

担任职务情况	人数（人）	百分比（%）
未担任	1725	60.04
在城镇居委会或村党委（支部）任正、副书记	87	3.03
在企业党委（总支、支部）任正、副书记	969	33.73
在县级以上党委任委员	64	2.23
在乡镇（街道）党委任副书记、委员	28	0.97
总计	2 873	100.00

（二）私营企业出资人的政治参与和政治安排情况

少部分私营企业出资人在基层组织或政府部门担任行政职务，占到 4.28%，相比于第九次、第十次抽样调查分别提高了 2.28% 和 0.58%。在村委会或城镇居委会中担任正、副主任的有 97 人，占 1.58%；在乡镇（街道）任职的有 51 人，占 0.83%；在政府部门任职的有 115 人，占 1.87%；未担任此类职务的有 5 881 人，占 95.72%（见表 11）。

参政议政的主要渠道是担任人大代表、政协委员和加入工商联。现担任人大代表的有 777 人，占 12.65%。其中，绝大部分是 2002 年（中共十六大召开之年）以后担任的，共有 714 人，占 91.89%（见表 12）。担任人大代表主要是在地市和县级，分别占到 36.61% 和 43.16%（见表 13）。此外，在省、市、县、乡镇层面担任人大常委的有 126 人，担任地市级和县级人大常委会副主任的各有 1 人（原统计数据中，担任省级人大常委会副主任的有 1 人，现实中不存在此类安排，故予以剔除，见表 14）。

表 11 在基层组织或政府部门担任职务情况

担任职务情况	人数（人）	百分比（%）
未担任	5 881	95.72
在村委会或城镇居委会中担任正、副主任	97	1.58
在乡镇（街道）任职	51	0.83%
在政府部门任职	115	1.87
总计	6 144	100.00

表 12 担任人大代表年份

担任人大代表开始年	人数（人）	百分比（%）
1989	1	0.13
1990	6	0.77
1991	1	0.13
1992	1	0.13
1993	4	0.51
1994	1	0.13

担任人大代表开始年	人数（人）	百分比（%）
1995	3	0.39
1997	8	1.03
1998	9	1.16
1999	4	0.51
2000	13	1.67
2001	12	1.54
2002	22	2.83
2003	30	3.86
2004	15	1.93
2005	14	1.80
2006	28	3.60
2007	55	7.08
2008	64	8.24
2009	37	4.76
2010	51	6.56
2011	111	14.29
2012	186	23.94
2013	92	11.84
2014	9	1.16

表 13　担任人大代表层级

级别	人数（人）	百分比（%）
全国	11	1.29
省	107	12.51
地市	313	36.61
县	369	43.16
乡镇	55	6.43

表 14 任职人大常委会副主任和人大常委情况

	常委（人）	副主任（人）
全国	0	0
省	10	0
地市	40	1
县	73	1
乡镇	3	0

现担任政协委员的有 1 328 人，占总样本的 21.61%，2002 年（含）以后担任的有 1 206 人，占 90.81%（见表 15）。担任政协委员主要是地市和县级，分别占到 35.30% 和 58.25%，担任全国和省级政协委员分别占 0.42% 和 6.04%（见表 16）。在全国、省、市、县层面担任政协常委的有 343 人，担任地市级和县级政协副主席的有 18 人（原统计数据中，担任省级政协副主席的有 1 人，现实中不存在此类安排，故予以剔除，见表 17）。

表 15 担任政协委员年份

担任政协委员开始年	人数（人）	百分比（%）
1982	1	0.08
1983	1	0.08
1984	1	0.08
1987	2	0.15
1989	1	0.08
1992	2	0.15
1993	2	0.15
1994	3	0.23
1995	5	0.38
1996	8	0.60
1997	8	0.60
1998	20	1.51
1999	14	1.05
2000	34	2.56

担任政协委员开始年	人数（人）	百分比（%）
2001	20	1.51
2002	42	3.16
2003	61	4.59
2004	41	3.09
2005	39	2.94
2006	80	6.02
2007	97	7.30
2008	109	8.21
2009	76	5.72
2010	84	6.33
2011	171	12.88
2012	272	20.48
2013	112	8.43
2014	22	1.66

表 16　担任政协委员层级

级别	人数（人）	百分比（%）
全国	6	0.42
省	86	6.04
地市	503	35.30
县	830	58.25

表 17　担任政协常委和副主席情况

级别	常委（人）	副主席（人）
全国	1	0
省	16	0
地市	136	7
县	190	11

此外，担任工商联会员的有 3 704 人，占到 60.29%，未担任的有 2 440 人，占到 39.71%。其中，最高在地市级工商联任职的有 959 人，占 15.61%；在县级工商联任职的有 1 855 人，占 30.19%（见表 18）。担任地市级和县级工商联执委、常委的共有 1 607 人，担任主席、副主席的有 891 人（见表 19）。

表 18　担任工商联职务的层级

级别	人数（人）	百分比（%）
地市	959	15.61
县	1 855	30.19
没有担任	3 330	54.20

表 19　担任工商联职务情况

	常委、执委（人）	主席、副主席（人）
地市	569	277
县	1 038	614

五、私营企业主的互联网行为与对媒体的信任

（一）企业主网民的规模、行为特征与偏好

本次调查首次在问卷中询问了被访者使用互联网的情况。有 88.9% 的被访者表示自己上网（见图 8），被访企业家群体的"触网率"大大高于我国 46.9% 的互联网普及率（2014 年 6 月）①。

年纪越轻的被访企业家上网的比例越高。30 岁以下的企业家上网率为 97.0%，而 60 岁以上的组别上网率为 68.0%，两者相差近 30 个百分点（29%）。其他年龄

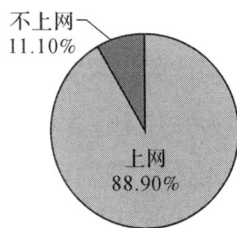

图 8　被访企业家
是否上网情况

别的被访者的上网率在 80% 以上，其中 30 ~ 40 岁年龄组是 96.2%、40 ~ 50 岁年龄组为 90.8%、50 ~ 60 岁年龄组为 83.2%（见表 20）。进一步的分析表明，

---

① 据中国互联网信息中心（CNNIC）第 34 次调查报告的数据，截至 2014 年 6 月，我国网民规模达 6.32 亿，半年共计新增网民 1 442 万人。互联网普及率为 46.9%，较 2013 年年底提升了 1.1 个百分点。网民中农村网民占 28.2%，城镇网民占 71.8%。

不同学历、学习经历、政治面貌、资产规模、区域的企业家在是否上网这一点上呈现出显著差异。相关的分析详见专题报告。

表20　不同年龄组的企业家的上网率

您是否上网？ 年龄分组	30 岁以下	30 ~ 40 岁	40 ~ 50 岁	50 ~ 60 岁	60 岁以上
上网	97.0%	96.2%	90.8%	83.2%	68.0%
不上网	3.0%	3.8%	9.2%	16.8%	32.0%

统计检验：$\chi^2 = 270.112$　$df = 4$　$p < 0.000$

获取信息是企业家网民最为主要的互联网行为，其次是社交类、业务类、政治社会类，而休闲娱乐类比例最低。具体来说，在企业家经常进行的诸多互联网行为中，"通过上网了解社会新闻资讯"的比例最高，为70.6%，其次是"通过上网浏览财经类或与本行业相关的专业网站"，比例是53.6%。经常进行社交类行为（"通过上网与朋友联络"）的比例是45.8%。业务类行为（"通过上网联系客户、推销产品或其他相关业务等"）经常进行的比例是40.3%。政治社会类行为（"通过上网发表自己对时事或社会事件的看法和评论"）的比例则大幅下降到14.8%。有意思的是，只有13.5%的被访企业家表示会经常通过上网休闲娱乐（如网络视频、网络音乐、网络游戏）（见图9）。这很有可能是因为一些企业家的娱乐时间本身非常有限，或有可能是一些企业家的主要娱乐方式是线下进行的，而且以公关目的的活动为主，而线上进行的休闲娱乐活动更多地带有个体的色彩。

在微信、博客、微博和论坛当中，微信是企业家在互联网上发布观点、看法最为偏好的平台。经常使用微信朋友圈、微信群聊发表观点看法的被访企业家占30.30%，而经常使用博客、微博的比例只有9.30%，各种论坛的只有6.40%（见图10）。这种偏好在计算上"有时使用"的比例之后也没有改变。经常和有时使用微信、博客/微博、论坛发表看法的被访企业家占回应企业家的比例分别为62.30%、32.90%和26.40%。造成这种偏好上的分布最为主要的原因可能是微信的崛起，已经大大降低了人们对论坛、博客，甚至微博这样的早先流行的产品的依赖，微信在某种程度上成为当前流行的互联网社交软件。此外，微

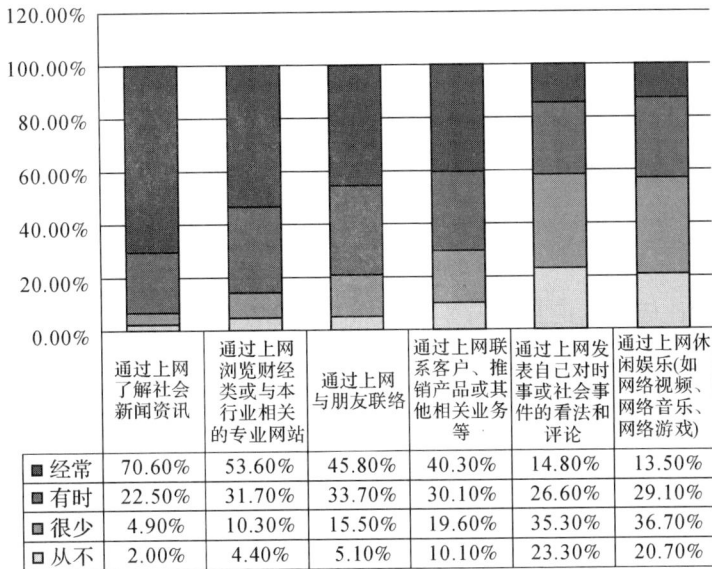

	通过上网了解社会新闻资讯	通过上网浏览财经类或与本行业相关的专业网站	通过上网与朋友联络	通过上网联系客户、推销产品或其他相关业务等	通过上网发表自己对时事或社会事件的看法和评论	通过上网休闲娱乐(如网络视频、网络音乐、网络游戏)
■经常	70.60%	53.60%	45.80%	40.30%	14.80%	13.50%
■有时	22.50%	31.70%	33.70%	30.10%	26.60%	29.10%
▣很少	4.90%	10.30%	15.50%	19.60%	35.30%	36.70%
□从不	2.00%	4.40%	5.10%	10.10%	23.30%	20.70%

图9 企业家互联网行为的频率

信朋友圈和群聊较好的私密性，可能也是企业家更加偏好在这一平台上发表观点的原因。

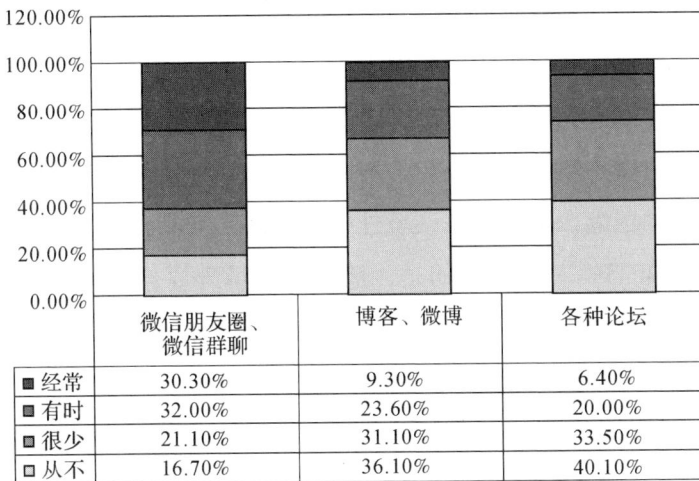

	微信朋友圈、微信群聊	博客、微博	各种论坛
■经常	30.30%	9.30%	6.40%
■有时	32.00%	23.60%	20.00%
▣很少	21.10%	31.10%	33.50%
□从不	16.70%	36.10%	40.10%

图10 企业家在网络上发布观点、看法的平台偏好

（二）对媒体渠道的信任差异

面对各类纷繁复杂的政治和社会信息，企业主觉得哪一种媒体渠道的报道

最值得信任？本次调查首次对这一问题进行了询问。如果将"非常可信"和"比较可信"视为肯定性回答的话，那么，官方主流媒体（如中央电视台、人民日报、新华网等）的受信任程度最高，为89.8%（非常可信和比较可信的比例分别为34.4%和55.4%）；分别有29.7%和55.4%的被访者选择非常信任和比较信任自己的亲友，合计达到了85.1%，综合信任程度排列第二；接下来是官方背景研究机构（如社科院、政府的研究院），有84.4%的被访者表示信任（非常可信和比较可信的比例分别为26.6%和67.8%）。

这三类渠道的肯定性回答的比例超过了八成，可以视为媒体信任的第一方阵。其中两类渠道均为官方渠道，说明官方渠道报道的政治和社会信息的可信度在企业家那里得到了肯定。亲友的受信任程度也很高，这既与中国是一个熟人社会有关，也符合一般的人伦常情。事实上，在大多数的社会调查中，亲友往往是受信任程度最高的群体。在这项调查中，亲友的受信任程度略低于官方主流媒体，可能与题干询问的是对政治和社会信息的信任而不是一般性信任有关。

构成第二方阵的是四个肯定性回答超过六成的渠道，分别为平时交往的企业主圈子、市场化的国内媒体（如各类都市报、财经报、新闻杂志等）、民间组织（如您本人所属的行业协会等）、民间背景研究机构（如基金会、商会）发布的报告，肯定性回答的比例分别为73.1%、70.3%、63.2%和61%。与官方不同，这四类渠道大体上带有民间或市场的色彩。

第三方阵是境外媒体。境外知名媒体（如BBC、《纽约时报》等）和境外中文媒体（如中国港台地区媒体、境外中文网站）获得的肯定性回答的比例分别为43.8%和40.3%。有意思的是，被访者对境外媒体的可信度表示"不好说"的比例较高，分别为23%和24.3%，明显高于前述的渠道。这可能与不少被访者实际上并没有真正地深入接触境外媒体的报道有关。

第四方阵是网络自媒体，分为以微博为代表的自媒体和网络论坛、聊天室两类。[①] 两者的肯定性回答的比例分别为17.3%和10.4%，表示这两个渠道非

---

① 需要指出的是，不管是境外媒体、官方、市场媒体，还是自媒体、网络论坛，在分类上都与是否利用互联网没有必然的直接关系。在互联网时代，这些媒体都可以采取网络媒体的形态。例如，中央电视台办有央视网，各市场化媒体办有微信账号。但另一方面，微博、网络论坛、聊天室上发布的信息的组织和传播方式又与传统媒体有着很大的不同，称之为网络自媒体。

常可信的比例也是明显低于其他渠道，分别只有1.6%和1.1%（见图11）。网络自媒体受到的信任程度之低，也许出乎一些人的意料之外。这从某种程度上也反映了企业家网民对互联网自媒体的反思。

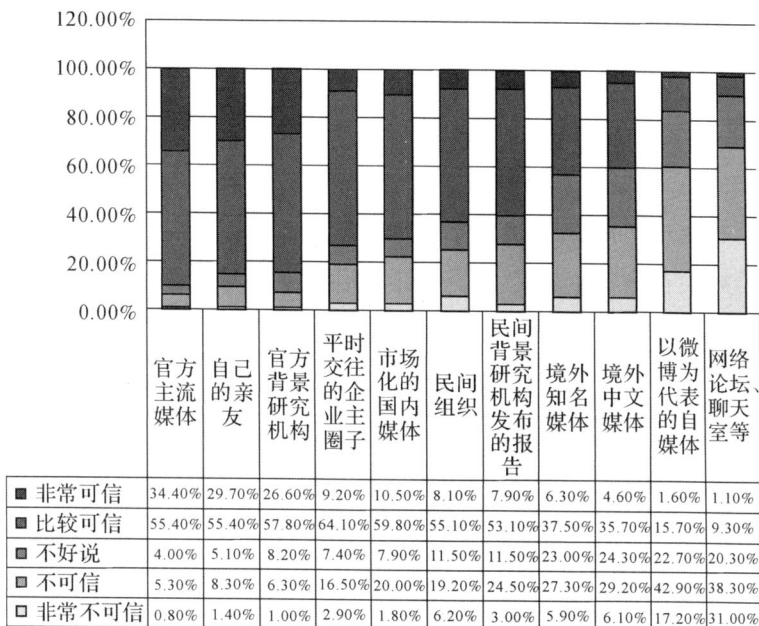

	官方主流媒体	自己的亲友	官方背景研究机构	平时交往的企业主圈子	市场化的国内媒体	民间组织	民间背景研究机构发布的报告	境外知名媒体	境外中文媒体	以微博为代表的自媒体	网络论坛、聊天室等
■ 非常可信	34.40%	29.70%	26.60%	9.20%	10.50%	8.10%	7.90%	6.30%	4.60%	1.60%	1.10%
■ 比较可信	55.40%	55.40%	57.80%	64.10%	59.80%	55.10%	53.10%	37.50%	35.70%	15.70%	9.30%
■ 不好说	4.00%	5.10%	8.20%	7.40%	7.90%	11.50%	11.50%	23.00%	24.30%	22.70%	20.30%
■ 不可信	5.30%	8.30%	6.30%	16.50%	20.00%	19.20%	24.50%	27.30%	29.20%	42.90%	38.30%
□ 非常不可信	0.80%	1.40%	1.00%	2.90%	1.80%	6.20%	3.00%	5.90%	6.10%	17.20%	31.00%

图11　企业主对媒体渠道政治和社会信息的信任[①]

六、"稳增长、调结构、促改革"中企业经营的新变化

（一）成立年份、资金来源、资本、投资结构的变化

从企业成立年份可以看出，一是进入21世纪以来，每年私营企业开业一直保持较高数量，就是在受到国际金融危机冲击较严重的2008—2010年（见表21），新开业企业数量比例也未降低；二是20世纪开业的老企业，并非如一些传说平均只有几年寿命，大多数至今仍在正常营业和发展。开业数据说明，我国私营企业发展总体上是平稳的。

---

① 为便于答题者理解，问卷上对于每一类媒体都在后面列举了若干有代表性的媒体。在图表中，为了表达更加直白和美观，我们省去了这些列举。具体列举的媒体名称如正文内容所示。

表 21　企业成立年份

年份	1989 年以前	1989—1999	2000—2007	2008—2009	2010	2011	2012
户数	139	1 361	2 583	667	345	282	485
比例（%）	2.4	23.2	44.1	11.4	5.9	4.8	8.3

注：本次调查时点是 2013 年 12 月 31 日，为保持企业之间的可比性，被调查企业都在 2012 年及以前成立。

　　私营企业大多数是由个体经营规模发展而来，因此开业资金的最主要来源是个体经营积累；向银行借贷也是一个重要资金来源，而且由于近年来企业开业资金数量规模在增加，银行借贷资金比例加大。表 22 中数字显示了民间借贷也是私企解决资金问题的一个重要渠道。

表 22　企业成立时资金来源　　　　　　　单位：%

资金来源	2011 年	2013 年
个体经营积累	79.1	82.0
继承遗产	2.7	2.9
亲友馈赠	7.7	8.3
银行借贷	21.6	26.1
民间借贷	15.7	14.0
国有、集体企业改制资产	5.9	6.0
其他	3.7	3.6

注：由于企业资金来源是多样化的，因此问卷中有关问题的回答也是多选的，表中各项比例之和大于 100%。

　　在不同地区，私营企业开业时的资金来源基本相同。不同规模企业开业时，各种资金来源有所区别，大中型企业从国有、集体企业转制而来的比例更大，从银行借贷的比例也较大；而微小企业银行贷款更为困难（见表 23）。

表 23　不同地区、规模企业成立时资金来源　　　　　　单位：%

资金来源	企业所在地区				企业类型	
	东部	中部	西部	东北	小微型	大中型
个体经营积累	81.2	84.2	82.4	84.1	82.2	81.2

资金来源	企业所在地区				企业类型	
	东部	中部	西部	东北	小微型	大中型
继承遗产	2.5	2.9	0.9	5.5	3.0	2.5
亲友馈赠	8.2	8.2	8.8	8.7	8.5	7.6
银行借贷	25.5	29.6	27.8	23.0	24.6	30.9
民间借贷	13.2	15.1	14.7	16.7	13.6	15.3
国有、集体企业改制资产	6.7	6.4	5.5	3.8	4.8	9.9
其他	2.9	3.5	5.7	3.2	3.8	3.2

（二）实收资本成倍增加

根据本次抽样调查数据分析，可以看到私营企业在新常态下出现了一些新的变化，是稳定增长的重要支持因素。

被调查企业开业时，实收资本总额平均数是 1 929 万元，中位数是 300 万元（见表 24）。2013 年年底，被调查企业的实际资本总额平均数是 7 573 万元，中位数是 600 万元（见表 25）。2013 年的数据与开业时相比，企业资本金的中位数有两倍的增加。

表 24 开办私营企业时实收资本总额 单位：万元

		平均数	中位数	样本数
注册开业年份	1989～1999 年	2 462	428	876
	2000～2007 年	2 147	400	1 668
	2008 年及以后	1 202	100	1 220
地区分布①	东部	1 643	300	2 130
	中部	1 993	300	1 073
	西部	2 689	228	708
企业类型	小微型	939	159	2 922
	大中型	4 853	1 000	989
总体		1 929	300	3 911

---

① 东部地区包括北京、天津、河北、辽宁、上海、江苏、浙江、福建、山东、广东和海南 11 个省级行政区；中部地区包括山西、吉林、黑龙江、安徽、江西、河南、湖北、湖南 8 个省级行政区；西部地区包括四川、重庆、贵州、云南、西藏、陕西、甘肃、青海、宁夏、新疆、广西、内蒙古 12 个省级行政区。

表 25　2013 年年底实收资本总额　　　　　　　　　单位：万元

		平均数	中位数	样本数
注册开业年份	1989—1999 年	16 887	1 500	791
	2000—2007 年	5 740	750	1 420
	2008 年及以后	2 097	151	978
地区分布	东部	10 503	780	1 838
	中部	3 512	530	909
	西部	4 600	400	570
企业类型	小微型	1 722	300	2 440
	大中型	23 851	5 000	877
总体		7 573	600	3 317

　　将本次调查与第九次、第十次全国私营企业抽样调查数据相比较，可以看到尽管增长速度有所减缓，但企业实收资本仍保持了一定的上升态势，对社会总体经济增长的贡献稳中有升。

　　从地区分布来看，除了西部地区（400 万元）的实收资本总额的中位数略有下降，东部（780 万元）和中部地区（530 万元）皆表现出积极的增长态势（见表 26）。

表 26　2009 年、2011 年与 2013 年企业实收资本总额比较　　　单位：万元

		2009 年		2011 年		2013 年	
		平均数	中位数	平均数	中位数	平均数	中位数
地区分布	东部	2 638	313	3 972	580	10 503	780
	中部	2 107	208	1 935	254	3 512	530
	西部	1 814	298	3 504	500	4 600	400
总体		2 342	300	3 406	500	7 573	600

　　私营企业对技术、品牌等无形资产的重要性有较高认识。现代社会，技术、品牌等无形资产对于企业的发展越来越重要。从本次调查的平均数来看，技术、品牌等无形资产在总资产中已占到两成左右的比例。此外，这部分资产

占比在不同地区分布及企业类型中差别很小，均在17%上下波动（见表27）。可见广大私营企业均有强化技术研发和品牌资产的意识，同时也应看到，东部地区起步较早，但其无形资产的比重仍与其他地区差距不大，这也从侧面说明了无形资产的提升非一朝一夕之功。

表27　技术、品牌等在企业总资本中所占比例　　单位：%

		平均数	中位数	样本数
地区分布	东部	17	10	1 999
	中部	17	10	928
	西部	18	10	639
企业类型	小微型	17	10	2 638
	大中型	18	10	928
总体		17	10	3 580

（三）营业收入状况与产业、行业差异

被调查企业2013年年底营业收入平均数为24 011万元，中位数为1 500万元。与第九次、第十次全国私营企业抽样调查的营业收入数据相比较，企业营业收入从2009年的750万元，到2011年的1 000万元，再到本次调查的1 500万元，其增长幅度是很大的（见表28），这再次说明了私营企业对中国新常态下经济增长的重要支撑作用。

与2011年第十次调查结果相比，中部地区的营业收入增长幅度最大，有近三倍的增长（见表28）。

表28　2009年、2011年与2013年企业营业收入比较　　单位：万元

		2009年		2011年		2013年		
		平均数	中位数	平均数	中位数	平均数	中位数	样本数
地区分布	东部	11 119	1 000	15 156	1 510	21 975	2 000	3 039
	中部	5 620	414	10 880	486	26 797	1 000	1 479
	西部	618	600	15 717	800	25 988	1 000	1 045
总体		8 924	750	14 272	1 000	24 011	1 500	5 563

为了更清楚、更全面地显示本次抽样调查中企业的营业收入在不同划分方

法下的比较，表28是企业的营业收入在不同的注册开业年份、地区分布、企业类型下的企业营业收入及人均营业收入，前者表现出的是企业的经营规模，而后者则与企业经营效益有关。

其一，在不同的注册开业年份分组中，可以看出在1989—1999年开业的企业由于在激烈的竞争中生存了下来，并形成了一定的经营规模，因而其营业收入普遍较高；而2008年及以后开办的企业则由于还处在初创阶段，其营业收入与人均营业收入都是最小的（见表29）。

其二，在不同的地区分组中，东部地区的营业收入与人均营业收入明显高于中部和西部，其中的原因是复杂的。主要有：第一，东部地区私营发展较早，涌现出一大批大型的私营企业；第二，东部地区的私营企业是以外向型经济为主，在利润空间上存在一定的优势；第三，东部的产业环境和西部相比，在相关产业的配套、人力资源禀赋的丰富程度上都相对优于西部。同时也要看到，东部私营企业的竞争非常激烈，在其高营业收入的背后存在着部分低利润企业；而西部地区面临着未来的产业转移，发展的空间很大。

其三，私营企业也并非铁板一块，从营业收入来看，大中型企业的平均营业收入达到了5亿多元，数字依然惊人；小微型企业在总营业收入方面虽然有所不及，但人均营业收入的平均数却远高于大中型企业，其中位数也达到了14.1万元/人，这一数字相当可观（见表29）。

表 29　2013 年企业营业收入与人均营业收入

		企业营业收入（万元）			人均营业收入（万元/人）		
		平均数	中位数	样本数	平均数	中位数	样本数
注册开业年份	1989—1999 年	34 663	3 298	1 276	73.9	25.0	1 376
	2000—2007 年	18 207	2 100	2 396	161.2	22.6	2 543
	2008 年及以后	9 257	300	1 630	398.0	10.0	1 760
地区分布	东部	21 975	2 000	3 039	127.1	21.8	3 282
	中部	26 797	1 000	1 479	297.1	15.5	1 571
	西部	25 988	1 000	1 045	620.9	15.0	1 137
企业类型	小微型	13 186	600	4 118	321.4	14.1	4 537
	大中型	54 860	12 000	1 445	90.5	37.2	1 453

在不同产业的营业收入分析方面，第二产业具有一定的比较优势。对 2013 年企业营业收入按照产业分组后，可以看出第二产业不论在营业收入还是人均营业收入上都是最高的，而第三产业仍存在很大的发展空间（见表 30）。

表 30　2013 年企业的营业收入（按产业分组）

产业分类	企业营业收入（万元）			人均营业收入（万元/人）		
	平均数	中位数	样本数	平均数	中位数	样本数
第一产业	22 112	2 000	547	55	20	587
第二产业	36 580	3 457	2 710	414	29	2 681
第三产业	23 490	792	3 176	267	18	3 126

在不同行业的企业营业收入分析方面，首先来看本次调查数据总体情况，对 2013 年企业营业收入按照一些主要行业分组，可以看到房地产业的营业收入（7 065 万元）最高，采矿业营业收入较高（5 210 万元），制造业（3 672 万元）的营业收入紧排第三位（见表 31）。

再来观察人均营业收入，房地产业依然以 37 万元/人的中位数位列第一，制造业的人均营业收入 29 万元/人紧随其后，采矿业以 28 万元/人跻身前三甲（见表 31）。可见，以采矿业为代表的资源型企业和以房地产业为代表的服务型企业的营业收入略高于其他行业。

表 31　2013 年企业营业收入的行业差异

主要行业	企业营业收入（万元）			人均营业收入（万元/人）		
	平均数	中位数	样本数	平均数	中位数	样本数
农林牧渔	22 112	2 000	547	59	23	543
采矿业	25 075	5 210	143	56	28	143
制造业	40 615	3 672	2 119	409	29	2 098
建筑业	23 359	2 788	526	111	28	519
批发零售	16 569	600	1 410	257	21	1 376
住宿餐饮	13 565	1 061	412	42	11	410
房地产业	41 772	7 065	434	132	37	425

将 2013 年一些主要行业的营业收入与 2011 年相比较，可以看到尽管房地

产业在上文的横向比较上表现突出，但在纵向年份上的比较中其增速就不再明显，2013 年相比 2011 年，营业收入的增长仅有两成；数据中体现的采矿业营业收入增幅最大，相比 2011 年有 5 倍多的增长，高额的营业收入吸引了大量的民间资本进入资源类相关行业；农林牧渔类行业的营业收入也有近一倍的增长（见表 32）。

表 32　2011 年、2013 年企业的营业收入比较的行业差异　　单位：万元

主要行业	2011 年		2013 年	
	平均数	中位数	平均数	中位数
农林牧渔	8 291	1 105	22 112	2 000
采矿业	10 001	855	25 075	5 210
制造业	12 875	3 000	40 615	3 672
建筑业	41 337	1 800	23 359	2 788
批发零售	10 331	451	16 569	600
住宿餐饮	6 086	700	13 565	1 061
房地产业	50 839	5 600	41 772	7 065

最后，比较 2011 年与 2013 年不同行业的人均营业收入，可以发现观察到的各行业人均营业收入均有所提高，其中尤以采矿业的表现最为突出，其 2013 年人均营业收入中位数相比 2011 年的数据增长了一倍多；而房地产业的数据从 2011 年的 31 万元/人，微升至本次调查的 37 万元/人，是增速较缓的几个行业之一，这可能与 2012 年来国家对房地产业的宏观调控有关（见表 33）。

表 33　2011 年、2013 年企业人均营业收入比较的行业差异　　单位：万元/人

主要行业	2011 年		2013 年	
	平均数	中位数	平均数	中位数
农林牧渔	43	16	59	23
采矿业	76	13	56	28
制造业	58	26	409	29
建筑业	251	17	111	28
批发零售	187	21	257	21
住宿餐饮	21	8	42	11
房地产业	206	31	132	37

（四）利润额情况及行业、产业差异

本次调查数据显示，私营企业营业利润增长较大。被调查企业 2013 年年底经营净利润平均为 – 161 万元，中位数是 52 万元（见表 34）。

首先，对比 2009 年、2011 年对全国私营企业的净利润的调查数据，可以看出东部（70 万元）、中部（45 万元）、西部（34 万元）三个地区的企业净利润数额均呈现一定的增长，全国总体净利润（52 万元）相比 2011 年（37 万元）的调查有近四成的增长，这其中中部的正向作用最大（见表 34）。

另外，2013 年的对企业净利润的调查数据中出现了负数的平均数，这一方面表现为个别企业出现了严重亏损，从而拉低总体均值；另一方面也折射出私营企业的经营风险越来越大，市场竞争环境越来越激烈，这一点值得企业主警惕。

表 34　2009 年、2011 年与 2013 年企业净利润比较　　单位：万元

		2009 年		2011 年		2013 年	
		平均数	中位数	平均数	中位数	平均数	中位数
地区分布	东部	742	36	713	50	901	70
	中部	272	18	462	20	– 2 666	45
	西部	427	19	533	24	296	34
总体		567	28	623	37	– 161	52

在不同企业类型、地区分布下的企业净利润分析方面，表 35 不仅反映了企业净利润，还反映了企业人均净利润，前者是企业经营效益的数量指标，后者是经营效益的质量指标。

首先，在不同的地区分布中，2013 年企业净利润与人均净利润在东部、中部、西部地区基本呈现递减的态势，东部地区在两项指标上的数据表现是最高的（见表 35）。

其次，从不同企业类型来看，大中型企业（500 万元）的净利润远高于小微型企业（30 万元），但在人均净利润方面，其优势却小了很多（见表 35）。这一方面说明，我国小微型企业虽然在经营效益的数量上不及大中型企业，但质量上却存在发展的能力与潜质；另一方面，也提醒了大中型企业"家大口

阔"，要注意结构调整，注重核心专长的提升，而不是急于"摊大饼"、"上项目"、"铺摊子"。

表 35　2013 年企业净利润

		企业净利润（万元）			人均利润率（万元/人）		
		平均数	中位数	样本数	平均数	中位数	样本数
地区分布	东部	901	70	3 002	− 4.8	0.9	3 282
	中部	− 2 666	45	1 466	− 18.5	0.9	1 571
	西部	296	34	1 055	− 7.6	0.7	1 137
企业类型	小微型	55	30	4 144	− 5.1	0.7	4 537
	大中型	− 812	500	1 379	− 20.8	1.4	1 453
总体		− 161	52	5 523	− 8.9	0.8	5 990

不同产业划分下企业利润的比较，第二产业优势明显。将 2013 年企业净利润按产业划分，可以看到第二产业不论在企业净利润（1 376 万元）还是人均净利润（8 万元/人）方面都是高的，值得注意的是，第三产业由于多为资本密集型企业，企业净利润虽远不如第一、第二产业，但人均利润率的差距却不明显（见表 36）。

表 36　2013 年企业净利润（按产业划分）

产业分类	企业净利润（万元）			人均净利润（万元/人）		
	平均数	中位数	样本数	平均数	中位数	样本数
第一产业	1 251	100	541	6	1.3	537
第二产业	1 376	120	2 695	8	1.2	2 667
第三产业	− 1 128	31	3 159	− 23	1.1	3 110

不同行业下的企业利润分析，总利润存在差距，但人均利润差异不大。观察一些行业中的企业，可以看到，各主要产业虽在企业净利润方面有些许差异，最高的房地产业净利润高达 295 万元，而最低的批发零售业仅有 23 万元，但各行业在人均净利润方面的差异却并不明显，其中位数都在 1 万元/人左右波动（见表 37）。

另外可以看到，房地产业的企业净利润虽居高不下，但人均净利润却回落至与其他主要行业大致相当的水平（见表 37）。

表 37　2013 年企业净利润的行业差异

主要行业	企业净利润（万元）			人均净利润（万元/人）		
	平均数	中位数	样本数	平均数	中位数	样本数
农林牧渔	1 251	100	541	5.6	1.3	537
采矿业	1 933	170	137	10.1	1.1	137
制造业	1 375	126	2 102	4.0	1.2	2 081
建筑业	1 148	120	534	6.9	1.3	528
批发零售	- 3 787	23	1 403	- 60.7	1.0	1 370
住宿餐饮	642	50	410	2.7	0.7	408
房地产业	2 447	295	424	8.6	1.8	415

　　谁投资谁受益，企业利润分红是企业主投资的动力所在。2013 年全国私营企业利润中有大约 67% 用于出资人分红，而出资人又将这部分分红用于企业的再投资（与下文企业投资部分观点一致），另有 33% 用于摊派费用及公关招待费用（见表 38），应该说这是一个不小的比例，如何在未来发展中降低这一"耗损"，也是政府有关部门应关注的。

表 38　2013 年企业利润用途

用途	中位数（万元）	占比（%）
出资人分红	30	67
摊派费用	5	11
公关招待费用	10	22
合计	45	100

　　2013 年在调查到的 1 836 个私营企业样本中，将利润用于出资人分红的平均数为 623 万元，中位数为 30 万元（见表 39）；用于摊派费用的平均值为 261 万元，中位数为 5 万元（见表 40）；用于公关招待费用的平均数为 279 万元，中位数为 10 万元（见表 41）。

　　首先，从地区分布上来看，东部地区的企业利润更多地用于出资人的分红，其分红的中位数 50 万元远高于中、西部的 20 万元，比其余两个地区的总和还多，而用于摊派或公关招待的数额则与中部、西部差距不大。

　　其次，从企业类型上来看，大中型企业也将公司的利润更多用于对出资人的分红上，其 2013 年对出资人的分红中位数是 200 万元，是小微型企业的 10 倍，但用于摊派费用和公关招待费用的却仅为小微型企业的 4 倍多（见表 39～表 41）。可见，小微型企业的生存空间尤其值得关注。

表 39　2013 年企业利润用于出资人分红

		出资人分红		
		平均数	中位数（万元）	样本数
地区	东部	730	50	1 048
	中部	630	20	477
	西部	249	20	311
企业类型	小微型	288	20	1 357
	大中型	1 570	200	479
总数		623	30	1 836

表 40　2013 年企业利润用于摊派费用　　　　单位：万元

		摊派费用		
		平均数	中位数	样本数
地区	东部	449	8	998
	中部	19	5	475
	西部	27	5	305
企业类型	小微型	321	5	1 343
	大中型	77	15	435
总数		261	5	1 778

表 41　2013 年企业利润用于公关招待费　　　　单位：万元

		公关招待费		
		平均数	中位数	样本数
地区	东部	366	10	1 970
	中部	255	7	943
	西部	54	6	659
企业类型	小微型	255	5	2 599
	大中型	343	30	973
总数		279	10	3 572

（五）不同地区分布、企业类型下的企业欠款情况

通过对企业欠款情况的统计分析可以看出，在不同地区的划分中，中部地区（491万元）的政府拖欠企业款项数量最大，情况较为严重，西部地区在与其他企业间的钱款借贷方面指数高于东部和中部（见表42）。其背后的原因可能是由于中部以第一产业为主，第二产业处于发展阶段，其税收来源还不丰富，政府投资的项目企业承建后出现拖欠现象；西部地区企业规模不大，直接与银行贷款的能力有限，因而其企业间借贷比例更高。

在不同企业类型中，大中型企业（560万元）更易于在政府的项目招标中脱颖而出，因此政府拖欠款项更高，而小微型企业（43万元）在争取政府项目方面显得捉襟见肘，而更多靠市场化的项目得以生存，资金借贷多来自于其他企业，因此其企业拖欠其他企业款项的数据高于大中型企业。可见在企业的经营贷款中，失之东隅，也有可能收之桑榆，不能一概而论。

表 42　2013 年企业欠款情况　　　　　　　　单位：万元

		政府拖欠本企业		其他企业拖欠本企业		本企业拖欠其他企业	
		平均数	样本数	平均数	样本数	平均数	样本数
地区	东部	51	3 007	485	3 030	271	3 019
	中部	491	1 455	435	1 449	222	1 448
	西部	47	1 049	3 748	1 060	6 379	1 054
企业类型	小微型	43	4 193	1 088	4 214	1 664	4 201
	大中型	560	1 318	1 124	1 325	662	1 320
总数		166	5 511	1 096	5 539	1 424	5 521

不同地区分布、企业类型下的负债率有差异，地区中尤以中部最高。资产负债率反映了总资产中有多大比例是通过借债来筹资的，也可以衡量企业在清算时保护债权人利益的程度。2013年私营企业资产负债率平均数与中位数呈现出基本一致的变化（见表43）。

首先，东部地区的资产负债率略高于中、西部地区，表明当地的金融要素市场发达于中、西部地区，东部企业的经营管理更能运用杠杆优势，更善于借钱生钱（见表43）。

其次，在不同的企业类型划分中，大中型企业的资产负债率高于小微型企业，小微型企业处在起步阶段，其筹资能力有限，大中型企业在这方面更具优势（见表43）。

表43　2013年企业资产负债率　　　　　　　　　　单位：万元

		资产负债率		
		平均数	中位数	样本数
地区	东部	45	42	1 429
	中部	42	40	555
	西部	48	40	499
企业类型	小微型	42	40	1 582
	大中型	49	45	901
总数		45	40	2 483

（六）出口与海外投资情况

大中型企业是境外投资的领头羊，总体境外投资仍待推进。根据统计分析，约5 467个样本企业，2013年全国私营企业境外投资额平均数是6.7万美元（见表44）。

其中，中部地区对外投资数额远低于东、西部；大中型企业的运营更能积极响应国家宏观经济战略，其对外投资明显高于小微型企业数十倍，未来配合国家"一带一路"的经济发展战略，相信企业的对外投资还能大有作为。

表44　2013年企业境外投资情况　　　　　　　　单位：万美元

		境外投资额		
		平均数	中位数	样本数
地区	东部	9.3	0	2 977
	中部	0.8	0	1 447
	西部	7.4	0	1 043
企业类型	小微型	0.8	0	4 174
	大中型	25.7	0	1 293
总数		6.7	0	5 467

在对外投资中，私营企业积极参与国际分工。2013 年私营企业资金对外投资的用途，有半数以上的企业是为了能参与国际分工，这其中，东部、中部、西部三个地区差异不大，但在企业类型方面，小微型企业的平均数明显高于大中型企业；收购或参股境外企业与在境外设立研发机构的企业比例基本相同；但能看出我国企业在境外设立销售机构的比例更高，这其中，东部的比例高于中、西部，大中型企业的比例高于小微型企业（见表 45）。

表 45　2013 年企业境外投资的用途　　　　单位：个

		建厂			收购或参股境外企业			在境外设立销售机构			在境外设立研发机构		
		平均数	总数	样本数	平均数	总数	样本数	平均数	总数	样本数	平均数	总数	样本数
地区	东部	0.5	50	110	0.2	19	106	0.5	54	107	0.1	12	107
	中部	0.6	41	67	0.2	15	67	0.3	19	67	0.1	6	67
	西部	0.7	47	64	0.1	5	58	0.1	8	59	0.1	5	59
企业类型	小微型	0.7	93	139	0.2	24	130	0.2	32	132	0.1	12	132
	大中型	0.4	45	102	0.1	15	101	0.5	49	101	0.1	11	101
总数		0.6	138	241	0.2	39	231	0.3	81	233	0.1	23	233

七、私营企业内部管理与组织制度的变化

（一）组织结构状况

家族式管理是私营企业管理采取的通行做法。近年来，私营企业内部治理结构已经逐步发展到了较高的水平，通过 2013 年年底的调查数据可以看到，私营企业内部有股东会的占 57.5%、有董事会的占 57.3%、有监事会的占 29.5%、有党组织的占 40.6%、有工会的占 54.5%、有职工代表大会的占 33.9%（见表 46）。这些组织内部治理机构的发展，对于规范企业相关利益主体的行为、保障各自的权益、形成完善的企业治理结构提供了重要的组织基础。

在对近十次私营企业调查数据的组织结构进行纵向观察可以发现，以股东会、监事会和董事会为代表的"新三会"的比例出现了一定的起落（见表46）。一方面跟调研的企业样本有一定关系，另一方面也说明企业的生命周期较短，在后金融海啸引发的出口订单大幅减少的冲击下，不少私营企业破产倒闭，而又有一些新兴的私营企业注册成立，这其中出现了很多委托代理问题，使得企业主重新审视公司治理制度。回顾私营企业的发展历程，可以发现改革开放以后成立的企业，尤其是私营企业，基本上是家族化管理，也就是以血缘关系和朋友关系为纽带的控制制度。企业要发展壮大，要在市场上有竞争力，不利用市场上的人力资源、管理资源是难以为继的。但是当企业主试探着迈出这一步，引入现代化的"所有权与经营权分离"的管理体制时，又缺乏可以信赖的职业经理人，甚至出现大量的资产被偷窃的现象，痛定思痛，最后发现"任人唯贤"还是不如"任人唯亲"，雇来的经理人还是不如"自家人"值得信任，于是又回到家族管理中。这也是为什么组织结构中股东会和董事会比例出现反复的原因。[1]

表46　私营企业内部的组织状况　　　　　单位：%

	股东会	董事会	监事会	党组织	工会	职代会
1993 年调查	—	26.0	—	4.0	8.0	11.8
1995 年调查	—	15.8	—	6.5	5.9	6.2
2000 年调查	27.8	44.5	23.5	17.4	34.4	26.3
2002 年调查	33.9	47.5	26.6	27.4	49.7	27.4
2004 年调查	56.7	74.3	35.1	30.7	50.5	31.0
2006 年调查	58.1	63.5	36.5	34.8	53.3	35.9
2008 年调查	59.3	54.5	34.9	35.2	51.5	35.1
2010 年调查	57.1	57.8	32.0	34.6	52.3	31.7
2012 年调查	61.2	57.7	31.8	35.4	49.1	32.2
2014 年调查	57.5	57.3	29.5	40.6	54.5	33.9

企业主及其亲属是董事长人选的首选。董事会由董事组成，对内掌管公司

---

① 中华全国工商业联合会：《中国私营经济年鉴（2010.6—2012.6）》，北京，中华工商联合出版社，2013 年。

事务，对外代表公司经营决策，它是现代企业制度发展到一定阶段的产物。在对私营企业的第十一次调查中，企业董事长主要由出资人本人担任，这一数字在总计4 463个样本中达到了4 030人，占比90.3%，出资人的家族成员担任董事长职务的比例达到了7.3%，由外聘人才（1.5%）或其他人（0.9%）担任的比例非常低（见表47）。

表47　企业董事长人选

	样本数	有效百分比（%）
主要出资人本人	4 030	90.3
主要出资人的家族成员	326	7.3
外聘人才	69	1.5
其他	38	0.9
合计	4 463	100.0

这说明在我国私营企业内部治理中，家族式管理仍是企业采取的主要方式，现代企业管理制度虽已建立，却仅停留在企业"肌理"，未能触及企业"骨骼"。之所以会出现这种情况，是因为我国私营企业以中小企业为主，在吸引高端技术、管理人才方面的优势较小，而企业早期发展阶段对这类人才的要求也并不高。

同时我们也应看到，中国是一个"关系"社会，企业经营过程中不可避免出现很多"人情管理"，对于私营企业，其各项制度还不完善、不规范，不像大企业、外资企业一样岗位分工明确，因而在创业期间，亲戚朋友往往会分内分外都干，有钱没钱都做，该出手时就出手，效率也相应较高，在提倡"用人唯贤"的同时，私营企业结合自身实际需要安排管理人选，根据企业发展阶段进行人岗匹配，也具备一定的合理性。私营企业一方面要提升亲人的能力，使他们变成贤人；另一方面要对有能力的贤人加强感情连接，培养出亲人般的感情，提升团队的凝聚力。

所以，无论是家族式管理还是非家族式管理，在发挥亲情管理的高效作用的同时，也要注重规则意识，不管是"用人唯亲"还是"用人唯贤"，保障企业管理轨迹沿有效的规章制度运行，才是企业用人的核心。

（二）企业管理与现代公司治理结构

企业主在企业管理中权力突出，职业经理人的作用日趋明显。在企业的日常管理中，主要出资人仍然扮演着相对重要的角色。根据 2013 年年底的私营企业调查数据显示，高达 59.1% 的企业出资人直接负责企业日常管理，而高层管理会议占据了 18.7% 的比例，也具有一定的影响企业日常管理的能力。

但值得注意的是，这两项数据相比于 2011 年年底的调查均有所下降，相反，职业经理人（21.6%）对企业日常管理的活动量在近四次调查中呈稳步上升的趋势。现代企业发展要求高素质的企业管理者以应对更开放、更复杂的市场竞争环境，职业经理人拥有更高的管理艺术、更强的领导水平、更好的组织才能，处理问题穿透力强，辐射范围广，因而越来越多地成为企业在接轨国际化发展过程中"掌舵手"的人选（见表 48）。

表 48　企业日常管理　　　　　　　　　　　　　　　单位：%

	2008 年		2010 年		2012 年		2014 年	
	样本数	有效百分比	样本数	有效百分比	样本数	有效百分比	样本数	有效百分比
主要出资人本人	1 395	34.6	3 023	69.8	3 020	60.8	3 510	59.1
高层管理会议	2 344	58.1	726	16.8	1 258	25.3	1 108	18.7
职业经理人	246	6.1	523	12.1	653	13.1	1 281	21.6
其他	49	1.3	62	1.4	40	0.8	42	0.7
合计	4 034	100.0	4 334	100.0	4 971	100.0	5 941	100.0

私营企业的重大决策权仍然被企业主牢牢把握在手中，在被调查企业中有 47.7% 的企业的重大决策是由主要出资人本人决定的，这一近半的数据再次说明了私营企业主在企业决策中拥有中心位置，但企业主与股东会（23.8%）、董事会（18.3%）的重大决策比例均有所下降，企业重大决策权力开始向高层管理会议（9.6%）、职业经理人（0.6%）这类更专业的管理层面下放（见表 49）。

表 49　企业重大决策　　　　　　　　　　　单位：%

	2008 年		2010 年		2012 年		2014 年	
	样本数	有效百分比	样本数	有效百分比	样本数	有效百分比	样本数	有效百分比
主要出资人本人	1 335	33.2	2 323	52.0	2 376	48.2	2 851	47.7
股东会	857	21.3	930	20.8	1 365	27.7	1 419	23.8
董事会	982	24.4	976	21.8	921	18.7	1 094	18.3
高层管理会议	815	20.2	224	5.0	249	5.1	574	9.6
职业经理人	—	—	—	—	—	—	33	0.6
其他	37	0.9	18	0.4	14	0.3	0	0.0
合计	4 026	100.0	4 471	100.0	4 925	100.0	5 971	100.0

八、私营企业的慈善和社会责任

（一）环境保护投入的力度

私营企业环保费用支出大量增加，主动治污意识凸显。2015 年 1 月 1 日起，新环保法和《企业事业单位环境信息公开暂行办法》正式施行。社会公众对环境问题给予更多的关注，对企业履行环境责任提出了更高的要求。本次调查数据显示，2013 年为治理污染投入的有 1 881 家（约占提供该数据的私营企业数量的 35%），缴纳环保治污费的企业有 1 705 家（约占提供该数据的私营企业数量的 32%）。2013 年，企业为治理污染共投入了 484 844 万元，平均每家企业投入 88.95 万元，相比 2011 年的均值 29.24 万元，增长了 200.01%；缴纳环保治污费 602 857 万元，平均每家企业缴纳 113.11 万元（见表 50）。从百分位数来看，虽然半数以上企业仍未在环保上进行投入，但 75% 的企业治污投入为 5.00 万元，高于 2011 年的 2.40 万元，增长了 100.08%，治污费为 1.00万元，与 2011 年持平。以上指标说明，越来越多的企业日益重视环境问题，环保意识在提升，主动治污力度在加大。

表50　2013 年中国私营企业环保费用支出总体情况　　　　单位：万元

项目		治理污染投入	环保治污费
频数	有效	5 451	5 327
	缺失	693	817
总计		484 844	602 857
均值		88. 95	113. 17
中值		0. 00	0. 00
众数		0. 00	0. 00
极小值		0. 00	0. 00
极大值		100 000	195 367
百分位数	25	0. 00	0. 00
	50	0. 00	0. 00
	75	5. 00	1. 00

（二）公益事业捐赠情况

大部分私营企业在最近两年为扶贫、救灾、环保、慈善等公益事业进行过捐助。2012 年有 3 671 家（约占提供该数据的私营企业数量的 65.7%）为公益事业进行了捐助，而 2013 年则有 3 733 家（约占提供该数据的私营企业数量的 66.7%）。2013 年企业捐助总额达到 147 384.64 万元，比 2012 年捐助总额 112 179.24 万元高出 35 205.40 万元，增加了 31.40%；2013 年每家企业平均捐赠额为 26.33 万元，比 2012 年的 20.07 万元高出 6.26 万元，增长了 31.19%（见表 51）。企业通过对扶贫、救灾、环保、慈善等公益事业的捐助，既提升了自身品牌的知名度和美誉度，也有利于改善人民生活，助力每个人实现"中国梦"。

表51　2013 年中国私营企业公益事业捐赠情况　　　　单位：元

项目		2012 年	2013 年
频数	有效	5 588	5 597
	缺失	556	545
总计		1 121 792 390	1 473 846 388
均值		200 750. 25	263 327. 92
中值		10 000	10 000

项目		2012 年	2013 年
极小值		0.00	0.00
极大值		120 000 000	150 000 000
百分位数	25	0.00	0.00
	50	10 000	10 000
	75	58 000	70 000

　　企业社会责任的履行和实现程度与企业自身的发展息息相关。企业规模越大，企业捐赠越多，在大额（高于 2013 年私营企业捐赠额平均数）捐赠中，大中型企业占到 62.2%（见表 52）。而在企业捐赠数量上，小微企业所占比重更大，被调查企业的 4 230 家企业中有 2 532 家企业有过捐赠行为，意味着有60% 的私营企业有捐赠行为；而在被调查的 1 361 家大中型私营企业中，有1 193 家有捐赠行为，捐赠率达到了 88%。这表明，大中型企业拥有更强的捐赠意愿，捐赠行为也更为积极，是私营企业公益捐赠的中流砥柱。随着经济改革进一步深化和我国私营企业部门的快速成长，大中型私营企业将在公益捐赠中发挥更大的作用。

表 52　2013 年不同类型企业捐赠额比重

			捐赠等级			合计
			未捐赠	低于 2013 年私营企业捐赠额平均数	高于 2013 年私营企业捐赠额平均数	
企业类型	小微型	数量	1 698	2 312	220	4 230
		比重	91.0%	73.6%	37.8%	75.7%
	大中型	数量	168	831	362	1 361
		比重	9.0%	26.4%	62.2%	24.3%
合计		数量	1 866	3 143	582	5 591
		比重	100.0%	100.0%	100.0%	100.0%

注：2013 年私营企业捐赠额平均数为 26.33 万元。

　　（三）参与公共事业的情况

　　企业参与公共事业方面，本次调查显示，有 61.6% 的企业与政府主办的公益组织合作或参与其中；46.4%的企业向民间慈善组织捐款或合作；30.9%的企业向媒体组织的公益活动捐款或合作；更有40.9%的企业自行组织慈善公益活动；而仅有8.4%的企业发布了企业社会责任报告，虽然较往年有所提升，但说明私营企业的企业社会责任制度和机制建设没有跟上来，大部分企业还没有建立战略性企业社会责任意识（见表53）。相较2011年来说，无论是参与政府主办的公益组织还是民间组织，都有很大的提升，但仍有更多的企业愿意加入政府性的公益活动中去。这反映了我国公益事业社会化程度还有待提升，政府、社会组织以及捐赠人三方的关系有待进一步明晰。

表53　2013年中国私营企业参与公共事业情况

企业社会责任行动方式				
项目	是		否	
	数量	比例	数量	比例
参与政府主办公益组织	3 438	61.6%	2 147	38.4%
参与民间慈善组织	2 448	46.4%	2 829	53.6%
参与媒体组织公益活动	1 526	30.3%	3 510	69.7%
自行组织慈善公益活动	2 148	40.9%	3 102	59.1%
发布企业社会责任报告	401	8.4%	4 364	91.6%

九、发展环境的变化和发展中存在的突出问题

（一）资金运转的困难与问题

融资问题在我国企业发展中一直是一个备受诟病的疑难问题，近年来私营经济的融资规模和渠道虽已有所改善，但在国际金融危机以及复杂多变的国内市场双重冲击之下，我国一些企业的融资问题仍不容乐观。流动资金贷款作为一种高效实用的融资手段，是企业做活经营管理的重要资金渠道，2013年企业流动资金中，贷款的比例总体而言达到了24%，其中，大中型企业（29%）对贷款的依赖性更大，小微型企业的贷款比例为22%；而小微型企业在流动资金中的自有资金比例达到了74%，比大中型企业（67%）高出7个百分比，这反映出小微型企业在贷款难、融资难的现实状况中遭受了更严峻的考验（见表54）。

　　而在 2013 年企业扩大再生产的资金来源结构，也与上述情况大致相同，大中型企业以 28% 的贷款资金比例，高于小微型企业 19% 的比例，大中型企业有较为明显的优势；小微型企业在扩大再生产中拥有 63% 的自有资金，略高于大中型企业 61% 的比例，反映了小微型企业想要扩大其现有生产经营规模的融资难度更大（见表 54）。来自外部投资（包括上市融资、风险投资）在被调查企业的扩大再生产中的作用几乎可以忽略不计。进一步分析表明，这种情况在东、中、西部间的地区差异并不明显。

表 54　2013 年不同类型企业的融资情况　　　　　　　单位：%

	企业类型		总体
	小微型企业	大中型企业	
流动资金中的贷款比例	22	29	24
流动资金中的自有资金比例	74	67	72
扩大再生产资金中的贷款比例	19	28	21
扩大再生产资金中的自有资金比例	63	61	62

（二）资金借贷的对象与效应

　　企业借贷的主要对象是股份制商业银行。私营企业对金融机构贷款的获取能力存在一定的差异，被调查的私营企业在股份制商业银行、小型金融机构、民间借贷、互联网金融借贷这四个渠道中获得贷款的中位数都是 0。另外，私营企业在这四个渠道获得的贷款最大值分别达到了 609.7 亿、13 亿、4 亿和 0.8 亿，应注意到其标准差也相应高达 86 335、2 824、836 和 150（见表 55），反映了只有较少的企业能够获得巨额贷款，尤以股份制商业银行最为明显，应该说私营企业从这四种渠道中获得贷款的规模与差异程度是有很大的区别的，相对来说，股份制商业银行在贷款方面的差异更大。

　　从按不同企业类型划分来看，小微型企业与大中型企业的贷款能力也有很大不同，小微型企业在股份制商业银行、小型金融机构、民间借贷这三类固有的金融机构的贷款平均数分别为 2 294 万元、186 万元、39 万元，不及大中型企业的平均数（分别为 7 498 万元、785 万元、157 万元），但在互联网这类新兴的借贷机构中获得的贷款均值却高于大中型企业，小微型企业获贷款均值为

5 万元，大中型企业则为 2 万元，可见小微型企业在新兴的贷款市场已率先有所突破。但不论是大中型企业还是小微型企业，股份制商业银行都是获取资金最多的渠道，民间借贷还处于较低水平（见表 55）。

表 55　2013 年私营企业从不同融资渠道获取贷款的能力差异　单位：万元

		中位数	最小值	最大值	均值	标准差
小微型企业	股份制商业银行	81.8%	0	6 096 900	2 294	98 560
	小型金融机构	74.6%	0	85 000	186	1 747
	民间借贷	72.8%	0	10 000	39	347
	互联网金融借贷	70.6%	0	7 600	5	171
大中型企业	股份制商业银行	87.9%	0	350 000	7 498	26 033
	小型金融机构	78.7%	0	129 090	785	4 766
	民间借贷	75.8%	0	43 356	157	1 574
	互联网金融借贷	73.8%	0	1 000	2	36
总体	股份制商业银行	83.3%	0	6 096 900	3 599	86 335
	小型金融机构	75.5%	0	129 090	334	2 824
	民间借贷	73.5%	0	43 356	68	836
	互联网金融借贷	71.4%	0	7 600	4	150

注：小型金融机构指的是村镇银行、农村信用社、小额贷款公司等。

小微型企业与大中型企业贷款的利息差异明显。表 56 统计了 2013 年私营企业贷款的利息差异情况，尽管样本量较上题偏小，但仍可清晰地看出，互联网金融借贷以中位数 22.0 万元、平均数 4 573 万元高居借贷渠道利息榜首，位居第二位的民间借贷中位数是 10.0 万元，其次是小型金融机构的 8.0 万元，最低的是股份制商业银行的 7.5 万元。

从表 56 中还可看出，小微型企业和大中型企业在贷款的利息方面有一定差别。除了在股份制商业银行中，小微型企业以 7.8 万元的中位数利息高于大中型企业的 7.2 万元，在其他三种融资渠道都低于大中型企业。例如，前者的小型金融机构贷款利息中位数是 8.0 万元，后者则是 8.2 万元；前者在民间借贷机构的利息中位数是 10.0 万元，低于后者的 12.0 万元；前者在互联网金融借贷机构的年利息率中位数是 22.0 万元，后者则为 22.5 万元，但这并不能说明小微型企业的还贷压力小于大中型企业（见表56）。

表56　2013年私营企业从不同融资渠道获取贷款的利息差异　单位：万元

		样本比	中位数	最小值	最大值	均值	标准差
小微型企业	股份制商业银行	7.8	0	2 470	12.6	84	1 256
	小型金融机构	8.0	0	1 000	12.3	54	613
	民间借贷	10.0	0	250	11.6	17	339
	互联网金融借贷	22.0	0	21 433	1 280.0	4 009	58
大中型企业	股份制商业银行	7.2	0	616	9.9	32	835
	小型金融机构	8.2	0	8 172	43.8	475	303
	民间借贷	12.0	0	70	15.4	12	100
	互联网金融借贷	22.5	0	227 322	28 451.2	80 356	8
总体	股份制商业银行	7.5	0	2 470	11.5	68	2 091
	小型金融机构	8.0	0	8 172	22.7	277	916
	民间借贷	10.0	0	250	12.5	16	439
	互联网金融借贷	22.0	0	227 322	4 573.4	28 095	66

注：小型金融机构指的是村镇银行、农村信用社、小额贷款公司等。

首先，企业间"三角债"问题突出。表57展示了不同类型和地区的企业间的欠款情况。总体来说，企业间的款项拖欠情况十分严重，其均值相较2011年年底的调查情况增长很大。被调查企业拖欠其他企业的借、贷款均值达到了1 424万元，而其他企业拖欠被调查企业款项均值也高达1 096万元，"三角债"问题依然存在且突出。

其次，从不同企业类型来看，大中型企业作为债权方的平均水平要高于小微型企业，小微型企业的拖欠款项明显大于大中型企业，这从一定水平上反映了小微型企业紧张的债务问题；在不同的地区划分中，东部和中部地区不管在债务还是在债权上，其小微型企业的平均水平都小于大中型企业，但在西部地区情况则不一样，该地区小微型企业的企业间借贷水平远高于大中型企业。

最后，从不同地区分布来看，不管是在东部、中部还是西部，大中型企业的资产负债率都要高于小微型企业，前者的数据分别为47%、48%、59%，后者则为44%、39%、43%。此外，资产负债率是从2009年新增的调查项目，

2009 年的资产负债率平均值为 19.6%，2011 年为 20.6%，而在 2013 年这一数字激增到 45%（表57）。

表57　2013 年不同地区和类型私营企业的欠款均值情况

		政府拖欠本企业的款项（万元）	其他企业拖欠本企业的贷款、借款（万元）	本企业拖欠其他企业的贷款、借款（万元）	资产负债率(%)
东部	小微型企业	27	269	172	44
	大中型企业	121	1 126	562	47
	合计	51	485	271	45
中部	小微型企业	90	192	61	39
	大中型企业	1 973	1 326	815	48
	合计	491	435	222	42
西部	小微型企业	18	4 638	8 113	43
	大中型企业	139	866	774	59
	合计	47	3 748	6 379	48
总体	小微型企业	43	1 088	1 664	42
	大中型企业	560	1 124	662	49
	合计	166	1 096	1 424	45

（三）企业投资的方向与效应

企业新增投资更多用于扩大原有产品生产规模。企业新增投资的使用方式是从 2011 年开始调查的问题，这一调查的关注点在于通过对新增投资使用方式的考察，来观察市场环境对企业行为的影响。根据 2013 年的调查数据，东部、中部、西部地区的新增投资用于扩大原有产品生产规模的比例都有较高水平，其中中部和西部地区更是在 50% 以上；"企业技术创新、工艺改造"也在东部、中部、西部三个地区分别占到了 12.7%、14.4% 和 14.0% 的比例，数字较为接近；但在企业新产品研发方面的新增投资，东部地区以 40.8% 的高水平比例遥遥领先于其他地区，西部地区这一数字不足东部的 1/7，仅为 5.5%；但西部地区的新增投资在收购、兼并或投向其他企业方面以 19.6% 的比例远高于东部的 7.6% 和中部的 6.1%。此外，东部、中部、西部三个地区在市场开发、民间借贷、净利润中用于投资等对资金的使用方式中差异不大（见表58）。

表58　2013年不同地区企业新增投资的使用方式分布　　　单位：%

新增投资使用方式	地区分布			
	东部	中部	西部	总体
扩大原有产品生产规模	31.5	52.4	52.2	37.5
企业技术创新、工艺改造	12.7	14.4	14.0	13.1
企业新产品研发	40.8	16.6	5.5	32.1
市场开发	6.7	7.2	6.8	6.8
股市、期货	0.2	0.6	0.2	0.3
民间借贷	0.6	2.6	1.7	1.1
收购、兼并或投向其他企业	7.6	6.1	19.6	9.2
净利润中用于投资	35.0	37.7	33.2	35.1

企业净利润中用于投资的数额有五倍增长。对比2011年与2013年的企业对新增投资的使用方式，可以明显看到企业资金在用于新产品研发、收购与兼并、投资这三项的比重有所提升，其中以投资的增长幅度最大，从2011年的6.3%提升到2013年的35.1%，有近5倍的增长；与这三项对比的其余各项均有所下降（见表59）。

表59　2011年与2013年企业新增投资的使用方式的比较　　　单位：%

新增投资使用方式	2011年	2013年
扩大原有产品生产规模	53.8	37.5
企业技术创新、工艺改造	18.7	13.1
企业新产品研发	19.3	32.1
市场开发	—	6.8
股市、期货	1.3	0.3
民间借贷	1.8	1.1
收购、兼并或投向其他企业	3.3	9.2
净利润中用于投资	6.3	35.1

（四）税费负担的变化

小微型企业纳税绝对值不高，但纳税增长率势头强劲。2013年私营企业全年纳税平均数为 663 万元，中位数为 64 万元，而 2011 年这一税额的均值为 461 万元，中位数为 39 万元（见表 60），可见私营企业纳税额的增长是很快的。

首先，从不同地区分布来看，东部地区以 100 万元的纳税中位数位列地区首位，远高于中部地区的 40 万元和西部地区的 32 万元，而纵向比较来看，东部、中部地区的纳税额与 2011 年的调查数据相比均呈倍数增长，西部地区则远为不及（见表 60）。

其次，从不同的企业类型划分来看，大中型企业以 400 万元的纳税额中值，十数倍于小微型企业的 30 万元，但纵向来看，与 2011 年的数据相比，小微型企业纳税额有 50% 左右的增长率，而大中型企业却遭受了一成左右的下降（见表 60）。

企业缴纳规费的数额快速增长，反映出相关法律的监管更为严格。2013 年全国私营企业缴纳各种规费的中位数是 8 万元、平均数是 117 万元，较 2011 年的中值 4 万元翻了一番，规费的快速增长反映了我国相关法律在完善，相关监管趋于严密，使得创办私营企业的条件更为严格；但同时我们也应注意优化私营企业发展环境。

在地区分布上，东部地区 10 万元的规费中值领先其他地区，是中部（5 万元）和西部（5 万元）的总和，三个地区规费相较 2011 年数据的增长大体一致；大中型企业因其更大的经营规模，也以 32 万元的规费缴纳数倍高出于小微型企业的 5 万元，表现出其一定的正向楷模的作用（见表 60）。

表 60　2011 年和 2013 年税费对比　　　　　　单位：万元

			纳税额		规费	
			均值	中值	均值	中值
2011 年	地区划分	东部	522	52	77	5
		中部	397	15	44	2
		西部	328	28	65	2
	企业类型	小微型	134	20	26	2
		大中型	1 657	450	219	26
	合计		461	39	67	4

			纳税额		规费	
			均值	中值	均值	中值
2013 年	地区划分	东部	797	100	120	10
		中部	409	40	74	5
		西部	623	32	172	5
	企业类型	小微型	217	30	44	5
		大中型	1 866	400	316	32
	合计		663	64	117	8

税费占比出现了微幅的降低。2013 年私营企业缴纳税费占其营业收入的比例较 2011 年下降了 0.03%，有微幅降低。

从地区分布来看，西部地区下降了 0.27%，东部、中部地区却有所上升，这可能是国家西部大开发战略使西部获得了一定的经济政策倾斜。

从企业类型来看，大中型企业的税费占比也有 0.05% 的下降，与此对应的小微型企业却有 0.02% 的微升（见表 61）。

表 61　2011 年、2013 年税费占营业收入的比例比较

			税费占销售额比例（%）			
			均值	均值增长率	中值	中值增长率
2011 年	地区划分	东部	0.08	—	0.05	—
		中部	0.09	—	0.05	—
		西部	0.10	—	0.06	—
	企业类型	小微型	0.09	—	0.06	—
		大中型	0.07	—	0.04	—
	合计		0.09	—	0.05	—
2013 年	地区划分	东部	0.09	0.06	0.06	0.05
		中部	0.09	-0.01	0.05	0.04
		西部	0.09	-0.05	0.04	-0.27
	企业类型	小微型	0.10	0.06	0.06	0.02
		大中型	0.07	0.00	0.04	-0.05
	合计		0.09	0.02	0.05	-0.03

十、私营企业主的市场信心与市场预期

（一）对企业发展环境的评价

有将近五成（48%）的被访企业主认为在过去两年里，企业发展环境向好的程度很大（7.8%）和比较大（40.2%），认为很差的企业主的比例仅有4.5%。另有24.4%和23.2%的被访者分别选择了"变化不大"和"不好说"，合计为47.6%（见图12），和做出积极评价的被访者的比例相当。这说明企业发展环境的改善仍然需要政府、市场和社会的更多关注。不过需要指出的是，由于调查的时间点是在2014年年初，因此这反映的是被访企业主对于2012年和2013年企业发展环境的一个评价。2014年以来党和政府在改善企业发展环境方面，尤其是简政放权方面又释放了更多的红利。企业主的评价如何，需要更新的数据来调查。

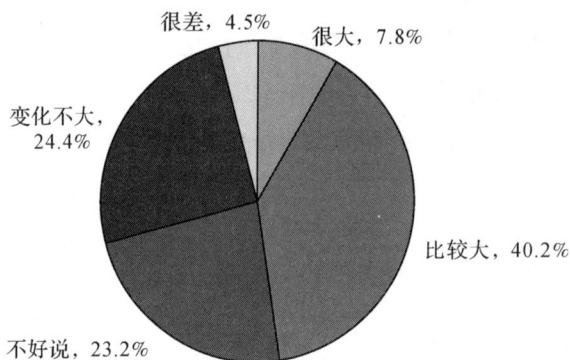

图12 企业主对近两年发展环境向好程度的评价

进一步的分析表明，资产规模越大的企业，认为近两年发展环境向好程度更大的比例越高。资产规模1亿元以上的被访企业主有12.2%认为向好程度很大，52.4%认为比较大，合计为64.6%。1000万到1亿元资产规模的企业主做出肯定评价的比例合计达到了63%（很好与比较大的比例分别为11.5%和51.5%）。与此形成较大反差的是，100万到1000万元资产规模的企业主只有7.3%和39.3%分别做出了向好程度很大和比较大的评价，合计为46.6%；资产规模在100万元以下的小企业主做出肯定性评价的比例合计则只有34.2%，

其中表示很大的只有 4.8%，比较大的有 29.4%（见表 62）。

表 62　不同资产规模的企业主对近两年发展环境向好程度的评价

资产规模分组 过去两年企业 发展环境向好的程度	100 万元以下	100 万 ~ 1000 万元	1000 万 ~ 1 亿元	1 亿元以上
很大	4.8%	7.3%	11.5%	12.2%
比较大	29.4%	39.3%	51.5%	52.4%
不好说	31.2%	21.7%	15.1%	16.0%
变化不大	29.5%	26.7%	18.7%	16.6%
很差	5.1%	5.1%	3.3%	2.8%

统计检验：$\chi^2 = 200.703$　$df = 12$　$p < 0.000$

与此类似的是，企业雇工人数越多的企业主，对近两年来发展环境向好程度的评价也越积极。雇工在 200 人以上的企业主认为发展环境向好程度很大与比较大的合计达到了 59.7%，100 ~ 199 人的合计为 56.5%，60 ~ 99 人的合计为 50.2%；雇工人数更低的企业主的肯定性回答则开始低于 50%，其中 20 ~ 59 人的为 47.5%，9 ~ 19 人的为 38.1%，8 人以下的为 26.6%（见表 63）。如果说资产规模和雇工人数均是衡量企业规模的有效指标的话，那么两者综合起来判断，可以说大型企业对发展环境的评价更加积极，而提高中小企业的评价则是执政者应该思考的关键点。

表 63　不同雇工人数的企业主对近两年发展向好程度环境的评价

企业雇工人数分组 过去两年企业 发展环境向好的程度	8 人（含） 以下	9 ~ 19 人	20 ~ 59 人	60 ~ 99 人	100 ~ 199 人	200 人 以上
很大	3.2%	4.3%	7.5%	7.8%	9.9%	11.1%
比较大	23.4%	33.8%	40.0%	42.4%	46.6%	48.6%
不好说	37.2%	27.5%	22.2%	22.3%	18.3%	16.7%
变化不大	30.4%	30.0%	25.6%	23.0%	20.7%	20.2%
很差	5.9%	4.6%	4.7%	4.5%	4.6%	3.5%

统计检验：$\chi^2 = 314.649$　$df = 20$　$p < 0.000$

　　大多数被访企业主将发展环境向好的因素归结为政府服务水平的提高。在调查问卷中，诸多提供给被访者选择的发展环境向好的因素中，有 64.1% 的被访者选择了"政府部门服务意识有所增强"，59.0% 选择了"行政审批减少"，有 38.7% 选择了"企业税费负担有所减轻"，25.8% 选择了"融资难题有所缓解"，后两个选项的比例都较低，说明金融类困扰仍然是制约企业发展的重要瓶颈。有 31.8% 选择了"注册资本登记实缴改认缴"，这一比例相对较低，可能是因为这一政策仅仅与新注册企业有关。

　　就企业类型来说，大中型企业选择"政府部门服务意识有所增强"的比例相对于小微型企业来说要高出 11.5%（见表 64），选择"行政审批减少"的比例也略高（差别并不明显），他们选择融资难有所缓解的比例也略高于小微型企业。但小微型企业在税费负担问题上的选择比例要高于大中型企业，这也许是这几年来政府致力于减轻小微型企业税费负担的工作效果。

表 64　不同类型企业的企业主认为发展环境向好的因素

企业类型 企业认为发展环境向好的因素	小微型	大中型	合计
行政审批减少	2 520	822	3 342
	58.5%	60.4%	59.0%
注册资本登记实缴改认缴	1 419	383	1 802
	32.9%	28.2%	31.8%
企业税费负担有所减轻	1 733	462	2 195
	40.2%	34.0%	38.7%
融资难题有所缓解	1 063	400	1 463
	24.7%	29.4%	25.8%
政府部门服务意识有所增强	2 642	990	3 632
	61.3%	72.8%	64.1%
合计	4 307	1 360	5 667

　　53.3% 的被访企业主将融资成本高作为他们认为企业发展环境不好的主要因素，这一比例略低于"缺少人才、技术、信息"的 58.7%，排名第二。有意思的是，大中型企业对于人才、技术、信息的不满（65.3%）要高于小

微型企业（56.6%），且幅度较为明显（8.7%）。排名第三的是"税费负担重"，有45.1%的被访者选择了这一点。且与上一题相呼应的是，选择这一题的大中型企业的比例（49.5%）要高于小微型企业（43.7%）（见表65），这再次印证了大中型企业对减轻税负的呼声。选择"准入门槛不合理"和"缺乏场地、设施"的比例分别为22.8%和24.7%，这也许是近些年来简政放权工作取得的成效，许多过去对准入门槛和场地设施的要求已经在商事制度改革中予以修正或废除。

表 65　不同类型企业的企业主认为发展环境不好的因素

企业类型 企业认为发展环境不好的因素	小微型	大中型	合计
准入门槛不合理	1 029	300	1 329
	23.2%	21.5%	22.8%
融资成本高	2 287	824	3 111
	51.5%	59.0%	53.3%
缺少人才、技术、信息	2 513	912	3 425
	56.6%	65.3%	58.7%
缺乏场地、设施	1 116	326	1 442
	25.1%	23.4%	24.7%
税费负担重	1 942	691	2 633
	43.7%	49.5%	45.1%
其他	113	43	156
	2.5%	3.1%	2.7%
合计	4 439	1 396	5 835

（二）对市场监管的评价

被访企业主认为市场监管中存在的最主要的问题是"部门职能交叉，重复监管"，在问卷提供的诸多选项中，选择这一问题的比例有68.2%。有56.6%的选择了"部门职责不清，相互推诿"，这一问题的实质依然是部门之间的扯皮与不负责。有28.1%的选择了"执法不公，选择执法"。有意思的是，15.0%的被访企业家认为目前的市场监管"处罚较轻，惩戒不足"，而15.9%

的被访者认为"处罚过重，影响发展"（见表66）。这两方面的不同意见如何协调需要更大的智慧，同时也需要更清晰地厘清到底哪些执法企业主认为过轻，哪些认为过重。

表66　不同类型企业的企业主认为市场监管中存在的问题

企业类型 市场监管中存在的问题	小微型	大中型	合计
部门职能交叉，重复监管	2 786	984	3 770
	66.7%	73.1%	68.2%
部门职责不清，相互推诿	2 361	764	3 125
	56.5%	56.8%	56.6%
执法不公，选择执法	1 192	361	1 553
	28.5%	26.8%	28.1%
处罚较轻，惩戒不足	659	169	828
	15.8%	12.6%	15.0%
处罚过重，影响发展	691	188	879
	16.5%	14.0%	15.9%
其他	59	15	74
	1.4%	1.1%	1.3%
合计	4 179	1 346	5 525

在对党和政府颁布的一些促进私营经济和私营企业发展的政策的了解方面，总的趋势是教育程度越高的企业主，对相关政策了解越高。具体来说，小学及以下程度不了解《国务院关于进一步支持小型微型企业健康发展的意见》（简称"小微企业29条"）的有23.1%，而到了大学程度的被访者那里，这一比例只有10.5%，而研究生被访者不知道这一政策的只有6.2%；再如，《42项"民间投资36条"实施细则》不知道的比例，则从小学及以下的34.6%，降到研究生的13.1%；不知道国务院办公厅下发的《关于金融支持经济结构调整和转型升级的指导意见》的比例，小学及以下的为30.8%，研究生为13.4%（见表67）。

表 67 不同教育程度的企业主对若干政策的了解程度

您是否了解下列的政策?	了解程度	教育程度					
		小学及以下	初中	高中/中专	大专	大学	研究生
《国务院关于进一步支持小型微型企业健康发展的意见》（简称"小微企业29条"）	比较了解	15.4%	12.5%	18.0%	24.7%	25.7%	35.5%
	听说过	61.5%	70.7%	65.6%	65.1%	63.8%	58.4%
	不知道	23.1%	16.8%	16.4%	10.2%	10.5%	6.2%
	统计检验：$\chi^2 = 144.401$ $df = 10$ $p < 0.000$						
42项"民间投资36条"实施细则	比较了解	13.5%	7.2%	12.0%	18.0%	18.5%	28.2%
	听说过	51.9%	59.1%	60.0%	60.9%	60.1%	58.7%
	不知道	34.6%	33.7%	28.0%	21.1%	21.4%	13.1%
	统计检验：$\chi^2 = 154.865$ $df = 10$ $p < 0.000$						
国务院办公厅下发的《关于金融支持经济结构调整和转型升级的指导意见》	比较了解	9.6%	6.8%	12.3%	18.1%	19.7%	28.5%
	听说过	59.6%	60.0%	60.2%	59.6%	60.0%	58.0%
	不知道	30.8%	33.2%	27.4%	22.3%	20.4%	13.4%
	统计检验：$\chi^2 = 150.864$ $df = 10$ $p < 0.000$						

　　小微型企业对这些政策的了解程度均要明显低于大中型企业。例如，有13.2%的小微型企业主不知道"小微企业29条"，而大中型企业这一比例只有7.9%。不知道《42项"民间投资36条"实施细则》的比例分别为25.9%和14.1%，相差11.8%。国务院办公厅下发的《关于金融支持经济结构调整和转型升级的指导意见》的知晓率相差13.5%，小微企业和大中型企业的不知晓率分别为26.2%和12.7%（见表68）。这说明政策宣传要进一步地向低学历和小微型企业的企业主倾斜（而这两者往往是高度相关的），要设计出符合小微企业特征的宣传方案。

　　党的十八届三中全会提出，"经济体制改革是全面深化改革的重点，核心问题是处理好政府与市场的关系，使市场在资源配置中起决定性作用和更好地发挥政府作用"。调查询问了被访企业主对这一论述所可能引发的效应的评价。企业主可以从"同意"、"比较同意"、"不知道"、"不太同意"、"不同意"这五个选项中进行选择。我们对这五个选项分别从5到1由高到低进行赋值并计算均值。均值越高，表示被访者越同意相关的预期判断；反之相反。

表68　不同企业类型的企业主对若干政策的了解程度

您是否了解下列的政策？	了解程度	企业划型	
		小微型企业	大中型企业
《国务院关于进一步支持小型微型企业健康发展的意见》（简称"小微企业29条"）	比较了解	20.7%	32.3%
	听说过	66.1%	59.8%
	不知道	13.2%	7.9%
	统计检验：$\chi^2 = 96.825$　$df = 2$　$p < 0.000$		
42项"民间投资36条"实施细则	比较了解	14.1%	25.8%
	听说过	60.1%	60.1%
	不知道	25.9%	14.1%
	统计检验：$\chi^2 = 154.572$　$df = 2$　$p < 0.000$		
"国务院办公厅下发的《关于金融支持经济结构调整和转型升级的指导意见》	比较了解	14.1%	27.5%
	听说过	59.7%	59.8%
	不知道	26.2%	12.7%
	统计检验：$\chi^2 = 198.262$　$df = 2$　$p < 0.000$		

被访企业主对于上述论述可能引发的效应呈现出积极评价。四项积极评价的得分均值均在4分以上。而两项负面预期的均值都在3分以下。其中认为"市场竞争将逐步有序和规范"的得分最高（4.20），紧随其后的是"企业发展将面临更为广阔的空间"（4.11）、"将极大地增强企业发展信心"（4.10）和"阻碍经济健康发展的诸多障碍将被打破"（4.09）。认为"推行起来太困难，不抱什么希望"的得分只有2.84，而"说了也白说，不会有太大改善"的得分为2.52（见表69）。

在对同一问题的判断上，资产规模更大的企业主的评价更为积极，这一趋势非常明显和稳健。例如，在对"市场竞争将逐步有序和规范"的判断上，100万元以下规模的企业主的打分是4.13，100万~1000万元是4.19，1000万~1亿元是4.24，1亿元以上是4.28。其他选项的情况与此类似，不再赘述。

表 69　不同资产规模的企业主对十八届三中全会论述的评价

资产规模分组　　评价	资产规模分组				
	100 万元以下	100 万 ~ 1 000 万元	1 000 万 ~ 1 亿元	1 亿元以上	合计
阻碍经济健康发展的诸多障碍将被打破	4.02	4.06	4.15	4.21	4.09
市场竞争将逐步有序和规范	4.13	4.19	4.24	4.28	4.20
企业发展将面临更为广阔的空间	4.06	4.10	4.14	4.25	4.11
将极大地增强企业发展信心	4.03	4.09	4.14	4.19	4.10
推行起来太困难，不抱什么希望	2.99	2.92	2.73	2.48	2.84
说了也白说，不会有太大改善	2.68	2.60	2.39	2.20	2.52

　　超过六成的被访企业主对"注册资本实缴改为认缴的后果"呈积极态度。64.8% 的被访者认为此举将使得创业热情得到激发，60.1% 的被访者认为企业数量会迅速增加。与之相对应的，持消极看法的比例较低。有 19.5% 的被访者认为"作用有限，不会产生大的变化"，19.8% 的被访者认为"放宽资本准入门槛将影响市场秩序"（见表 70）。此外，大中型企业的被访者的态度相较于小微型企业来说更为积极一些，但差别并不显著。

表 70　不同类型企业的企业主对"注册资本实缴改为认缴的后果"的看法

企业类型　　注册资本实缴改为认缴的后果	小微型	大中型	合计
创业热情得到激发	2 918	970	3 888
	63.9%	67.6%	64.8%
企业数量迅速增加	2 697	912	3 609
	59.0%	63.6%	60.1%
作用有限，不会产生大的变化	918	253	1 171
	20.1%	17.6%	19.5%
放宽资本准入门槛将影响市场秩序	912	277	1 189
	20.0%	19.3%	19.8%
合计	4 569	1 435	6 004

调查还询问了被访企业认为哪些企业信用信息网上公布会对企业诚信经营最有影响力。选择最高的是行政机关公布对企业违法行为的处罚信息，中选率为50.1%。随后是企业资质资格信息（44.4%）、企业年度报告信息（40.6%）和企业登记备案信息（38.1%）（见表71）。

表71　不同类型企业的企业主认为的对企业诚信经营最有影响的网上公布信息

哪些企业信用信息网上公布 会对企业诚信经营最有影响力　　　　企业类型	小微型	大中型	合计
企业登记备案信息	1 820	468	2 288
	39.8%	32.8%	38.1%
企业年度报告信息	1 795	639	2 434
	39.3%	44.7%	40.6%
企业资质资格信息	2013	650	2 663
	44.0%	45.5%	44.4%
行政机关公布对企业违法 行为的处罚信息	2232	773	3 005
	48.8%	54.1%	50.1%
合计	4 571	1 429	6 000

针对工商部门进行的"先照后证"的改革，超过六成的被访者持积极的看法。61.7%的被访者认为会更加方便人们创办企业，14.6%的被访者认为有利于解决政府部门间的推诿扯皮。与此同时，也有10.8%的被访者认为证照先后顺序调整没有解决审批的核心问题，12.9%的被访者认为说不好。

表72　不同类型企业的企业主对实行"先照后证"改革的看法

企业类型 您对实行先照后证改革怎么看?	小微型	大中型	合计
更加方便人们创办企业	61.1%	63.5%	61.7%
有利于解决政府部门间 的推诿扯皮	14.8%	14.0%	14.6%
证照先后顺序调整没有 解决审批的核心问题	10.6%	11.2%	10.8%
说不好	13.4%	11.3%	12.9%

　　企业主对企业设立过程中的注册登记困难的主要抱怨在于前置审批的手续和程序复杂。有60.2%的被访者认为"登记前置审批程序繁杂"，56.0%的被访者认为"登记前置审批项目过多"。对于其他困难的抱怨比例则明显降低。36.1%的被访者认为审批周期过长，29.1%的被访者认为审批信息不够透明公开，18.1%的被访者认为登记前置审批条件不合理（见表73）。小微型企业和大中型企业在不同的项目上的选择比例互有高低，但总体来说相差并不明显。可以认为，这些困难带有一定的普遍性。

表73　不同类型企业的企业主对企业设立过程中注册登记困难的评价

企业类型 企业设立过程中遇到的注册登记困难	小微型	大中型	合计
审批信息不够透明公开	1 261	362	1 623
	29.8%	27.0%	29.1%
登记前置审批项目过多	2 307	811	3 118
	54.6%	60.4%	56.0%
登记前置审批程序繁杂	2 519	836	3 355
	59.6%	62.2%	60.2%
登记前置审批条件不合理	775	232	1 007
	18.3%	17.3%	18.1%
审批周期过长	1 475	538	2 013
	34.9%	40.1%	36.1%
其他	47	12	59
	1.1%	0.9%	1.1%
合计	4 228	1 343	5 571

　　企业主还选择了他们认为的最难办、最不合理的行政审批项目。按照由高到低排列分别为卫生许可证、食品安全许可证、文化经营许可证、餐饮服务许可证、互联网上网服务营业场所许可证、医疗器械经营许可证、其他（见表74）。这种选择的分布受到行业分布的影响很大，因此仅供参考。

表74　企业主对"企业最难办、最不合理的行政审批"的选择

回　应 企业最难办、最不合理的行政审批	频数	百分比	应答百分比
卫生许可证	1 266	23.0%	38.0%
食品生产许可证	1 007	18.3%	30.2%
餐饮服务许可证	761	13.8%	22.9%
文化经营许可证	860	15.6%	25.8%
互联网上网服务营业 场所许可证	683	12.4%	20.5%
医疗器械经营许可证	498	9.0%	15.0%
其他	438	7.9%	13.2%
合计	5 513	100.0%	165.6%

　　超过八成的被访企业主（81.4%）将"简化手续，提高效率"作为他们对行政审批改革的期待，"最大限度减少审批项目和环节"也被67.5%的被访者选择，选择"公开审批事项和标准"的比例为44.9%（见表75）。小微型企业和大中型企业的区别并不明显，企业家的呼声带有普遍性。

表75　不同类型企业的企业主对行政审批改革的期待

企业类型 对行政审批改革的期待	小微型	大中型	合计
最大限度减少审批 项目和环节	3 001	1 008	4 009
	66.3%	71.1%	67.5%
公开审批事项和标准	1 997	672	2 669
	44.1%	47.4%	44.9%
简化手续，提高效率	3 634	1 202	4 836
	80.3%	84.8%	81.4%
其他	49	14	63
	1.1%	1.0%	1.1%
合计	4 525	1 417	5 942

（三）私营企业对社会政治经济形势的预期

本次调查第一次询问了被访企业主对于未来五年政治、经济和社会形势发展的预期。数据显示，企业主们的经济危机感较强。有 28.10% 和 42.60% 的被访者认为未来很有可能或较有可能发生物价大幅上涨的危机，合计达到了70.70%。认为就业越来越困难的企业主占到了 70.20%，其中选择很有可能和较有可能的分别占到了 23.60% 和 46.60%。紧随物价和就业之后的是房地产，分别有 22.40% 和 40.40% 的被访者认为房地产"泡沫"很有可能或较有可能破裂。认为经济会陷入低迷的比例则有 52.30%，其中认为很有可能的为16.60%，较有可能的为 35.70%。需要指出的是，由于调查时点的关系（2014 年3~4 月），"通胀"压力在调查时较为明显，而宏观经济指标下行的压力相较目前（2015 年 7 月）要轻。企业主对于宏观经济走势的预期可能会随着宏观经济形势的变化而发生变化。但总体而言，较为普遍的经济危机感是一个不争的事实。

有意思的是，被访企业家对生态环境恶化的危机感超过了对于经济陷入低迷的危机感。分别有 22.30% 和 39.10% 的被访者认为未来生态环境会恶化，合计达到61.40%。

企业主们认为社会危机爆发的可能性则要低得多。有 13.10% 的被访者认为很有可能社会矛盾会激化，选择较有可能的为 29.80%，合计达到了42.90%。认为其他经济和社会风险有可能激化的合计达到了 27.10%。这一比例较低很有可能是因为题干指向不明，因为选择"不好说"的比例高达46.20%（见图13）。

认为未来五年会爆发战争或恐怖主义引发灾难的比例很低。选择很有可能的仅为 5.40%，较有可能的为 14.20%，合计仅为 19.60%。

超过七成（73.60%）的被访企业主同意"各种所有制经济依法平等使用生产要素，公开公平公正参与市场竞争，同等受到法律保护难以实现"，其中同意的有 35.50%，比较同意的有 38.10%。

分别有 35.70% 和 38.00% 的被访者同意和比较同意"国家没有必要继续扩大对外援助，而应更加关注国内民生的改善"，合计达到 73.70%。这显示出国内的企业主希望政府更多地关注国内民生而不是对外援助。但对政府是否应该提高关税来保护本国产品，企业主们的看法并不统一。有 28.20% 和 28.00% 的

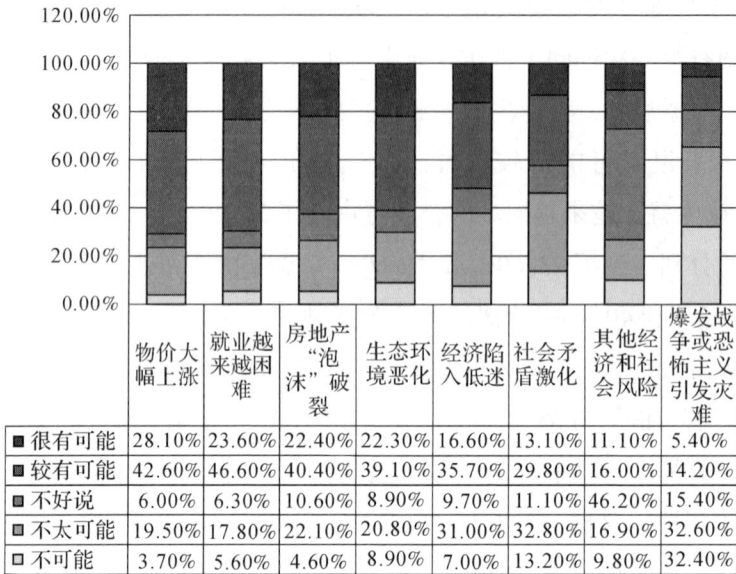

	物价大幅上涨	就业越来越困难	房地产"泡沫"破裂	生态环境恶化	经济陷入低迷	社会矛盾激化	其他经济和社会风险	爆发战争或恐怖主义引发灾难
■ 很有可能	28.10%	23.60%	22.40%	22.30%	16.60%	13.10%	11.10%	5.40%
■ 较有可能	42.60%	46.60%	40.40%	39.10%	35.70%	29.80%	16.00%	14.20%
■ 不好说	6.00%	6.30%	10.60%	8.90%	9.70%	11.10%	46.20%	15.40%
■ 不太可能	19.50%	17.80%	22.10%	20.80%	31.00%	32.80%	16.90%	32.60%
□ 不可能	3.70%	5.60%	4.60%	8.90%	7.00%	13.20%	9.80%	32.40%

图 13 企业主对于未来五年政治、经济和社会危机的预期

被访者表示同意和比较同意，合计为 56.20%，认为不好说的达到了 27.90%，还有合计 15.9% 的被访者表示并不同意（见图 14）。进一步分析可以关注不同地域和行业的企业主对是否实施更有保护主义色彩的经济政策的看法。

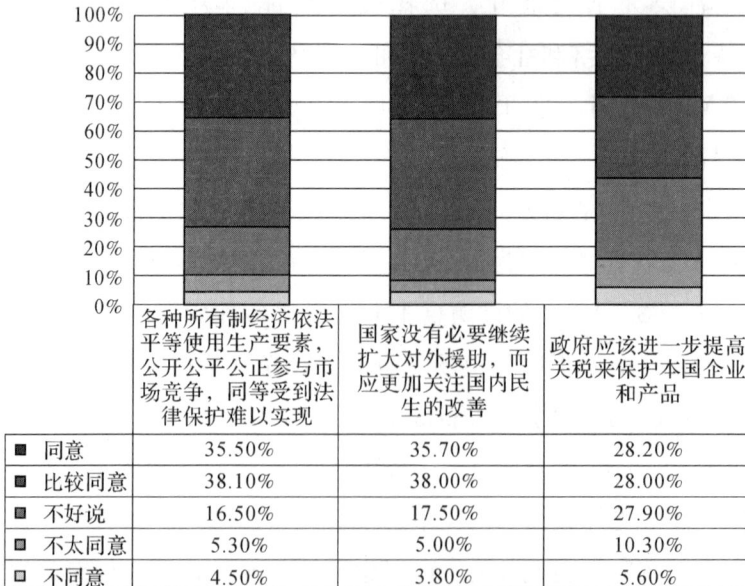

	各种所有制经济依法平等使用生产要素，公开公平公正参与市场竞争，同等受到法律保护难以实现	国家没有必要继续扩大对外援助，而应更加关注国内民生的改善	政府应该进一步提高关税来保护本国企业和产品
■ 同意	35.50%	35.70%	28.20%
■ 比较同意	38.10%	38.00%	28.00%
■ 不好说	16.50%	17.50%	27.90%
■ 不太同意	5.30%	5.00%	10.30%
□ 不同意	4.50%	3.80%	5.60%

图 14 企业主对市场竞争和保护主义的看法

（四）私营企业对"中国梦"的看法

企业主们对于自己和"中国梦"的关系持正面积极的看法。合计有 75.6%
的被访者对"私营企业主是实现中国梦最重要的群体"持肯定态度，其中表示
同意的占 30.1%、比较同意的占 45.5%。

企业主们理解的"中国梦"带有"积极的个人主义"的色彩。分别有
24.7% 和 35.5% 的被访者同意和比较同意"我的'中国梦'首先是实现个
人理想，然后才是中华民族复兴"，合计达到了 60.2%。还有 23.9% 的被
访者表示"不好说"。仅有合计 15.9% 的人对此持否定态度，对于"中国
梦是政府提出的概念，与我关系不大"这一表述，表示不太同意和不同意
的分别达到了 57.4% 和 4.7%，合计达到了 62.1%（见图 15），显示出
"中国梦"这一概念得到了企业主阶层较为广泛的认可。对"中国梦"的
宣传工作，也应该抓住这一特点，从个人的角度切入，将个人的梦想与国
家民族的复兴有机地结合起来。

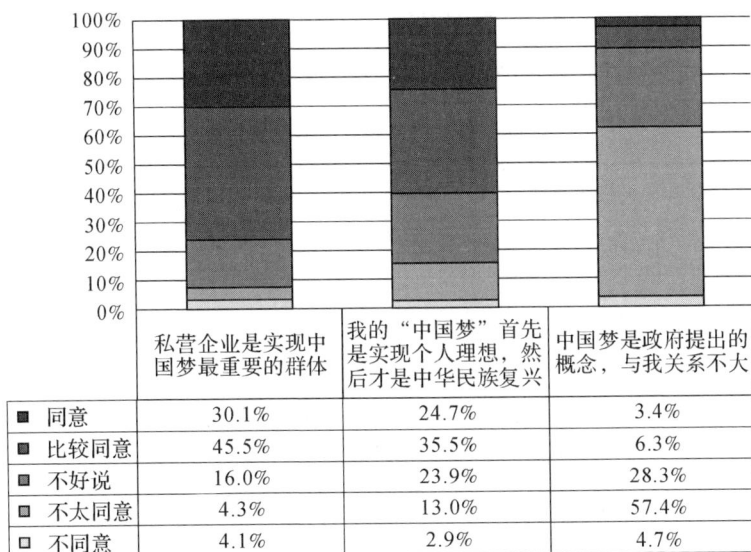

	私营企业是实现中国梦最重要的群体	我的"中国梦"首先是实现个人理想，然后才是中华民族复兴	中国梦是政府提出的概念，与我关系不大
■ 同意	30.1%	24.7%	3.4%
■ 比较同意	45.5%	35.5%	6.3%
▣ 不好说	16.0%	23.9%	28.3%
▨ 不太同意	4.3%	13.0%	57.4%
□ 不同意	4.1%	2.9%	4.7%

图 15 企业主对于"中国梦"的看法

（五）对统战工作的评价

工商联会员企业参与工商联组织的 42 项"民间投资 36 条"实施细则和
"小微企业 29 条"的评估工作的比例（26.5%）要明显高于非会员企业

（6.4%）。同时，工商联会员企业对于这一活动的不知晓率（9.5%）也要明显低于非会员企业（24.5%）（见表76）。这凸显出了工商联会员企业在工商联活动中的组织优势。

表76　被访者参与工商联组织的两项政策的评估工作情况

您是否参与过工商联组织的42项"民间投资36条"实施细则和"小微企业29条"的评估工作？	您是不是工商联会员？		
	是	不是	合计
参与过	26.5%	6.4%	20.4%
没有参与	64.0%	69.0%	65.5%
没听说过	9.5%	24.5%	14.1%

统计检验：$\chi^2 = 395.975$　$df = 2$　$p < 0.000$

从抽样调查结果来看，私营企业出资人对党的群众路线教育实践活动有一定的了解或是体验，参加过活动的有2 117人，占34.46%；知道但未参加的有3 370人，占54.85%；不知道的有657人，占10.69%（见表77）。

表77　对于群众路线活动了解情况

活动知道和参加情况	人数	百分比
不知道	657	10.69%
参加过	2 117	34.46%
知道，但没参加过	3 370	54.85%
总计	6 144	100.00%

对于活动取得的成效，受访者普遍总体评价比较积极，不少人认为"四风"的蔓延势头的确得到了遏制，社会风气明显好转，许多关乎群众切身利益的问题得到妥善解决或明显改善，政府机构的办事效率明显提高，党员干部的工作作风有了很大转变。但也有9.86%的人认为活动前和活动后没什么明显变化；6.22%的人认为"四风"问题只是表面上被遏制了，实际上变得更加严重（见表78）。

表 78　党的群众路线教育实践活动取得效果情况（多选）

效果	百分比
"四风"蔓延的势头的确得到了遏制，社会风气明显好转	73.24%
许多关乎群众切身利益的问题得到妥善解决或明显改善	45.31%
政府机构的办事效率明显提高	42.81%
党员干部的工作作风有了很大转变	46.60%
活动前和活动后没什么明显变化	9.86%
"四风"问题只是表面上被遏制了，实际上变得更加严重	6.22%

从抽样调查结果来看，私营企业出资人对统战部门参与全面深化改革，服务非公有制经济发展有较高的期望。主要期望从高到低依次是：推动政策落实，形成有利于非公有制经济发展的政策环境，占 71.52%；开展调查研究，向党和政府反映非公有制企业的发展诉求，占 53.78%；畅通协商渠道，组织非公有制经济人士为全面深化改革建言献策，占 51.51%；引导转型升级，支持非公有制企业加强科技创新和管理创新，占 46.43%；宣传先进典型，为非公有制经济发展营造良好社会氛围，占 36.75%。

2013 年以来，中央统战部、全国工商联以"民营企业家与中国梦"为主题，共同组织开展了非公有制经济人士理想信念教育实践活动。抽样调查结果显示，开展这项活动在非公有制经济人士中产生了一定的影响。参加了有关活动的占 23.16%；听说过这项活动的占 33.45%；不了解的占 43.39%（见表79）。

表 79　对非公有制经济人士理想信念教育实践活动的了解情况

了解程度	百分比
参加了有关活动	23.16%
听说过这项活动	33.45%
不了解	43.39%

同时有 68.93% 的人认为，很有必要继续深入开展理想信念教育实践活动。这一定程度上说明，理想信念教育实践活动契合了非公有制经济人士的现实需求和思想需求，但在进一步搞好活动的宣传组织、扩大覆盖面、提升传播力等

方面还须进一步加强和改进（见表80）。

表80　对继续深入开展理想信念教育实践活动的看法

是否有必要继续深入开展这项活动	百分比
很有必要深入开展	68.93%
没有必要继续开展	2.64%
无所谓	28.43%

同时，非公有制经济人士认为，开展理想信念教育实践活动，最能有效增强信念、信任、信心和信誉的途径从高到低依次是：营造公平的市场竞争环境，占73.60%；帮助企业解决发展中的实际困难，占70.13%；搭建与党委政府的沟通平台，占55.71%，促进企业间交流合作，占54.54%；加强形势和理论政策宣讲，占31.88%；加强对非公有制先进典型的宣传，占29.67%。可见，当前，非公有制经济人士思考问题的基本点还是"在商言商"，为企业生产经营呼吁与争取良好的环境和条件，始终是他们第一位的关注点（见表81）。

表81　对增强"四信"有效方式的看法

方式	百分比
营造公平的市场竞争环境	73.60%
帮助企业解决发展中的实际困难	70.13%
搭建与党委政府的沟通平台	55.71%
促进企业间交流合作	54.54%
加强形势和理论政策宣讲	31.88%
加强对非公有制先进典型的宣传	29.67%

（六）私营企业出资人对新生代企业家教育培养的有关看法

目前，以私营企业主子女为主的新生代企业家开始崭露头角，部分人已顺利接班，或在企业中担任重要职务。大部分受访者对新生代企业家政治参与持支持和肯定态度。61.15%的人认为，新生代应适当参与各级工商联组织；48.39%的人认为，应扩大新生代的政治参与，鼓励其积极参政议政；还有27.54%的人认为，新生代企业家应以企业经营为主，不应参政议政。对于统战部门加强新生代企业家培养教育的合适方式，从高到低依次是：举办多种形式的学习培训，占 63.12%；发挥老一代企业家传帮带作用，占 55.71%；组建联谊会等团体，搭建沟通交流平台，占 52.70%；组织开展考察调研，占44.23%；组织他们为改革发展建言献策，占 38.22%。可见，绝大多数私营企业主希望统战部门通过组织学习、帮带、考察、交流、建言献策等多种方式，在教育、培养和引导新生代企业家中发挥应有作用。此外，还有 15.52% 的人认为，新生代成长主要靠自身努力，统战部门的作用有限（见表82）。

表82　关于统战部门教育培养新生代企业家的方式

措施	百分比
举办多种形式的学习培训	63.12%
发挥老一代企业家传帮带作用	55.71%
组建联谊会等团体，搭建沟通交流平台	52.70%
组织开展考察调研	44.23%
组织他们为改革发展建言献策	38.22%
新生代成长主要靠自身努力，统战部门的作用有限	15.52%

课题组成员及报告执笔人（以姓氏拼音为序）：

陈光金、戴建中、范晓光、胡林辉、林泽炎、林蔚然、刘平青、吕　鹏、杨　典、张久荣、赵　刚、赵　莉

私营企业主的互联网行为与媒体信任

吕　鹏

中国社会科学院社会学研究所

中国社会科学院私营企业主群体研究中心

互联网曾经被认为是"精英"们才能享用的高科技奢侈产品，如今却已经在方方面面进入无数普通人的生活。吊诡的是，企业家常常被视为"精英"，但我们对企业家群体使用互联网的情况却缺少足够的认识。大量的研究、专栏、评论和著作讨论了互联网时代下企业与"互联网＋"的关系，但很少有人告诉我们，企业家都在利用互联网做些什么？造成这一谜思的原因，可能是直接回答这一问题的全国性调查数据的缺乏。

第十一次私营企业调查的最新数据首次在问卷中询问了被访者使用互联网的情况。这篇报告致力于在这一领域做出探索性的描述。我们将试图回答四个方面的问题：①私营企业主网民的数量有多少？哪些企业家上网，哪些不上网？②使用互联网的频率和行为具有什么样的特征？③企业家偏向于使用什么样的网络平台来发表自己的观点？④互联网行为对于他们信任不同的传播媒介具有什么样的影响？在回答这些问题的基础上，我们将提出相关的反思与政策建议供学术界和决策者参考。

一、谁是企业家网民？

有近88%的企业家上网。如图1所示，在一共6 144名被访者中，有87.6%的被访者表示自己上网，11.0%表示不上网，还有1.4%未应答（见图1）。被访企业家群体的"触网率"大大高于我国46.9%的互联网普及率

（2014 年 6 月）。① 按照国家工商行政管理总局发布的数据，2013 年年底我国私营经济投资者人数为 2 485.7 万。按照本次调查的比例计算，全国企业家网民的数量大约在 2 177 万。②

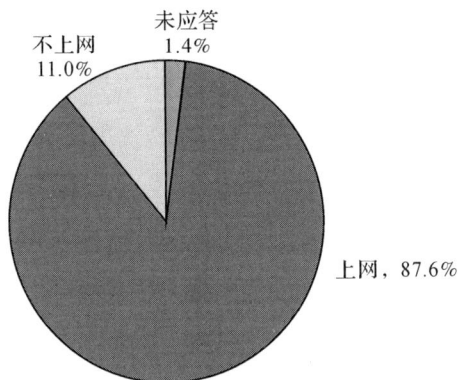

图 1　被访企业家是否上网情况

年纪越轻的被访企业家上网的比例越高。30 岁以下的企业家上网率为 97.0%，而 60 岁以上的组别上网率为 68.0%，两者相差近 30 个百分点（29.0%）。其他年龄组别的被访者上网率在 80% 以上，其中 30～40 岁年龄组是 96.2%、40～50 岁年龄组为 90.8%、50～60 岁年龄组为 83.2%（见表 1）。

表 1　不同年龄组的企业家的上网率

年龄分组 您是否上网?	30 岁以下	30～40 岁	40～50 岁	50～60 岁	60 岁以上
上网	97.0%	96.2%	90.8%	83.2%	68.0%
不上网	3.0%	3.8%	9.2%	16.8%	32.0%

统计检验：$\chi^2 = 270.112$　$df = 4$　$p < 0.000$

为了进一步地分析到底哪些因素与企业家是否上网有显著的关系，我们做了一个二元 Logistic 回归模型。如表 2 所示，年龄、大学学历、政治面貌、地域

---

① 据中国互联网信息中心（CNNIC）第 34 次调查报告的数据，截至 2014 年 6 月，我国网民规模达 6.32 亿，半年共计新增网民 1 442 万人。互联网普及率为 46.9%，较 2013 年年底提升了 1.1 个百分点。网民中农村网民占 28.2%，城镇网民占 71.8%。

② 国家工商总局公布 2014 年年底我国私营经济投资者人数在 3 000 万。按 87.6% 为网民来计算，企业家网民为 2 628 万。但本次调查进行的时间是 2014 年 3—4 月，因此我们采用了工商总局 2013 年年底的数字。

这些因素均对私营企业家是否上网产生了显著影响，企业类型有弱显著影响，而性别因素则并不显著。

表2　影响企业家上网因素的二元 Logistic 回归

		B	S. E,	Wald	df	Sig.	OR 值
性别	（参照：男）	− 0.262	0.135	3.788	1	0.052	0.769
年龄组	（参照：30 岁以下）			203.336	4.000		
	30 ~ 40 岁	− 2.613	0.411	40.372	1.000	0.073	
	41 ~ 50 岁	− 2.440	0.204	143.202	1.000	0.087	
	51 ~ 60 岁	− 1.536	0.152	102.064	1.000	0.215	
	61 岁及以上	− 0.820	0.150	29.682	1.000	0.441	
大学学历	（参照：是）	− 1.031	0.119	74.738	1.000	0.357	
政治面貌	党员（参照）			16.065	2.000		
	民主党派	− 0.344	0.098	12.293	1.000	0.709	
	群众	− 0.569	0.234	5.927	1.015	0.566	
地域	东部（参照）			17.733	2.000		
	中部	− 0.443	0.111	15.918	1.000	0.642	
	西部	− 0.169	0.123	1.892	1.169	0.844	
企业类型	（参照：小微企业）	− 0.317	0.111	8.124	1.004	0.728	
常量		0.585	0.266	4.843	1	0.028	1.795
伪 R^2		0.134					
− 2 对数似然值统计量		3 621.919					

二、企业家上网做什么？

获取信息是企业家网民最主要的互联网行为，其次是社交、业务活动、政治社会活动，而休闲娱乐活动比例最低。具体来说，在企业家经常进行的诸多互联网行为中，"通过上网了解社会新闻资讯"的比例最高，为 70.60%，其次是"通过上网浏览财经类或与本行业相关的专业网站"，比例是 53.60%。经常进行社交类行为（"通过上网与朋友联络"）的比例是 45.80%。业务类行为（"通过上网联系客户、推销产品或其他相关业务等"）经常进行的比例是 40.30%。政治社会类行为（"通过上网发表自己对时事或社会事件的看法和评论"）的比例则大幅下降到 14.80%。有意思的是，只有 13.50% 的被访企业家表示会经常通过上网休闲娱乐（如网络视频、网络音乐、网络游戏）（见图 2）。这很有可能是因为一些企业家的娱乐时间本身非常有限，或有可能是一些企业家的主要娱乐方式是线下进行的，而且以公关目的的活动为主，而线上进行的休闲娱乐活动更多地带有个体的色彩。

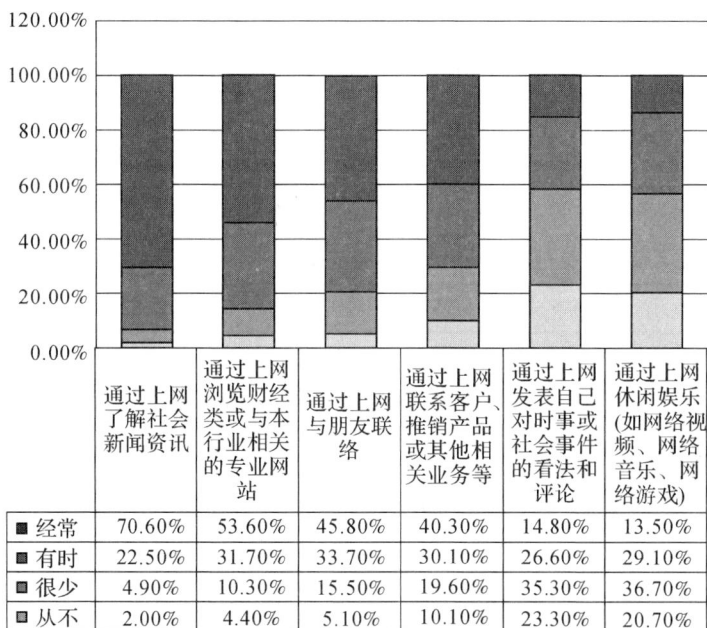

	通过上网了解社会新闻资讯	通过上网浏览财经类或与本行业相关的专业网站	通过上网与朋友联络	通过上网联系客户、推销产品或其他相关业务等	通过上网发表自己对时事或社会事件的看法和评论	通过上网休闲娱乐(如网络视频、网络音乐、网络游戏)
■ 经常	70.60%	53.60%	45.80%	40.30%	14.80%	13.50%
■ 有时	22.50%	31.70%	33.70%	30.10%	26.60%	29.10%
■ 很少	4.90%	10.30%	15.50%	19.60%	35.30%	36.70%
□ 从不	2.00%	4.40%	5.10%	10.10%	23.30%	20.70%

图 2　企业家互联网行为的频率

我们接下来对企业家的互联网行为频率进行了赋值。从"经常"、"有时"、"很少"到"从不"分别从 4 到 1 降序赋值。我们计算了不同类别的企业家进行相关活动的频率的均值。均值越高，表示进行相关活动的频率越高。

男企业家和女企业家的网络行为的活跃程度有所不同。在社交活动、社会政治发声、业务联系、休闲娱乐这四项活动中，女企业家比男企业家更为活跃。其中，社交活动（通过上网与朋友联络）和业务联系（通过上网联系客户、推销产品或其他相关业务等）虽然都是线上活动，但也都带有"外联"的色彩，也符合一般人对女性在社会交往方面更得心应手的印象。女企业家在网上进行休闲娱乐活动的频率明显高于男性，这可能与男企业家有更多的线下休闲娱乐有关。女企业家在政治社会议题上发表评价的频率高于男性，虽然差距并不明显，但背后的原因值得进一步探讨。相反，男企业家比女企业家频率更高的两项活动——了解社会新闻资讯和浏览财经、业务信息——都带有获取资讯和业务学习的特征，内向型的特点也更加明显（见表3）。

表3　不同性别的企业家的互联网行为的频率（均值）

性别　　　　互联网行为	男	女
通过上网与朋友联络	3. 19	3. 29
通过上网了解社会新闻资讯	3. 63	3. 52
通过上网发表自己对时事或社会事件的看法和评论	2. 32	2. 39
通过上网浏览财经类或与本行业相关的专业网站	3. 37	3. 23
通过上网联系客户、推销产品或其他相关业务等	2. 99	3. 08
通过上网休闲娱乐（如网络视频、网络音乐、网络游戏）	2. 33	2. 49

年龄越轻的企业家，一般来说各类网络活动的频率会更高。唯一出现例外的是通过网络联系客户、推销产品这一项。频率均值最高的是31～40岁这一组别（3.41），然后是41～50岁组别（3.35），然后才是30岁以下组别（3.34）。此外，值得注意的是，同样是年龄组之间的差异，各种行为之间的差距幅度有着较大的区别。通过网络与朋友联络的年龄差距最小，30岁以下（3.64）与61岁以上（3.48）的均值相差仅0.16；了解社会资讯的最大与最小年龄组的差异是0.71；对时事发表看法相差0.66；浏览专业网站相差0.57；休闲娱乐活动相差幅度最大，达到了0.81（见图3）。由此可见，企业家的互联网行为的年龄差异是非常明显的。

教育程度越高的企业家，进行各项互联网行为的频率一般越高。这在了解新闻资讯、进行业务学习、网络社交、网络开展业务等活动上都表现得非常稳健。通过网络对时事或社会事件发表评论这一条上，初中学历的被访者的频率低于小学及以下，但随后依然保持了学历越高，活动频率越高的走势。在网上进行休闲娱乐活动的波动较大。初中学历被访者的频率最高，而研究生学历被访者的频率倒数第二低，仅高于小学学历的被访者（见图4）。

◆ 了解社会新闻资讯
■ 与朋友联络
▲ 浏览财经类或与本行业相关的专业网站
✕ 联系客户、推销产品或其他相关业务等
✳ 发表自己对时事或社会事件的看法和评价
● 休闲娱乐（如网络视频、网络音乐、网络游戏）

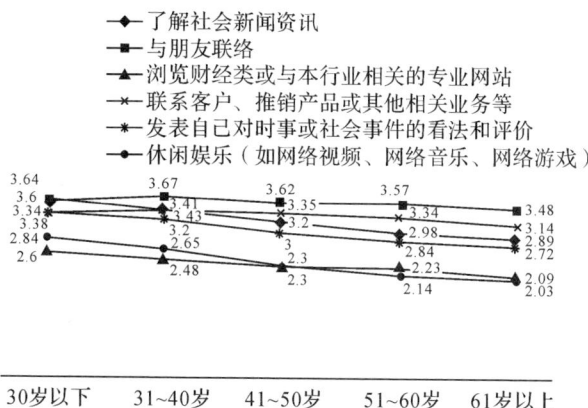

30岁以下　　31~40岁　　41~50岁　　51~60岁　　61岁以上

图3　不同年龄组的企业家互联网行为的频率（均值）

◆ 通过上网了解社会新闻资讯
■ 通过上网与朋友联络
▲ 通过上网浏览财经类或与本行业相关的专业网站
✕ 通过上网联系客户、推销产品或其他相关业务等
✳ 通过上网发表自己对时事或社会事件的看法和评论
● 通过上网休闲娱乐（如网络视频、网络音乐、网络游戏）

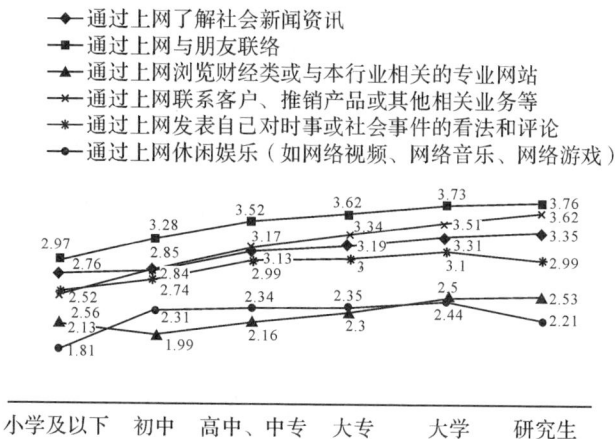

小学及以下　　初中　　高中、中专　　大专　　大学　　研究生

图4　不同教育程度的企业家互联网行为的频率（均值）

有意思的是，在所有类别上，企业家是否有过海外留学或工作经历对于互联网行为的影响都是一致的：有海外经历的企业家在各个项目上的频率都更高。这不仅包括学习、业务和社交类活动，而且也包括休闲娱乐类活动。也就是说，海外回来的企业家不仅更爱（网上）学，也更爱（网上）玩。即便以是否海外留学来分组，被访者也同样呈现出了解资讯类和社交类活动更频繁，而休闲娱乐类活动最少的特征（见图5）。

大企业家更爱学习，而娱乐最少。具体来说，资产规模更大的企业家，在网上了解社会资讯、进行专业学习的频率越高。这两类活动的趋势都非常稳

□ 是　■ 否

休闲娱乐(如网络视频、网络音乐、网络游戏)　2.62 / 2.35

发表自己对时事或社会事件的看法和评价　2.63 / 2.32

联系客户、推销产品或其他业务相关等　3.12 / 3

浏览财经类或与本行业相关的专业网站　3.59 / 3.34

与朋友联络　3.6 / 3.19

了解社会新闻资讯　3.83 / 3.61

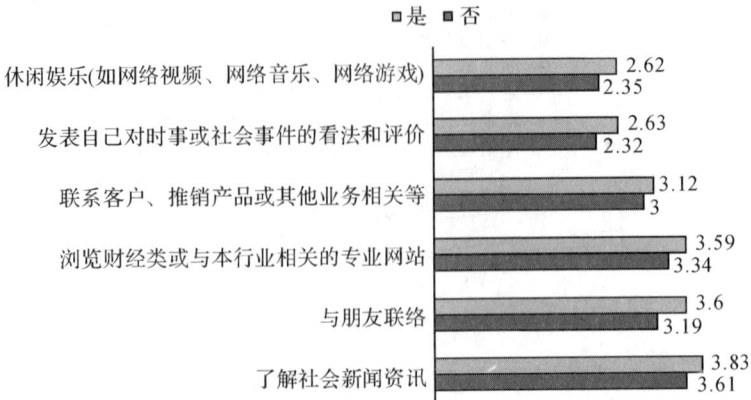

图5　企业家是否海外留学对互联网行为的影响

健。在进行网络社交方面，资产规模在 1 000 万到 1 亿元的企业主的频率（均值 3.12）略低于资产规模 1 亿元以上（均值 3.13），但这种差距非常小，可能并不具有实际差别。在发表社会评论方面，除资产规模 1 亿元以上的企业主最为谨慎之外，其他组别也遵从了资产规模越大活动越频繁的规律。在网上联系客户、推销产品等业务活动的频率，随资产规模不同波动较大，且资产规模在 1 亿元以上的企业家进行这种活动的比例最低。这可能是因为大型企业的这种活动已经很少需要企业家本人从事。最有意思的是，企业家在网上进行休闲娱乐活动的频率随着企业资产规模递减。资产规模 100 万元以下的均值是 2.5，100 万~1 000 万元是 2.33，1 000 万~1 亿元降到了 2.23，到了 1 亿元以上的企业家在这一项的频率均值是 2.09（见图6）。考虑到企业家们上网的主要活动

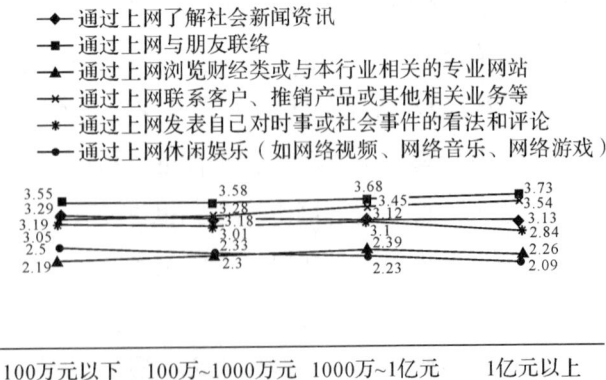

◆—通过上网了解社会新闻资讯
■—通过上网与朋友联络
▲—通过上网浏览财经类或与本行业相关的专业网站
✕—通过上网联系客户、推销产品或其他相关业务等
✱—通过上网发表自己对时事或社会事件的看法和评论
●—通过上网休闲娱乐（如网络视频、网络音乐、网络游戏）

3.55 / 3.58 / 3.68 / 3.73
3.29 / 3.28 / 3.45 / 3.54
3.19 / 3.18 / 3.12 / 3.13
3.05 / 3.01 / 3.1 / 2.84
2.5 / 2.33 / 2.39 / 2.26
2.19 / 2.3 / 2.23 / 2.09

100万元以下　100万~1000万元　1000万~1亿元　1亿元以上

图6　不同资产规模的企业家互联网行为的频率（均值）

里休闲娱乐本来已经最少，而大企业家更多的是上网看新闻、看业务，他们之间的差距就更大。

作为对上述发现的一个侧面再检验，我们还考察了不同雇工人数的企业家的互联网行为。与资产规模一样，雇工人数也是测量企业规模的一个重要指标，两者虽然高度相关，但并不完全等同（资产规模最大的企业也有可能雇用的人数并不是最多）。如图7所示的规律并没有什么实质性的变化，依然表现为雇工人数越多（企业规模越大）的企业家，在上网了解新闻资讯、进行专业活动方面的频率越高，而进行网上休闲娱乐的活动频率越低。其他几个项目在一些组别之间有所波动，但总的趋势并没有改变。

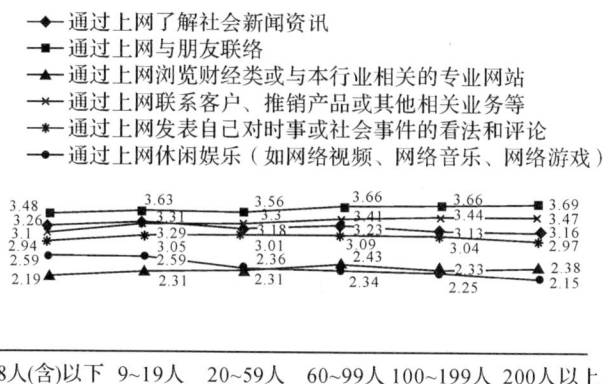

图7　不同雇工人数的企业家互联网行为的频率（均值）

来自东部地区的企业家的各种网络行为的频率一般来说更高，但与中部、西部和东北地区[①]的差异并不大。以与朋友联络为例，虽然东部地区的均值是3.65，中部、西部和东北分别为3.59、3.59和3.53，但差距都不大甚至均值等同（见图8）。有意思的是，在发表对时事的看法和休闲娱乐上，东北地区的企业家的均值得分还高于中部和西部。

---

① 传统的区域划分是国家统计局一直采用的东、中、西部三分法。但近些年来，国家统计局开始在一些统计上使用了东、中、西部和东北地区这样的四分法。东、中、西部和东北地区的划分方法是：东部包括：北京、天津、河北、上海、江苏、浙江、福建、山东、广东和海南。中部包括：山西、安徽、江西、河南、湖北和湖南。西部包括：内蒙古、广西、重庆、四川、贵州、云南、西藏、陕西、甘肃、青海、宁夏和新疆。东北包括：辽宁、吉林和黑龙江。

◆ 通过上网了解社会新闻资讯
■ 通过上网与朋友联络
▲ 通过上网浏览财经类或与本行业相关的专业网站
✕ 通过上网联系客户、推销产品或其他相关业务等
✳ 通过上网发表自己对时事或社会事件的看法和评论
● 通过上网休闲娱乐（如网络视频、网络音乐、网络游戏）

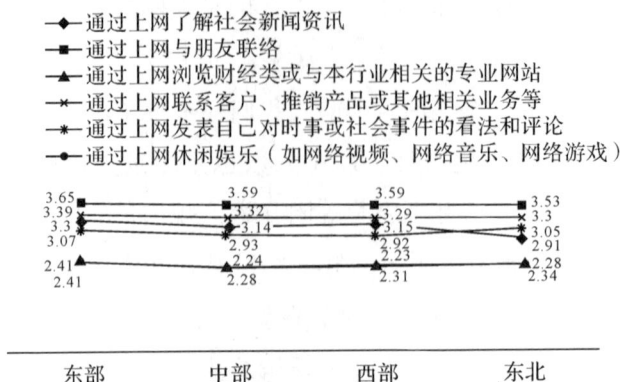

图 8　不同区域的企业家互联网行为的频率

三、企业家喜欢在哪一个网络平台发声？

在微信、博客、微博和论坛中，微信是企业家在互联网上发布观点、看法最为偏好的平台。经常使用微信朋友圈、微信群聊发表观点、看法的被访企业家占 30.30%，而经常使用博客、微博的比例只有 9.30%，各种论坛的只有 6.40%（见图 9）。这种偏好在计算上"有时使用"的比例之后也没有改变。经常和有时使用微信、博客/微博、论坛发表看法的被访企业家占回应企业家的比例分别为 62.30%、32.90% 和 26.40%。造成这种偏好上的分布最为主要的原因可能是微信的崛起，已经大大降低了人们对论坛、博客，甚至微博这样的早先流行的产品的依赖，微信某种程度上成为当前最为流行的互联网社交软件。此外，微信朋友圈和群聊较好的私密性，可能也是企业家更加偏好在这一平台上发表观点的原因。

与企业家的互联网行为频率一样，我们同样对被访者在微信、微博、论坛上发布看法的频率进行了赋值并取均值。均值越高，表明活动的频率越高。

在三类平台上，女企业家比男企业家发表自己看法的频率都要更高一些。在微信上，女企业家的均值是 3.00，而男企业家是 2.71；微博/博客的均值分别是 2.21 和 2.03；论坛上的差距较小，分别为 1.99 和 1.92（见表 4）。这一发现与之前我们所揭示的女企业家比男企业家更常在网络上就时事和社会问题进行评论一致。

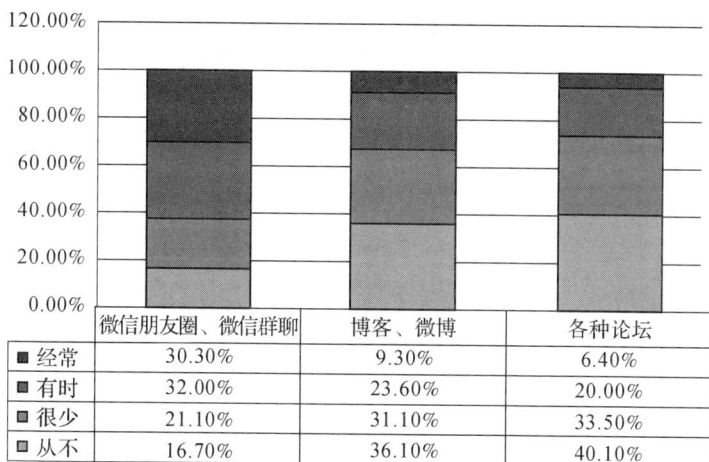

图9　企业家在网络上发布观点、看法的平台偏好

	微信朋友圈、微信群聊	博客、微博	各种论坛
■ 经常	30.30%	9.30%	6.40%
■ 有时	32.00%	23.60%	20.00%
■ 很少	21.10%	31.10%	33.50%
■ 从不	16.70%	36.10%	40.10%

表4　不同性别的企业家在网络上发布观点、看法的平台偏好

	男	女
通过微信朋友圈、微信群聊发布自己的观点、看法	2.71	3.00
通过博客、微博发布自己的观点、看法	2.03	2.21
通过各种论坛发布自己的观点、看法	1.92	1.99

　　不同年龄组的企业家的平台偏好非常明显，差别的走势非常稳健。年纪越轻的被访者越有可能在微信、博客/微博、论坛上发表自己的观点、看法。这里值得关注的是年龄最小的年龄组（30岁以下）与年龄最大的年龄组（61岁以上）之间均值的差距。上述三种平台的差距分别为1.02、0.95、0.61（见图10）。如果我们与之前各种网络行为频率之间的年龄差异做对比的话，就会发现这里的差异比各种网络行为的差异还要明显。此外有意思的是，越是"更前卫"的平台（如微信），年龄差距越大。这可能是因为更年轻的组别更多地使用更前卫的平台，从而拉开了差距。

　　学历越高的被访企业家在各类平台上就社会事件发表自己看法的频率越高。无论是在微信、微博/博客还是论坛上，这一趋势都非常稳健且每组不同学历之间的差距都比较明显。只有大学学历和研究生学历两组的差距较小，也就是说，大学学历和研究生学历的企业家之间的差别，没有他们与没有大学学

通过微信朋友圈、微信群聊发布自己的观点、看法
通过博客、微博发布自己的观点、看法
通过各种论坛发布自己的观点、看法

3.28
2.64
2.3
3.08
2.33
2.11
2.77
2.02
1.89
2.46
1.86
1.82
2.26
1.69
1.69

30岁以下　　31～40岁　　41～50岁　　51～60岁　　61岁以上
年龄分组

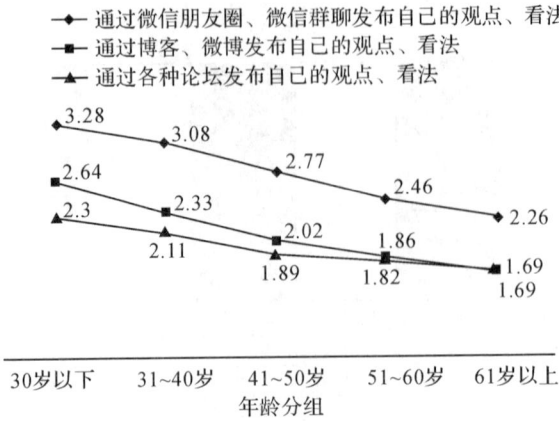

图 10　不同年龄组的企业家在网络上发布观点、看法的平台偏好

历的企业家之间的差别大，这也验证了大学学历是一个重要的区别指标（见图11）。此外，企业家对各个平台的偏好排序依然是微信遥遥领先。微博/博客和论坛之间比较接近，尤其是在学历较低的被访者之间。

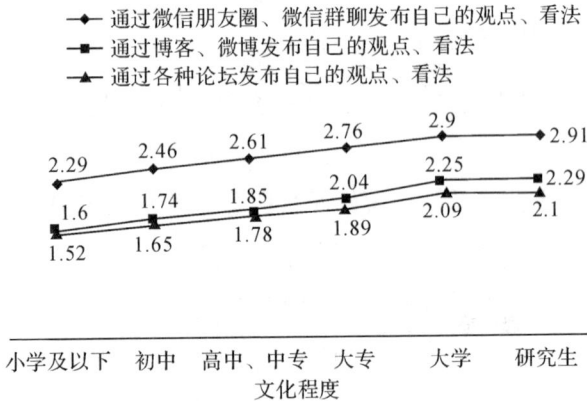

通过微信朋友圈、微信群聊发布自己的观点、看法
通过博客、微博发布自己的观点、看法
通过各种论坛发布自己的观点、看法

2.29
1.6
1.52
2.46
1.74
1.65
2.61
1.85
1.78
2.76
2.04
1.89
2.9
2.25
2.09
2.91
2.29
2.1

小学及以下　　初中　　高中、中专　　大专　　大学　　研究生
文化程度

图 11　不同教育程度的企业家在网络上发布观点、看法的平台偏好

有过海外留学或工作经历的企业家在各个平台上发布自己观点、看法的频率都更加频繁，且与对照组的差别明显（见图12）。联系到之前我们所揭示的海外经历的企业家在所有网络行为上的频率都更为频繁，可以说，他们是互联网世界的活跃分子。

资产规模越大的企业家在各类平台上发布自己观点、看法的频率越低。100万元以下资产的企业家在微信上发声的均值为 2.78，随着资产规模变大一

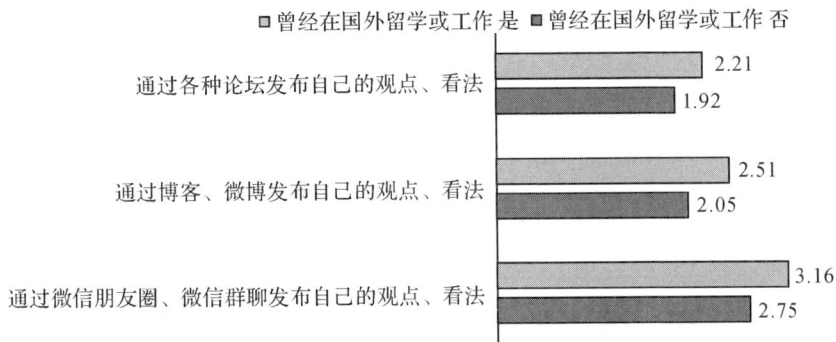

□ 曾经在国外留学或工作 是 ■ 曾经在国外留学或工作 否

通过各种论坛发布自己的观点、看法 2.21 / 1.92

通过博客、微博发布自己的观点、看法 2.51 / 2.05

通过微信朋友圈、微信群聊发布自己的观点、看法 3.16 / 2.75

图 12　海外留学经历对企业家在网络上发布观点、看法平台偏好的影响

路下降，到 1 亿元以上时降到了 2.51 （见图 13）。此外，在之前我们已经揭示，资产规模更大的企业家在了解新闻资讯、进行业务学习等方面频率要更加频繁，而进行娱乐活动频率更低。可以说，大企业家更喜欢进行学习，而不太喜欢在网络上进行娱乐和发声；而小企业家的偏好则相反。

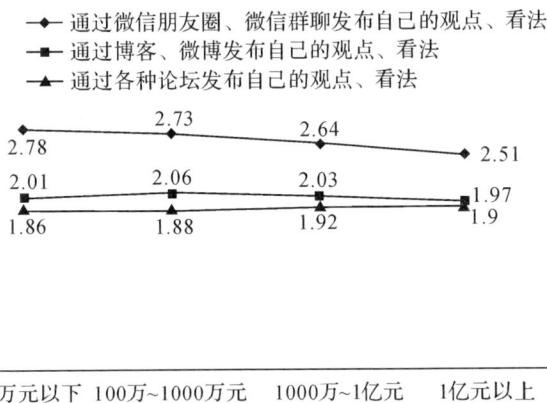

→ 通过微信朋友圈、微信群聊发布自己的观点、看法
→ 通过博客、微博发布自己的观点、看法
→ 通过各种论坛发布自己的观点、看法

2.78　2.73　2.64　2.51
2.01　2.06　2.03　1.97
1.86　1.88　1.92　1.9

100万元以下　100万~1000万元　1000万~1亿元　1亿元以上

图 13　不同资产规模的企业家在网络上发布观点、看法的平台偏好

四、企业家信任什么媒体？

面对各类纷繁复杂的政治和社会信息，企业主会觉得哪一种媒体渠道的报道最值得信任？本次调查首次对这一问题进行了询问。我们将"非常可信"和"比较可信"视为肯定性的回答，"不可信"与"非常不可信"视为否定性的回答。调查显示，按照企业家对媒体的信任程度来分，可以分为四个方阵（见图 14）。

官方主流媒体（如中央电视台、《人民日报》、新华网等）的受信任程度最高，为 89.80%（非常可信和比较可信的比例分别为 34.40% 和 55.40%）；分别有 29.70% 和 55.40% 的被访者选择非常信任和比较信任自己的亲友，合计达到了 85.10%，综合信任程度排列第二；接下来是官方背景研究机构（如社科院、政府的研究院），有 84.40% 的被访者表示信任（非常可信和比较可信的比例分别为 26.60% 和 67.80%）。

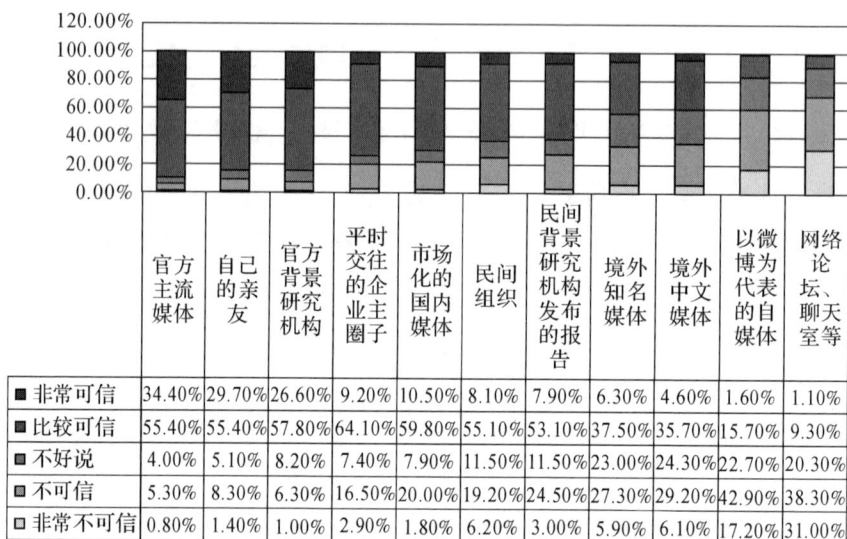

	官方主流媒体	自己的亲友	官方背景研究机构	平时交往的企业主圈子	市场化的国内媒体	民间组织	民间背景研究机构发布的报告	境外知名媒体	境外中文媒体	以微博为代表的自媒体	网络论坛、聊天室等
■ 非常可信	34.40%	29.70%	26.60%	9.20%	10.50%	8.10%	7.90%	6.30%	4.60%	1.60%	1.10%
■ 比较可信	55.40%	55.40%	57.80%	64.10%	59.80%	55.10%	53.10%	37.50%	35.70%	15.70%	9.30%
■ 不好说	4.00%	5.10%	8.20%	7.40%	7.90%	11.50%	11.50%	23.00%	24.30%	22.70%	20.30%
■ 不可信	5.30%	8.30%	6.30%	16.50%	20.00%	19.20%	24.50%	27.30%	29.20%	42.90%	38.30%
□ 非常不可信	0.80%	1.40%	1.00%	2.90%	1.80%	6.20%	3.00%	5.90%	6.10%	17.20%	31.00%

图 14　企业主对媒体渠道政治和社会信息的信任①

这三类渠道的肯定性回答的比例超过了八成，可以视为媒体信任的第一方阵。其中两类渠道均为官方渠道，说明官方渠道报道的政治和社会信息的可信度在企业家那里得到了肯定。亲友的受信任程度也很高，这既与中国是一个熟人社会有关，也符合一般的人伦常情。事实上，在大多数的社会调查中，亲友往往是受信任程度最高的群体。在这项调查中，亲友的受信任程度略低于官方主流媒体，可能与题干询问的是对政治和社会信息的信任而不是一般性信任有关。

构成第二方阵的是四个肯定性回答超过六成的渠道，分别为平时交往的企业主圈子、市场化的国内媒体（如各类都市报、财经报、新闻杂志等）、民间

---

① 为便于答题者理解，问卷上对于每一类媒体都在后面列举了若干有代表性的媒体。在图表中为了表达更加直白和美观，我们省去了这些列举。具体列举的媒体名称如正文内容所示。

组织（如您本人所属的行业协会等）、民间背景研究机构（如基金会、商会）发布的报告，肯定性回答的比例分别为73.30%、70.30%、63.20%和61.00%。与官方不同，这四类渠道大体上带有民间或市场的色彩。

第三方阵是境外媒体。境外知名媒体（如BBC、《纽约时报》等）和境外中文媒体（如中国港台地区媒体、境外中文网站）获得的肯定性回答的比例分别为43.80%和40.30%。有意思的是，被访者对境外媒体的可信度表示"不好说"的比例较高，分别为23.00%和24.30%，明显高于前述的渠道。这可能与不少被访者实际上并没有真正地深入接触境外媒体的报道有关。

第四方阵是网络自媒体，分为以微博为代表的自媒体和网络论坛、聊天室等两类。① 两者的肯定性回答的比例分别为17.30%和10.40%，表明这两个渠道非常可信的比例明显低于其他渠道，分别只有1.60%和1.10%。网络自媒体受到的信任程度之低，也许出乎一些人的意料之外。这从某种程度上也反映了企业家网民对互联网自媒体的反思。

我们对被访者的回答重新进行了赋值，从"非常可信"、"比较可信"、"不好说"、"不可信"到"非常不可信"，分别从5到1赋值，然后我们计算了每一个选项的均值。均值越高，表示被访者对它的信任程度越高；反之则越低。

企业家对媒体渠道的信任方面的性别差异并不明显，大多数的均值差距在0.01～0.03之间，有的均值甚至相同（如对官方主流媒体、网络论坛）。唯一差别较大的是对平时交往的企业主圈子的态度上。男企业家的均值是3.61，女企业家为3.53，相差0.08（见图15）。

不同年龄组的被访者更加信任的媒体有所不同。年龄组越大的企业家，越相信官方主流媒体和官方背景的研究机构（见图16）。具体来说，年龄组在30岁以下的企业家，官方主流媒体的均值是4.04，随后年龄组变大，均值一路增长，到51～60岁年龄组时为4.23，相差0.19；60岁以上年龄组的均值为

---

① 需要指出的是，不管是境外媒体、官方、市场媒体，还是自媒体、网络论坛，在分类上都与是否利用互联网没有必然的直接关系。在互联网时代，这些媒体都可以采取网络媒体的形态。例如，中央电视台办有央视网，各市场化媒体办有微信账号。但另一方面，微博、网络论坛、聊天室上发布的信息的组织和传播方式又与传统媒体有着很大的不同，称之为网络自媒体。

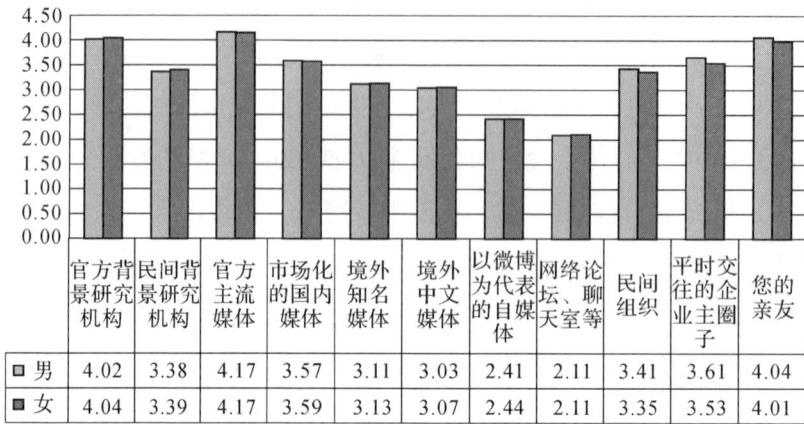

	官方背景研究机构	民间背景研究机构	官方主流媒体	市场化的国内媒体	境外知名媒体	境外中文媒体	以微博为代表的自媒体	网络论坛、聊天室等	民间组织	平时交往的企业主圈子	您的亲友
男	4.02	3.38	4.17	3.57	3.11	3.03	2.41	2.11	3.41	3.61	4.04
女	4.04	3.39	4.17	3.59	3.13	3.07	2.44	2.11	3.35	3.53	4.01

图 15　不同性别的企业主对媒体渠道政治和社会信息的信任

4.22，与51~60岁年龄组没有显著差别。

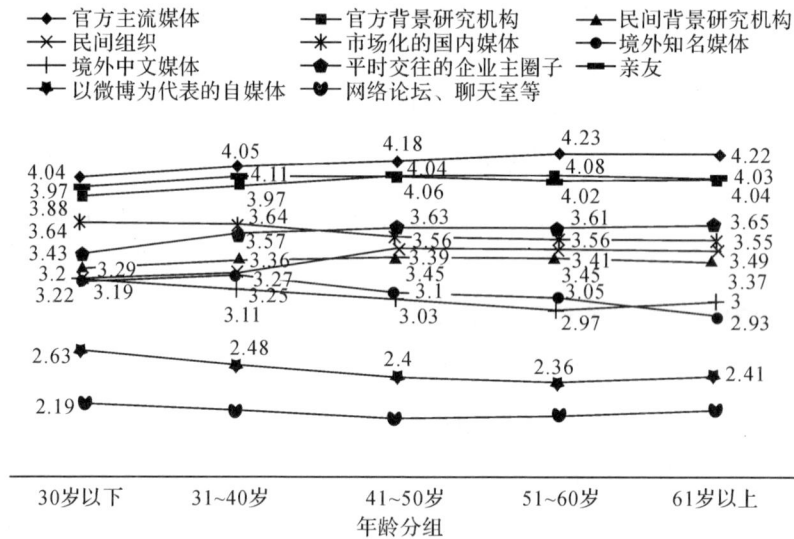

图 16　不同年龄组的企业主对媒体渠道政治和社会信息的信任

虽然整体信任程度不如对官方媒体高，但企业家对民间组织和民间背景研究机构的信任也遵循了年龄越大，信任程度越高的规律。30岁以下的组别对民间背景研究机构的信任均值为3.29，到61岁以上组别则上升为3.49，相差0.20。民间组织也与此类似，最小年龄组与最大年龄组的均值分别为3.22和3.55，相差0.33。

年龄组更大的被访者基本上也更相信自己的亲友，但组别之间的差异并不明显。这也许是因为对亲友的信任超越了年龄的限制。具体来说，30 岁以下组别的均值是 3.97，到 31～40 岁组别提高到 4.11，但随后 41～50 岁组别下降为 4.04，51～60 岁为 4.02，61 岁以上为 4.03。

但不同年龄组对平时交往的企业家圈子的信任差异明显。30 岁以下组别的均值是 3.43，到 31～40 岁组别提高到 3.57，随后在 41～50 岁组别上升到 3.63，虽然 51～60 岁组别略有下降（3.61），但 61 岁以上组别又上升到了 3.65。年龄更大的企业家对企业家圈子的信任度更高，也许是因为他们的圈子经历了更多的时间的考验，而年轻企业家的圈子则相对还处于培育阶段的缘故。

市场化的国内媒体、境外知名媒体、境外中文媒体呈现的走势则正好相反：年龄组越低的被访者的信任程度越高。境外知名媒体的信任的年龄差异最大，虽然 31～40 岁组别的均值（3.27）要高于 30 岁以下（3.19），但随后一路走低，到 61 岁以上组别时仅为 2.93，相差 0.34。境外中文媒体最低和最高年龄组相差 0.19，且整体信任程度与境外知名媒体相差不大。市场化国内媒体的走势虽然稳健，但组别差异不大。30 岁以下组别的均值是 3.64，到 61 岁以上组别平缓下降到 3.55，相差 0.09。

两类网络自媒体——微博和网络论坛/聊天室——也大体上呈现出年龄组越低，信任程度越高的趋势。相对来说，网络论坛和聊天室的年龄组别差异并不明显，30 岁以下组别与 61 岁以上组别的均值仅相差 0.03。对微博的信任，30 岁以下组别的均值是 2.63，随后下降到 2.48，到 41～50 岁组别下降到 2.4，到 51～60 岁组别达到最低点，为 2.36，61 岁以上组别有一个"翘尾"，均值为 2.41，虽然高于一些组别，但也依然低于 40 岁以下的两个年龄组。

大学学历对于企业家的媒体信任也会造成较大的影响。有大学学历（含研究生）的企业家相对来说更加信任官方媒体、官方背景的研究机构、民间背景研究机构、市场化的媒体、境外知名媒体、境外中文媒体（见图 17）。其中前两个官方媒体的均值差异分别为 0.11 和 0.04，而市场化媒体、境外知名媒体和境外中文媒体的差异更大，分别为 0.16、0.27 和 0.18。没有大学学历的企业家相对来说更加信任民间组织、平时交往的企业家圈子、亲友、微博和网络论坛/聊天室。考虑到没有大学学历的企业家在年龄大的组别里比例更高，联系图 16 的发现，可以推测学历对于企业家的媒体信任应该具有独立的影响作用。

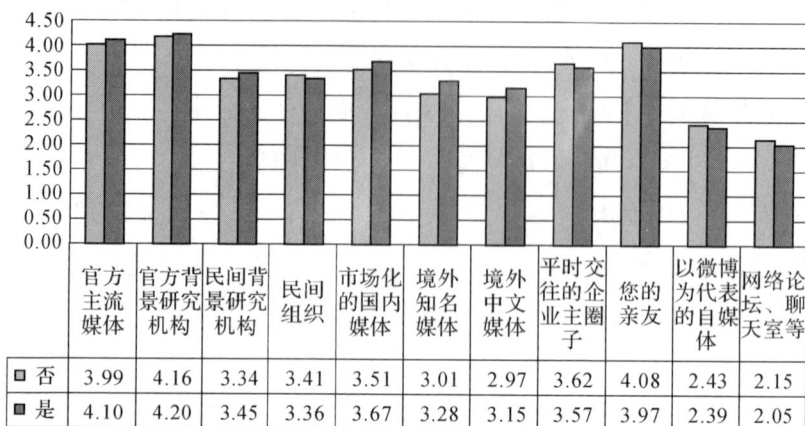

	官方主流媒体	官方背景研究机构	民间背景研究机构	民间组织	市场化的国内媒体	境外知名媒体	境外中文媒体	平时交往的企业主圈子	您的亲友	以微博为代表的自媒体	网络论坛、聊天室等
否	3.99	4.16	3.34	3.41	3.51	3.01	2.97	3.62	4.08	2.43	2.15
是	4.10	4.20	3.45	3.36	3.67	3.28	3.15	3.57	3.97	2.39	2.05

图 17　是否拥有大学学历对企业主媒体信任的影响

海外学习或工作经历对企业家的媒体信任也有较大影响，但效应与大学学历在一些方面正好相反。有海外经历的企业家与大学学历企业家一样更加信任民间背景研究机构、市场化的国内媒体、境外知名媒体和境外中文媒体，且后两个境外媒体的信任度的差别与没有海外经历的企业家差别较大（均值差分别为 0.35 和 0.42）。但另一方面，海外经历的企业家更加信任微博、网络论坛/聊天室这样的网络自媒体，对官方主流媒体和官方背景研究机构的信任度也更低（见图 18）。也就说，海外经历的企业家与大学学历企业家都信任市场、民间和境外渠道，但在对网络自媒体和官方媒体的态度上出现了差别。

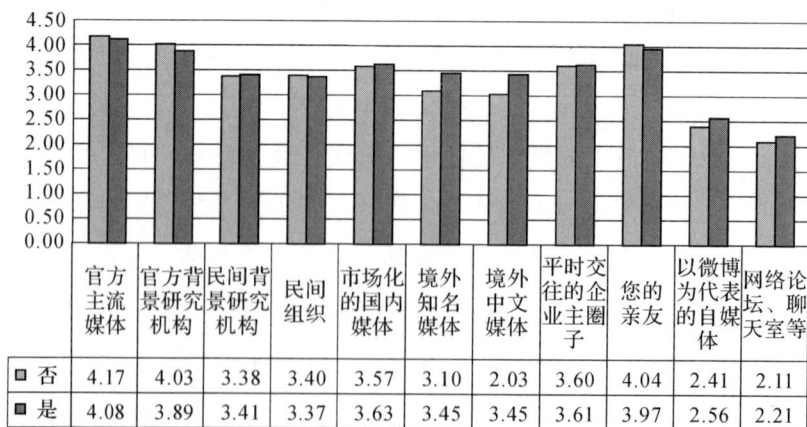

	官方主流媒体	官方背景研究机构	民间背景研究机构	民间组织	市场化的国内媒体	境外知名媒体	境外中文媒体	平时交往的企业主圈子	您的亲友	以微博为代表的自媒体	网络论坛、聊天室等
否	4.17	4.03	3.38	3.40	3.57	3.10	2.03	3.60	4.04	2.41	2.11
是	4.08	3.89	3.41	3.37	3.63	3.45	3.45	3.61	3.97	2.56	2.21

图 18　是否海外学习或工作对企业主媒体信任的影响

不同资产规模对企业家的媒体信任也有较大的影响。大体来说，在各类媒体渠道上，资产规模越大的企业主，信任的程度越高。虽然中间略有波动，但这一结论大体适用于各类官方、民间和境外媒体。但也有两组例外。第一组例外是对平时交往的企业主圈子和亲友的信任上。资产规模在1亿元以上的企业主在这两组的信任均值均不是最高。在平时交往的企业主圈子里，资产规模100万~1 000万元的组别均值最高；在亲友上，也是这一组别最高。第二组例外是对微博、网络论坛/聊天室的信任上，资产规模越大的组别，信任程度越低（见图19）。大企业家为何更不信任网络自媒体的原因值得进一步探讨。可能的一个解释是组织化程度较高的媒体（各类"正式"的媒体）的传播内容和效果更有预见性和可控性，而自媒体（"非正式"的媒体）则可能给大企业带来意想不到的麻烦。

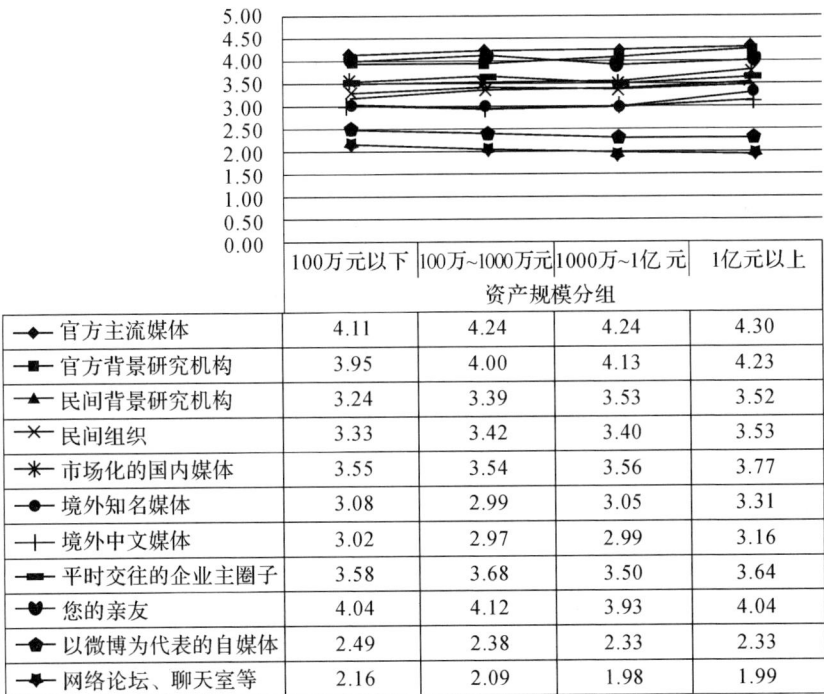

	100万元以下	100万~1000万元	1000万~1亿元	1亿元以上
		资产规模分组		
◆ 官方主流媒体	4.11	4.24	4.24	4.30
■ 官方背景研究机构	3.95	4.00	4.13	4.23
▲ 民间背景研究机构	3.24	3.39	3.53	3.52
✕ 民间组织	3.33	3.42	3.40	3.53
✳ 市场化的国内媒体	3.55	3.54	3.56	3.77
● 境外知名媒体	3.08	2.99	3.05	3.31
＋ 境外中文媒体	3.02	2.97	2.99	3.16
━ 平时交往的企业主圈子	3.58	3.68	3.50	3.64
♥ 您的亲友	4.04	4.12	3.93	4.04
⬟ 以微博为代表的自媒体	2.49	2.38	2.33	2.33
▼ 网络论坛、聊天室等	2.16	2.09	1.98	1.99

图19 不同资产规模的企业主对媒体渠道政治和社会信息的信任度

作为对上述发现的一个再印证，我们考察了雇工人数对于企业家媒体信任的影响（见图20）。与上述发现一样，雇工人数越多的企业家，一般来说越相信更正式的媒体（无论是官方、民间、市场，还是境外），他们也相对来说更不信任"非正式"的网络自媒体。

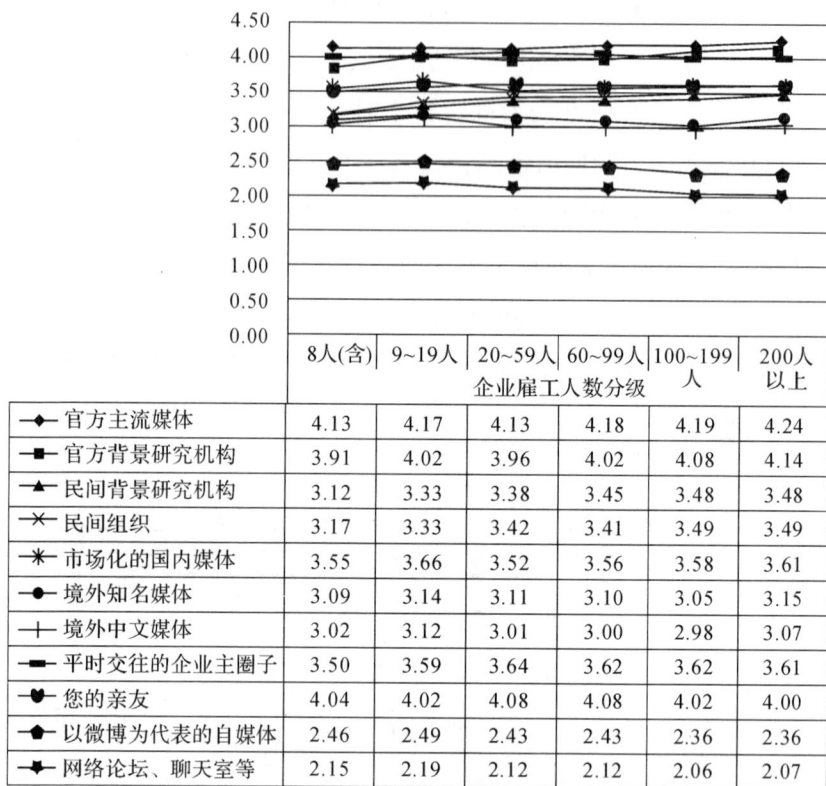

	8人(含)	9~19人	20~59人	60~99人	100~199人	200人以上
			企业雇工人数分级			
◆ 官方主流媒体	4.13	4.17	4.13	4.18	4.19	4.24
■ 官方背景研究机构	3.91	4.02	3.96	4.02	4.08	4.14
▲ 民间背景研究机构	3.12	3.33	3.38	3.45	3.48	3.48
✕ 民间组织	3.17	3.33	3.42	3.41	3.49	3.49
✳ 市场化的国内媒体	3.55	3.66	3.52	3.56	3.58	3.61
● 境外知名媒体	3.09	3.14	3.11	3.10	3.05	3.15
─ 境外中文媒体	3.02	3.12	3.01	3.00	2.98	3.07
▬ 平时交往的企业主圈子	3.50	3.59	3.64	3.62	3.62	3.61
♥ 您的亲友	4.04	4.02	4.08	4.08	4.02	4.00
⬟ 以微博为代表的自媒体	2.46	2.49	2.43	2.43	2.36	2.36
✦ 网络论坛、聊天室等	2.15	2.19	2.12	2.12	2.06	2.07

图 20　不同雇工人数的企业主对媒体渠道政治和社会信息的信任度

　　党员企业家相较于民主党派和群众面貌的企业家更相信自己平时交往的企业家圈子，他们也较群众更相信各类正式的媒体（见图 21）。但民主党派企业家在许多方面的媒体信任均值却是最高，这包括了官方媒体、官方背景的研究机构、民间背景的研究机构、市场化的国内媒体。但有意思的是，党员比民主党派更信任境外知名媒体、境外中文媒体、企业家圈子和亲友。党员也较民主党派更信任微博、网络论坛/聊天室这样的网络自媒体。当然，相较于年龄这样的因素来说，政治面貌带来的媒体信任的差异并不是特别明显，这从各个组别之间的信任均值差都较小可以得到印证。

　　党派政治面貌传递的信息比较复杂，这可能与企业家党员的构成有关。之前的调查显示，党员企业家当中许多人是在创业之前入党的。后来随着党组织开始大量吸收民营企业家入党，一批企业家在事业有成之后也加入了党组织。因此，党员的构成比较复杂。用政治面貌作为分析企业家媒体信任的指标，需要更进一步的细致分析。

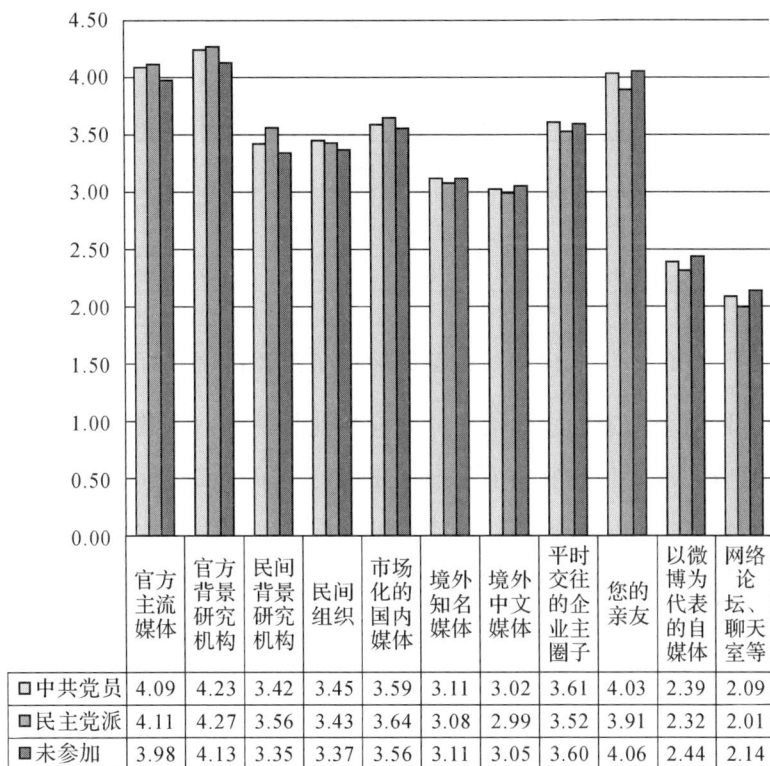

	官方主流媒体	官方背景研究机构	民间背景研究机构	民间组织	市场化的国内媒体	境外知名媒体	境外中文媒体	平时交往的企业主圈子	您的亲友	以微博为代表的自媒体	网络论坛、聊天室等
中共党员	4.09	4.23	3.42	3.45	3.59	3.11	3.02	3.61	4.03	2.39	2.09
民主党派	4.11	4.27	3.56	3.43	3.64	3.08	2.99	3.52	3.91	2.32	2.01
未参加	3.98	4.13	3.35	3.37	3.56	3.11	3.05	3.60	4.06	2.44	2.14

图 21　不同政治面貌的企业主对媒体渠道政治和社会信息的信任度

人大代表或政协委员身份对企业家媒体信任的影响则比较清晰明了。具有政治身份的企业家（指的是具有某一级别人大代表或政协委员身份）相较于普通企业家来说，更加信任官方主流媒体（均值差 0.12）、官方背景研究机构（均值差 0.13）、民间背景研究机构（均值差 0.15）、民间组织（均值差 0.15）。他们对市场化的国内媒体的信任均值（3.58）也略高于普通企业家（3.57），但两者的差别极小。

相反，他们更不信任境外知名媒体（均值差 0.11）、境外中文媒体（均值差 0.09）、微博（均值差 0.05）以及网络论坛/聊天室（均值差 0.07）（见图 22）。他们对平时交往的企业家圈子的信任与普通企业家没有差别，但相对来说对亲友的信任程度要略低一些（均值差 0.05）。

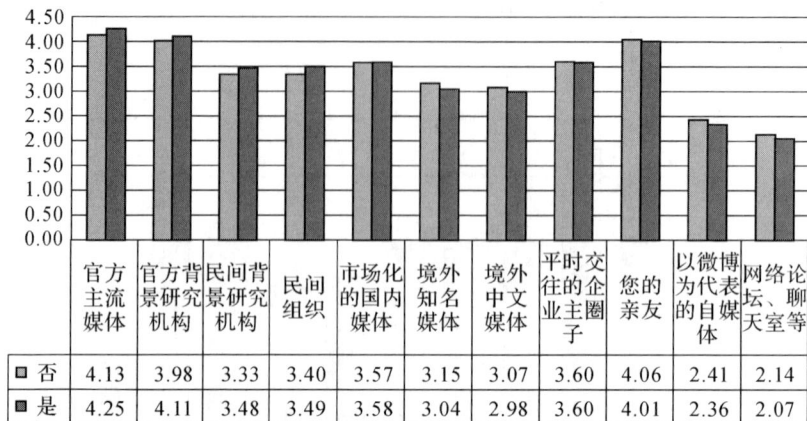

	官方主流媒体	官方背景研究机构	民间背景研究机构	民间组织	市场化的国内媒体	境外知名媒体	境外中文媒体	平时交往的企业主圈子	您的亲友	以微博为代表的自媒体	网络论坛、聊天室等
□ 否	4.13	3.98	3.33	3.40	3.57	3.15	3.07	3.60	4.06	2.41	2.14
■ 是	4.25	4.11	3.48	3.49	3.58	3.04	2.98	3.60	4.01	2.36	2.07

图22　人大代表或政协委员身份对企业家媒体信任的影响

是否上网对企业家的媒体信任的效应也比较清晰（见图23）。上网的企业家更信任官方主流媒体、官方背景研究机构、民间组织、市场化的国内媒体、境外知名媒体、境外中文媒体。大体上可以说，上网给企业家们打开了另外一扇窗户，让他们接触到更多的信息源，但这并不影响他们对各类"正式"媒体的信任。相反，非常有意思的是，上网的企业家相对来说，对微博、网络论坛/聊天室的信任程度更低。这给我们提供了另一个网络舆情反向运动的例证。

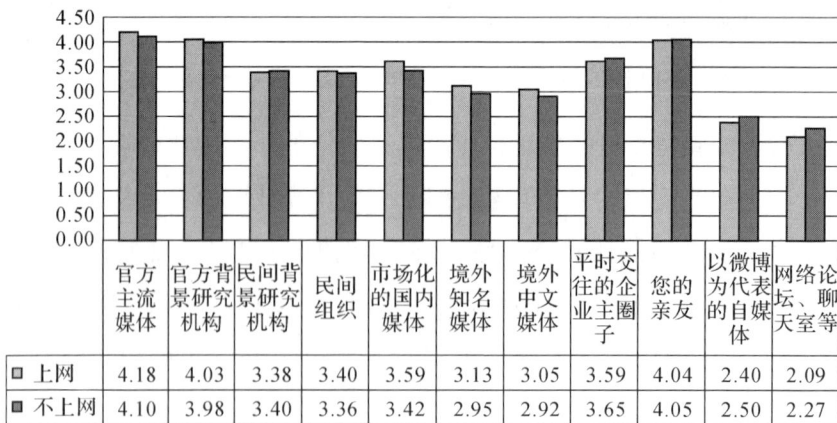

	官方主流媒体	官方背景研究机构	民间背景研究机构	民间组织	市场化的国内媒体	境外知名媒体	境外中文媒体	平时交往的企业主圈子	您的亲友	以微博为代表的自媒体	网络论坛、聊天室等
□ 上网	4.18	4.03	3.38	3.40	3.59	3.13	3.05	3.59	4.04	2.40	2.09
■ 不上网	4.10	3.98	3.40	3.36	3.42	2.95	2.92	3.65	4.05	2.50	2.27

图23　是否上网对企业家媒体信任的影响

是否上网只是最简单的一种行为。人们的网络行为有多种类型（学习、娱乐、社交等），而且频率也有所不同。在前述各种网络行为中，我们首先选择了"通过网络获取新闻资讯"和"通过网络对时事发表意见"这两条来进一步检验具体的网络行为及其频率对于企业家媒体信任的影响。之所以选择这两条而不是其他，是因为我们认为相对于社交、娱乐、业务活动这样的行为来说，它们与对媒体发布的社会和政治信息的信任的关系更加直接。

大体来说，越是经常通过网络了解社会新闻资讯的企业家，对于各类正式媒体的信任程度越高。这包括官方主流媒体、官方背景的研究机构、民间组织、市场化的国内媒体、境外知名媒体、境外中文媒体；民间背景的研究机构中间有较大的波动，很少上网了解新闻资讯的被访者给予的信任评分最高，但扣除这一影响之外，也依然保持了频率越高，信任越强的趋势（见图24）。与此形成对应的是，上网了解新闻资讯越频繁的企业家，对于微博、网络论坛/聊天室这样的非正式媒体的信任度越低。这很有可能与他们接触到更多的"网络乱象"有关。

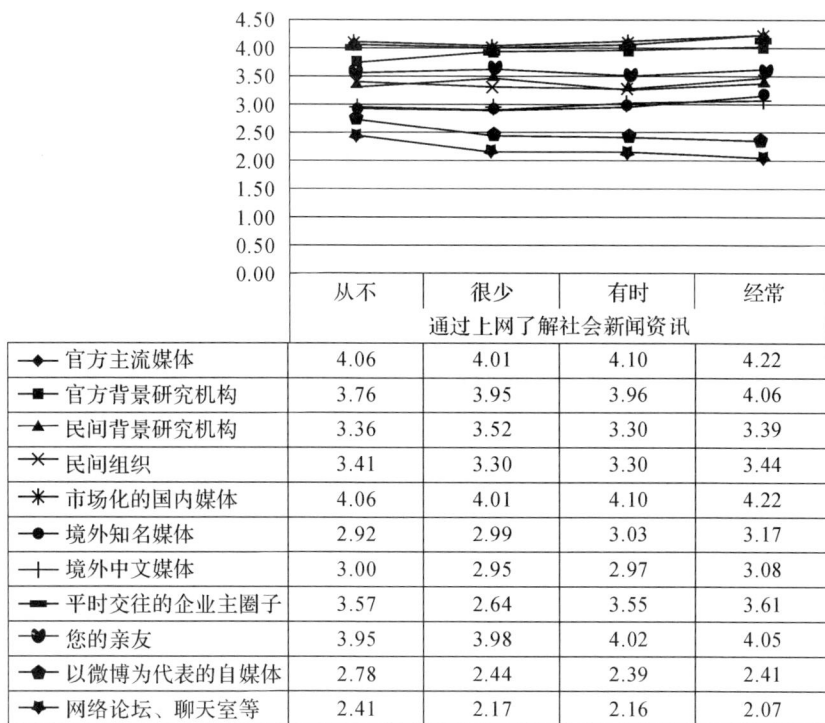

	从不	很少	有时	经常
	通过上网了解社会新闻资讯			
◆ 官方主流媒体	4.06	4.01	4.10	4.22
■ 官方背景研究机构	3.76	3.95	3.96	4.06
▲ 民间背景研究机构	3.36	3.52	3.30	3.39
✳ 民间组织	3.41	3.30	3.30	3.44
✱ 市场化的国内媒体	4.06	4.01	4.10	4.22
● 境外知名媒体	2.92	2.99	3.03	3.17
━ 境外中文媒体	3.00	2.95	2.97	3.08
▬ 平时交往的企业主圈子	3.57	2.64	3.55	3.61
♥ 您的亲友	3.95	3.98	4.02	4.05
⬟ 以微博为代表的自媒体	2.78	2.44	2.39	2.41
▼ 网络论坛、聊天室等	2.41	2.17	2.16	2.07

图24　通过网络获取新闻资讯的频率对企业家媒体信任的影响

有意思的是，在许多方面，通过网络对时事发表意见越频繁的企业家对媒体的信任图式却呈现出相反的特点（见图25）。最明显的就是在对微博、网络论坛/聊天室的信任上。越是经常在网络上发表意见的被访者，对于这两个非正式媒体的信任越高，且差距较为明显。这种现象很有可能与他们自身的经历有着密切的关系。毕竟，这种受到监管相对来说较轻的媒体平台，是他们能够发表自己意见的主要阵地。与之相对应的，是他们对于官方主流媒体的信任程度随着网络评论频率的增强而减弱。

另外，在网络上发表意见更多的企业家，对于官方背景研究机构、民间背景研究机构、民间组织、市场化的国内媒体、境外知名媒体、境外中文媒体的信任也更高。尤其是对市场化的国内媒体和两类境外媒体的态度上，越是经常发表评论的企业家，信任程度增长的幅度越明显。因此，很难说企业家如果要发声，他们选择信任的媒体是以"正式/非正式"来划分的。毋宁说，官方主流媒体留给企业家发声的渠道和空间远远不能满足他们的需求，才是造成这一格局的主要原因。

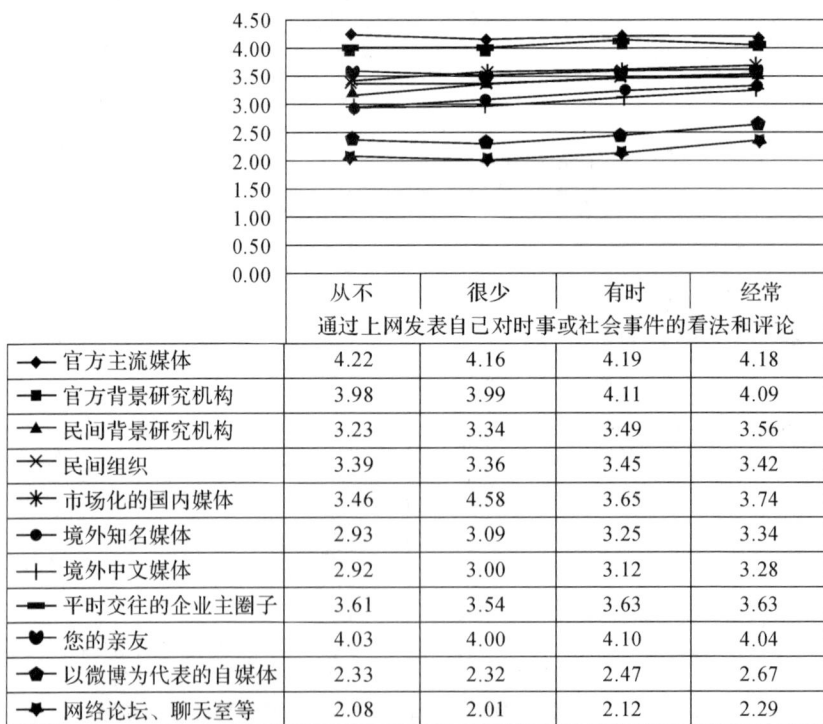

	从不	很少	有时	经常
	通过上网发表自己对时事或社会事件的看法和评论			
━◆━ 官方主流媒体	4.22	4.16	4.19	4.18
━■━ 官方背景研究机构	3.98	3.99	4.11	4.09
━▲━ 民间背景研究机构	3.23	3.34	3.49	3.56
━✕━ 民间组织	3.39	3.36	3.45	3.42
━✳━ 市场化的国内媒体	3.46	4.58	3.65	3.74
━●━ 境外知名媒体	2.93	3.09	3.25	3.34
━┼━ 境外中文媒体	2.92	3.00	3.12	3.28
━▬━ 平时交往的企业主圈子	3.61	3.54	3.63	3.63
━♥━ 您的亲友	4.03	4.00	4.10	4.04
━◆━ 以微博为代表的自媒体	2.33	2.32	2.47	2.67
━▼━ 网络论坛、聊天室等	2.08	2.01	2.12	2.29

图25　通过网络获取发表意见的频率对企业家媒体信任的影响

中国私营企业主的职业流动与阶层地位认同（2004—2014）

范晓光

浙江省社会科学院社会学研究所地方法治研究中心研究员

改革开放以来，私有经济在中国大陆重新出现并发展壮大。1988 年 4 月，全国人大通过宪法修正案规定："国家允许私营经济在法律规定的范围内存在和发展。国家保护私营经济的合法权利和利益，对私营经济实行引导、监督和管理。"同年 6 月，国务院颁布了《中华人民共和国私营企业暂行条例》，工商行政管理部门开始对私营企业进行登记、注册工作。1992 年邓小平南方谈话，中国私营经济真正迅速发展起来。1999 年 3 月，九届全国人大二次会议审议通过了《中华人民共和国宪法修正案》，首次把"个体、私营经济等非公有制经济，是社会主义市场经济的重要组成部分"写进宪法。2001 年 7 月 1 日，江泽民同志在庆祝中国共产党成立 80 周年大会上，明确指出私营企业主是我国改革开放以来出现的新的社会阶层之一，该讲话精神后来被写进党的"十六大"报告和新修改的党章中。2004 年以来，《国务院关于鼓励支持和引导个体私营等非公有制经济发展的若干意见》（国发［2005］3 号文件）、《国务院关于进一步促进中小企业发展的若干意见》（国发［2009］36 号文件）等政策文件相继出台，都对私营企业的健康发展起到有力的推动作用。

统计表明，2002—2013 年，全国私营企业呈现快速增长的态势。如图 1 所示，2004 年登记注册的私营企业数为 263.83 万户（含分支机构，下同），2006 年年底达到 544.14 万户，2010 年突破 800 万大关，增加到 845.52 万户。截至 2013 年年底，全国实有私营企业 1253.86 万户，比上年年底增加 168.14 万户，增长 15.49%。其中，2002—2004 年间，私营企业数年度平均增速超过 20%，在经历了 2005—2008 年的增速放缓后，2009 年后又开始加速上升，2013 年的增幅回到 15.49% 的高位。随着私营企业的发展，私营企业主阶层也在成长，学术界对此没有明显分歧。

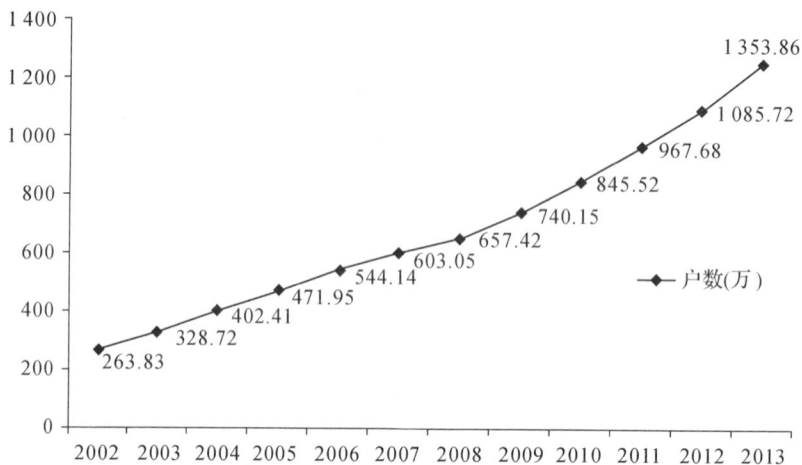

图1　我国私营企业发展趋势（2002—2013）

资料来源：国家工商总局个体私营经济监督管理司（2014）

　　纵观整个发生发展的过程，私营企业主毫无疑问是在经济市场化进程中出现的新阶层。在20世纪90年代初，私营企业主的来源较为复杂，既有因为自己能力无法完全施展的国有部门职员，也有出于寻求稳定工作的城乡无业人员，还有在计划经济体制下无论经济收入、社会声望都较高的党政干部和专业技术人员。① 如果说在私营企业发展初期，来自社会底层或边缘化社会群体可能占有较大的比例，那么2000年以后，这种格局发生了根本性的变化，企业主阶层的成长在很大程度上也是中国的各类精英、准精英再生产的过程。② 本研究认为，作为"老中产"主要构成的企业主群体，他们在创建私营企业之前所拥有的职业经历，不仅在微观上形塑着每个人的社会态度和行为，而且最终可能在宏观上影响整个私营企业主阶层的形成。

一、私营企业主的职业流动

　　改革前，中国社会阶级阶层的特征是"整体型社会聚合体"，主要是四个

---

　　① 中国私有企业主阶层研究课题组：《1993年全国首次私有企业抽样调查数据及分析》，中华全国工商业联合会编《中国私营企业大型调查》，北京：中华工商联合出版社，2007，第5~8页。
　　② 陈光金：《私营企业主阶层的形成》，陆学艺主编《当代中国社会流动》，北京：社会科学文献出版社，2004，第254页。

大的"社会聚合体"——农民、工人、干部和知识分子[1]。社会阶层内部成员的政治、经济和社会地位高度一致，但又是一个严格的等级社会，整个社会侧看是一个金字塔形，俯看好似一组同心圆，[2] 该阶段的社会结构较为"固化"，社会开放度偏低。改革开放后，尤其是 20 世纪 80 年代末，市场经济基本建立，旧体制出现松动，既有的一些体制精英开始大批"下海"，原来在市场打拼的体制外精英日渐成长，私营企业主阶层规模开始不断壮大。

在 20 世纪 90 年代，作为一个社会精英阶层，私营企业主的社会来源越来越以其他领域的精英为主，尤其经济精英的转化尤为明显，而普通民众创办私营企业的机会越来越少。[3] 1993 年、2000 年和 2002 年三次私营企业调查曾经对私营企业主在开办企业前的最后职业进行了考察，结果显示，1993 年的普通工人占比最高，为 24.0%，但 2002 年该比例下降至 4.8%；机关事业单位负责人占比从 6.0% 下降到 3.3%，专业技术人员则从 11.1% 下降到 6.7%，降幅几乎都接近 50%；企业负责人占比从 1993 年的 15.4% 上升至 2002 年的 55.4%，占到了最后职业的半壁江山，与之类似的个体户比例从 8.8% 增至 15.2%。

然而，实际上，在创办私营企业之前，企业主很可能经历过不止一次职业变动，即所谓的职业流动。如表 1 所示，从来没有过职业流动的私营企业主的比例几乎都在 10% 以下，有过 1~2 次流动经历的占比在 80% 左右，而 3 次及以上的比例不超过 10%。

表 1　私营企业主创办企业前的职业流动频次分布[4]

年份 频次	2004 年	2006 年	2008 年	2010 年	2012 年	2014 年
0	13.30	4.40	6.66	5.96	6.54	6.69
1	50.38	65.05	76.09	75.77	58.66	59.70
2	27.11	24.99	14.32	14.76	24.09	23.31

[1]　李强：改革开放 30 年来中国社会分层结构的变迁，载《北京社会科学》，2008（5）。
[2]　中国私有企业主阶层研究课题组：1993 年全国首次私有企业抽样调查数据及分析，载中华全国工商业联合会《中国私营企业大型调查》，北京：中华工商联合出版社，2007，第 95 页。
[3]　陈光金：《私营企业主阶层的形成》，陆学艺主编《当代中国社会流动》，北京：社会科学文献出版社，2004，第 250—251 页。
[4]　本文的图表，除了有资料来源说明外，其余均由作者根据历次私营企业抽样调查数据资料整理而成，文责自负。

续表

频次＼年份	2004 年	2006 年	2008 年	2010 年	2012 年	2014 年
3	7. 29	4. 61	2. 46	2. 69	7. 77	7. 32
4	1. 61	0. 83	0. 37	0. 69	2. 05	2. 00
5	0. 14	0. 10	0. 07	0. 11	0. 61	0. 67
6	0. 17	—	0. 02	0. 02	0. 28	0. 31
合计	3 593 (100. 0)	3 837 (100. 0)	4 098 (100. 0)	4 614 (100. 0)	5 073 (100. 0)	6 144 (100. 0)

虽然 2004—2014 年的私营企业主职业流动操作测量与先前（1993—2000 年）有较大调整，缺乏直接的可比性，但还是可以对职业流动趋势有一个大致的判断。图 2 呈现了 2004 年、2006 年、2008 年、2010 年、2012 年、2014 年对私营企业主开办私营企业前的职业流动情况进行的 6 次私营企业调查。2004 年的平均流动次数为 1. 34 次，2008 年略有下降，为 1. 14 次，2014 年又上升至 1. 41，呈现一个 U 形曲线。同时，流动次数的跨年度比较结果显示，年份越晚，职业流动越趋频繁，尤其是次数在 4 次及以上的比例最为明显，这也进一步表明私营企业主在创办私营企业前的职业流动有增加的趋势。

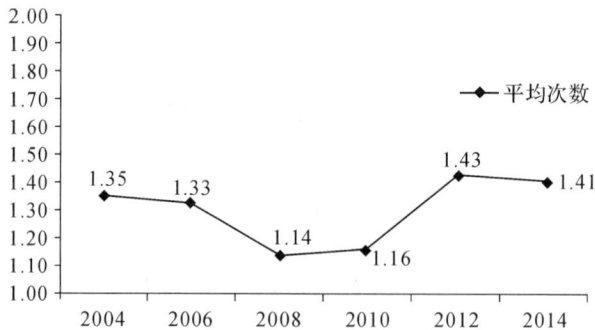

图 2　私营企业主创办企业前的职业
流动趋势 （2004—2014）

中国的职业流动，除了涉及与一般社会类似的职位、职级外，还与单位分割、体制区隔等社会主义国家独特的组织结构密不可分。在 20 世纪八九十年代，工作单位仍然对中国社会分层有着重要影响，职工对工作单位依然有着很强的依附性，个人的社会地位与单位的地位紧密相关①。到了 21 世纪初，单位作为资源控制和运用主体，其地位仍然比职业地位更显著，同类职业在不同单位类型其收入含量相异②。由此，我们在考察私营企业主的职业流动时，仅仅分析职位、职级变化是不够的，还必须将单位制度纳入分析框架，讨论他们进入职场后的地位流动轨迹。针对 2004—2014 年间的 6 次私营企业调查相关问题的设计，我们将党政机关事业单位和国有集体企业视作国有部门，外资、港澳台企业和其他私营企业作为非国有部门。与此同时，为了便于分析，我们还对不同单位的具体职业做了简明的类型化：（1）在党政机关事业单位中，将职业分为三类：科级及以下干部、专业技术（包括教师）人员、县处级及以上干部；（2）在企业（既包括国有部门也包括非国有部门）中，职业被分为三类：一般工作人员（销售人员和其他职员工人）、中级管理者和技术人员、主要负责人；（3）在农村工作经历中，分为村干部和农民（包括外出打工者）。接下来，我们就私营企业主的职业流动的基本类型和群际差异做深入的探讨。

二、职业流动存在明显的群际差异：出生队列与文化程度

在表 2 中，我们将私营企业主分为了 5 个出生队列：新中国成立前（1950 年以前）、"50 后"、"60 后"、"70 后"和"80 后"，比较了不同部门的职业流动。一方面，在拥有党政机关事业单位就业的人们中，科级及以下干部的占比相对稳定，在 60% 上下波动；专业技术人员比重在"70 后"队列中最高，为 35.47%，而新中国成立前队列的比重最低；处级及以上干部比重随着出生时点的推移而下降。我们认为，在不考虑其他控制变量的情况下直接比较队列之间的差异，并不能将变化完全归因于世代效应，但是从趋势上看，我们不能就此否定年轻队列中从党政机关的专业技术干部"变身"私营企业主的可能性要比年长队列高。而在国有集体企业有过工作经历的私营企业主中，担任过企业主要负责人的比重随着

① Bian, Yanjie, and John R. Logan. 1996. *Market Transition and the Persistence of Power: The Changing Stratification System in Urban China. American Sociological Review* 61 (5): 739 – 758. Zhou, Xueguang., N. B. Tuma, and P. Moen. 1996. *Stratification dynamics under state socialism: The case of urban China*, 1949 – 1993. *Social Forces* 74 (3): 759 – 796.

② 边燕杰、李路路、李煜、郝大海：《结构壁垒、体制转型与地位资源含量》，《中国社会科学》2006 年第 5 期。

年龄的增加而上升，担任过中层管理和专业技术人员的比重随着出生时点的往后推移而上升，这一点与党政机关事业单位的专业技术干部类似。

另一方面，对那些开办私营企业前在外资、港澳台企业工作过的企业主来说，曾经为主要负责人的比重从"解放前"队列的58.06%下降到"80后"的17.98%，该状况与私营企业的主要负责人比重非常相似。不过，对于那些担任中层管理和技术人员的人而言，不同队列间的占比变化幅度比主要负责人比重要大（20.97% vs 50.56%），并且高于私营企业中的相应变化幅度（20.50% vs 40.71%）。此外，销售人员及其他的比重在两种类型的非国有企业中差别不大。

表2　出生队列与职业流动

		1917— 1950年(%)	1951— 1960年(%)	1961— 1970年(%)	1971— 1980年(%)	1981— 1999年(%)
党政机关事业单位	处级及以上	12.99	10.09	6.04	3.81	8.75
	科级及以下	61.26	64.29	60.83	60.73	60.00
	专业技术人员	25.76	25.62	33.13	35.47	31.25
	合计（人）	462 (100.0)	1585 (100.0)	2285 (100.0)	578 (100.0)	80 (100.0)
国有集体企业	主要负责人	41.58	36.52	23.24	13.93	10.07
	中层管理和技术人员	23.52	30.48	40.92	45.23	48.62
	销售人员及其他	34.90	33.00	35.84	40.85	41.49
	合计（人）	914 (100.0)	3573 (100.0)	5298 (100.0)	1508 (100.0)	100 (100.0)
外资、港澳台企业	主要负责人	58.06	57.53	32.80	19.01	17.98
	中层管理和技术人员	20.97	19.18	40.25	49.88	50.56
	销售人员及其他	20.97	23.29	26.95	31.11	31.46
	合计（人）	62 (100.0)	219 (100.0)	564 (100.0)	405 (100.0)	89 (100.0)
私营企业	主要负责人	58.50	62.54	56.7	43.21	25.47
	中层管理和技术人员	20.50	19.37	24.28	32.34	40.71
	销售人员及其他	21.00	18.09	19.02	24.45	33.82
	合计（人）	200 (100.0)	1172 (100.0)	2866 (100.0)	2041 (100.0)	479 (100.0)

下面我们来考察不同文化程度群体在职业流动上的差异。如表 3 所示，在党政机关事业单位中，大学本科及以上者在干部地位的获得上并没有显现出明显的优势，但在国有集体企业中，大学本科及以上者在主要负责人、中层管理者和技术人员等职业上存在明显优势。另外，在非国有部门中，本科及以上学历者在外资、港澳台企业中成为主要负责人、中层管理和技术人员的比例偏高，私营企业中显得更为突出，该特征和国有集体企业基本一致。概言之，文化程度对职业流动的影响在机关事业单位中显得不那么重要，而这很可能成为促使这些国有部门精英"下海"的重要推力。同时，较高文化程度的私营企业主，他们在企业中更可能拥有过较高的职业地位，我们有理由相信这种职业流动经历将有助于他们后来的私营企业创建。

表 3 文化程度与职业流动

		小学（%）	初中（%）	高中中专（%）	大专（%）	本科（%）	研究生（%）
党政机关事业单位	处级及以上	9.85	7.87	4.82	5.27	9.96	13.32
	科级及以下	59.61	64.61	65.63	68.28	54.72	53.82
	专业技术人员	30.54	27.53	29.55	26.46	35.33	32.86
	合计（人）	203（100.0）	356（100.0）	934（100.0）	1614（100.0）	1336（100.0）	563（100.0）
国有集体企业	主要负责人	35.58	27.67	24.11	28.67	27.72	32.63
	中层管理和技术人员	33.65	24.8	29.74	37.24	50.02	49.01
	销售人员及其他	30.77	47.53	46.14	34.08	22.26	18.36
	合计（人）	312（100.0）	1113（100.0）	3268（100.0）	3920（100.0）	2107（100.0）	708（100.0）
外资、港澳台企业	主要负责人	50.00	37.63	27.50	31.88	32.83	36.00
	中层管理和技术人员	22.22	26.88	32.92	33.93	50.13	47.33
	销售人员及其他	27.78	35.48	39.58	34.19	17.04	16.67
	合计（人）	54（100.0）	93（100.0）	240（100.0）	389（100.0）	399（100.0）	150（100.0）
私营企业	主要负责人	61.78	56.73	48.86	49.60	50.65	64.97
	中层管理和技术人员	17.83	17.38	26.27	27.03	32.01	26.68
	销售人员及其他	20.38	25.89	24.87	23.37	17.34	8.35
	合计（人）	157（100.0）	587（100.0）	1797（100.0）	2242（100.0）	1534（100.0）	431（100.0）

　　总体上看，2004—2014 年，在创办目前的企业前，有着国有部门工作经历的私营企业主占比呈现下降趋势（见图3），从最高的68.07%（2006 年）下降至 2014 年的 34.26%。而离开非国有部门去创立私营企业的企业主却不断攀升，2014 年比 2004 年高出近 20 个百分点。不过，跨部门流动的比例增长不明显，从9.1%上升至 11.95%。

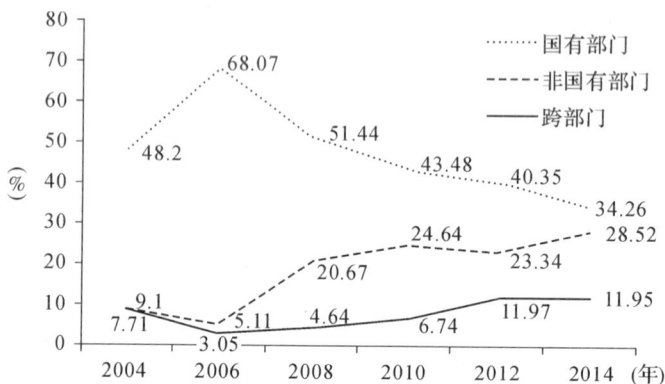

图3　职业流动的分布

1. 国有部门的职业流动：缺乏明显的流动壁垒

　　如前文所述，我们将国有部门分为党政机关事业单位和国有集体企业。考虑到国有集体企业与外资、港澳台企业、私营企业等都参与市场竞争，个体如果在国有集体企业有过就职经历，这对他们社会网络资本的积累有着正向影响，而且这些社会资本对后来创建自己的企业也非常重要。在表4 中，我们按年份对 2004—2014 年间 6 次调查数据做了统计分析。通过比较，我们可以发现，国有部门流动的可能性在 2008 年之后进入相对稳定的阶段①。在2004 年，从党政机关事业单位流入国有集体企业的比例为14%，2005 年有一个骤增，但 2008 年后基本上在 30% ~ 40% 波动。由于调查时点与职业流动时点并不完全一致，故严格来说，以上分析只能算是一种不太精准的趋势判断。

---

　　① 虽然我们无法根据调查资料确定流动的起点和终点，但是根据经验观察，对于私营企业主而言，他们从党政机关进入国有企业的职业流动，可能要比反向流动的概率更大一些，故在此只考察了从机关流向国有企业的概率。

表4　国有部门流动率

单位：人

年份	党政机关事业单位（N_1）	党政机关—国有集体企业流动（N_2）	流出率
2004	1263	176	0.14
2006	685	342	0.50
2008	737	223	0.30
2010	648	205	0.32
2012	828	367	0.44
2014	883	346	0.39

注：流出率 $= \dfrac{N_2}{N_1}$。

　　下面我们来考察国有部门内部具体职业之间的流动（见表5）。（1）对处级及以上干部而言，他们更有可能成为国有集体企业的主要负责人。除了2004年外，其他年份经历"处级及以上干部——主要负责人"流动的私营企业主占比都在7.5%以上，2010年达到了峰值，为9.27%。（2）科级及以下干部越来越可能成为主要负责人、中层管理和技术人员，即经历向上的职业流动。2004年的调查表明，有34.09%的企业主曾经从科级及以下岗位成为销售员及其他人员，该比率从2010年开始就跌破10%，同时进入国有集体企业其他职业的占比在不断攀升。（3）专业技术人员更可能进入国有企业的中层管理和技术人员岗位。2008年以后，专业技术干部成为主要负责人的比例开始低于中层管理和技术人员比例。总体来看，私营企业主在创立企业前所经历的国有部门职业流动，越来越趋向更合理的"人职匹配"，以向上流动或水平流动为主，在一定程度上反映出同为国有部门的不同单位，其作为资源控制和运作主体，缺乏明显的流动壁垒。对私营企业主而言，这种国有部门的流动，对其后来的私营企业创建和发展的影响不容低估①。

---

①　李路路：《向市场过渡中的私营企业》载李培林、李强、孙立平等主编《中国社会分层》，北京：社会科学文献出版社，2004，第283－315页．

107

表5 国有部门内部具体职业之间的流动

党政机关 \ 国有企业	主要负责人（%）	中层管理和技术人员(%)	销售员及其他(%)	主要负责人（%）	中层管理和技术人员(%)	销售员及其他(%)
年份	2004			2006		
处级及以上	0.57	—	3.98	7.60	1.75	1.17
科级及以下	17.61		34.09	41.52	22.51	25.44
专业技术人员	—	19.32	24.43	—	—	—
合计（人）	N = 176 （100.0）			N = 342 （100.0）		
年份	2008			2010		
处级及以上	8.97	3.14	0.45	9.27	0.98	0.49
科级及以下	34.53	9.42	13.45	18.05	27.32	4.88
专业技术人员	13.90	8.97	7.17	12.20	20.00	6.83
合计（人）	N = 223 （100.0）			N = 205 （100.0）		
年份	2012			2014		
处级及以上	8.17	2.72	1.09	8.67	5.78	1.73
科级及以下	28.34	28.61	7.08	23.12	22.83	8.96
专业技术人员	5.72	14.17	4.09	6.07	17.63	5.20
合计（人）	N = 367 （100.0）			N = 346 （100.0）		

2. 非国有部门的职业流动：趋向均衡

表6是对非国有部门流动率的统计。结果显示，在2004年的调查中，有24%的企业主曾经从外资、港澳台企业流动至其他私营企业，2008年该比例降至14%，到了2014年又升高到48%。由此可见，在创立私营企业前，私营企业主在非国有部门内部的流动率呈现越来越频繁的职业流动。不过，与国有部门内部的职业流动相比，非国有部门的年平均流动率要略低一些。

表6 非国有部门流动率

年份	外资、港澳台企业（人）	外资、港澳台企业—私营企业（人）	流出率
2004	190	45	0.24
2006	—	—	—
2008	174	24	0.14
2010	199	49	0.25
2012	345	146	0.42
2014	440	210	0.48

除了以上的年度比较，我们还就非国有企业内部的职业流动做了相关的统计分析（见表7）。2004年，外资、港澳台企业和私营企业的职业流动没有带来明显的地位变化，即水平流动；2008年，大多数人属于水平流动，还有20.83%的人实现了向上流动；到了2010年，除了6.12%的人经历向下流动外，其余属于水平流动或向上流动；2012年和2014年的向上流动水平基本上与2010年相当，但是2014年的调查结果表明不同流动方向的人员分布更趋均衡。

表7 非国有部门职业流动   单位：%

外资、港澳台企业＼私营企业	主要负责人	中层管理和技术人员	销售员及其他	主要负责人	中层管理和技术人员	销售员及其他
年份	2004			2006		
主要负责人	6.67	—	—	—	—	—
中层管理和技术人员	—	35.56	—	—	—	—
销售员及其他	—	—	57.78	—	—	—
合计（人）	N＝45（100.0）			N＝0（100.0）		
年份	2008			2010		
主要负责人	58.33	—	—	28.51	2.04	—
中层管理和技术人员	12.50	8.33	—	18.37	24.49	4.08
销售员及其他	8.33	—	12.50	10.20	6.12	6.12
合计（人）	N＝24（100.0）			N＝49（100.0）		
年份	2012			2014		
主要负责人	32.88	2.05	—	25.71	3.33	0.95
中层管理和技术人员	17.81	19.86	4.11	27.14	19.05	1.90
销售员及其他	6.16	6.16	10.96	7.14	4.76	10.00
合计（人）	N＝146（100.0）			N＝210（100.0）		

3. 跨部门职业流动：中高职业地位者优势增强

表8报告了私营企业主在创立企业前在不同部门之间的职业流动。总体而言，调查的年份越晚，跨部门流动的比例越有不同程度的上升。在四种跨部门职业流动中，党政机关事业单位与私营企业之间的职业流动水平最高，国有集

体企业与私营企业之间的流动次之，而国有集体企业与外资港澳台企业之间的
流动水平最弱。由此可见，人们从国有部门流向其他私营企业，并最终创立自
己的私营企业，是私营企业主职业流动的一条非常重要的途径。

表8 跨部门职业流动 单位:%

年份	党政—外资	党政—私营	国有—外资	国有—私营
2004	0.07	0.10	0.04	0.14
2006	—	0.04	—	0.05
2008	0.04	0.09	0.03	0.06
2010	0.06	0.15	0.03	0.11
2012	0.11	0.24	0.07	0.22
2014	0.13	0.29	0.08	0.24

　　接下来，我们来考察党政机关事业单位与外资、港澳台企业之间的职业流
动（见表9）。2004年，在两类单位有过职业流动经历的私营企业主中，超过
半数为技术干部和教师（58.06%），最少的是处级及以上干部，仅为4.3%，
其中科级及以下干部成为企业负责人的比例为11.83%，技术干部和教师成为
中层管理和技术人员的占比分别高达32.26%和54.84%。跨年度比较发现，专
业技术人员的比例从2004年的58.06%下降到2014年的32.77%，科级及以下
干部的占比从37.63%上升至55.46%，而处级及以上干部的比例在2008—2014
年间始终处于波动的态势。相比较而言，党政机关事业单位与其他私营企业之
间的职业流动，其特征和其余外资港澳台企业间的流动基本一致。

表9 党政机关事业单位与非国有部门流动 单位:%

非国有部门＼党政机关	2004年	2006年	2008年	2010年	2012年	2014年
	外资、港澳台企业					
专业技术人员	58.06	—	38.46	50.00	26.44	32.77
科级及以下	37.63	—	46.15	37.5	58.62	55.46
处级及以上	4.30	—	15.38	12.5	14.94	11.76
合计（人）	93（100.0）	—	26（100.0）	40（100.0）	87（100.0）	119（100.0）

续表

非国有部门 党政机关	2004 年	2006 年	2008 年	2010 年	2012 年	2014 年
	外资、港澳台企业					
	私营企业					
专业技术人员	57.36	—	38.24	39.39	30.61	36.54
科级及以下	37.21	96.00	54.41	51.52	57.14	53.46
处级及以上	5.43	4.00	7.35	9.09	12.24	10.00
合计（人）	129 (100.0)	25 (100.0)	68 (100.0)	99 (100.0)	196 (100.0)	260 (100.0)

在国有集体企业与非国有部门之间，国有企业主要负责人流动的比率从 2004 年的 11.43% 增加至 30.06%，而中层管理和技术人员的流动比率则从 2004 年的 5.71% 变至 50.87%，当然两者在 2008—2012 年间都有不同程度的波动（见表 10）。与他们形成鲜明对照的是，经历流动的销售人员及其他的比率呈现下降趋势。以上发现与私营企业的情况基本一致。

表 10　国有集体企业与非国有部门流动　　　　　　　　　　单位:%

非国有部门 国有企业	2004 年	2006 年	2008 年	2010 年	2012 年	2014 年
	外资、港澳台企业					
主要负责人	11.43	—	48.89	28.12	32.05	30.06
中层管理和技术人员	5.71	—	24.44	57.81	47.44	50.87
销售人员及其他	82.86	—	26.67	14.06	20.51	19.08
合计（人）	35 (100.0)	—	45 (100.0)	64 (100.0)	156 (100.0)	173 (100.0)
	私营企业					
主要负责人	5.84	20.37	39.42	33.49	27.70	28.23
中层管理和技术人员	15.33	31.48	24.04	43.87	48.20	51.66
销售人员及其他	78.83	48.15	36.54	22.64	24.10	20.11
合计（人）	137 (100.0)	108 (100.0)	104 (100.0)	212 (100.0)	473 (100.0)	542 (100.0)

4. 其他流动：乡村精英优势明显

许多经验研究发现，村干部作为中国乡村社会的重要精英群体，其在改革开放的不同阶段都体现出在经济领域的优势地位，他们是私营企业主阶层极其重要的社会来源①。图4显示出，2004 年的调查中有13.34% 的企业主曾经担任村干部，到2014 年，该比率增至34.06%，增加了近20 个百分点。虽然调查无法判断担任村干部和在其他私营企业工作的先后关系，但该发现不能否认曾经拥有村干部身份的私营企业主呈增长的趋势。

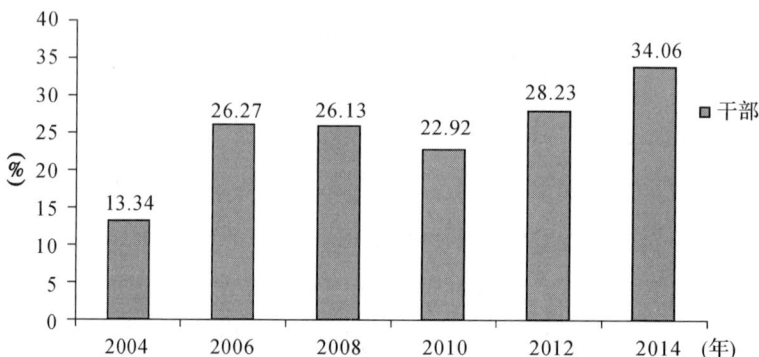

图 4 开办私营企业前曾经担任村干部的情况

对拥有农村工作经历的私营企业主而言，如果还同时曾经在党政机关事业单位工作，2004 年科级及以下占了55.73%，处级及以上仅为5.34%，其余的38.93% 成为技术干部和教师，但村干部在进入党政机关的优势不显著；到了2008 年，这三个比例分别为64.29%、3.57% 和32.14%，之后变化不大，而且是否担任村干部并不影响其进入党政机关事业单位任职。与之不同的是，除了2004 年，村干部在和国有集体企业的职业流动中优势显著（$p < 0.001$）。

此外，具有外资、港澳台企业工作经历的人中，2004 年村干部并没有表现出比农民更多的优势，超过半数（69.57%）的曾经在农村工作的人也从事过销售人员及其他等地位较低的工作，2008 年只有11.11% 的人从事类似工作。在2010—2014 年的调查中，我们也基本未发现村干部在外资企业的职业流动中有显著优势。然而，在同时拥有农村工作和私营企业工作经历的企业主中，

① 陈光金：《私营企业主阶层的形成》，陆学艺主编《当代中国社会流动》，北京：社会科学文献出版社，2004，第 252 – 253 页.

2004 年村干部的优势也不明显，这种状况一直持续到 2008 年，从 2010 年开始，村干部与私企主管或中高管理层的流动显著高于普通农民（$p < 0.001$）。

近些年，越来越多曾经在国外留学或工作的人员选择创业，尤其在 IT、金融等行业。在 2004 年和 2006 年的调查中，私营企业主中没有人曾经在海外留学或工作。2008 年调查表明，有 1.54% 的人有过相关职业经历，2010 年下降至 0.76%，而 2012—2014 年都为 1.77%。所以，总体上看，"海归"型的私营企业主在私营企业家阶层的比重并不高。

三、作为职业流动后果的地位认同

地位认同指的是人们对自己在社会阶层结构中所占据位置的感知，是"阶层意识"的重要维度之一。一般来说，人们在讨论私营企业主阶层时，更多指的是他们的客观社会地位，而主观层面的地位认同不仅是阶级形成的重要环节，也是影响他们各种社会行动的关键因素。在本文中，沿袭通常的操作测量，我们将地位认同操作化为经济地位认同、社会地位认同和政治地位认同三个维度。

（一）三维度认同

图 5 报告了 1993—2014 年私营企业主对三维度地位认同的中位数①。在经济地位认同上，1993—1995 年都为 4.5，1997—2002 年增加了 0.2，2004 年以后，中位数维持在 [5.1，5.5] 的水平，这表明企业主所认同的经济地位略有下降。在社会地位认同上，1993 年为 4.0，相比同年的经济地位认同和政治地位认同，其认同的地位是相对较高的，而后 1997 年增加到 4.6，2000 年年初又有所下降，2004 年之后也稳定在 5.0，与经济地位认同水平一致，即两者完全重叠（见图 5）。在政治地位上，1993 年为 4.6，1997 年增加了 1.1，2000—2004 年稳定在 5.0，2006 年后持续增加，2014 年达到 6.0。总体而言，均值比较表明私营企业主的地位认同有上移的趋势。但是，囿于该统计指标的局限性，很可能掩盖了地位认同内在的异质性，为此下面我们将对地位认同重新类型化。

为了更为直观地比较私营企业主地位认同的分布情况，我们将选择 1～3

---

① 在问卷中，课题组分别询问了私营企业主对自身的经济地位、社会地位和政治地位的主观评价。具体采用了一个从高到低的十级地位"阶梯"量表来测量。譬如，如果个人认为自己的经济地位是"1"，那么其属于最高经济地位认同，而选择"10"则属于最低经济地位认同。

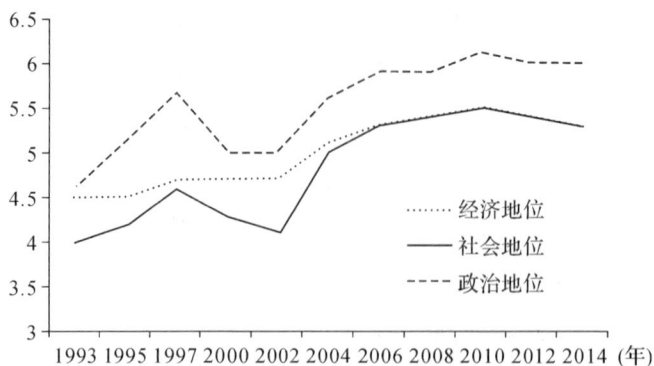

图 5　私营企业主的地位认同趋势[①]

级地位阶梯的界定为高，4～7 级为中，8～10 级为低。如表 11 所示，企业主认同经济地位为高的占比从 1993 年的 29.30% 下降到 2014 年的 17.55%；认为经济地位属于中的占比从 1993 年的 64.90% 增加到 69.74%；而低经济地位认同比率从 1993 年的 5.70% 增长到 2014 年的 12.72%，几乎翻了一番。在社会地位认同和政治地位认同上，变化趋势与经济地位认同基本相似。不过，值得注意的是，以 2003 年为界，三维度地位认同都出现了较为明显的波动，高地位认同下降、低地位认同上升，中层地位认同始终维持上升态势。总之，私营企业主的地位认同呈现"趋中"特征，同时 2002 年以后地位认同水平呈现不断上升趋势。我们认为，这与该阶段国家层面对私营企业主的政治地位、财产权等的日渐明朗有着密不可分的关系。

表 11　私营企业主的地位认同分布　　　　　　　　　单位：%

年份		1993	1995	1997	2000	2002	2004	2006	2008	2010	2012	2014
经济地位	高	29.30	26.50	24.96	24.95	27.50	19.82	17.87	15.80	16.18	16.06	17.55
	中	64.90	66.50	68.88	67.95	64.80	69.90	69.77	69.95	67.37	70.75	69.74
	低	5.70	6.90	6.16	7.10	7.70	10.28	12.36	14.25	16.45	13.19	12.72
社会地位	高	43.60	39.20	34.78	37.01	43.36	21.36	19.31	16.28	15.89	16.92	17.71
	中	49.40	53.80	57.57	55.99	49.38	67.70	66.87	69.10	67.60	69.20	68.20
	低	7.00	6.90	7.65	7.00	7.26	10.95	13.82	14.62	16.51	13.88	14.09

---

①　1993—2002 年的地位认同均值来自《2002 年中国第五次私营企业抽样调查数据及分析》（中华全国工商业联合会编. 中国私营企业大型调查. 北京：中华工商联合出版社，2007，第 157 页）。原文的表 55 报告了"中位数"，但经过仔细比对后，笔者认为表中的"中位数"实为"平均数"。

续表

年份		1993	1995	1997	2000	2002	2004	2006	2008	2010	2012	2014
政治地位	高	37.00	28.70	25.68	29.43	30.97	18.80	15.99	14.97	13.37	14.28	13.20
	中	48.10	50.10	53.00	52.23	51.24	57.91	57.90	58.42	57.51	58.95	59.37
	低	14.80	21.20	21.33	18.34	17.79	23.29	26.11	26.61	29.12	26.77	27.43

数据来源：1993—1995 年数据来自中华全国工商联合会编（2007：39&73），其他根据调查资料整理．

（二）地位认同的不一致

有学者通过对 1993—2002 年私营企业调查问卷资料的分析，认为私营企业主对自己的三种地位的评价是显著相关的，虽然不同地位评价之间的相关程度不同①。那么，2002 年之后，企业家的地位认同不同维度之间的关系如何？又呈现什么趋势呢？为此，我们分别对经济地位认同、社会地位认同和政治地位认同两两相减，将得分 [1，9]、0、[－9，－1] 分别定义为"偏低"认同、"一致"认同和"偏高"认同，以比较企业家的认同偏差情况。

表12　私营企业主的地位认同偏差　　　　　　　　单位:%

年份	2004	2006	2008	2010	2012	2014
经＜社[a]	25.97	24.83	23.15	21.34	20.14	19.34
经＝社	47.94	48.42	51.01	55.27	59.3	56.96
经＞社	26.09	26.75	25.84	23.39	20.56	23.69
合计	100.0	100.0	100.0	100.0	100.0	100.0
经＜政	22.07	20.33	21.05	17.14	16.31	14.85
经＝政[b]	34.86	34.38	36.49	39.85	41.2	38.67
经＞政	43.07	45.3	42.46	43.01	42.48	46.48
合计	100.0	100.0	100.0	100.0	100.0	100.0
社＜政	12.59	13.04	13.41	12.21	10.55	9.87
社＝政	46.98	44.98	47.56	48.22	50.96	47.08
社＞政[c]	40.43	41.99	39.03	39.58	38.48	43.04
合计	100.0	100.0	100.0	100.0	100.0	100.0

注：a. 经济地位低于社会地位；b. 经济地位与政治地位相等；c. 社会地位高于政治地位。

---

① 陈光金：《私营企业主阶层的形成》，陆学艺主编《当代中国社会流动》，北京：社会科学文献出版社，2004，第262－263页。

　　表 12 为私营企业主地位认同偏差的分布情况。对经济地位认同与社会地位认同的比较发现，"低经济高社会型"的占比在 2004 年为 25.97%，到了 2014 年下降至 19.34%，同时"高经济低社会型"占比从 2004 年的 26.09% 降到 23.69%；与以上两类型形成反差的是"经济—社会一致型"在过去的十年中上升近 10 个百分点。经济地位认同与政治地位认同的比较显示，"经济低政治高型"占比与"经济低社会高型"相似，呈现下降趋势（从 22.07% 到 14.85%），而"经济高政治低型"却从 43.07% 增加至 46.48%，这表明经济地位认同与政治地位认同偏差有上升的趋势。此外，社会地位认同和政治地位认同之间的偏差趋势和经济地位与政治地位偏差基本一致。在图 6 中，我们比较了"经济—社会一致型"、"经济—政治一致型"和"社会—政治一致型"的变化趋势。从结果不难看出，"经济—社会一致型"的占比最高，"经济—政治一致型"最低，"社会—政治一致型"居中。总的来说，私营企业主的地位认同的不一致性经历了 2004—2012 年的波动上升后，2014 年又有下降趋势，其中的原因值得我们进一步思考。

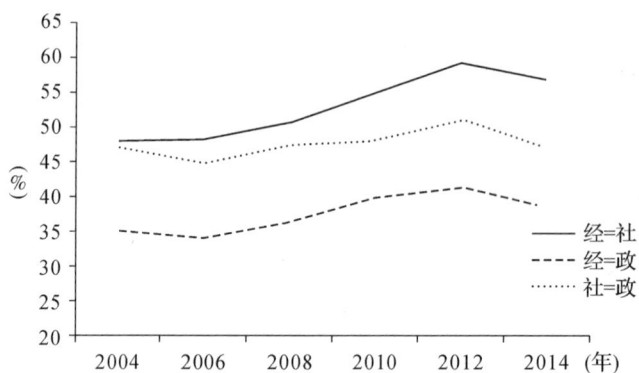

图 6　私营企业主地位认同一致性趋势

（三）职业流动与地位认同

　　以上分别讨论了私营企业主在创立企业前的职业流动和当前的地位认同情况，接下来我们将重点分析他们的职业流动轨迹对地位认同的影响。考虑到每次私营企业调查都会有一部分企业被追踪，故本文将分年度依次进行 Logistic 回归分析（表 13）。在模型设定上，我们控制了性别、年龄、党员身份、文化程度等社会人口学变量。[1]

表13　职业流动影响地位认同的 Logistic 回归分析

年份		2004	2006	2008	2010	2012	2014
经济地位认同	国有部门	ns	−0.217***	ns	ns	ns	ns
	非国有部门	ns	ns	ns	ns	−0.149*	ns
	跨部门	0.252**	ns	ns	ns	ns	−0.18**
社会地位认同	国有部门	ns	−0.199**	−0.122*	ns	ns	ns
	非国有部门	ns	−0.31**	ns	ns	−0.197**	ns
	跨部门	ns	ns	ns	0.241*	ns	ns
政治地位认同	国有部门	−0.162**	−0.169**	ns	ns	0.128**	ns
	非国有部门	ns	ns	ns	ns	−0.294***	−0.131**
	跨部门	ns	ns	ns	0.214*	ns	ns

注：$*p<0.1$，$**p<0.05$，$***p<0.001$

　　在经济地位认同方面，曾经在党政机关事业单位或国有集体企业的职业经历，对私营企业主的经济地位认同影响不大，该变量系数仅在 2006 年通过统计检验；与此类似，在私营企业或外资、港澳台企业工作对经济地位认同的影响也不大。而同时拥有国有部门和非国有部门就业经历的私营企业主，这种职业流动在 2004 年对其经济认同具有正向效应，但到了 2014 年，该效应变成了负向。在社会地位认同上，国有部门流动和非国有部门流动的影响力似乎要更强一些，分别有两个年度通过显著检验，而且方向皆为负；跨部门流动经历的影响要弱于其在经济地位认同上的效应，不过方向为正。在政治地位认同上，国有部门就业经历的影响力最强，2004 年和 2006 年都为负向显著效应，到了2012 年变为正效应；非国有部门流动在 2012—2014 年对政治地位认同具有负向作用。此外，跨部门流动在 2010 年对企业主的政治地位认同有着正向影响。

───────────

　　[1]　囿于篇幅所限，文中只报告了核心变量的系数，其他统计结果可向作者索取，xiaoguangfan10@fudan. edu. cn。

总的来说，Logistic 回归分析的结果在年度上并不稳健，不过非国有部门流动对其地位认同具有一致的负向效应，即在外资、港澳台企业或其他私营企业的工作经历并没有提高私营企业主的地位认同。如果将在国有部门流动的人们称为"体制精英"的话，那么这些在非市场部门"打拼"的则为"市场精英"。我们的统计结果表明，市场精英型的私营企业主所认同的地位要比其他企业主要低。

表 14 考察了农村工作经历对企业家地位认同的影响。结果表明，担任村干部、农民或外出打工对其地位认同具有正向效应。具体来说，相对于没有农村工作经历的企业家，来自农村的企业家的社会地位认同度更高，这种影响强于其他两个维度的地位认同。在理论层面，该经验说明，经历向上职业流动（从农民成为企业家）的私营企业主的地位认同度更高。

表 14　农村工作经历影响地位认同的 Logistic 回归分析

年份	2004	2006	2008	2010	2012	2014
经济地位认同	0.193**	0.247***	0.241**	ns	ns	0.149*
社会地位认同	0.280**	0.227**	0.183*	0.174*	0.207**	0.258***
政治地位认同	0.167**	0.311***	ns	0.200**	ns	ns

注：$*p<0.1$，$**p<0.05$，$***p<0.001$

四、结论与讨论

20 世纪八九十年代，中国的改革开放同时交织在以工业化和城市化为主要表现的现代化变革与计划经济向市场经济转型的制度变革之中，私营经济的恢复发展就是中国社会双重变革的产物[①]。2000 年以后，在国家政策和市场环境的作用下，中国的企业主阶层在某些新兴领域得以迅速壮大，其职业流动和地位认同都呈现出一些新特征。根据本文的分析，可以归纳为以下三点。

（1）企业主在创立私营企业前的职业流动频率在总体上呈现不断强化的趋势，但是存在明显的体制差异。在国有部门中，从较高行政级别者成为私营企业主的可能性在不同年龄段没有很明显的差异，但是在国有集体企业中的下降

---

① 戴建中：《现阶段中国私营企业主研究》，载李培林、李强、孙立平等主编《中国社会分层》，北京：社会科学文献出版社，2004，第 316 - 338 页。

趋势非常明显；在市场部门中，主要负责人的比例随着企业主的年龄上升下降的速度较快，而中低层人员的上升速度要高于国有部门的相应速度。此外，文化程度对机关事业单位中对职业流动的影响要远弱于其他部门。

（2）私营企业主在国有部门内部的职业流动缺乏明显的结构壁垒，党政机关事业单位与国有集体企业之间的流动相对比较顺畅；在市场部门内部的职业流动中，外资、港澳台企业与其他私营企业的流动趋向均衡和多元；而跨部门职业流动中，中高地位者的优势越来越明显；村干部身份在创建私营企业过程中的精英优势地位呈现增长态势。

（3）私营企业主的地位认同水平总体有下降的趋势，但中层认同相对稳定；在地位认同一致性方面，"经济—社会一致型"的占比最高，"经济—政治一致型"最低，"社会—政治一致型"居中，但在过去的十年中经历了先升后降的轨迹。多元统计分析结果显示，市场精英型的私营企业主所认同的地位要比其他类型企业主低，拥有不同流动轨迹的企业主在地位认同上表现出了一定的系统差异。

针对以上的发现，我们认为：（1）随着改革开放后的第一代私营企业家逐渐进入退休年龄，新生代企业家的职业流动越来越频繁和多元化，要充分意识到来自非国有部门的私营企业主在地位认同水平上偏低的现象。因为随着中国全面深化改革的推进，从非国有部门成长为私营企业家的规模将会继续扩大，他们对私营企业家阶层在政治、经济和社会等领域的参与和利益表达都将带来深刻的影响。（2）私营企业家的地位认同不一致问题反映了目前企业家阶层普遍存在的对政治参与和社会参与不足的某种表达，这为构建新常态下良性的政商关系提出了新的要求。（3）职业流动轨迹对企业家地位认同具有一定的影响，来自国有部门和非国有部门的企业家表现出了不尽相同的地位认同水平，那么这种差异背后到底是什么因素在发挥作用？是不同部门的职业流动带来的社会资本差异所致，还是流动轨迹导致的企业经营管理产生的影响？这些都值得进一步的深入研究。

私营企业不同行业的内外部治理比较研究

——以制造业、农业和房地产业为例

刘平青　郭慧超

北京理工大学管理与经济学院

摘　要: 当前私营企业的发展在整体上取得了相当的成绩,但不可避免地有难以经受考验而逐渐走向没落的企业个体,而不同行业的企业发展又呈现出了较大差异,因而想要厘清私营企业的发展与治理机制,对不同行业的企业进行对比分析十分必要。本报告以全国私营企业抽样调查的数据为基础,以基于权威—网络—交换的组织内外部治理机制模型为框架,对农业、制造业和房地产业三大行业的企业进行对比分析,以探明私营企业的行业特征并比较行业间的发展规律,为不同行业私营企业的发展提供参考。经比较分析得出,三个行业的私营企业具有一定的共性,同时又存在众多差异,主要体现在企业的管理规范程度、资金情况、产品特性以及政策环境等方面。同时,本报告提出的基于权威—网络—交换的组织内外部治理机制理论模型从企业内部组织和外部环境两个方面分别围绕权威、网络和交换治理机制进行比较分析,为认识私营企业的成长提供了理论视角。

关键词: 行业;比较;私营企业;组织;内外部治理机制

中国的私营企业经过改革开放 30 多年来的不断发展,已成为发展社会生产、广开就业门路、维护社会稳定的重要力量。对于企业发展的对比研究,有学者已经进行过一定的探索,尤其是在区域的比较分析上。例如,对我国转型经济中两个有代表性的区域经济发展模式——苏南模式与温州模式的研究,探讨了经济发展中政府和市场(企业家)对经济平等和社会分层的影响(张建君,2006);基于鲁浙两地私营企业成长的整体比较,对企业家精神地域差异与区域民营经济增长情况进行了比较分析(乐国林和毛淑珍,2011)。

　　本报告主要通过行业发展的比较对我国私营企业的治理机制进行探索研究。私营企业涵盖的行业领域十分广泛，包括以农林牧渔业为主的第一产业，以制造业、采矿业和建筑业等行业为主的第二产业，以及以房地产业、金融业和教育行业等为主的第三产业。限于篇幅，本文主要选取农业、制造业和房地产业三个既被社会广泛关注，又各具发展特点的行业为例进行对比研究。农业是我国国民经济的基础，农业私营企业不仅是企业，也是农村工业化的重要组织形态；制造业是国民经济最重要的支柱产业，作为"世界制造工厂"，我国在制造业上的发展速度和规模是毋庸置疑的；房地产业作为后起之秀，虽起步较晚，但近十年发展非常迅速，加之其关联度高、带动性强，在促进产业结构调整和国民经济的发展中起着重要作用。

　　本报告基于由全国工商联牵头，国家工商总局统战部、全国民（私）营经济研究会、中国社会科学院等多家单位参与的2014年第十一次中国私营企业抽样调查而成。调查样本涵盖我国大陆31个省、自治区和直辖市的私营企业，共回收有效问卷6 144份，有效问卷数约为我国私营企业总数的0.49‰。本文的数据主要包括农业企业、制造企业、房地产企业和总体数据，其中前三者是主业为农业、制造业和房地产业的私营企业，样本量分别为595、2 269和495；总体所采用的样本是包含所有行业在内的6 144个样本，以此来更加清晰地反映三个行业在私营企业中的发展情况。

一、基于权威—网络—交换的组织内外部治理模型

　　在中国情境下，"儒表法里"（外在表现为儒家的家文化，内部强调法家集权的实质）（秦晖，2003）的特征造就了个人权威的影响力，在企业组织中，则体现为在法规法则下不可忽视的企业主集权和个人魅力。然而，当企业中的创业者或企业主退居幕后时，权威的效用难以挽救企业管理上的缺失，这便需要组织制度的维持和保障。私营企业的治理机制越来越被企业主所重视，也越来越需要发挥作用。

　　根据目前现有的公司治理模式以及 OECD 的《公司治理准则》① 等，结合中国的历史文化背景，本文将公司治理的相关理论归结于权威、网络和交换的

---

　　① 世界经济合作发展组织（OECD）于1999年发布《公司治理准则》，并于2002年对《准则》进行了重新审核和修订。《准则》重点关注所有权和控制权分离引起的治理问题，同时充分考虑员工、债权人等利益相关者对公司治理的影响，在通用性原则基础上，对已有模式做了描述。

框架中。

参照高明华（2009）的公司治理评级系统指标，公司治理可以分为：内部治理（公司层面）和外部治理（社会层面）。内部治理包括：董事会的运作（企业主的领导风格与领导力）、股东的权利（企业内部股东的构成、组织架构、企业与社会的衔接关系）、社会意识、透明度（用工的透明度、财务的透明度）、其他利益相关者（生产让渡价值过程中的交换）。外部治理包括：政治基础、法律基础（政策权威、法规权威）、监管基础、信息基础（政企关系、人际关系、公共关系）、市场基础、文化基础（价值的实现、人才的运用）。这一分类与本文的权威、网络、交换的维度不谋而合。

治理机制是为了在企业内部达到一种权力的平衡，而这一平衡须借由权威、网络、交换的相互作用得以实现。权威，行权而生威。企业主在行使权力时，既需要保证自身权利的实现，即决策能够被贯彻执行；又需要考虑到利益相关者的权力均衡，这是决策被积极响应的基础。网络是权威不断演化的背景，也是权威能够触及并影响的范围。对私营经济而言，内部网络是泛家族体系的构建与维系，外部网络是各层次人才引进带来的活力与创新。总之，网络的大小决定了权力平衡所需砝码的重量。交换是平衡利益相关者利益的关键步骤。有了权威的行权考虑和网络的平台支撑，交换便成为必然，它是完成权威和网络相互促进的中介要素，使得各方在利益结合点上寻求合作，各取所需，以达到共同发展。三大要素相互支持、共同作用，企业在治理过程中需要兼顾。

把每个私营企业作为一个组织来看，企业的发展通常是组织内部治理和外部治理综合作用的结果。内部治理需要外部治理的扶持，而外部治理的意义通过内部治理的完善得以实现。

本报告围绕不同行业的私营企业在权威（企业所有权和控制权）、网络（企业的组织内关系和组织外关系）和交换（企业人才结构和经营模式）三个维度，分析企业组织的内部、外部治理情况，从而对不同行业加以比较分析。

二、基于权威—网络—交换的内部组织治理

内部治理作为企业治理的核心，其重要性毋庸置疑。在企业内部，权威治理主要体现在企业主三维成长机制的治理上，网络治理与组织内管理结构密不

可分，而交换治理则主要体现在企业内部人才结构的配置和优化上。

（一）组织内部的权威治理

私营企业内部权威的明显特征，就是企业主的核心地位。管理层在企业的权威集中，而企业的创始人被认为拥有极强的人格魅力和丰富的经验。究其原因，在于企业主的个人因素与企业组织本身的结构特点互为作用。

与国有企业不同，私营企业主的资本在很大程度上决定着企业的资本，企业主除了具有一定量的物质资本外，还拥有人力资本和社会资本，企业主的成长可视为人力资本、物质资本、社会资本三维机制的一个动态过程。

（1）企业主的人力资本。继古典经济学家发现了土地、劳动和物质资本是促进经济增长的三个要素后，舒尔茨、贝克尔等新古典经济学家引入了"人力资本"概念。在现代经济学看来，所谓人力资本是指劳动者借以获得劳动报酬的个人独特素质和专业技能，或蕴含于人自身中的各种生产知识与技能的存量总和。企业主的人力资本由先天因素和后天成长共同获得。教育和培训提高了劳动者的素质。在相对市场化的环境中，受教育水平较高的私营企业主，拥有较高的文化资本，他将比其他人更好地把握市场机会，更有效地收集和利用信息。

从企业主的年龄、教育情况看领导权威积淀。年龄和教育属于人口统计学的指标，但它们都具有很强的社会意义。"几乎在每种经济中都可以发现收入和以年龄为代理变量的职业经历之间存在的牢固关系……"（赵人伟，1994）。年龄是一定社会资源积累和生活经历或职业经历的反映，特别是在社会转型时期，年龄折射着体制的影响。调查显示，三大行业的私营企业主年龄差异不大，集中分布在 40～50 岁及 50～60 岁年龄段，平均年龄在 47～48 岁，说明私营企业主仍然需要一定的积累和经历。由于企业主的年龄相差不大，基本可以排除其所处年代的教育差异。比较企业主的受教育情况（见表1）可知，房地产行业企业主教育程度整体较高，研究生比例高达 21.3%，大学和研究生学历总和达到近一半的比例；而农业企业主的教育程度整体偏低，小学及以下学历占 1.2%，集中分布在大专（34%）及高中/中专（26.7%）段；制造企业主则居于两者之间，以大专学历为中心，大致呈正态分布。

表1　企业主学历分布情况　　　　　　　　　　　　单位:%

行业	小学及以下	初中	高中/中专	大专	大学	研究生	合计
农业	1.2	8.0	26.7	34.0	20.6	9.5	100.0
制造业	0.9	6.5	25.4	32.3	25.1	9.8	100.0
房地产业	0.0	3.8	14.3	32.8	27.8	21.3	100.0
总体	0.9	6.5	24.2	32.7	26.4	9.2	100.0

从企业决策、管理人选看企业的集权程度。从调研数据来看（见表2和表3），无论是重大决策还是日常管理，主要出资人都扮演着重要的决策中心角色。整体上接近一半的企业出资人掌握着企业的重大决策权，而一半以上的企业主负责日常管理工作。

表2　企业重大决策由谁定夺

	农业企业		制造企业		房地产企业		总体	
	频率	有效百分比（%）	频率	有效百分比（%）	频率	有效百分比（%）	频率	有效百分比（%）
主要出资人	272	46.4	969	43.3	149	31.2	2 851	47.7
股东会	147	25.1	529	23.7	125	26.2	1 419	23.8
董事会	122	20.8	483	21.6	151	31.7	1 094	18.3
高层管理会议	44	7.5	244	10.9	52	10.9	574	9.6
职业经理人	1	0.2	9	0.4	0	0.0	33	0.6
合计	586	100.0	2 234	100.0	477	100.0	5 971	100.0

表3　企业日常管理由谁负责

	农业企业		制造企业		房地产企业		总体	
	频率	有效百分比（%）	频率	有效百分比（%）	频率	有效百分比（%）	频率	有效百分比（%）
主要出资人	321	55.0	1 245	56.1	206	42.5	3 510	59.1
职业经理人	141	24.1	489	22.0	131	27.0	1 281	21.6
高层管理会议	119	20.4	473	21.3	142	29.3	1 108	18.7
其他	3	0.5	12	0.5	6	1.2	42	0.7
合计	584	100.0	2 219	100.0	485	100.0	5 941	100.0

　　企业重大决策的定夺人占比由高到低基本上依次为主要出资人、股东会、董事会、高层管理会议和职业经理人，只有房地产企业顺序稍有调整，其董事会的决策占比（31.7%）最高，其次为主要出资人（31.2%）。在企业日常管理方面，负责人占比由高到低基本上依次为主要出资人、职业经理人、高层管理者会议及其他；相比于其他行业，房地产企业的日常管理由主要出资人负责的比率较低，而由高层管理会议和职业经理人负责的比率较高。

　　这两项结果一方面反映了房地产企业规范程度较高，另一方面也反映了房地产企业的决策和管理对专业人士的要求更高，企业主借助董事会和职业经理人的专业技能和实践经验更有可能得到有效的决策和管理。

　　（2）企业主的物质资本。物质资本对企业发展的重要性不言而喻，包括资金、土地等各种有形无形的生产资料。从企业主的注册资金来源、实收资本情况和权益占比三个方面的比较，可以分析出不同行业企业主物质资本的差异。

　　从注册资金来源看物质资本原始积累。私营企业的注册资金大多数来自企业主的个体经营积累，另外银行贷款也占据了重要份额。从三个行业的比较来看（见表4），房地产企业个体经营积累（88.2%）高于其他行业，也高于总体，可以从侧面反映出房地产业的企业主个体积累财富的能力很强。从银行贷款的比例来看，房地产企业（30.6%）仍然最高，其次是制造企业（29.5%），农业企业（28.7%）最低，而农业企业和制造企业的民间贷款比例稍高。这与企业的可抵押资产有关，房地产企业的可抵押物质资本明显要高，制造业的厂房和设备也可以作为抵押品，而农业企业的农产品却难以作为抵押品，银行贷款能力也相应较弱。

表4　企业注册资金来源

	农业企业		制造企业		房地产企业		总体	
	频数	个案百分比（%）	频数	个案百分比（%）	频数	个案百分比（%）	频数	个案百分比（%）
个体经营积累	511	86.3	1 868	83.6	432	88.2	5 036	83.3
继承遗产	7	1.2	75	3.4	11	2.2	176	2.9
亲友馈赠	33	5.6	182	8.1	26	5.3	507	8.4

续表

	农业企业		制造企业		房地产企业		总体	
	频数	个案百分比（%）	频数	个案百分比（%）	频数	个案百分比（%）	频数	个案百分比（%）
银行贷款	170	28.7	660	29.5	150	30.6	1 603	26.5
民间贷款	104	17.6	350	15.7	62	12.7	858	14.2
国有、集体企业改制资产	38	6.4	176	7.9	32	6.5	369	6.1
其他	25	4.2	75	3.4	10	2.0	224	3.7
合计	888	150.0	3 386	151.5	723	147.6	8 773	145.1

　　从企业主和家人的权益占比看企业的社会化程度。目前我国的私营企业主要以家族企业为主，所以企业主和家人在企业的资本总额中占比依然很高，以农业企业尤为突出。

　　从表5可以看到，农业企业的企业主和家人占资本总额的比例，无论开办企业时（81.2%），还是2013年年底（78.7%），均值都高于其他行业以及总体；且2013年年底相比于开业时，企业主与家人的资本总额占比减幅最小。房地产企业开办企业时的企业主和家人占资本总额比例均值（77.0%）为四者中最低，到2013年年底时仍为最低（74.1%）。制造企业在2013年年底企业主和家人的所有者权益占比均值减幅（4.3%）最大。

表5　企业主及其家人的资本总额占比

	农业企业		制造企业		房地产企业		总体	
	均值	中值	均值	中值	均值	中值	均值	中值
开办企业时企业主和家人占资本总额的比率（%）	81.2	100.0	79.9	100.0	77.0	100.0	79.9	100.0
2013年年底企业主和家人的所有者权益占比（%）	78.7	100.0	75.6	95.0	74.1	90.0	77.0	100.0
百分比减幅（%）	2.5	0.0	4.3	5.0	2.9	10.0	2.9	0.0

　　可见房地产企业的社会化程度高于其他行业，而农业企业的社会化程度显著较弱，制造企业在发展过程中社会化程度有一定提高。

（3）企业主的社会资本。社会资本的概念最早由法国学者布尔迪厄（P. Bourdieu）提出，他认为社会资本是指实际的或潜在的资源集合体，那些资源同对某种持久性网络的占有密不可分，这一网络是大家共同熟悉且得到公认的，且是一种体制化的关系网络。社会资本作为一种资源要素，权威关系、信任关系、规范信息网络、多功能组织、有意创建的组织等都是它的特定形式。

企业主的政府、组织任职情况。企业主担任人大代表、政协委员或在社会组织任职，有利于其提高自身地位和企业的知名度，建立必要的组织社会关系，在资金、项目、信息等方面得到支持。同时，一些有影响力的私营企业主在各级人大、政协或社会组织任职，能够及时将党和政府的政策、声音下达到企业以及将企业发展中遇到的问题及需要的资源上传到党和政府。

调查显示（见表6），三个行业中，房地产业的企业主在政府或相关政治组织任职的比率最高，农业企业次之，最后是制造业，但三个行业的企业主任职百分比基本上高于总体。

表6　企业主在政府组织任职的情况

	基层组织或政府部门		人大代表		政协委员	
	人数	百分比（%）	人数	百分比（%）	人数	百分比（%）
农业企业	31	5.8	124	20.8	199	33.4
制造业	94	4.5	421	18.6	557	24.5
房地产业	39	8.6	145	29.3	183	37.0
总体	263	4.8	855	13.9	1 425	23.2

不难看出，这与行业的资源配置方式有很大关系，农业企业和房地产企业的资源配置主要依赖于政府，同时农业企业对提高农民收入、增加农民就业，房地产企业对解决住房问题又有着重要的作用；而制造业的资源配置主要由市场决定。因此制造企业主参与政府、组织任职的比例不及其他二者高。

企业主的公益活动参与情况。从企业主参加公益活动的情况来看（见表7），资助金额由高到低依次为房地产企业、农业企业、制造企业。从2013年企业主参加慈善活动的比例较2012年的增幅来看，农业企业（78%）与房地产企业（47%）领先于制造企业。

表7 企业主为扶贫、救灾、环保、慈善等公益事业捐助资金数额

	农业企业		制造企业		房地产企业		总体	
	中值	均值	中值	均值	中值	均值	中值	均值
2012年（万元）	47.52	2.00	23.44	2.00	62.78	10.00	20.08	1.00
2013年（万元）	84.79	2.40	29.31	2.00	92.37	10.00	26.33	1.00
增幅（%）	78%	20%	25%	0%	47%	0%	31%	0%

房地产企业和农业企业与民生息息相关，且房地产业广受关注，企业主通过参加公益活动对企业的公众形象有极大的影响，更有利于树立权威；农业企业多为当地政府所支持，因而农业企业参与政府主办的公益活动也较多。而制造业由于主要依靠市场配置资源，对公益活动的参与不及农业企业和房地产企业积极。此外，企业主对公益活动的积极程度还与其在政府或基层组织任职的情况及人大代表或政协委员等政治身份有关，因其身份会影响自身的社会责任感。

（二）组织内部的网络治理

在差序格局中，社会关系是以某一个人为中心，逐渐从一个一个人一层层推出去的，是私人联系的增加，社会范围是一根根私人联系所构成的网络（费孝通，1984）。同理，随着私营企业的不断发展壮大，这一网络将由以企业主为核心转变为以企业为核心，发挥企业中各部分的效用。

从注册类型看企业发展的成熟度。企业的划分类型有多种，其中按照注册类型可分为一人公司、独资企业、合伙企业、有限责任公司和股份有限公司（见表8）。

表8 企业注册类型比较

		一人公司	独资企业	合伙企业	有限责任公司	股份有限公司
农业企业	频率	33	71	30	400	54
	有效百分比(%)	5.6	12.1	5.1	68.0	9.2
制造企业	频率	76	209	93	1637	231
	有效百分比(%)	3.4	9.3	4.1	72.9	10.3
房地产企业	频率	18	31	20	377	44
	有效百分比(%)	3.7	6.3	4.1	76.9	9.0
总体	频率	378	649	336	4193	504
	有效百分比(%)	6.2	10.7	5.5	69.2	8.3

由上表可以看出，三个行业以及总体均以有限责任公司为主要注册类型，其中房地产企业的有限责任公司所占比例（76.9%）最高；农业企业的独资企业类型占比（12.1%），相对于其他行业较高；制造企业的股份有限公司占比（10.3%），较其他行业更高。通过分析不难得出，房地产企业和制造企业发展得较为成熟，而农业企业发展得相对缓慢。

从新、老三会建立情况看企业内部治理结构。企业治理结构是企业内部网络的具体架构体现。如表9所示，私营企业内部组织机构已经逐步发育到较高的水平。从新三会的建立情况来看，房地产企业的股东会、董事会和监事会建立比率为三者最高。而老三会源于国有企业，在私营企业的组织建立相对较弱，总体上中共党组织、工会和职工代表大会的比例还不高，但制造企业的工会建立比例（70.1%）比总体高出16.6%，党委会比例（53.2%）比总体高出12.6%，职代会比例（41.6%）比总体高出7.7%；其次是房地产企业；农业企业比例最低，但高于总体。

表9 企业中新、老三会的建立情况

		农业企业		制造企业		房地产企业		总体	
		频率	有效百分比（%）	频率	有效百分比（%）	频率	有效百分比（%）	频率	有效百分比（%）
新三会	股东会	307	58.8	1 177	56.6	291	62.6	3 016	57.5
	董事会	313	59.7	1 306	62.9	357	76.8	3 009	57.3
	监事会	196	37.5	673	32.4	183	39.4	1 548	29.5
老三会	中共党组织	226	43.3	1 102	53.2	236	50.9	2 129	40.6
	工会	304	58.3	1 454	70.1	295	63.6	2 861	54.5
	职工代表大会	207	39.7	862	41.6	177	38.2	1 779	33.9

房地产企业的新三会建立更完善，有利于规范企业相关主体的行为，保障各自的利益，也是市场选择的重要结果；老三会的建立情况从侧面反映了企业中的劳资关系状况，制造企业的老三会建立情况相对更完善，与制造业对员工的规范化和标准化要求高有一定的关系，老三会有利于企业与员工之间沟通桥梁的构建。农业企业无论在新三会还是老三会的建立上都相对较弱，主要因为农产品受季节性的影响大，企业规范程度有限。

（三）组织内部的交换治理

交换机制的内部治理在组织中主要体现为人才结构的交换和劳资关系的治理。以下主要从董事长的继任人选和劳资关系的管理情况来考虑，这其中又涉及雇佣双方的情感、信任与道德基础，以及企业的激励行为等因素。

从董事长人选看企业继承机制。董事会是现代企业制度发展到一定阶段的产物。在被调查的已建立董事会的企业中，董事长绝大多数由出资人本人或其家族成员担任，由外聘人才或其他人担任的比例很低（见表10），尽管可能外聘人才更具备担任公司董事长的相应条件，但出资人往往不舍得将自己的企业"拱手"让人。上述特点在农业企业中表现得最为明显，房地产企业的出资人占比（89.3%）相对其他行业而言稍低，但是主要转移到了出资人的家族成员（8.4%），由外聘人才及其他人员担任的也只占2.4%，可见出资人将企业交给外聘人员"打理"的情况很少。

表10 董事长人选

	农业企业		制造企业		房地产企业		总体	
	频率	有效百分比（%）	频率	有效百分比（%）	频率	有效百分比（%）	频率	有效百分比（%）
主要出资人	414	93.2	1 592	90.7	382	89.3	4 030	90.3
主要出资人的家族成员	23	5.2	132	7.5	36	8.4	326	7.3
外聘人才	1	0.2	23	1.3	5	1.2	69	1.5
其他	6	1.4	8	0.5	5	1.2	38	0.9
合计	444	100.0	1 755	100.0	428	100.0	4 463	100.0

从用工数和工资数看企业劳资关系概况。调查数据显示（见表11），从中值来看，制造企业和房地产企业的年均用工人数（125人）较农业企业（82人）多，且三者均多余总体（60人）；年平均工资上，房地产企业（29 412元）高于制造企业（28 936元），农业最低（22 222元），且低于总体（26 495元）。三个行业企业的雇工人数均多于总体，对于解决社会就业问题均有重要的贡献，且房地产企业的待遇也较高，相比之下农业企业的雇工人数较少，待遇相对较低。

表 11　年均用工人数与工资情况

	农业企业		制造企业		房地产企业		总体	
	均值	中值	均值	中值	均值	中值	均值	中值
年均用工人数（人）	342	82	357	125	637	125	273	60
年平均工资（元/年）	25 008	22 222	31 139	28 936	34 024	29 412	29 841	26 495

从员工的工资福利情况看企业劳资关系管理投入情况。员工的工资福利情况主要通过员工的工资/奖金、员工分红、培训、社会保障以及住房公积金五个方面的调查数据来分析（见表 12 和表 14）。

表 12　企业员工的工资福利情况

	农业企业		制造企业		房地产企业		总体	
	均值	中值	均值	中值	均值	中值	均值	中值
工资、奖金总额（万元）	658.0	177.0	1 105.2	350.0	1 924.8	375.0	798.5	156.0
员工分红（万元）	56.0	0.0	71.6	0.0	73.3	0.0	37.7	0.0
企业全年培训费用（万元）	20.4	4.0	30.1	5.0	45.4	10.0	19.4	2.0
社会保险费用总额（万元）	65.8	10.0	237.4	30.0	161.5	30.0	1 270.2	12.0

表 13　员工的人均工资福利情况

	农业企业		制造企业		房地产企业		总体	
	均值	中值	均值	中值	均值	中值	均值	中值
人均工资、奖金（元）	25 056	22 222	31 139	28 936	34 024	29 412	29 870	26 511
人均分红（元）	1 277	0	1 014	0	1 125	0	1 057	0
人均培训费用（元）	989	400	1 745	370	1 334	515	1 891	330
人均社会保险费用（元）	2 732	1 202	15 298	2 759	5 505	2 348	96 588	2 212

表 14　企业建立住房公积金制度的情况

	农业企业		制造企业		房地产企业		总体	
	频率	有效百分比（%）	频率	有效百分比（%）	频率	有效百分比（%）	频率	有效百分比（%）
已经建立	75	16.0	459	25.3	125	32.9	1 100	23.3

从员工的工资、奖金来看，无论是总体还是人均水平，无论均值还是中值，房地产企业都处于领先位置，制造企业紧随其后，农业企业则落后较多，且低于总体水平。从人均分红的情况看，各行业企业的人均分红中值都为 0，可见有员工分红的企业不足半数。从培训费用来看，房地产企业（45.4 万元）最高，农业企业（20.4 万元）最低。一般来说，房地产企业的培训更规范，所需费用也更高，农业企业的培训则很多依托于农业合作社或政府相关部门的扶持，费用相对较低。从社会保险费用来看，制造企业的社保费用总额（237.4万元）与人均费用（15 298 元）均为最高，房地产企业次之，农业企业最低。制造企业的工人工作危险系数相对较高，因而企业在保险费用投入方面也逐渐加强。企业在建立住房公积金方面的投入依然不高，总体上建立住房公积金制度的比例仅为 23.3%，相比之下房地产企业（32.9%）最高，农业企业（16.0%）最低。

可见私营企业社会保障的层次和水平依然不高。对于体力劳动者，物质激励是很重要的一种激励方式，尽管企业面临着控制生产成本的巨大压力，但满意度高的员工将会创造较高的劳动生产效率，并表现出更多的组织公民行为，企业劳资关系也会更加和谐，因此加大企业劳动关系的投入，能够更好地促进企业的发展。

三、基于权威—网络—交换的外部环境治理

私营企业在不断发展壮大的过程中，必将受到企业外部环境的制约。企业内部组织治理与外部环境治理是一个相辅相成的过程，二者各自发挥着重要作用的同时又相互渗透，内部治理需要外部治理的扶持，同时外部治理又会促进内部治理的完善。尤其需要重视企业与政府的关系，企业的成长离不开政府的扶持，企业的有序良性发展离不开政府的引导和规范，而政府的职责实现又依赖于企业不断创造的经济和社会效益。

（一）组织外部的权威治理

私营企业的外部治理离不开法律与政策的引导和调试。外部权威体现在私营企业运营环境的治理上，通过进一步完善相关的法律法规，消除影响非公有制经济发展的体制性障碍，加强和改进政府的监督管理与服务，进一步引导非

公有制经济不断提高自身素质。

从税费政策看政府的行业引导机制。首先表现在不同行业的税费政策有一定的差异。调查显示（见表15），房地产企业缴纳的税费额（3 290.74 万元）最高，且税费在销售额中所占的比例（12.52%）最大；农业企业缴纳的税费额最低（800.17 万元），且税费在销售额中的占比仅为 6.31%。

表 15　企业的税费缴纳情况

	农业企业		制造企业		房地产企业		总体	
	均值	中值	均值	中值	均值	中值	均值	中值
纳税（万元）	800.17	56	1 428.11	150.00	3 290.74	435.10	1 360.61	58.71
规费（万元）	117.23	9.45	164.62	13.50	446.86	50.00	394.74	8.00
税费在销售额中的比例（%）	6.31	2.91	7.81	4.81	12.52	7.00	9.07	5.19

税费的缴纳一方面与企业的利润额有关，另一方面与企业政策有很大关系。房地产企业利润额较高同时税种也较多，因此无论税费额还是税费占比都较高；而农业企业利润额相对较低，则税费额较低，且国家对农业的税费政策有很大的优惠，因而农业企业的税费占比也很低。

从劳动合同法看法律的约束机制。私营企业劳资关系的一个直接反映便是劳动合同的签订率。随着 2008 年新《劳动合同法》的颁布，私营企业的劳动合同签订率有了一定的改善。如表 16 所示，劳动合同签订率的均值整体上维持在 65%～80%，以制造企业（79.0%）最高，房地产企业（70.1%）次之，农业企业（67.0%）最低，但三者均高于总体（65.7%）。

表 16　劳动合同签订率

	农业企业		制造企业		房地产企业		总体	
	均值	中值	均值	中值	均值	中值	均值	中值
劳动合同签订率（%）	67.0	39.0	79.0	72.0	70.1	64.0	65.7	55.0

制造企业的劳动关系规范程度较高，主要是由于制造企业雇工人数较多，同时制造企业更需要劳动合同作为劳动保障，所以企业在劳动关系方面的投入更大，相比之下，农业企业在这方面的投入不高，劳动关系规范程度较低。

（二）组织外部的网络治理

一般而言，私营企业比较注重多方面网络的建立与维系，这是企业进行交换、获取信息的平台基础。由于外部网络的涉及面较广，这里只选取几个方面做分析，其中政府在中小企业的网络中有着十分重要的地位。

从净利润用途看企业对外部商业环境的治理。对比不同行业的企业净利润（见表17），可以看到房地产企业（2 447万元）最高，制造企业（1 375万元）次之，农业企业（1 251万元）最低。但在人均净利润方面，无论均值还是中值，制造企业均为最低，房地产企业依旧领先。

表17　2013年企业的净利润

	企业净利润（万元）			人均净利润（万元/人）		
	均值	中值	样本数	均值	中值	样本数
农业企业	1 251	100	541	5.6	1.3	537
制造企业	1 375	126	2 102	4.0	1.2	2 081
房地产企业	2 447	295	424	8.6	1.8	415

通过企业的净利润用途，可以初步分析企业外部的商业环境。从表18中可以看出三个行业的利润主要用于出资人分红，其中制造企业用于出资人分红的比例（68.36%）最高，房地产企业（48.46%）占比最低。制造企业的利润在应付各种摊派和公关、招待费用上所占的比例仍为最高，而房地产企业在这两者的费用上的占比仍为最低。

表18　企业的净利润用途

	农业企业		制造企业		房地产企业	
	均值（万元）	占利润的百分比（%）	均值（万元）	占利润的百分比（%）	均值（万元）	占利润的百分比（%）
出资人分红	301.51	53.88	1 076.71	68.36	751.14	48.46
应付各种摊派	41.36	11.15	52.60	16.18	85.64	11.11
公关、招待费用	50.57	28.75	53.68	33.14	97.09	18.22

结合表17和表18可以看出，房地产企业净利润总额高，所以应付各种摊派和公关、招待费用虽高，但所占比例很小，还有大笔资金用于进行新的投资；而制造企业除了大部分用于分红之外，还要花费很高的比例用于应付各项事宜，所

余款额实际不多；农业企业则在各方面相对比较均衡，但公关、招待费用也不低，占到企业净利润的近30%。可见私营企业目前所处的商业环境仍然面临着很大的挑战。

从融资渠道看企业与银行的关系治理。企业融资的渠道多种多样，总体而言（见表19），私营企业选择融资渠道的优先顺序为股份制商业银行、小型金融机构、民间借贷和互联网金融借贷。

表19 2013年年底私营企业在各融资渠道中的贷款金额　　单位：万元

	农业企业		制造企业		房地产企业		总体	
	均值	中值	均值	中值	均值	中值	均值	中值
股份制商业银行	3 128	40	6 877	200	7 771	270	3 599	0
小型金融机构	412	0	444	0	916	0	334	0
民间借贷	77	0	104	0	237	0	68	0
互联网金融借贷	3	0	6	0	0	0	4	0

在上述四个渠道中，贷款金额最高的为房地产企业，制造企业次之，农业企业贷款金额最低。这一方面与三个行业的贷款抵押品的优势程度有关，另一方面也因为房地产业为资金密集型行业，对资金的要求显著较高，而制造业属于高成本行业。

从"三角债"看企业与外界的资金网络治理。从企业欠款情况来看（见表20），三个行业中房地产企业的各项欠款数额均为最高；从欠款类别来看，三个行业皆为其他企业拖欠款额最高，拖欠其他企业款额次之，政府拖欠最低。但是总体情况为拖欠其他企业款额最高，其他企业拖欠数额最低，说明这三个行业中，其他企业与政府的欠款数额大于企业自身的欠款额。而各项中值皆为0，表明欠款情况主要发生在少数企业当中。

表20 2014年企业欠款情况　　单位：万元

	农业企业		制造企业		房地产企业		总体	
	均值	中值	均值	中值	均值	中值	均值	中值
政府拖欠	110.3	0.0	53.0	0.0	387.9	0.0	166.4	0.0
其他企业拖欠	406.4	0.0	774.4	0.0	808.1	0.0	1 096.5	0.0
拖欠其他企业	275.1	0.0	417.6	0.0	600.1	0.0	1 424.1	0.0

（三）组织外部的交换治理

外部交换主要体现在企业对外部资源的引进与配置上。这里主要从人才资源的引进（主要指职业经理人的引进）和资金的配置（包括投资额、投资方向与境外投资情况）来分析组织外部的交换治理情况。

从职业经理人的引进情况看企业的管理职业化程度。职业经理人的引进被越来越多的私营企业所关注。在前文表2和表3中，企业重大决策的定夺人和日常管理的负责人中都有职业经理人的统计数据，但在重大决策定夺人中职业经理人的占比非常微小，最高的只有0.6%，相比之下，在日常管理负责人中放权给职业经理人的比例稍高，集中在21%~27%，基本上仅位列主要出资人之后，其中房地产企业职业经理人占比（27%）最高，与其相对规范化的管理和所在行业对专业水平的高要求有一定关系。

然而，不可否认，企业的外部交换有一定的风险。在相关法律和市场机制有待完善之时，企业需要对代理风险加以控制，在进行所有权和控制权分离的同时，防止控制权的过渡转让导致所有权的意外流失。

从投资额和投资方向看企业发展重点。从投资额来看（见表21），2013年私营企业投资数额最高的为房地产企业，制造企业与农业企业相差不大，三者均高于总体。投资额的中值均为0，说明投资仅发生在小部分企业当中。

表21　2013年企业投资数额　　　　　　　　单位：万元

企业类型\企业投资数额	农业企业		制造企业		房地产企业		总体	
	均值	中值	均值	中值	均值	中值	均值	中值
净利润中用于投资的数额	510.6	0	548.0	0	1 448.5	0	332.2	0
新增投资数额	1 253.9	0	1 268.8	0	3 237.5	0	958.5	0

从投资用途来看（见表22），不同行业侧重的方向与领域不同。农业企业主要用于扩大原有产品生产规模（680.5万元）、投资新的实体经济领域（221.9万元）和技术创新、工艺改造（206.6万元）；制造企业主要用于扩大原有产品生产规模（695.6万元）、新产品研发（255.9万元）和投向房地产行业（250.7万元）；房地产企业除了用于房产投资外，主要用于投资新的实体经济领域（1 327.3万元）、收购/兼并或投向其他企业（408.1万元）和扩大原有产品生

产规模（363.7万元）。

表22　2013年企业投资用途

企业投资数额 ＼ 企业类型	农业企业		制造企业		房地产企业		总体	
	均值	中值	均值	中值	均值	中值	均值	中值
扩大原有产品生产规模（万元）	680.5	0	695.6	0	363.7	0	354.7	0
技术创新、工艺改造（万元）	206.6	0	222.5	0	108.7	0	123.8	0
新产品研发（万元）	116.8	0	255.9	0	95.2	0	303.9	0
市场开发（万元）	199.2	0	128.6	0	54.8	0	64.3	0
投资新的实体经济领域（万元）	221.9	0	209.9	0	1 327.3	0	185.9	0
投向房地产行业（万元）	157.4	0	250.7	0	2 801.1	0	269.2	0
参股国有企业（万元）	2.7	0	2.2	0	18.6	0	2.6	0
投向股市、期货（万元）	1.4	0	3.1	0	10.7	0	2.4	0
投向民间借贷（万元）	30.6	0	8.0	0	29.3	0	9.9	0
收购、兼并或投向其他企业（万元）	73.3	0	97.9	0	408.1	0	86.7	0

从境外投资看企业的国际竞争地位。在境外投资方面，私营企业整体上不占优势。由表23可以看出，三个行业的境外投资额都不高，且中值均为0。相比而言，制造企业的境外投资额（14.3万元）最高，境外投资的企业户数（133户）最多。

表23　企业境外投资额　　　　　　　　　　　　　单位：万元

农业企业			制造企业			房地产企业			总体		
均值	中值	样本量	均值	中值	样本量	均值	中值	样本量	均值	中值	样本量
8.2	0	540	14.3	0	2 041	13.0	0	430	6.7	0	5 467

如表24所示，在具有境外投资的企业当中，资金主要用于建厂（50%左右），其次是在境外设立销售机构，相对而言房地产业在境外设立销售机构的比例不高，而收购或参股境外企业的比例较其他行业稍高。而私营企业在境外设立研发机构的比例非常低（小于10%），可见我国私营企业在国际上的竞争尚未占据优势地位。

表24　境外投资用途

投资用途 企业类型	建厂		收购或参股 境外企业		在境外设立 销售机构		在境外设立 研发机构		合计	
	频数	百分比 （%）	频数	百分比 （%）	频数	百分比 （%）	频数	百分比 （%）	频数	百分比 （%）
农业企业	28	59.6	5	10.6	11	23.4	3	6.4	47	100
制造企业	61	45.9	16	12.0	46	34.6	10	7.5	133	100
房地产企业	19	55.9	7	20.6	6	17.6	2	5.9	34	100
总体	138	49.1	39	13.9	81	28.8	23	8.2	281	100

四、结论

通过以上对企业主、企业内部治理和外部环境的比较，本文对农业、制造业和房地产业三个行业的私营企业相对于私营企业总体的情况，以及三个行业企业之间的情况进行了较为具体的描述和对比分析，并总结了以下共性及特点。同时，本报告提出的基于权威—网络—交换的内外部组织治理模型为私营企业的治理奠定了理论基础，尤其对于认识私营企业成长提供了理论视角。

（一）行业发展的比较结果

一方面，作为私营企业，三个行业不可避免地存在一些共性：首先表现在私营企业的发展都与企业主掌握的人力、物质和社会资本有着必然的联系；其次，三个行业的企业内组织发展正在向成熟和规范迈进，但社会化程度仍然较低，企业的社会保障的层次和水平不高，在国际市场上尚未占据优势地位；再次，外部的政策环境对企业的影响较大。另一方面，每个行业确实有其各自的特点，其差异主要表现在企业的盈利和资金状况、管理规范程度、产品特性以及政策环境等方面。

农业私营企业虽然起步早，进入门槛相对较低，但规模普遍偏小，雇工人数较少，管理的规范化程度较低。在资金方面，由于农产品的不可抵押性，银行贷款能力受限，融资能力不强。在外部环境方面，农业企业受政府支持较多，税费享有很大的优惠，并且企业主在基层政府和组织中任职的比例较高，公益与慈善活动参与度高。

　　制造企业属于典型的劳动密集型产业，雇工人数多且企业与工人的联系紧密，企业在劳动关系管理方面投入高，特别是社会保障投入显著高于其他行业。在组织管理方面，企业的"老三会"建立最为完善，也促进了企业在劳动关系管理方面的进一步提高。在外部环境方面，由于制造企业的资源配置主要依靠市场，在商言商的特点使其对政府的依赖程度较低，企业和企业主参与的政治组织任职和公益活动不及其他两个行业多。另外，制造企业的商业环境不容乐观，净利润除了大部分用于分红之外，很高的比例用于应付各项摊派和公关费用，实际用于促进企业发展的资金并不多。

　　房地产作为资本密集、人才密集和信息密集的行业，虽然起步晚，但管理的现代化和规范化程度高。在资金方面，由于房地产可作为抵押品，企业的融资能力很强，投资方向也偏爱其他实体经济领域及收购、兼并其他企业。在内部管理方面，房地产企业的"新三会"建立比例最高，行业特性对企业管理的高要求促进了其规范化发展。在外部环境方面，企业与政府的联系十分密切，因而企业主的政府、组织的任职情况及参与公益慈善活动比例最高。同时，房地产企业受政策影响波动较大，且税费的种类和金额也较高。

　　（二）框架模型的理论贡献

　　治理机制是企业从个人化向组织化迈进的关键要素，也是实现企业从"人治"向"法治"过渡的载体。治理机制是为了使企业达到一种平衡，而这种平衡需要借由企业内部和外部的权威、网络、交换的相互作用得以实现。

　　企业的内部治理和外部治理相互渗透。内部治理需要外部治理的扶持，尤其在政策环境上，例如外部政策的引导和辅助，会直接形成企业的机遇或挑战。同时，外部治理的意义通过内部治理的完善得以实现，企业的良好发展离不开内部组织结构的合理运行，随着企业逐步发展壮大，组织内资源和人才结构的配置均需要不断完善。

　　权威、交换、网络三个维度相互作用。在中国情境下，网络的根本是差序格局，以权威的所有者为核心向外扩展，在中小企业发展初期是企业主为核心，随着企业规模和需求的多元扩大，转变为企业组织为网络核心。权威可以吸引并构建初始的小网络，随着进一步发展，在大网络的基础上又不断开拓权威的影响力。而交换本身是完成网络与权威之间相互促进的中介要素，企业通过交换，在诚信的基础上开拓了网络，也奠定了权威。

本报告提出的基于权威—网络—交换的组织内外部治理机制理论模型使私营企业的治理研究取得了进展，同时为认识私营企业的成长提供了新的理论视角。

参考文献

［1］张建君．政府权力、精英关系和乡镇企业改制——比较苏南和温州的不同实践［J］．社会学研究，2005，20（5）：92 - 124.

［2］乐国林，毛淑珍．企业家精神地域差异与区域民营经济增长——基于鲁浙两地私营企业成长整体比较［J］．商业经济与管理，2011，31（7）：43 - 50.

［3］高明华．公司治理学［M］．北京：中国经济出版社，2009.

［4］赵人伟．中国居民收入分配研究［M］．北京：中国社会科学出版社，1994：181 - 182.

［5］周雪光．组织社会学十讲［M］．北京：社会科学文献出版社，2003.

［6］费孝通．乡土中国［M］．北京：三联书店，1985.

［7］秦晖．传统十论［M］．上海：复旦大学出版社，2004.

［8］刘平青．家族基因：家族企业生命力解读［M］．太原：山西经济出版社，2005.

［9］刘平青，胡迟．私营企业治理结构特征分析［J］．企业管理，2008，29（1）：96 - 97.

专 题 报 告

2014 年全国个体私营经济发展基本情况

国家工商总局个体私营经济监督管理司

摘　要：2014 年，商事制度改革在全国范围内全面实施，有效激发了经济发展的活力，促进了创业就业，市场主体数量和社会投资创历史新高，改革红利得到持续释放。私营企业户数、注册资本总额同比增速大幅度增长，个体工商户、农民专业合作社发展基本平稳。

关键词：私营企业　个体工商户　农民专业合作社

2014 年，个体私营经济监管工作围绕商事制度改革、扶持小微企业发展、推动个体工商户及农民专业合作社信用监管体系建设等重点任务，求真求实求效，努力为个体私营经济发展营造良好的营商环境。

积极推进商事制度改革工作，从 2014 年 1 月 1 日起，取消了个体工商户验照制度，从 10 月 1 日起实行年度报告制度。对个体工商户、个人独资企业、合伙企业、农民专业合作社的营业执照进行了统一的调整，统一了版式和印制标准。调研起草《关于扶持小型微型企业的意见》，并经国务院第 62 次常务会议原则同意。

制定出台了《个体工商户年度报告暂行办法》和《农民专业合作社年度报告公示暂行办法》，规范个体工商户和农民专业合作社年度报告工作。对《中华人民共和国合伙企业登记管理办法》、《个体工商户条例》、《农民专业合作社登记管理条例》三部法规，以及《个人独资企业登记管理办法》、《个体工商户登记管理办法》两部规章进行了修改，将年检验照制度改为年度报告公示制度。

研究制定了《工商总局关于推进非公有制经济组织党组织和党员开展党的群众路线教育实践活动的指导意见》，部署各级工商机关在抓好市（地）、县（区）及以下工商机关自身教育实践活动的同时，积极参与指导非公经济组织开展教育实践活动。2014 年 8 月，中央编办正式批复将非公经济组织党建工作写入工商总局新"三定"职能，并增设"非公经济组织党建工作办公室"，明确赋予工商总局指导非公经济组织特别是个体工商户、小微企业和专业市场党建工作的职能。组织召开了全国商品交易市场党建工作研讨会。开展"推进个体工商户、小微企业、专业市场党建工作"课题研究，组织编写《非公有制经济组织党务工作手册》。

截至 2014 年年底，全国个体私营经济从业人员实有 2.5 亿人，增加 3 117.66 万人，同比增长 14.16%。其中，私营企业从业人员 1.44 亿人，同比增长 15.2%；个体工商户从业人员 1.06 亿人，同比增长 13.38%。

一、私营企业发展基本情况

私营企业户数和注册资金增长情况。截至 2014 年年底，全国实有私营企业 1546.37 万户（含分支机构，下同），比上年年底增加 292.51 万户，增长 23.33%；注册资本（金）59.21 万亿元，比上年年底增加 19.9 万亿元，增长 50.62%。

1. 私营企业投资者人数、雇工人数增长情况。截至 2014 年年底，全国私营企业从业人员 1.44 亿人，比上年同期增加 0.19 亿人，增长 15.2%。其中投资者人数 2 963.08 万人，增加 477.34 万人，增长 19.2%；雇工人数 1.14 亿人，增加 1 391.5 万人，增长 13.87%。

私营企业比重逐年上升。2010 年以来，私营企业数量和资本所占企业总体比重不断上升，截至 2014 年年底，全国实有私营企业数量占企业总体的比重为 85.00%，资本总额占比为 47.91%。

从户均资本规模来看，私营企业户均资本由 2010 年年末的 227.14 万元增长为 382.87 万元，年均增速 13.94%。

新登记私营企业总量和资本总额增速创历年新高。2014 年全国新登记私营企业 345.13 万户，同比增长达 48.30%；新增私营企业注册资本合计 14.63 万亿元，同比增长 152.51%。2014 年全国新登记私营企业总量和资本总额同比增速创历年新高（见表 1）。

表 1　近年来全国私营企业发展基本情况

年份	户数 （万户）	增长率 （%）	人数 （万人）	增长率 （%）	注册资金 （万亿元）	增长率 （%）
2002	263.83	20.0	3 247.5	19.7	2.48	35.9
2003	328.72	24.8	4 299.1	32.3	3.53	42.6
2004	402.41	22.4	5 017.3	16.7	4.79	35.8
2005	471.95	17.3	5 824.0	16.1	6.13	28.0
2006	544.14	15.3	6 586.4	13.1	7.60	23.9
2007	603.05	10.8	7 253.1	10.1	9.39	23.5
2008	657.42	9.0	7 904.0	9.0	11.74	25.0
2009	740.15	12.59	8 606.97	8.89	14.65	24.8
2010	845.52	14.24	9 417.58	9.42	19.21	31.14
2011	967.68	14.45	10 353.62	9.94	25.79	34.27
2012	1 085.72	12.20	11 296.12	9.10	31.10	20.59
2013	1 253.86	15.49	12 521.56	10.84	39.31	26.40
2014	1 546.37	23.33	14 390.40	15.20	59.21	50.62

2. 产业结构发展情况。私营企业实有户数在第一、第三产业保持较快增长态势，所占比重持续扩大。截至 2014 年年底，私营企业在第一产业实有 53.55 万户，比上年年底增长 35.33%，占私营企业总户数的 3.46%，比上年同期扩大 0.30 个百分点，注册资本（金）1.44 万亿元，增长 58.37%，占私营企业总注册资本（金）的 2.43%；第二产业实有私营企业 366.38 万户，比上年年底增长 14.38%，占全国私营企业总户数的 23.69%，注册资本（金）15.56 万亿元，增长 37.72%，占私营企业总注册资本（金）的 26.27%；私营企业在第

三产业实有 1 126.44 万户，比上年年底增长 26.00%，占全国私营企业总户数的 72.84%，比上年同期扩大 1.54 个百分点，注册资本（金）42.21 万亿元，比上年年底增长 57.35%，占私营企业总注册资本（金）的 71.30%。

在第三产业中，从事批发和零售业的私营企业最多，有 568.72 万户，比上年增长 24.10%，占私营企业从事第三产业经营总户数的 50.49%。从业人数达 4 152.81 万人，增长 18.94%。注册资本（金）12.24 万亿元，增长 50.37%；租赁和商务服务业 187.49 万户，比上年增长 33.30%。从业人数 1 456.02 万人，增长 27.03%。注册资本（金）12.02 万亿元，增长 73.95%；科学研究、技术服务和地质勘察业实有户数达到 100.20 万户，比上年增长 30.20%。从业人数 755.67 万人，增长 25.11%。注册资本（金）2.87 万亿元，增长 47.94%。

私营企业在教育业，文化、体育和娱乐业，农林牧渔业发展较快。2014 年全国私营企业在教育业增长最快，实有 2.36 万户，比上年增长 35.84%，注册资本（金）356.94 亿元，比上年年底增长 70.57%；文化、体育和娱乐业实有 23.29 万户，比上年年底增长 35.82%，注册资本（金）4 419.01 亿元，比上年年底增长 90.27%；农林牧渔业实有 58.16 万户，比上年年底增长 34.98%，注册资本（金）1.59 万亿元，比上年年底增长 60.17%。

3. 区域结构发展情况。从区域结构来看，西部地区私营企业实有户数发展速度相对较快。私营企业在东、中、西部的发展情况是：截至 2014 年年底，西部地区实有私营企业 242.62 万户，比上年年底增长 27.49%，占全国私营企业实有总户数的 15.69%，比上年同期扩大 0.51 个百分点；东部地区实有私营企业 982.50 万户，比上年年底增长 21.59%，占全国私营企业总户数的 63.54%；中部地区实有私营企业 321.25 万户，比上年年底增长 25.71%，占全国私营企业总户数的 20.77%，比上年同期扩大 0.39 个百分点。

4. 私营企业在农村、城镇发展情况。随着城乡一体化进程的推进，城镇私营企业发展速度加快。截至 2014 年年底，全国城镇实有私营企业 1 128.93 万户，比上年同期增长 25.54%，占全国私营企业总户数的 73.01%；投资者人数 2 229.94 万人，比上年同期增长 22.07%，雇工人数 7 627.41 万人，比上年同期增长 18.89%；注册资本 46.28 万亿元，比上年同期增长 56.56%。农村私营企业 417.44 万户，比上年同期增长 17.72%，占全国私营企业总户数的 26.99%；投资者人数 733.14 万人，比上年同期增长 111.26%，雇工 3 799.91 万人，比上年同期增长 4.96%；注册资本 12.93 万亿元，比上年同期增长 32.62%。

二、个体工商户发展的基本情况

个体工商户户数和资金情况。截至 2014 年年底，全国实有个体工商户 4 984.06 万户，比上年同期增加 547.77 万户，增长 12.35%，高于 2013 年的 9.29%；资金数额 2.93 万亿元，比上年同期增长 20.58%（见表 2）。

2014 年全国新登记个体工商户 896.45 万户，同比增长 5.09%。2014 年全国注销个体工商户 282.38 万户，同比下降 22.14%。

表 2　近年来全国个体工商业发展基本情况

年份	户数 （万户）	增长率 （%）	人数 （万人）	增长率 （%）	资金数额 （亿元）	增长率 （%）
2002	2 377.5	-2.3	4 742.9	-0.39	3 782.4	10.1
2003	2 353.2	-1.0	4 299.1	-9.4	4 187.0	10.7
2004	2 350.5	-0.1	4 587.1	6.7	5 057.9	20.8
2005	2 463.9	4.8	4 900.5	6.8	5 809.5	14.9
2006	2 595.6	5.3	5 159.7	5.3	6 468.8	11.4
2007	2 741.5	5.6	5 496.2	6.5	7 350.8	13.6
2008	2 917.3	6.4	5 776.4	5.1	9 006.0	22.52
2009	3 197.4	9.6	6 632.0	14.81	10 856.6	20.55
2010	3 452.89	7.99	7 007.56	6.41	13 387.58	23.31
2011	3 756.47	8.79	7 945.28	13.38	16 177.57	20.84
2012	4 059.27	8.06	8 628.31	8.60	19 766.72	22.19
2013	4 436.29	9.29	9 335.74	12.73	24 337.69	23.12
2014	4 984.06	12.35	10 584.56	13.38	29 344.79	20.58

个体工商户产业分布情况。从产业分布来看，个体工商户仍集中在第三产业，占比超过 90% 的格局基本未变。2014 年第一产业新登记个体工商户 34.77

万户，同比增长 9. 74%，截至 2014 年年底，实有个体工商户 117. 80 万户，占个体工商户总数的 2. 36%，与上年持平；第二产业新登记个体工商户 54. 49 万户，同比增长 2. 30%，实有个体工商户 351. 53 万户，占个体工商户总数的 7. 05%，比上年缩小 0. 07%；第三产业新登记个体工商户 807. 19 万户，同比增长 5. 09%，实有个体工商户 4 514. 92 万户，占个体工商户总数的 90. 59%，比上年扩大 0. 07%（见图 1）。

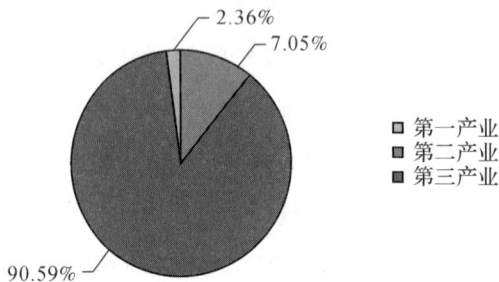

图 1　全国个体工商户实有户数产业分布图（截至 2014 年年底）

从 18 个大的行业分布来看，个体工商户在传统服务业增长较快，在新兴服务业增长较慢，呈现出了与私营企业不同的趋势。从 2014 年新登记个体工商户数量来看，在第三产业中，增长最快的前三个行业为住宿和餐饮业、文化、体育和娱乐业、卫生和社会工作，同比增速分别为 23. 47%、21. 51% 和 16. 76%，远超全国新登记个体工商户的平均增速（5. 09%）。而新登记企业增长最快的前四个行业为信息传输、计算机服务和软件业，教育，文化、体育和娱乐业及科学研究和技术服务业，增速分别达到 97. 87%、86. 17%、83. 51% 和 70. 32%。但新登记从事住宿及餐饮业的企业增长速度只有 20% 多，低于平均水平。

个体工商业区域结构发展情况。不同省（市）间个体工商户发展速度差异较大，最高增长率为 27. 30%，最低增长率为 － 2. 18%。截至 2014 年年底，东部地区实有个体工商户 2 319. 64 万户，同比增长 11. 44%，占全国个体工商户总户数的 46. 54%，与上年同期持平；中部地区实有个体工商户 1 627. 47 万户，同比增长 15. 13%，占全国个体工商户总户数的 32. 65%，比上年同期扩大 0. 07%；西部地区实有个体工商户 1 036. 95 万户，同比增长 10. 17%，占全国个体工商户总户数的 20.81%，比上年同期缩小 0.07%。

从各省个体工商户实有户数来看，与 2013 年同期相比增长的有 28 个省，与 2013 年同期相比下降的有 3 个省。从增幅来看，排在前 5 位的省份是：山东、河南、青海、福建、陕西；排在后 5 位的省份是：江苏、北京、四川、西藏、辽宁。

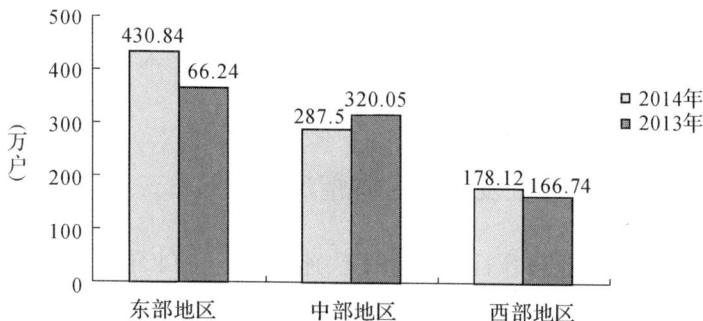

图 2　2014 年全国个体工商户东、中、西部新登记情况

个体工商户吸纳就业情况。在个体工商户从业人员中，城镇个体工商户从业人员 7 009.31 万人，同比增长 14.12%，占个体工商户从业人员的 66.22%；农村个体工商户从业人员 3 575.25 万人，同比增长 11.96%，占个体工商户从业人员的 33.78%。

在第三产业中，从事批发和零售业、住宿和餐饮业、居民服务、修理和其他服务业的个体工商户最多。截至 2014 年年底（见图 3），从事批发和零售业的个体工商户从业人员 5 979.02 万人，同比增长 13.72%，占个体工商户从业人员总数的 56.49%；从事住宿和餐饮业的个体工商户从业人员 1 231.05 万人，同比增长 16.21%，占个体工商户从业人员总数的 11.63%；从事居民服务、修

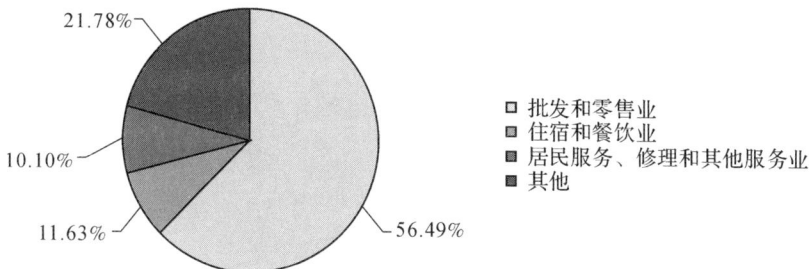

图 3　全国个体工商户吸纳就业结构图（截至 2014 年年底）

理和其他服务业的个体工商户从业人员 1 069.52 万人，同比增长 14.83%，占个体工商户从业人员总数的 10.10%。在从事第三产业的私营企业中，吸纳就业最多的三个行业分别是批发和零售业、租赁和商务服务业、科学研究和技术服务业。从事批发和零售业的私营企业从业人员 4 152.81 万人，同比增长 18.94%，占私营企业从业人员总数的 28.86%；从事租赁和商业服务业的私营企业从业人员 1 456.02 万人，同比增长 27.03%，占私营企业从业人员总数的 10.12%；从事科学研究和技术服务业的私营企业从业人员 755.67 万人，同比增长 25.11%，占私营企业从业人员总数的 5.25%。

三、农民专业合作社发展的基本情况

2014 年，农民专业合作社增长速度快速下降。2014 年，全国新登记农民专业合作社 30.95 万户，同比增长 9.60%。截至 2014 年年底，全国实有农民专业合作社 128.89 万户，同比增长 31.20%；出资总额 2.73 万亿元，同比增长 44.44%；户均出资额 211.77 万元，同比增长 10.07%；成员总数 3 745.86 万个，同比增长 26.94%。

课题组成员：赵　刚　李　楠　赵　莉

2014 年民营企业对外经济贸易发展报告

摘　要：2013 年，党的第十八届三中全会审议通过的《中共中央关于全面深化改革若干重大问题的决定》，明确了要使市场在资源配置中起决定性作用，允许民间企业进入一直由国有企业和政府部门控制的领域，并陆续推出了国企改革总体方案，为"国民共进"创造了政策空间，激发了广大民营企业开展对外贸易的活力。一年多来，面对国际市场需求疲软和全球跨国投资整体呈下降趋势的严峻形势，我国民营企业进出口和对外投资保持较快增长，质量和效益不断提升。2014 年，民营企业进出口额达 1.57 万亿美元，增长 5.2%，高出外贸总体增速 1.8 个百分点，占进出口总额的 36.5%，较 2013 年提高 0.6 个百分点。与之形成鲜明对比的是，国有企业进出口 0.75 万亿美元，同比增长仅 0.05%；外资企业进出口 1.98 万亿美元，增长 3.4%。同时，对外直接投资创下 1 231.2 亿美元的历史最高值，双向直接投资首次接近平衡。展望 2015 年，我国外经贸发展面临的国内外形势错综复杂，困难和挑战仍然较多。从国际形势看，世界经济中的积极迹象有所增多，但仍处于国际金融危机后的深度调整期，复苏进程艰难曲折；从国内形势看，我国经济发展进入新常态，处于经济增长换挡期、结构调整阵痛期和前期刺激政策消化期"三期叠加"的阶段，对外经济贸易传统优势有所减弱，国际竞争新优势正在培育。民营企业要适应中国经济新常态，积极发展对外经济贸易，巩固传统市场，开拓新兴市场，促进加工贸易转型和梯度转移，加快走出去步伐，实现持续健康发展。

关键词：2014　民营企业　对外经济贸易

　　2014 年，中国外贸发展总体增速放缓，但中央政府及时出台促进进出口稳增长、调结构的政策措施，稳定了企业的信心，推动了对外贸易规模扩大、份额提升、结构优化，我国连续两年位居世界第一货物贸易大国，对外投资连续3年位居世界第三。在这其中，民营企业（包括私营企业、集体企业和个体工商户，下同）充分发挥自身优势，灵活应对，巩固传统市场，积极开拓新兴市场，对外贸易的市场、产品、主体和区域结构不断优化，国际化经营实力不断增强。

一、民营企业对外贸易发展情况和特征

(一) 民营企业进出口实现平稳增长

2014 年，中国货物进出口 4.3 万亿美元，增长 3.4%，我国货物贸易连续两年位居世界第一，占全球份额的 12.4%，创造了世界贸易发展史的奇迹。其中，出口 2.34 万亿美元，增长 6.1%，连续六年居全球首位；进口 1.96 万亿美元，增长 0.4%；贸易顺差 3 824.6 亿美元，占 GDP 比重为 3.7%，仍然处于合理区间。中国外贸发展不仅有力促进了国内经济社会发展，也为全球贸易增长和经济复苏作出了积极贡献。

同期，中国民营企业对外经济贸易继续保持快速增长，进出口 15 714.5 亿美元，同比增长 5.2%，比同期全国进出口增速高了 1.8 个百分点，占同期全国进出口总额的。其中，出口 10 115.2 亿美元，同比增长 10.4%；进口 5 599.3 亿美元，同比下降 2.9%，实现贸易顺差 4 515.9 亿美元，比 2013 年增加 1 107.4 亿美元（见表 1）。民营企业出口增速领先于外资、国有等其他类型企业，出口增速高出全国平均水平 4.3 个百分点；民营企业进出口在全国中的比重进一步提高，达到 36.5%，比上一年度提高了 0.6 个百分点，其中民营企业出口和进口在全国的占比分别达到 41.5% 和 29.6%，分别比 2013 年提高 1.7 个百分点和下降 1 个百分点（见图 1）。

表 1 2014 年我国各类企业进出口比较   单位：亿美元 %

企业类型	出口		进口	
	金额	同比	金额	同比
国有企业	2 564.9	3.1	4 910.5	− 0.9
外资企业	10 747.3	3.0	9 093.1	3.9
民营企业	10 115.2	10.4	5 599.3	− 2.9

(二) 全年外贸增速呈现企稳回升态势，民营企业进出口波动较大

从全年走势看，2014 年民营企业进出口跌宕起伏，整体呈现企稳回升态

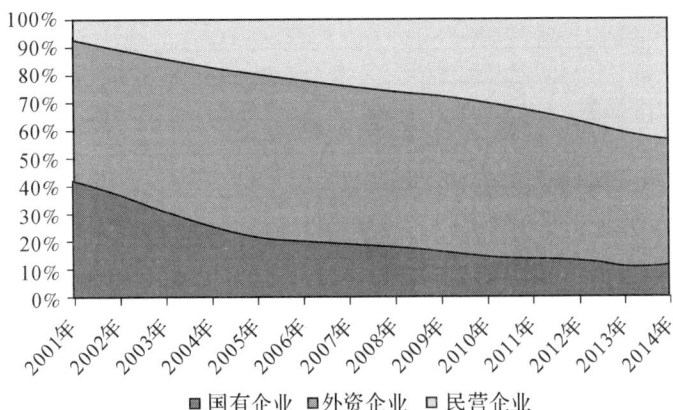

图1 近年来我国各类企业出口比重变化图

势。1月，受春节、套利贸易等因素影响，进出口快速增长，2月出口增幅快速下降，其中民营企业出口跌幅高达28.7%，比全国跌幅高出10.5个百分点（见图2）。3月起，随着国家促进进出口稳增长、调结构的政策措施逐步见效，加上外需有所好转，进出口企业信心增强，经营状况改善，进出口增幅持续回升，其中9月民营企业出口增幅高达28.7%，比全国涨幅高出13.6个百分点，对形势的反应更为敏感。四季度，进出口增幅略有下降（见图3）。

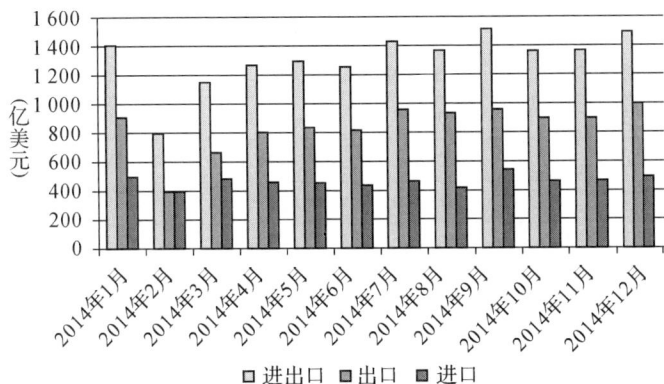

图2 2014年民营企业月度进出口情况

（三）出口商品结构不断优化

1. 主要商品出口平稳增长，机械设备增长较快。面对需求偏紧、竞争激烈的市场环境，民营进出口企业主动调整转型，在技术研发、品牌培育、质量管理等方面加大投入，出口商品的技术含量和附加值进一步提升，为各大类商品

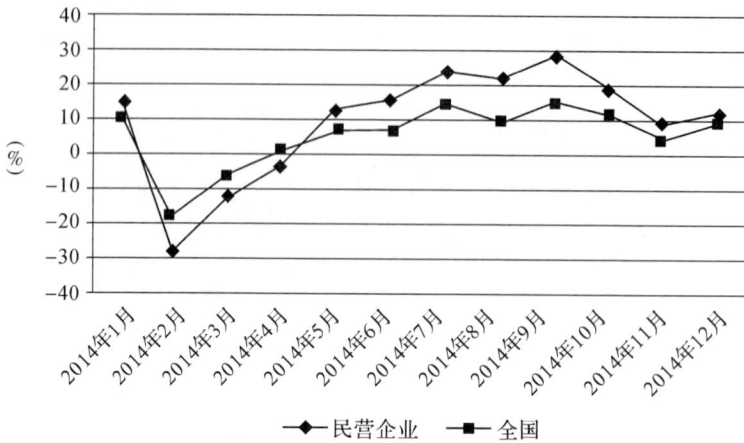

图3　2014年民营企业月度出口增幅对比图

出口的平稳增长提供了有力支撑。其中，纺织品、服装、箱包、鞋类、玩具、家具、塑料制品7大类劳动密集型产品出口3 140.5亿美元，增长8.4%，低于民营企业整体出口增速2个百分点；机电产品出口4 002.8亿美元，同比增长5.8%，占出口总额的比重为39.6%（见表2）。

表2　2014年民营企业出口主要商品表　　单位：亿美元　%

商品名称	金额	同比增幅	占全国同类商品出口比重	占民营企业出口比重
出口总额	10 115.9	10.4	43.2	100.0
*机电产品	4 002.8	5.8	30.5	39.6
*高新技术产品	1 285.1	−9.1	19.5	12.7
服装及衣着附件	1 216.0	11.1	65.3	12.0
纺织纱线、织物及制品	735.2	7.6	65.6	7.3
农产品	435.2	12.3	60.6	4.3
鞋类	377.6	17.1	67.1	3.7
贵金属或包贵金属的首饰	354.9	107.9	73.2	3.5
家具及其零件	337.0	−0.4	64.8	3.3
钢材	295.9	39.0	41.8	2.9
塑料制品	234.2	5.0	63.1	2.3
灯具、照明装置及零件	222.4	32.0	71.5	2.2
集成电路	195.6	−58.8	32.1	1.9
汽车零配件	186.7	14.3	38.0	1.8

商品名称	金额	同比增幅	占全国同类商品出口比重	占民营企业出口比重
电话机	184.0	56.4	15.7	1.8
陶瓷产品	182.5	19.2	82.7	1.8
箱包及类似容器	181.8	−2.8	67.0	1.8
水海产品	135.9	14.8	65.1	1.3
自动数据处理设备及其部件	133.4	26.8	7.3	1.3
二极管及类似半导体器件	97.9	6.3	34.5	1.0

＊包含本表中已列明有关商品。

2. 机电出口占民营企业和全国同类商品比重保持高位，高新技术产品出口降幅较大（见图4）。尽管受到国际金融危机及欧债危机影响，民营企业机电产品和高新技术产品出口依然保持了高速增长。2014 年，民营企业出口机电产品4 002.8 亿美元，同比增长5.8%，增幅比上年下降19.8 个百分点，占民营企业出口比重为39.6%；高新技术产品出口1 285.1 亿美元，同比下降9.1%，增幅比上年下降55.8 个百分点，占民营企业出口比重为12.7%。从机电产品内部结构看，电话机、自动数据处理设备及其部件出口增长较快，成为机电产品出口的新增长点，集成电路出口降幅较大。

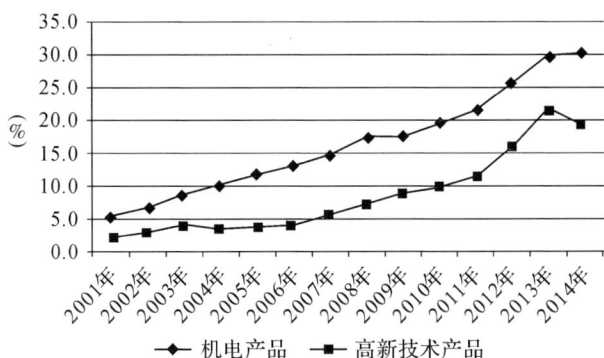

图4　近年来民营企业机电产品和高新技术产品出口的全国占比图

3. 传统劳动密集型产品出口增幅略有下降，但在全国出口的地位仍然巩固。2014 年，受外需市场总体疲软、国内人工成本上涨明显等因素影响，劳动密集型产品出口受到一定程度的影响，家具、塑料、箱包等商品出口增幅略低于民营企业整体出口平均增速；纺织品、服装、箱包、鞋类、玩具、家具、塑料制品 7 大类劳动密集型产品出口 3 140.5 亿美元，占民营企业出口的比重达 31.0%。相比其他类型企业，民营企业传统劳动密集型产品出口受外需波动的影响相对小一些，仍然是我国劳动密集型产品出口的主要力量。2014 年，民营企业服装、纺织品、鞋、家具和灯具出口金额分别为 1 216 亿美元、735.2 亿美元、377.6 亿美元、337 亿美元和 222.4 亿美元，增幅分别达到 11.1%、7.6%、17.1%、- 0.4% 和 32%，在全国同类产品出口中的比重分别为 65.3%、65.6%、67.1%、64.8% 和 71.5%，较上年提高 2 ~ 3 个百分点。

4. 资源性产品出口继续保持较快增长。受欧债危机深化、新兴经济体经济减速、商品市场需求不旺影响，国际大宗商品价格持续回落，我国资源性产品出口继续保持增长。2014 年，民营企业出口钢材 295.9 亿美元，同比增长 39%，增幅上升 27.6 个百分点；未锻造的铝及铝材 86.6 亿美元，同比增长 19.9%；未锻造的铜及铜材 21.7 亿美元，同比下降 5.4%；稀土及其制品 6.7 亿美元，同比下降 12.5%。民营企业出口钢材、未锻造的铝及铝材、未锻造的铜及铜材和稀土及其制品在全国同类产品出口中所占的比重分别为 41.8%、64.7%、35.5% 和 33.6%。

5. 农产品出口保持较快增长。民营企业是我国农产品出口的主力军，2014年继续保持良好的增长势头，占我国农产品出口比重有所提高。2014 年，民营企业农产品和水海产品出口分别达到 435.2 亿美元、135.9 亿美元，同比增长 12.3%、14.8%，分别占全国同类产品的出口比重为 60.6 和 57.8% 和 65.1%，分别提高了 2.8 个和 4.1 个百分点。

6. 中间产品出口占比提高，资本品出口增长较快。全球经济缓慢复苏，各国企业恢复生产、补充库存的需求增加，2014 年民营企业出口的中间产品占全部出口产品的比重与上年相比提升幅度较大。从广义经济分类（Broad Economic Categories，缩写 BEC）来看，2014 年，民营企业出口消费品 3 914.60 亿美元，同比增长 14.4%；中间产品 4 662.20 亿美元，同比增长 7.7%；资本品 1 539.10亿美元，同比增长 8.9%，增长速度远高于国有企业和外资企业。从构成比重来看，消费品的比重为 39%，较 2013 年上升 1.7 个百分点；中间产品的比重达到 46%，较 2013 年下降 1.3 个百分点；资本品的比重为 15%，较 2013 年下降 0.4 个百分点（见表 3、图 5）。

表 3 2014 年各企业类型出口商品构成表　　　单位：亿美元　%

	消费品		资本品		中间产品	
	金额	同比	金额	同比	金额	同比
国有企业	547.6	-3.0	578.8	-0.2	1 438.80	6.9
外资企业	1 975.10	1.9	4 495.00	2.2	4 279.20	4.2
民营企业	3 914.60	14.4	1 539.10	8.9	4 662.20	7.7

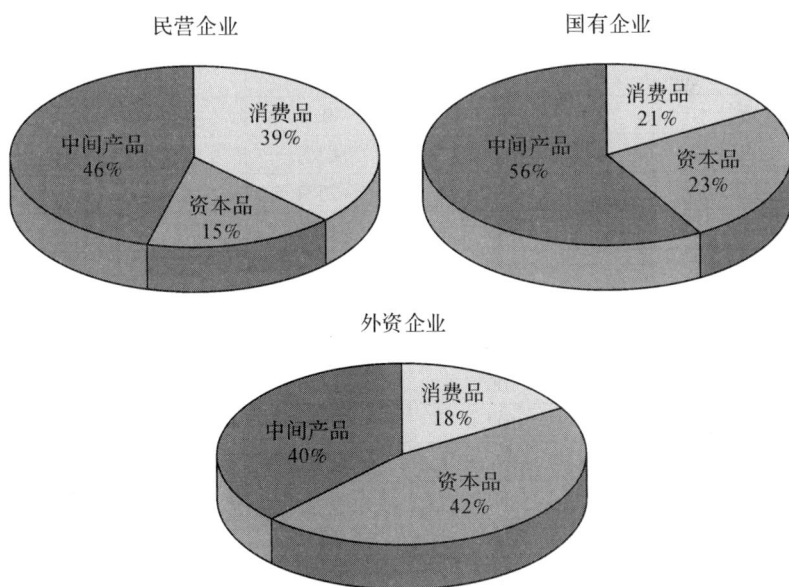

图 5 2014 年各企业类型出口商品构成对比图

（四）进口由增转跌，机电产品和高新技术产品进口占据主体

2014 年，民营企业进口速度由增转跌，比上年下降 30.6 个百分点，低于同期出口增速 13.3 个百分点；进口规模相当于出口的 55.4%，比上年下降 6.9 个百分点；贸易顺差从 2013 年的 3 408.5 亿美元扩大到 4 515.9 亿美元。

从主要商品种类来看，机电产品、高新技术产品进口下降较快，成为拖累民营企业进口的主要原因。2014 年，民营企业进口机电产品 1 738.2 亿美元，同比下降 4.7%，增速比上年下跌 46.4 个百分点；进口高新技术产品 1 237.7

亿美元，同比下降 9.7%，增速比上年下跌 61.3 个百分点（见表 4）。具体来看，集成电路、液晶显示器等电子产品进口下降，反映出中国电子产品行业竞争力不断提升，也与上年集成电路进口基数较大有关（2013 年同比增长91.3%）；铁矿砂、废金属、煤、二甲苯、成品油等资源性进口降幅较大，与国际市场大宗商品价格持续下降有关；粮食、铜矿砂、原木、飞机、汽车进口保持快速增长势头，表明中国对此类商品的消费需求依然较旺。

表 4　2014 年民营企业进口主要商品表　　　单位：亿美元　%

商品名称	金额	同比增幅	占全国同类商品出口比重	占民营企业出口比重
进口总额	5 599. 36	-2. 9	28. 6	100. 0
*机电产品	1 738. 2	-4. 7	20. 3	31. 0
*高新技术产品	1 237. 7	-9. 7	22. 4	22. 1
农产品	596. 2	9. 9	49. 0	10. 6
集成电路	531. 6	-25. 1	24. 4	9. 5
铁矿砂及其精矿	349. 9	-12. 7	37. 3	6. 2
粮食	227. 3	20. 7	46. 4	4. 1
初级形状的塑料	191. 8	6. 2	37. 2	3. 4
未锻轧铜及铜材	123. 9	-8. 0	34. 7	2. 2
废金属	106. 4	-16. 5	65. 8	1. 9
煤及褐煤	102. 4	-26. 4	46. 1	1. 8
自动数据处理设备及其部件	101. 8	23. 9	33. 3	1. 8
二极管及类似半导体器件	84. 9	16. 6	36. 1	1. 5
液晶显示板	81. 5	-10. 4	18. 6	1. 5
铜矿砂及其精矿	78. 5	38. 5	36. 2	1. 4
原木	76. 1	36. 8	64. 6	1. 4
计量检测分析自控仪器及器具	71. 9	22. 2	23. 2	1. 3
二甲苯	69. 8	-13. 4	53. 7	1. 2
成品油	56. 9	-30. 7	24. 3	1. 0
飞机及其他航空器	56. 8	33. 9	21. 8	1. 0

*包含本表中已列明有关商品。

（五）一般贸易方式占据主体，新型贸易方式迅猛增长

一般贸易方式占据民营企业出口的绝对主体地位。2014 年，民营企业以一般贸易方式出口 7 626.7 亿美元，同比增长 13.5%，占民营企业出口的 75.4%，

比上年提高了 2.1 个百分点，占我国一般贸易总出口的 63.4%，比上年提高了 1.6 个百分点；加工贸易方式出口 1 130.0 亿美元，同比增长 16.8%；其他贸易方式出口 1 359.2 亿美元，同比下降 8.4%（见表 5）。

表 5　2014 年各类型企业出口不同贸易方式比较　　单位：亿美元　%

贸易方式	国有企业		外资企业		民营企业	
	金额	同比	金额	同比	金额	同比
一般贸易	1 511.6	4.2	2 904.8	7.1	7 626.7	13.5
加工贸易	508.2	−0.1	7 204.4	1.0	1 130.0	16.8
其他贸易	545.4	2.6	640.1	6.6	1 359.2	−8.4

从进口来看，2014 年民营企业一般贸易方式进口 3 519.0 亿美元，同比下降 1.3%，占民营企业进口的 62.8%，占全国一般贸易总进口的 31.7%，比上年下降 0.4 个百分点；加工贸易方式进口 865.4 亿美元，同比增长 15.0%；其他贸易方式进口 1 217.1 亿美元，同比下降 15.7%（见表 6）。

表 6　2014 年各类型企业进口不同贸易方式比较　　单位：亿美元　%

贸易方式	国有企业		外资企业		民营企业	
	金额	同比	金额	同比	金额	同比
一般贸易	3 854.5	−3.8	3 726.1	6.0	3 519.0	−1.3
加工贸易	412.3	19.5	3 967.3	2.4	865.4	15.0
其他贸易	644.5	2.3	1 401.8	3.0	1 217.1	−15.7

近年来，跨境电子商务、市场采购贸易、外贸综合服务企业等新型贸易方式发展迅速，其中绝大部分经营主体属于民营企业。2014 年，我国跨境电商交易规模为 4.2 万亿元，增长率为 35.48%，占进出口贸易总额的 15.89%，预计 2016 年我国跨境电商交易规模将从 2008 年的 0.8 万亿元增长到 6.5 万亿元，出口贸易总额的年均增速为 30%。2015 上半年，中国跨境电商交易规模为 2 万亿元，同比增长 42.8%，占我国进出口总值的 17.3%，出口到 181 个国家和地区。2013 年 4 月，国家八部委联合发文，同意在义乌正式试行市场采购贸易方式，催生了一批"市场采购"外贸公司，义乌市场商品出口长期以异地外贸流通企业代理为主的情况得到了很大改善。2014 年 10 月海关总署发布公告，在义乌正式试行市场采购海关监管方式，监管方式代码为"1039"。这标志着为

义乌小商品量身定制的市场采购贸易方式正式落地，义乌国际贸易综合改革试点取得重大进展。2014年，义乌市进出口额达234亿美元，同比增长30.9%，其中其他贸易进出口177亿美元，增幅高达32.4%，占全市进出口的75.6%。作为外贸综合服务企业的典型代表，深圳市一达通公司位列2014年民营企业进出口额第二位。

（六）东部地区仍占据主导地位，中、西部地区出口增速加快，进口增速放缓

东部地区民营企业出口继续保持增长势头，但受国际市场需求放缓和生产成本上升冲击，增幅低于上年，民营企业出口增长速度略高于本地整体出口增速。2014年，东部地区民营企业出口7799.1亿美元，同比增长7.8%，增速比上年下降10.6个百分点，在全国民营企业出口中的比重达到77.1%，比上年略有下降。其中，广东、浙江、江苏三地民营企业出口在全国中的比重合计占53.8%，继续保持全国民营企业出口的前三甲。

随着"一带一路"、沿边开放、国内产业梯度转移等国家战略政策红利的释放，沿海地区的贸易活动逐步向中西部转移，民营企业成为中西部地区出口的主力军。2014年，中部、西部地区民营企业出口分别达955.3亿美元、1321.5亿美元，同比增长分别为11.2%、27.1%，远高于东部地区。中、西部地区民营企业出口分别占到本地区整体出口的53.6%、60.8%，和上年相比略有增长。其中，宁夏回族自治区的民营企业出口额为36.6亿美元，同比增长98.2%，比2013年略有下降，占本省出口总额的85.0%。内蒙古自治区、重庆、湖南、贵州民营企业出口实现大幅提升，同比增长分别为85.4%、53.7%、45.3%和43.4%。青海、西藏、甘肃、云南、新疆、黑龙江民营企业出口分别占本地出口的98.3%、92.8%、91.7%、91.0%、89.3%和86.2%（见表7）。但是，同期山西、吉林、安徽、海南、西藏等省市，民营企业出口出现了负增长。

表7 2014年各地民营企业出口情况　　单位：亿美元　%

地区	金额	同比		占本地区出口总额比重	占全国民营企业出口比重
		民营企业	本地整体		
北京	78.7	17.8	-1.4	12.6	0.8

地区	金额	同比		占本地区出口总额比重	占全国民营企业出口比重
		民营企业	本地整体		
天津	114.8	23.0	7.3	21.8	1.1
河北	214.5	24.0	15.4	60.0	2.1
辽宁	221.2	-25.3	-8.9	37.6	2.2
上海	407.8	8.0	2.9	19.4	4.0
江苏	1124.6	6.2	4.0	32.9	11.1
浙江	1912.3	14.2	9.9	70.0	18.9
福建	615.1	9.7	6.5	54.2	6.1
山东	706.2	9.3	7.6	48.8	7.0
广东	2 403.8	5.2	1.6	37.2	23.8
东部地区	7 799.1	7.8	3.9	40.2	77.1
山西	22.3	-16.6	11.8	24.9	0.2
吉林	25.2	-34.9	-14.5	43.6	0.2
黑龙江	149.4	9.1	6.8	86.2	1.5
安徽	173.8	-2.2	11.5	55.1	1.7
江西	228.2	11.0	13.7	71.2	2.3
河南	111.9	16.2	9.4	28.4	1.1
湖北	134.8	31.6	16.7	50.6	1.3
湖南	137.6	45.3	35.1	68.7	1.4
海南	12.3	-25.0	8.6	30.5	0.1
中部地区	995.3	11.2	12.7	53.6	9.8
内蒙古自治区	40.6	85.4	56.1	63.5	0.4
广西	168.7	33.4	30.1	69.3	1.7
重庆	305.8	53.7	35.5	48.2	3.0
四川	197.4	10.6	6.9	44.0	2.0
贵州	72.8	43.4	36.5	77.5	0.7
云南	171.0	25.4	17.8	91.0	1.7
西藏	19.5	-37.2	-35.7	92.8	0.2
陕西	39.5	21.4	36.2	28.4	0.4
甘肃	48.9	13.6	14.0	91.7	0.5

地区	金额	同比		占本地区出口总额比重	占全国民营企业出口比重
		民营企业	本地整体		
青海	11.1	34.0	33.2	98.3	0.1
宁夏回族自治区	36.6	98.2	68.6	85.0	0.4
新疆	209.7	8.4	5.4	89.3	2.1
西部地区	1321.5	27.1	22.0	60.8	13.1

从进口情况来看，民营企业进口进一步集中在东部地区。2014年，东部地区民营企业进口4 823.9亿美元，同比下降6.8%，占全国民营企业进口的86.2%，比上年下降3.6个百分点。北京、辽宁、江苏、浙江、山东、广东、山西、河南、海南、陕西等省市出现了负增长。东、中、西部地区民营企业的进口占本地区进口总额比重分别为28.4%、21.8%和40.0%，各地民营企业进口规模大多逊于其他企业类型，只有河北、浙江、山东、湖南、内蒙古自治区、重庆、云南、西藏、青海、宁夏回族自治区等省区市民营企业的进口规模占到本地的40%以上（见表8）。

表8 2014年各地民营企业进口情况　　　单位：亿美元　%

地区	金额	与上年同期相比		占本地区进口总额比重	占全国民营企业进口比重
		民营企业	本地整体		
北京	498.7	−24.1	−3.4	14.1	8.9
天津	173.4	11.2	2.3	21.3	3.1
河北	102.1	2.8	1.2	42.2	1.8
辽宁	120.9	−2.6	10.7	22.0	2.2
上海	493.5	12.0	8.1	19.3	8.8
江苏	545.9	−7.4	0.0	24.6	9.7
浙江	382.7	−3.7	−6.0	46.8	6.8
福建	219.0	14.4	2.0	34.2	3.9
山东	691.0	−3.4	−0.1	52.1	12.3
广东	1 596.7	−11.5	−5.4	37.1	28.5
东部地区	4 823.9	−6.8	−0.8	28.4	86.2
山西	23.4	−22.5	−6.2	31.9	0.4

地区	金额	与上年同期相比		占本地区进口总额比重	占全国民营企业进口比重
		民营企业	本地整体		
吉林	15.8	31.5	7.9	7.7	0.3
黑龙江	61.4	3.8	-4.8	28.5	1.1
安徽	45.6	60.1	2.4	25.6	0.8
江西	29.3	72.4	25.6	27.2	0.5
河南	28.5	-16.0	7.1	11.1	0.5
湖北	47.8	107.5	21.2	29.1	0.9
湖南	44.4	22.3	6.5	40.3	0.8
海南	14.3	-31.9	1.6	12.5	0.3
中部地区	310.3	18.9	5.9	21.8	5.5
内蒙古自治区	62.8	17.9	3.3	77.0	1.1
广西	45.8	24.3	14.7	28.3	0.8
重庆	158.1	133.2	46.3	49.4	2.8
四川	79.9	43.5	12.2	31.4	1.4
贵州	2.6	24.0	1.1	18.7	0.0
云南	70.8	-0.3	9.7	65.4	1.3
西藏	1.0	234.1	206.1	62.4	0.0
陕西	18.4	-15.0	36.2	13.6	0.3
甘肃	6.7	35.7	-40.8	20.1	0.1
青海	4.2	29.4	6.4	71.1	0.1
宁夏回族自治区	7.3	159.1	70.1	64.6	0.1
新疆	9.7	24.1	-20.9	23.1	0.2
西部地区	467.3	42.7	17.0	40.0	8.3

（七）对发达国家贸易增幅较低，对新兴经济体贸易出现分化

在发达国家经济缓慢复苏、进口需求疲弱的情况下，中国对发达国家进出口总体仍呈低速增长态势，加大力度开拓新兴市场，东盟成为民营企业第一大贸易伙伴。2014年，中国民营企业对欧、美、日及中国香港四大传统市场进出口合计5 863.4亿美元，增长2.2%，进出口合计占民营企业进出口总额的

38.3%，比2013年下降0.1个百分点。其中，对欧盟、美国、日本、中国香港地区进出口分别为2 032.4亿美元、1 746.1亿美元、1 407.2亿美元和677.8亿美元，分别增长11.2%、6.5%、−13%和3.8%。中国对新兴经济体和发展中国家进出口总体保持较快增长，其中，对墨西哥、东盟、加拿大、印度、俄罗斯进出口分别增长19.8%、17.7%、13.9%、11.5%和7.4%（见表9）。2014年，民营企业对外贸易顺差合计4 515.9亿美元，比上年增加1107.4亿美元。其中，欧盟、东盟、中国香港地区是三大顺差国家和地区，顺差合计达3 024.4亿美元，瑞士、澳大利亚、中国台湾省是三大逆差国家和地区，逆差合计达835.9亿美元（见表10）。

表9　2014年民营企业主要贸易伙伴　　　　　　　单位：亿美元　%

国别（地区）	金额	同比	占民营企业进出口比重
东盟10国	2 161.4	17.7	13.8
欧盟28国	2 032.4	11.2	12.9
美国	1 746.1	6.5	11.1
中国香港	1 407.2	−13.0	9.0
韩国	749.4	23.5	4.8
日本	677.8	3.8	4.3
澳大利亚	594.3	3.5	3.8
中国台湾	570.1	−8.9	3.6
俄罗斯	458.2	7.4	2.9
巴西	366.0	−1.5	2.3
印度	342.1	11.5	2.2
加拿大	244.8	13.9	1.6
墨西哥	148.5	19.8	0.9
阿根廷	49.2	−0.5	0.3
合计	11 547.5		73.5

表10　2014年民营企业国际贸易顺逆差主要分布　　　　　单位：亿美元

国别（地区）	顺差金额		国别（地区）	逆差金额	
	2014年	2013年		2014年	2013年
中国香港	1 391.2	1 242.0	瑞士	−469.5	−311.3
欧盟28国	889.9	1 054.1	澳大利亚	−261.7	−268.8

国别（地区）	顺差金额		国别（地区）	逆差金额	
	2014 年	2013 年		2014 年	2013 年
东盟 10 国	589.6	728.3	中国台湾	−359.9	−255.8
美国	586.9	715.5	南非	−263.5	−242.2
越南	210.2	316.5	韩国	−114.6	−130.3
俄罗斯	198.7	268.5	缅甸	24.8	−31.8
英国	187.3	219.7	巴西	−46.5	−28.8
阿联酋	179.8	213.3	新西兰	−24.1	−25.2
印度	159.7	206.7	蒙古	−3.2	−16.8
荷兰	134.4	167.6	赞比亚	−7.6	−7.0
伊朗	51.8	140.5	赤道几内亚	−0.1	−6.4
印度尼西亚	60.3	125.3	智利	−8.2	−5.1
新加坡	98.2	119.2	奥地利	−4.0	−4.8
日本	100.6	114.8	塞拉利昂	−2.3	−3.6
德国	87.1	111.6	所罗门群岛	−2.4	−2.4
尼日利亚	80.8	109.9	巴布亚新几内亚	−0.4	−1.2
西班牙	84.3	102.4	老挝	3.0	−1.2
墨西哥	76.7	95.2	法罗群岛	−0.7	−0.9
马来西亚	103.9	95.1	刚果（布）	−2.5	−0.9
意大利	76.4	93.0	厄立特里亚	0.5	−0.8

从出口市场来看，2014 年民营企业对欧盟、东盟和中国香港地区的出口金额分别为 1 543.2 亿美元、1 444.8 亿美元和 1 324.6 亿美元，同比分别增长 13.6%、19.1% 和 −12.0%，所占份额合计达到 42.7%（见表 11）。其中，对东盟出口增长迅猛，成为第二大出口市场。同时，民营企业积极开拓新兴市场，对韩国、墨西哥、印度、中国台湾地区等新兴市场的出口增速高于平均水平。

表 11　2014 年民营企业出口主要市场　　单位：亿美元　%

国别（地区）	金额	同比	占民营企业出口比重
欧盟 28 国	1 543.2	13.6	15.3
东盟 10 国	1 444.8	19.1	14.3
中国香港	1 324.6	−12.0	13.1

续表

国别（地区）	金额	同比	占民营企业出口比重
美国	1 230. 8	10. 6	12. 2
日本	396. 3	5. 2	3. 9
俄罗斯	363. 3	16. 2	3. 6
韩国	309. 6	25. 8	3. 1
印度	274. 4	17. 6	2. 7
巴西	168. 6	3. 8	1. 7
澳大利亚	162. 7	4. 1	1. 6
中国台北	157. 2	18. 1	1. 6
加拿大	125. 6	3. 7	1. 2
墨西哥	121. 9	21. 5	1. 2
阿根廷	34. 3	- 3. 1	0. 3
合计	7 657. 3		75. 8

从进口方面来看，民营企业的贸易伙伴多元化趋势明显，东盟连续 5 年成为最大的进口来源地，进口额为 716. 5 亿美元，同比增长 15. 0%，占民营企业进口比重的 12. 8%，比 2013 年提高了 2 个百分点。来自美国、欧盟、韩国、澳大利亚的进口额分别为 515. 3 亿美元、489. 2 亿美元、439. 8 亿美元、431. 6 亿美元，占民营企业进口份额的 33. 5%（见表 12）。2014 年，自韩国、欧盟进口增幅较大，而自美国、中国台湾地区、巴西、俄罗斯、中国香港地区、印度等国家和地区的进口均出现负增长。

表 12　2014 年民营企业进口主要来源地　　单位：亿美元　%

国别（地区）	金额	同比	占民营企业进口比重
东盟 10 国	716. 5	15. 0	12. 8
美国	515. 3	- 2. 1	9. 2
欧盟 28 国	489. 2	4. 3	8. 7
韩国	439. 8	22. 0	7. 9
澳大利亚	431. 6	3. 2	7. 7
中国台北	413. 0	- 16. 2	7. 4
日本	281. 5	1. 9	5. 0

国别（地区）	金额	同比	占民营企业进口比重
巴西	197.4	−5.5	3.5
加拿大	119.2	27.1	2.1
俄罗斯	94.8	−16.8	1.7
中国香港地区	82.6	−27.1	1.5
印度	67.7	−8.0	1.2
墨西哥	26.6	12.5	0.5
阿根廷	14.8	6.2	0.3
合计	3 890		69.5

（八）私营企业主体地位得到巩固，集体企业和个体工商户比重下降

2014 年，民营企业进出口进一步集中于私营企业，其中私营企业出口 9 547.4 亿美元，同比增长 10.6%，进口 4 476.8 亿美元，同比增长 2.5%，在民营企业出口和进口中的比重分别达到 94.4% 和 79.9%，分别比上年提高 0.3 个和 4.1 个百分点。相对于私营企业来说，集体企业进出口贸易进一步萎缩，2014 年集体企业出口 522.4 亿美元，同比增长 5.4%，进口 290.0 亿美元，同比下降 14.9%。从个体工商户情况来看，贸易规模较小，占民营企业贸易比重仅为 0.15%（见表 13、表 14）。

表 13　2014 年民营企业各类主体进出口比较　单位：亿美元　%

企业类型	出口		进口	
	金额	同比	金额	同比
私营企业	9 547.4	10.6	4 476.8	2.5
集体企业	522.4	5.4	290.0	−14.9
个体工商户	19.3	0.3	3.8	31.4
其他企业	26.9	36.9	831.0	−21.1

表 14　2014 年民营企业进出口额前 20 位　单位：亿元　%

排名	企业名称	排名	企业名称
1	华为技术有限公司	3	华为终端东莞有限公司
2	深圳市一达通企业服务有限公司	4	昆山世远物流有限公司

续表

排名	企业名称	排名	企业名称
5	重庆福源珠宝首饰有限公司	13	凭祥安鼎商贸有限公司
6	苏州市海晨物流有限公司	14	龙州龙霖贸易有限公司
7	深圳嘉泓永业物流有限公司	15	苏州达冠物流有限公司
8	深圳市诚信好珠宝有限公司	16	深圳市莘尚珠宝首饰有限公司
9	佛山市金银翠工艺有限公司	17	佛山市同心珠宝首饰有限公司
10	江苏沙钢国际贸易有限公司	18	重庆大通珠宝首饰有限公司
11	深圳市信利康供应链管理有限公司	19	重庆明轩珠宝有限公司
12	昆山金汇通供应链管理有限公司	20	营口千祥贸易有限公司

二、民营企业走出去情况

（一）我国对外投资整体情况[①]

近年来，特别是国际金融危机以来，我国对外投资合作取得跨越式发展，自 2003 年有关部门发布权威数据以来，对外直接投资流量实现连续 12 年增长，对国民经济和社会发展的贡献不断增大。2014 年，世界经济复苏艰难曲折，全球外国直接投资流量下降。面对复杂多变的国际形势，我国积极推动"一带一路"建设，不断加快对外投资便利化进程，企业"走出去"的内生动力日益增强。2014 年，中国对外直接投资继续保持强劲增势，达 1 231.2 亿美元，创下历史最好纪录，同比增长 14.2%，占当年全球外国直接投资流出流量的 9.1%，连续 3 年位居全球第三位，占比较上年提高 1.5 个百分点。其中，对外金融类直接投资 159.2 亿美元，同比增长 5.4%；非金融对外直接投资 1 072 亿美元，同比增长 15.6%。

截至 2014 年年底，中国 1.85 万家境内投资者在国（境）外共设立对外直接投资企业 2.97 万家，分布在全球 186 个国家和地区，其中亚洲地区占 68.1%，年末境外企业资产总额 3.1 万亿美元，对外直接投资累计净额（投资存量）达 8 826.4 亿美元，占全球对外投资存量的 3.4%，位居全球第 8 位，排

[①] 此章节数据来自《2015 年度中国对外直接投资统计公报》。

名较上年前移 3 位。其中，对外金融类直接投资存量 376.2 亿美元，非金融对外直接投资存量 7 450.2 亿美元，境外企业资产总额 2.25 万亿美元。

1. 从对外投资规模看，首次成为资本净输出国

2014 年我国共实现全行业对外投资 1 231.2 亿美元，比同期我国实际利用外资（1 285 亿美元，首次位列全球吸引外资第一位）仅差 53.8 亿美元（见图 6）；如果加上第三地融资再投资，2014 年我国的对外投资规模应该在 1 400 亿美元左右，中国已经成为资本净输出国。与吸引外资相比，估计今后几年对外投资的增速可能还要更快一些。从年度对外投资流量图可以看出，自 2008 年开始，我国对外投资加速发展，契合了金融危机后各国加大招商引资、促进产业回归和基础设施建设的潮流。

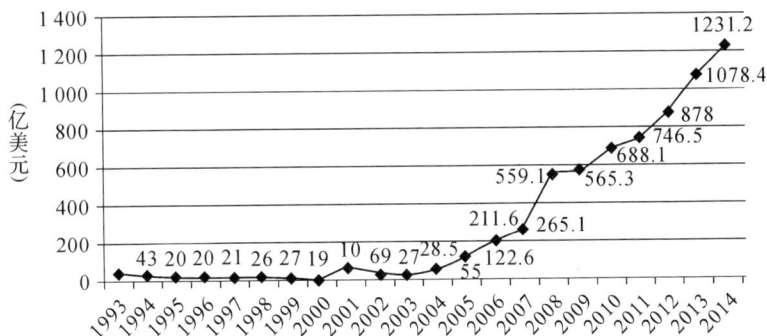

图 6　1993—2014 年中国对外直接投资流量情况

2. 从投资区域分布看，对外直接投资分布更趋于广泛化、合理化

2014 年，我国境内投资者共对全球 156 个国家和地区的 6 128 家境外企业进行了直接投资，我国对外投资由最初的集中在地理相邻、制度相近的区域，逐步向跨区域、跨文化的方向发展。对发展中经济体投资快速增长，对中国香港等重点地区投资大幅增长。2014 年，对外直接投资流向发展中国家经济体的投资为 976.8 美元，占到当年流量的 79.3%，比上年下降 5.8 个百分点，同比增长 6.5%；流向开曼群岛、英属维尔京群岛、卢森堡、中国香港的投资共计 842.07 亿美元，同比增长 10%，占当年流量总额的 68.4%。中国企业在上述国家、地区设立的境外企业以商务服务业为主，2014 年主要并购项目大多通过这些境外企业再投资完成，其中对中国香港投资 708.67 亿美元，占 57.6%，

比上年下降 0.7 个百分点。除对非洲、拉美地区投资下滑外，对其他地区均呈两位数增长。2014 年，中国对亚洲地区投资 859.9 亿美元，同比增长 12.4%，占比 69%；对欧洲投资 108.4 亿美元，同比大幅增长 82.2%，占比 8.8%；对拉丁美洲投资 105.4 亿美元，同比下降 26.6%，占比 8.6%；对北美洲投资 92.1 亿美元，同比大幅增长 88%，占比 7.5%（见表 15、表 17）。

从存量看，2014 年年末，我国对外直接投资存量分布在全球 186 个国家和地区，占全球国家（地区）总数的 79.8%，主要分布在亚洲、拉丁美洲、欧洲和北美洲，较上年新增了对危地马拉和萨尔多瓦的投资（见表 16、表 18）。在亚洲的投资存量为 6 009.7 亿美元，占 68.1%，其中中国香港占亚洲存量的 84.8%；拉丁美洲 1 061.1 亿美元，占 12%，其中英属维尔京群岛和开曼群岛累计存量 935.6 亿美元，占对拉美投资存量的 88.2%；欧洲 694 亿美元，占 7.9%；北美洲 479.5 亿美元，占 5.4%。中国对外投资存量八成分布在发展中经济体，合计 7 281.68 亿美元，占 82.5%（见图 7）。

表 15　2014 年中国对外直接投资流量前 20 位国家（地区）　　单位：亿美元　%

国家（地区）	金额	占比
中国香港	708.67	57.6
美国	75.96	6.2
卢森堡	45.78	3.7
英属维尔京群岛	45.7	3.7
开曼群岛	41.92	3.4
澳大利亚	40.49	3.3
新加坡	28.14	2.3
英国	14.99	1.2
德国	14.396	1.2
印度尼西亚联邦共和国	12.72	1.0
荷兰	10.3	0.8
老挝	10.27	0.8
巴基斯坦	10.14	0.8
加拿大	9.04	0.7
泰国	8.39	0.7
巴西	7.3	0.6

国家（地区）	金额	占比
百慕大	7.08	0.6
阿联酋	7.05	0.6
阿尔及利亚	6.66	0.5
俄罗斯	6.34	0.5
合计	1 111.33	90.3

表16 2014年年末中国对外直接投资存量前20位国家（地区）　　单位：亿美元　%

国家（地区）	金额	占比
中国香港	5 099.2	57.8
英属维尔京群岛	493.2	5.6
开曼群岛	442.37	5.0
美国	380.11	4.3
澳大利亚	238.82	2.7
新加坡	206.4	2.3
卢森堡	156.67	1.8
英国	128.05	1.5
俄罗斯	86.95	1.0
法国	84.45	1.0
加拿大	77.89	0.9
哈萨克斯坦	75.41	0.8
印尼	67.94	0.8
南非	59.54	0.7
德国	57.86	0.6
挪威	52.24	0.6
老挝	44.91	0.5
荷兰	41.94	0.5
澳门	39.31	0.4
缅甸	39.26	0.4
合计	7 872.52	89.2

表17　2014 年中国对外直接投资流量各洲分布情况　　　　单位：亿美元　%

洲别	金额	同比	占比
亚洲	849.9	12.4	69.0
欧洲	108.4	82.2	8.8
拉丁美洲	105.4	-26.6	8.6
北美洲	92.1	88.0	7.5
大洋洲	43.4	18.6	3.5
非洲	32.0	-5.0	2.6
合计	1 231.2	14.2	100.0

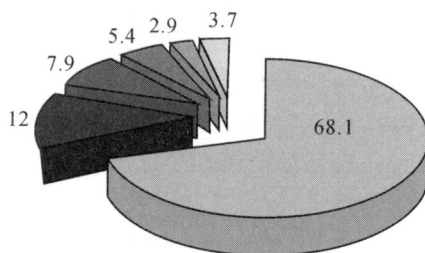

□亚洲　■拉丁美洲　■欧洲　■北美洲　■大洋洲　□非洲

图7　2014 年年末中国对外直接投资存量地区比重（单位:%）

表18　2014 年年末对外直接投资企业在各洲分布情况　　单位：个　%

洲别	2014 年年末国家地区总数	中国境外企业覆盖的国家地区数量	投资覆盖率
亚洲	48	46	97.9
非洲	60	52	86.7
欧洲	49	42	85.7
北美洲	4	3	75.0
拉丁美洲	48	31	64.6
大洋洲	24	12	50.0
合计	233	186	79.8

3. 从投资行业看，逐步向高端技术、高附加值行业和第三产业倾斜

2014 年，我国对外直接投资涵盖了国民经济的 18 个行业大类，主要集中

在租赁和商务服务业、批发和零售业、采矿业、金融业，投资金额分别为
368.3亿美元、182.9亿美元、165.5亿美元和159.2亿美元，同比增幅分别为
36.1%、24.8%、-33.3%和5.4%，合计金额875.9亿美元，占当年流量总额
的71.1%（见表19）。从三次产业看，2014年，流向第一产业15.9亿美元，
同比增长26.2%，占当年流量的1.3%；第二产业311.1亿美元，同比下降
14.4%，占25.3%；第三产业904.2亿美元，同比增长28.7%，占73.45%。

截至2014年年底，上述4大行业累计对外投资存量均超过1 000亿美元，
合计达6 867.5亿美元，占中国对外直接投资存量总额的77.8%（见表20）。
展望未来，中国一些具备优势的装备制造业将成为海外投资的主力军。2014年
年末，中国对外直接投资存量的75%分布在第三产业（服务业），金额为
6 616.5亿美元；第二产业2 132.3亿美元，占24%；第一产业（农林牧渔，但
不含农林牧渔服务业）77.6亿美元，占1%。

表19　2014年中国对外直接投资流量行业分布情况　单位：亿美元

行业	金额	行业	金额
租赁和商务服务业	368.3	房地产业	66.0
批发和零售业	182.9	交通运输、仓储和邮政	41.8
采矿业	165.5	建筑业	34.0
金融业	159.2	信息传输、软件和信息技术服务业	31.7
制造业	95.8	农、林、牧、渔业	20.4

表20　2014年年末中国对外直接投资存量行业分布情况　单位：亿美元

行业	金额	行业	金额
租赁和商务服务业	3224.4	交通运输、仓储和邮政	346.8
金融业	1376.2	房地产业	246.5
采矿业	1237.3	建筑业	225.8
批发和零售业	1029.6	电力、热力、燃气及水的生产和供应业	150.4
制造业	523.5	信息传输、软件和信息技术服务业	123.3

4. 跨国并购逐步成为对外投资的主要方式，重大并购项目亮点纷呈

2014年中国企业共实施对外投资并购项目595起，涉及69个国家和地区，

实际交易总额 569 亿美元，占当年对外投资总额的 46.2%。采矿业、制造业、电力热力燃气及水生产和供应业并购额分别为 179.1 亿美元、118.8 亿美元和 93.1 亿美元，合计占比达 68.7%（见表 21）。受全球大宗商品市场持续低迷等因素影响，采矿业并购金额虽然保持首位，但从 2013 年的 342.3 亿美元大幅下滑至 179.1 亿美元，同比下降 47.7%。中国五矿集团公司联营体 58.5 亿美元收购秘鲁拉斯邦巴斯铜矿项目，是当年中国企业实施的最大海外并购项目。制造业、电力热力燃气及水生产和供应业、农林牧渔业并购项目亮点突出。

2011—2014 年，我国企业以资产并购方式实现的对外投资累计达 1 804 亿美元，占同期对外投资总额的 45.9%（见表 22）。

表 21　2014 年中国对外直接投资并购行业构成

行业类别	数量（起）	金额（亿美元）	金额占比（%）
采矿业	40	179.1	31.4
制造业	167	118.8	20.9
电力热力燃气及水生产和供应业	18	93.1	16.4
信息传输、软件和信息技术服务业	36	35.7	6.3
农林牧渔业	43	35.6	6.3
租赁和商务服务业	58	25.3	4.4
金融业	10	20.8	3.7
交通运输、仓储和邮政	16	17.7	3.1
批发和零售业	117	15.1	2.7
房地产业	16	8.6	1.5
住宿和餐饮业	12	8.0	1.4
科学研究和技术服务业	26	5.8	1.0
居民服务、修理和其他服务业	13	3.6	0.6
文化、体育和娱乐业	11	1.0	0.2
建筑业	7	0.6	0.1
卫生和社会工作	3	0.2	—
教育	2	0.1	—
合计	595	569.1	100.0

表 22　　2004—2014 年中国对外直接投资并购情况　　　　单位：亿美元　%

年份	并购金额	同比	比重
2004	30.0	—	54.5
2005	65.0	116.7	53.0
2006	82.5	26.9	39.0
2007	63.0	−23.6	23.8
2008	302.0	379.4	54.0
2009	192.0	−36.4	34.0
2010	297.0	54.7	43.2
2011	272.0	−8.4	36.4
2012	434.0	—	31.4
2013	529.0	21.9	31.3
2014	569.0	7.6	26.4

注：2012—2014 年并购金额包括境外融资部分，比重为直接投资占当年流量的比重。

5. 地方投资占比首次过半，广东、北京、上海位列前三

2014 年，地方非金融类对外直接投资流量达 547.26 亿美元，同比增长 50.3%，占全国的比重为 51.1%，首次超过中央企业和单位对外直接投资规模。其中，东部地区 447.8 亿美元，占地方投资流量的 81.8%，同比增长 53.2%；西部地区 65.19 亿美元，占 11.9%，同比增长 78.4%；中部地区 34.27%，占 6.3%，同比下降 3.1%。广东、北京、上海、天津、江苏、山东、浙江、辽宁、四川、云南位列地方对外直接投资流量前 10 位，合计 432.8 亿美元，占地方流量的 79.1%（见表 23）。从存量来看，2014 年年末各地方企业非金融类直接投资存量合计为 2 354.4 亿美元，占全国非金融类存量的 31.6%，较上年提升了 1.3 个百分点。广东是中国对外直接投资存量最大的省份，其次为北京、上海、山东和江苏（见表 24）。

2014 年年末，地方非金融类对外直接投资存量达 2 354.4 亿美元，占全国非金融类对外直接投资存量的 31.6%，较上年提高 1.3 个百分点。其中，东部地区 1 922.4 亿美元；占 81.6%；西部地区 249.2 亿美元，占 10.6%；中部地区 182.8 亿美元，占 7.8%。

表 23　2014 年中国对外直接投资流量前十位省市区　　单位：亿美元　%

省市区	投资流量	同比
广东	108. 97	83. 4
北京	72. 74	76. 1
上海	49. 92	86. 6
天津	41. 46	270. 2
江苏	40. 70	34. 8
山东	39. 16	− 8. 2
浙江	38. 62	51. 3
辽宁	14. 79	14. 2
四川	13. 82	136. 6
云南	12. 62	52. 0
合计	432. 8	

表 24　2014 年年末中国对外直接投资存量前十位省市区　　单位：亿美元

省市区	投资存量
广东	494. 8
北京	284. 9
上海	254. 8
山东	197
江苏	156. 1
浙江	153. 7
辽宁	92. 6
天津	92. 3
湖南	55. 2
云南	51. 4
合计（占地方存量的 77.8%）	1 832. 8

（二）我国对外投资由国企为主变为国企民企并重

2014 年 10 月 8 日，国务院常务会议决定全面取消境外投资核准，这将对中国海外投资，特别是民营企业海外投资产生较大的促进作用。我国民营企业积极利用国际金融危机后国际产业链调整、国际分工重组的机遇，积极整合全球资源，审时度势，主动出击，对外投资合作取得新进展。民营企业正逐渐成为走出去的重要力量，呈现出集群式、多元化、规模型发展的特征，在技术、管理、人力、资金等方面的能力和水平有了一定提升，涌现出一批投资规模大、利润效益好的企业，推动了自身转型升级和掌控全球资源配置主动权。

1. 民营企业流量占比首次超过国有企业，主体地位进一步确立。从流量看，2014 年，民营企业非金融类对外直接投资 997.6 亿美元，占比为 49.5%，首次超过国有企业，比 2010 年的 29.5% 提高了 20 个百分点；国有企业为 993.3 亿美元，占 49.3%，外资企业占 1.2%。在一些民营经济比较发达的省份，如江苏、浙江、广东、辽宁的民营企业对外投资占比超过 50%。如 2014 年，江苏省民营企业对外投资中方协议额同比增长 23%，占全省总量的 74.5%。

从存量看，2014 年年末，在我国对外非金融类直接投资 7 450.2 亿美元存量中，民营企业非金融类对外直接投资存量 3 345.1 亿美元，占比为 44.9%，比上年提高 1.7 个百分点，其中有限责任公司占 30.8%，提高 2.4 个百分点；股份有限公司占 7.7%，同比提高 0.2 个百分点；私营企业占 1.6%，下降 0.6 个百分点；股份合作企业占 1.5%，下降 0.5 个百分点；其他占 0.9%。此外，国有企业为 3 993.3 亿美元，占 53.6%（见图 8），外资和港澳台资企业合计占 1.5%，分别下降 1.6 个、0.1 个百分点。

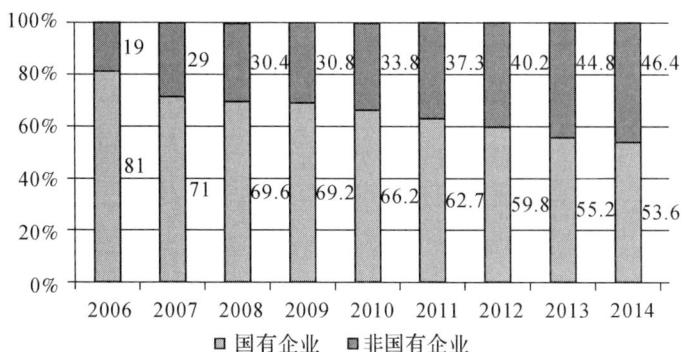

图 8　2006—2014 年中国国有企业和非国有企业对外直接投资存量比重

民营企业走出去主体数量扩大。自金融危机以来，民营企业走出去步伐加快，积极参与全球产业链分工调整。据统计，截至 2014 年年末，在 1.85 万家对外直接投资者构成中，民营企业占比为 87%，其中有限责任公司是最为活跃的群体，占 67.2%，比上年提高 1.1 个百分点，私营企业占 8.2%，股份有限公司占 6.7%，股份合作企业占 2.5%；国有企业占比继续下降，由 2009 年年末的 13.4% 下降至 2014 年年末的 6.7%；外商投资企业和港澳台商投资企业合计占比为 4.4%（见表 25）。

表 25　2014 年年末境内投资者按登记注册类型构成　　单位：家　%

注册类型	家数	占比
有限责任公司	12 459	67.2
私营企业	1 528	8.2
国有企业	1 240	6.7
股份有限公司	1 245	6.7
外商投资企业	477	2.6
股份合作企业	474	2.5
港澳台商投资企业	329	1.8
个体企业	160	0.9
集体企业	93	0.5
其他	542	2.9
合计	18 547	100

2. 民营企业对外投资国别、领域分布广泛。目前，在全球 184 个国家和地区内，都可以见到中国资本的身影，已经遍及包括欧美豪宅、澳洲农场、东南亚服装厂、非洲煤矿在内的全球的各个角落。和国有企业海外并购主要集中在资源领域不同，私营企业海外投资更为多元化，更关注获取技术、品牌和打开当地市场，这使得私营企业的"国际化"发展速度更快。中国民营经济国际合作商会发布的"2014 年民营企业走出去十大新闻"：阿里巴巴集团于美国时间 2014 年 9 月 19 日纽约证券交易所上市；三一集团在美胜诉；华为荣登中国企业海外专利申请量榜首；复星集团海外投资达 52 亿美元；新希望投资 27 亿美元，在澳洲建首个万头牧场；利关集团实行海外本土化经营，在俄罗斯建厂；苏宁低调建立跨境电商自营体系；万达集团将在欧洲投资最大单体地产项目；

锦江国际并购欧洲卢浮酒店集团；卧龙电器收购海外机器人公司。

3. 中国民营企业海外并购快速发展。近年来，中国企业海外并购快速增长，总投资金额已从 2008 年的 103 亿美元迅速增长至 2012 年的 652 亿美元。其中，民营企业海外并购交易金额从 2008 年的 36 亿美元增长到 2012 年的 255 亿美元，增幅高达 608%。普华永道发布的《2014 年中国地区企业并购》报告称，2014 年中国大陆企业海外并购交易数量激增，环比增长逾 1/3，达到 272 宗，其中，民营企业海外并购交易数量继续领跑；2014 年上半年，中国内地私营企业海外并购金额比 2013 年下半年暴增 218.6%，而同期国有企业海外并购金额环比增幅仅为 5.03%。民营企业海外并购新增加的案例以欧美国家居多，规模较大的并购案屡屡出现。从并购目标看，海外并购正从早期的获取技术、立足国内市场，向发展品牌取得海外销售渠道、获取当地市场转变。2014 年 10 月，安邦保险以 19.5 亿美元（约合人民币 120 亿元）的价格收购了纽约华尔道夫（Waldorf – Astoria）酒店，这也成为目前中国公司在美最大一笔地产交易，创下美国单一酒店成交额的最高纪录。2014 年 11 月，包括汇源果汁集团、蒙牛、永隆银行等 20 多位民营企业家组团前往新加坡和澳大利亚考察，在澳大利亚寻找并购机会，汇源集团近期还将在非洲发展农业项目。2014 年年底，万达集团收购了澳大利亚悉尼 1 Alfred 大厦和紧邻的 Fairfax House 大楼，计划投资约 10 亿美元，建设一个综合性地标项目。此前，万达集团还曾因投资悉尼环形码头及黄金海岸珠宝三塔综合开发项目登上了澳大利亚各大媒体的头条。

4. "一带一路"重大战略的实施，将为我国民营企业走出去带来良好机遇。2013 年年底，习近平总书记提出建设"一带一路"的战略构想，这是党中央统筹国内、国际两个大局做出的重大战略决策。沿线各国资源禀赋各异，经济互补性较强，彼此合作潜力和空间很大。中国秉承共商共建共享原则，以政策沟通、设施联通、贸易畅通、资金融通、民心相通为主要内容，推进各领域务实合作，不断扩大与沿线国家经贸合作规模，合作方式从商品和劳务输出为主，发展到商品、服务、资本输出"多头并进"，其中基础设施建设是优先发展领域，潜力很大。2014 年，我国对"一带一路"沿线国家对外直接投资 136.56 亿美元，其中非金融类直接投资 125 亿美元，占对外投资总额的 12.1%，对外直接投资流量前 5 位的沿线国家是新加坡、印尼、老挝、巴基斯坦和泰国，合计69.66亿美元，占比为51.0%；完成工程承包营业额643亿美元，接近总额的一半。截至2014年年末，中国对沿线国家直接投资存量为924.6亿美元，占对外直接投资存量总额的10.5%，对外直接投资存量前5位的沿线国家是新加坡、俄罗斯、哈萨克斯坦、印尼和老挝，合计481.6亿美元，占比为52.1%。亚洲基础设施投资银行、金砖国家银行等由中国推动成立的国际金融机构，也给加大民营企业走出去带来重大机遇。比如，亚投行预留一定比例给民营资本的设计，既可为企业提供充足的资本支撑，也能够保障民营企业在投资地的公平贸易机会；同时，亚投行重点支持基础设施建设，筹建中的亚投行"中国基础设施企业服务联盟"将集合国内优秀的基础设施建设、供应、运营等各产业链企业，为对外承包工程和劳务合作带来重大发展机遇。

课题组成员：林卫龙　邓　娜

2014年民营经济融资报告

纪　敏[①]　王新华[②]

摘　要： 2014年受国内外多种因素影响，民营经济特别是私营个体经济融资增速下滑明显，同时银行不良资产以及债券市场风险暴露，民营企业占比较高，一定程度上出现融资环境和信用状况恶化相互影响的不良循环。

究其原因，固然有实体经济特别是产能过剩、PPI持续下行等周期性影响，但也重新暴露出民营经济融资缺乏外部信用支撑的劣势，同时客观上也是民营经济投资较为理性、融资需求较为审慎的反映。当前和今后一个时期，在我国经济逐步进入新常态和三期叠加的大背景下，需要通过加快完善政府背景的风险分担机制、鼓励互联网＋等多种金融创新业态、深化多层次资本市场建设等途径，同时从提升融资能力和增加有效供给两方面入手，提升民营经济融资的信用基础，打破信用环境恶化和融资可得性下降的不良循环。

关键词： 2014年　民营经济　融资情况

一、民营经济融资基本情况

（一）各层次民营经济贷款增速全面回落，个体私营民营经济贷款增速回落幅度最大

2014年年末，金融机构投向广义民营经济贷款[③]余额为50.9万亿元，同比增长7.5%，较上年年末回落6.9个百分点，低于金融机构各项贷款增速6.1

---

①　作者供职于中国人民银行金融研究所。

②　作者供职于中国人民银行调查统计司。

③　贷款为本外币贷款。

个百分点；内资民营经济贷款余额 39. 3 万亿元，同比增长 8. 4%，较上年年末回落 9. 0 个百分点，低于各项贷款增速 5. 2 个百分点；狭义民营经济（个体私营民营经济）贷款余额 14. 6 万亿元，同比增长 8. 9%，比上年年末回落 13. 0 个百分点，低于各项贷款增速 4. 7 个百分点（见表 1）。从利率上看，全年金融机构人民币贷款加权平均实际利率为 6. 14%，较上年提高 1. 24 个百分点。

表 1　2002—2014 年各层次民营经济贷款余额情况

时间	广义民营经济贷款（亿元）	内资民营经济贷款（亿元）	狭义民营经济贷款（亿元）
2002 年	75 601	66 095	10 333
2003 年	98 702	87 873	15 147
2004 年	111 414	99 379	14 560
2005 年	126 710	112 970	16 985
2006 年	145 681	129 448	21 221
2007 年	164 517	138 212	37 525
2008 年 9 月	186 449	158 720	42 243
2008 年	195 654	169 517	41 739
2009 年	222 974	198 222	51 046
2010 年	290 721	268 084	70 737
2011 年	360 129	262 967	90 918
2012 年	413 798	308 305	110 175
2013 年	473 282	362 115	134 253
2014 年	508 801	392 637	146 190

（二）民营经济贷款所占比重下降

截至 2014 年年末，广义民营经济贷款余额占全部贷款余额的比重为 58. 6%，占比较上年年末回落 7. 2 个百分点；内资民营经济和狭义民营经济贷款占比分别为 45. 2% 和 16. 8%，与上年年末相比，内资民营经济和狭义民营经济的贷款占比分别回落 5. 2 和 1. 9 个百分点（见图 1、图 2）。

（三）民营经济贷款占 GDP 份额下降

2014 年，广义民营经济贷款占 GDP 的份额为 79. 9%，占比较上年年末回

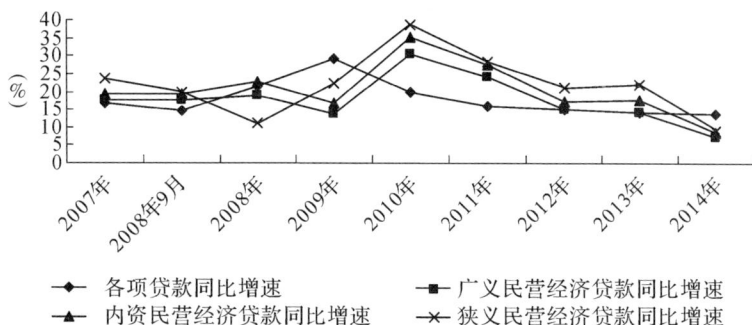

图1　2007—2014年民营经济贷款与各项贷款同比增速对照

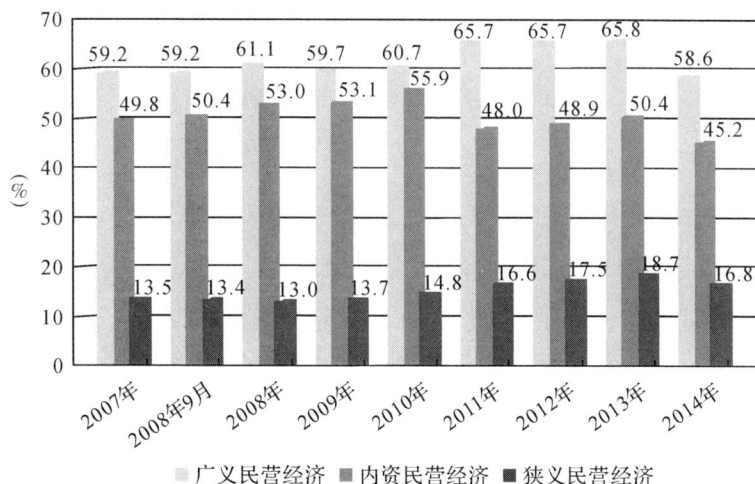

图2　各层次民营经济贷款占各项贷款的份额

落3.3个百分点。同期，内资民营经济和狭义民营经济贷款占GDP的份额分别为61.7%和23.0%，占比较上年年末分别回落2.0个和0.6个百分点。各层次民营经济贷款占GDP的比重下降，表明在经济加速下行的阶段，民营经济去杠杆的进程在加快（见图3）。

（四）小微企业不良贷款率上升，新增贷款占比下降

2014年年末，大型、中型和小微型企业不良贷款率分别为0.65%、1.78%和2.21%，不良贷款率分别比上年年末上升0.18个、0.4个和0.2个百分点。由于小微企业不良贷款风险上升，导致其新增贷款占全部企业新增贷款的比重下降。2014年小微企业贷款新增2.13万亿元，占企业贷款新增额的41.9%，

181

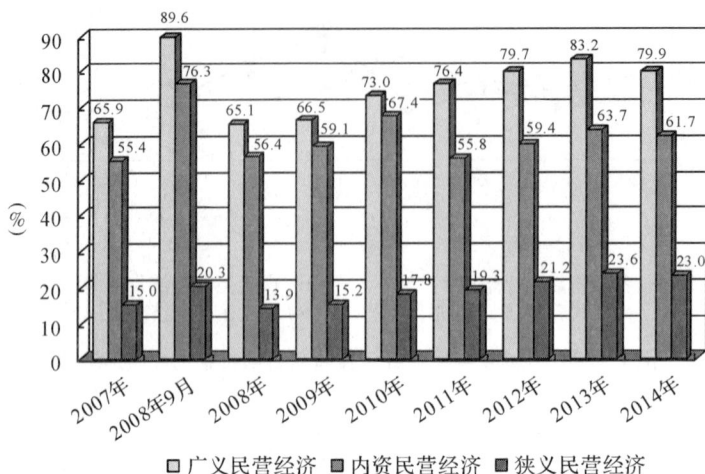

图3　各层次民营经济贷款占 GDP 份额

较上年下降1.6个百分点。

（五）中小企业以间接融资为主，直接融资占比较低

截至2014年年末，全国中小企业贷款余额33.1万亿元，全年新增3.87万亿元。中小企业集合票据余额160亿元，全年净融资减少50亿元；中小企业私募债余额909亿元，全年净融资496亿元；全年中小板和创业板新股首次发行募集资金343亿元。中小企业融资中，2014年间接融资量（银行贷款）为直接净融资量的49倍。

二、民营经济融资放缓的主要原因

2014年以来，面对内外需放缓的经济下行压力，以及部分地区中小企业担保链断裂导致的融资难、融资贵问题，国务院及有关部门出台了一系列政策，力挺小微企业发展，政策支持可谓暖风劲吹。4月2日，国务院常务会议决定，延长小微企业减税实施期限，提高优惠政策实施范围的上限；5月30日，会议确定进一步减少和规范涉企收费，减轻企业负担；9月17日，会议部署进一步扶持小微企业发展，推动大众创业、万众创新；10月、11月也有多次会议研究旨在营造鼓励大众创业、万众创新良好环境的措施。特别是11月20日国务院印发了《关于扶持小型微型企业健康发展的意见》，从税收优惠、金融担保、创业基地、信息服务等方面，谋划小微企业长远发展，被业内称为小微企业发

展 "新国十条"。尽管这些措施收到一定成效，但囿于实体经济周期性下行压力较大，PPI 持续下行，实际利率上升较快，加之外需萎缩较大，民营经济集中的领域特别是制造业中小企业不良贷款率上升较快，银行对民营经济贷款发放趋于谨慎，民营企业自身投资意愿下降，融资需求也出现萎缩。

从整体看，民营经济融资增速的回落，既是宏观经济和社会融资规模增速放缓的反映，也与其融资环境以及所处领域的特定风险有关。从整体宏观经济和社会融资规模看，2014 年受国内外多种因素影响，整体经济增速放缓，投资和出口均有不同程度回落。与此相对应，全年信贷及社会融资规模增速也有所放缓，均比 2013 年有所回落。此外，受前期政策消化以及结构调整加快的影响，企业债务率上升较快，年末非金融企业债务率达到 130%，利息支出负担较重，金融风险逐渐暴露，也在一定程度上影响了社会融资规模的增长。

尽管民营经济融资放缓不可避免地受到大环境影响，但毋庸讳言，民营经济融资受到了更大冲击，融资难、融资贵问题表现得更为突出。这一状况既与民营经济主要是中小企业特别是制造业中小企业有关，同时也反映出民营经济整体信用环境仍待改善。

首先，民营经济外部信用支撑较为薄弱，信用风险更易暴露。这次民营经济贷款等增速明显回落，很大程度上与前一时期形成的循环 "担保链" 断裂有关，即 "担保链" 上一家企业出问题，整个链条上的企业都跟着遭殃。而之所以过去几年担保圈、担保链、联保、互保盛行，固然源于企业之间的相互借力和抱团取暖，但也与外部增信特别是政府担保不足有关。事实上，面对政府融资平台、国有企业等具有不同程度政府背景主体的挤压，民营中小企业只能在自身这个群体内相互借力，其结果必然是一倒一大片。近年来，浙江、温州等地担保圈破裂引发的不良资产上升和融资萎缩就是这方面的典型。债券市场上，民营经济违约风险也容易暴露。2014 年，"11 超日债"、"13 中森债" 等 10 只债券违约，其中，6 只中小企业私募债也先后陷入偿付风波，直接影响了民营企业的债券发行规模和利率，而信用利差的上升又会反过来加剧民营企业的偿付负担和风险，容易形成恶性循环。

其次，出口低迷对主要从事出口加工的民营制造业冲击更大。我国民营经济主要分布在沿海地区的制造业，对外需依赖较强。近年来，受多种因素影响，除美国等少数国家外，新兴经济体和发达经济体经济增长均有所放缓，我国出口增长持续低迷，近年来更是持续负增长，对民营制造业中小企业冲击较为直接，相应的贸易信贷等与出口规模直接相关的贸易融资规模更是大幅下降。

再次，民营经济融资萎缩一定程度上也是其理性投资的反映。相比政府融资平台等国有投资主体，民营企业的投资行为更为审慎。2014 年，全社会固定资产投资增速为 15.7%，其中国有及国有控股企业投资增长 15.7%，与全部投资增速相同，而民营经济分布较为集中的第二产业投资增长 13.2%，低于全部投资增速。在总需求特别是出口增长放缓、产能过剩加剧、PPI 持续下跌、融资成本居高难下等多重因素制约下，企业投资能力和意愿受到较大影响，民营经济尤甚，融资需求萎缩也会在一定程度上影响其融资增长。

三、对策建议

当前民营经济融资出现的问题，是周期性和结构性因素共同作用的结果，既与当前中国经济增长放缓特别是制造业投资增长放缓的宏观经济环境有关，也与两类主体面临的信用环境差异有关，其实质仍是信用环境的公平性问题，需要围绕完善信用风险分担机制，深化改革，提升民营经济的信用环境。

（一）着力完善政府背景的风险担保机制

民营经济特别是制造业民营中小企业信用不足，是制约其融资可得性和降低融资成本的主要障碍，这一矛盾在经济下行期表现得尤为突出，需要外部机构提供风险分担。尽管过去几年我国融资担保行业有了较快发展，为解决中小企业融资难、融资贵发挥了积极作用，但目前融资担保行业中，民营的商业性机构占主导。据银监会相关数据统计，国有融资担保机构占比接近 30%，而民营及外资控股的融资担保公司占比超过 70%。

较之国有担保机构，民营担保公司有两大不足：一是实力普遍较弱，比如目前全国十大担保机构没有一家是民营的。在经济下行期，伴随着银行不良贷款不断暴露，融资担保公司也相应地受到冲击，本就先天不足的这类机构普遍缺乏担保能力。二是逐利倾向较重，担保费率普遍较高，甚至占到贷款利息的一半以上，被担保机构难以负担。鉴于此，发挥担保行业对改善民营中小企业融资的积极作用，需要着力完善具有政府背景的融资性担保基金和融资性担保公司，同时给予一些配套支持政策，比如免征营业税和准备金税前扣除、对政府性融资担保和再担保机构减少或取消盈利要求等①，以增强其服务三农、小微企业等民营经济的能力。

（二）开放包容推动互联网＋等普惠金融发展

尽管近年来民营经济从正规金融机构和金融市场融资增速明显放缓，但包括互联网＋在内的各类民间融资发展较快，一定程度上弥补了正规金融的不足。短短几年，P2P、股权众筹平台就发展到数千家，融资额达数千亿。这一状况与监管机构的包容不无关系。从发展趋势看，在秉持开放包容姿态的同时，也要逐步构建监管原则和监管框架，促进其健康可持续发展。总体原则是要在效率和风险之间寻求平衡，以投资者适当性原则为基础，根据不同投资者的种类采取差别化的监管。对于不吸收公众存款、以私募为主、外部性风险较低的机构，可非采取非审慎方式监管，重点监管其资本金实力和信息披露等方面；对于事实上吸收公众存款或采取公募方式融资的，则要严格监管；对于在同一平台上跨界经营销售不同金融产品的互联网企业，则需严格分离金融产品销售和非金融产品销售，并对金融产品销售采取类似金融机构方式实施一定程度的监管；除外部监管外，还要充分发挥行业自律功能，构建和谐有序的行业生态。

（三）开放不良资产转让市场，鼓励民营资本参与

当前和今后一个时期，制约民营经济融资的一个重要因素是不良资产风险的上升。从历史经验看，1998 年处置金融风险主要依赖四大资产管理公司。这一模式可继续发挥作用，但可引入多元化的市场主体参与。可考虑在统一的国家财税、金融支持政策下，允许民营资本组建资产管理公司，与国有四大资产管理公司平等竞争，参与不良资产处置，并在不良资产处置过程中实现资源要

---

① 2015 年 7 月 31 日召开的国务院常务会议，部署加快融资担保行业改革发展，更好地发挥金融支持实体经济作用。会议提出，"建立政府、银行和融资担保机构共同参与、共担风险机制和可持续的合作模式，鼓励有条件的地方设立政府性担保基金"；还首次明确，"设立国家融资担保基金，推动政府主导的省级再担保机构在 3 年内实现基本全覆盖"。另外，以省级、地市级为重点，以政府出资为主，发展一批经营规范、信誉较好、聚焦主业、服务小微企业和"三农"的政府性融资担保机构。

素重组和产业转型升级。

（四）出台鼓励企业技改、并购融资的定向支持措施

与其他经济主体一样，民营经济融资可得性和成本归根到底取决于其产品和技术的竞争力。可考虑结合国家出台化解过剩产能和清理僵尸企业的有关政策，鼓励金融市场推出并购贷款、并购债以及投贷联动等创新产品，同时辅之以必要的财政贴息和税收优惠政策，民营企业等均可申请用于企业技改、并购的定向融资。同时国家和地方设立的担保基金也可对民营经济申请定向融资提供担保等增信支持。

（五）继续完善多层次资本市场，拓宽直接融资渠道

加快推进股票发行注册制改革，鼓励国家中小企业发展基金以股权投资方式入股中小企业，规范发展地方产权交易市场，积极出台有关股权众筹的互联网金融政策，推进不良资产证券化试点，进一步深化多层次资本市场建设和改革，帮助中小企业拓宽融资渠道。

2014 年中国民营经济税收发展报告

摘 要： 本文描述了 2014—2015 年中国民营经济税收运行情况，总结了民营经济税收运行的主要特征，同时对未来中国民营经济税收发展进行了展望。通过对民营经济的定性和定量分析，全方位描绘了中国民营经济税收全貌，在做出上述分析的基础上，提出了对民营经济税收运行的若干看法，并有针对性地提出了促进民营经济发展的税收政策建议。

关键词： 民营经济 私营企业 个体经营 税收收入

2014 年，全球经济仍然处于缓慢、脆弱的复苏之中，美国及其他发达经济体分化加剧，新兴经济体增速明显下降。国内经济在资源环境约束强化、国际经济复苏不确定的双重压力下，宏观调控坚持稳中求进、稳中有为、稳中提质的背景下，全年中国 GDP 增长 7.3%，增速低于上年（7.7%）0.4 个百分点，继续保持增长稳健、结构优化的发展态势。与宏观经济形势相匹配，2014 年税收运行中税收收入虽然出现较大波动，但总体上呈现上升态势，并基本保持了与经济的同步增长。2014 年全年国内税收收入完成 129 541.07 亿元，比上年增加 9 598.08 亿元，同比增长 8.0%，高于可比价经济增长 0.7 个百分点；民营经济税收收入实现 19 133.62 亿元，比上年增加 964.72 亿元，同比增长 5.3%，较上年（2014 年增速为 12.4%）回落 7.1 个百分点①。

一、2014 年中国私营企业税收收入分析

（一）2014 年中国私营企业税收收入分月度分析

2014 年，私营企业税收收入存在明显的波动性，1 月最高达到 1 609.20 亿元，占全年私营企业税收收入的 12.9%；8 月最低仅为 774.27 亿元，占全年私

---

① 资料来源：国家税务总局计划统计司．税收月度快报．2014 年 12 月．

营企业税收收入的 6.2%，最高的 1 月是最低 8 月的 2.08 倍，其余各月收入相对比较稳定，大部分月份基本在月平均收入 1 040.57 亿元上下波动，占全年私营企业税收收入的比重在 6.7%~9.6%。高于平均数的有 7 个月，低于平均数的有 5 个月（见表 1、图 1）。

从私营企业主要税种收入看，国内增值税收入也存在波动性，1 月最高达到 544.77 亿元，占私营企业增值税全年收入的 10.6%，3 月最低为 340.11 亿元，占私营企业增值税全年收入的 6.6%，高于月平均收入的有 5 个月，低于月平均收入的有 7 个月。国内消费税收入波动剧烈，最高的 12 月为 4.75 亿元，占全年收入的 11.2%，而最低的 8 月为 2.65 亿元，占全年收入的 6.3%。营业税收入各月比较均衡，除 1 月、6 月和 12 月高于 200 亿元外，其余各月基本保持在月平均数 182.66 亿元左右。企业所得税收入本来应该有较强的季节性，但是 2014 年有点例外，4~7 月均保持在 200 亿元以上，季节性不强（见表 1、图 1）。

表 1　2014 年私营企业主要税种收入分月度情况　　单位：亿元　%

月份	国内增值税		国内消费税		营业税		企业所得税		私营企业税收收入	
	绝对数	占全年比重	绝对数	占全年比重	绝对数	占全年比重	绝对数	占全年比重	绝对数	占全年比重
1 月	544.77	10.6	4.06	9.6	272.52	12.4	459.52	22.1	1 609.20	12.9
2 月	391.50	7.7	3.71	8.8	181.60	8.3	41.77	2.0	842.10	6.7
3 月	340.11	6.6	3.34	7.9	160.69	7.3	63.79	3.1	841.93	6.7
4 月	361.36	7.1	2.90	6.9	153.92	7.0	265.06	12.7	1 052.79	8.4
5 月	399.19	7.8	2.82	6.7	167.74	7.7	259.93	12.5	1 071.73	8.6
6 月	485.30	9.5	3.93	9.3	219.00	10.0	202.29	9.7	1 197.55	9.6
7 月	381.90	7.5	3.28	7.8	158.44	7.2	280.28	13.5	1 075.03	8.6
8 月	381.98	7.5	2.65	6.3	149.02	6.8	42.44	2.0	774.27	6.2
9 月	426.05	8.3	3.14	7.4	159.22	7.3	49.95	2.4	860.45	6.9
10 月	430.91	8.4	3.57	8.4	155.31	7.1	296.57	14.2	1 145.62	9.2
11 月	438.26	8.6	4.12	9.7	170.17	7.8	50.87	2.4	877.82	7.0
12 月	534.99	10.5	4.75	11.2	244.25	11.1	70.66	3.4	1 138.39	9.1
合计	5 116.32	100.0	42.27	100.0	2 191.88	100.0	2 083.13	100.0	12 486.88	100.0
月平均	426.36	—	3.52	—	182.66	—	173.59	—	1 040.57	—

资料来源：国家税务总局收入规划核算司．税收月度快报．2014 年 1—12 月．

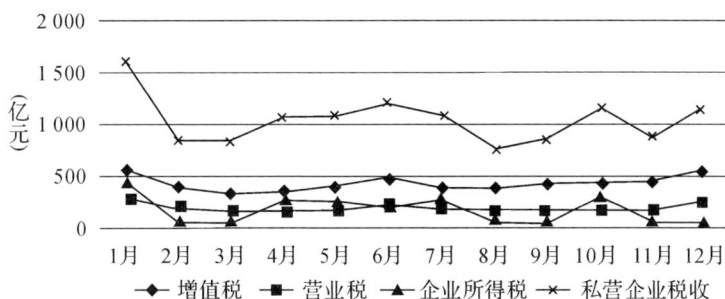

图1 2014年私营企业主要税种收入

（二）2014年中国私营企业税收整体状况分析

2014年，中国私营企业税收收入主要来自国内增值税、营业税和企业所得税这三个税种。其中，来自国内增值税的收入为5 116.31亿元，占全部私营企业税收收入的41.0%；来自营业税的收入为2 191.88亿元，占全部私营企业税收收入的17.6%；来自企业所得税的收入为2 083.14亿元，占全部私营企业税收收入的16.7%。来自这三大税种的收入占全部私营企业税收收入的75.3%，其余税种收入仅占24.7%（见表2、图2）。

表2 2014年中国私营企业主要税种收入状况   单位：亿元 %

税种	税收收入	国内增值税	国内消费税	营业税	企业所得税	其他
上年收入	11 610.39	4 825.68	36.49	2 105.34	1 947.63	2 695.25
本年收入	12 486.87	5 116.31	42.26	2 191.88	2 083.14	3 053.28
占比	100.0	41.0	0.3	17.6	16.7	24.5
同比增加	876.48	290.63	5.77	86.54	135.51	358.03
同比增长	7.5	6.0	15.8	4.1	7.0	13.3

注：其他是指除国内增值税、消费税、营业税和企业所得税以外的税种收入。

资料来源：国家税务总局收入规划核算司．税收月度快报．2014年12月．

2014年，私营企业税收收入比上年增加876.48亿元，同比增长7.5%，在私营企业税收收入中，国内增值税比上年增加290.63亿元，同比增长6.0%；国内消费税比上年增加5.77亿元，同比增长15.8%；营业税比上年增加86.54亿元，同比增长4.1%；企业所得税比上年增加135.51亿元，同比增长7.0%。

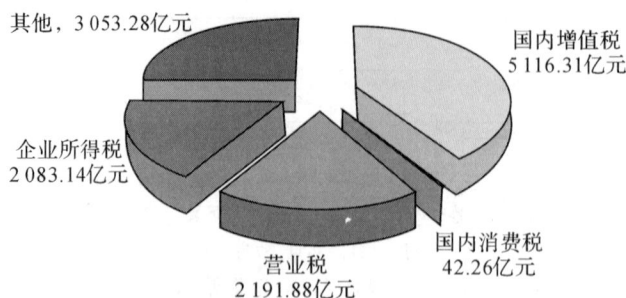

其他，3 053.28亿元

国内增值税
5 116.31亿元

企业所得税
2 083.14亿元

营业税
2 191.88亿元

国内消费税
42.26亿元

图2　2014年私营企业税收收入构成

私营企业国内增值税、营业税和企业所得税这三大主要税种收入增长率均低于私营企业税收收入增长率，特别是作为第三大税种的营业税增长率仅为4.1%，直接影响了私营企业税收收入的增长。

二、2014年中国个体经营主要税种收入分析

（一）2014年中国个体经营税收收入分月度分析

2014年，个体经营税收收入存在明显的波动性，12月最高达到709.93亿元，占全年个体经营税收收入的10.7%；2月最低仅为425.65亿元，占全年个体经营税收收入的6.4%，最高的12月是最低的2月的1.67倍，其余各月收入相对比较稳定，基本在月平均收入553.90亿元上下波动，占全年个体经营税收收入的比重在7.4%~8.7%。高于平均数的有4个月，低于平均数的有8个月（见表3、图3）。

从个体经营主要税种收入看，国内增值税收入也存在波动性，12月最高达到90.44亿元，占个体经营增值税全年收入的11.6%，3月最低为49.34亿元，占个体经营增值税全年收入的6.3%，高于月平均收入的有5个月，低于月平均收入的有7个月。国内消费税收入波动剧烈，最高的10月为0.39亿元，占全年收入的10.0%，而最低的5月为0.27亿元，仅占全年收入的6.9%。营业税收入最高的12月为103.50亿元，占全年收入的11.8%，其余各月基本保持在月平均数73.31亿元左右（见表3、图3）。

表3　2014年个体经营主要税种收入分月度情况　单位：亿元　%

月份	国内增值税		国内消费税		营业税		个体经营税收收入合计	
	绝对数	占全年比重	绝对数	占全年比重	绝对数	占全年比重	绝对数	占全年比重
1月	89.86	11.5	0.30	7.7	99.82	11.3	691.33	10.4
2月	49.90	6.4	0.30	7.7	54.96	6.2	425.65	6.4
3月	49.34	6.3	0.34	8.7	76.96	8.7	574.41	8.6
4月	59.28	7.6	0.33	8.5	68.49	7.8	521.41	7.8
5月	58.88	7.6	0.27	6.9	71.02	8.1	553.52	8.3
6月	65.14	8.4	0.37	9.5	79.89	9.1	575.57	8.7
7月	65.11	8.4	0.34	8.7	64.39	7.3	518.75	7.8
8月	56.92	7.3	0.28	7.2	62.16	7.1	489.47	7.4
9月	62.35	8.0	0.30	7.7	67.12	7.6	548.69	8.3
10月	68.80	8.8	0.39	10.0	60.79	6.9	501.83	7.6
11月	62.47	8.0	0.33	8.5	70.61	8.0	536.18	8.1
12月	90.44	11.6	0.34	8.7	103.5	11.8	709.93	10.7
合计	778.49	100.0	3.89	100.0	879.71	100.0	6 646.74	100.0
平均	64.87	—	0.32	—	73.31	—	553.90	—

资料来源：国家税务总局收入规划核算司. 税收月度快报. 2014年1—12月.

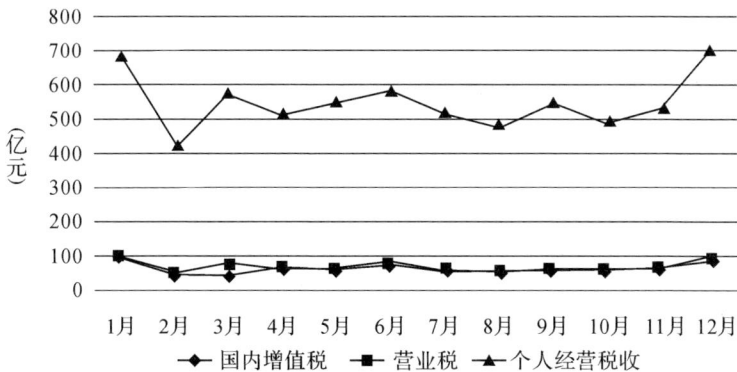

图3　2014年个体经营主要税种收入

191

（二）2014 年中国个体经营税收整体状况分析

2014 年，中国个体经营税收收入中，仅有国内增值税、国内消费税和营业税三个税种的分类统计。其中，来自国内增值税的收入为 778.49 亿元，占全部个体经营税收收入的 11.7%；来自营业税的收入为 879.72 亿元，占全部个体经营税收收入的 13.2%；来自国内消费税的收入为 3.88 亿元，占全部个体经营税收收入的 0.1%。来自这三个税种的收入仅占全部个体经营税收收入的 25.0%，其他未统计税种收入占 75.0%（见表 4、图 4）。

表 4　2014 年中国个体经营主要税种收入状况　　　　单位：亿元　%

税种	税收收入	国内增值税	国内消费税	营业税	其他
上年收入	6 558.51	735.44	3.51	1 061.02	4 758.54
本年收入	6 646.75	778.49	3.88	879.72	4 984.66
占比	100.0	11.7	0.1	13.2	75.0
同比增加	88.24	43.05	0.37	−181.30	226.12
同比增长	1.3	5.9	10.5	−17.1	4.8

注：其他是指除国内增值税、国内消费税、营业税以外的税种收入。

资料来源：国家税务总局收入规划核算司. 税收月度快报. 2014 年 12 月.

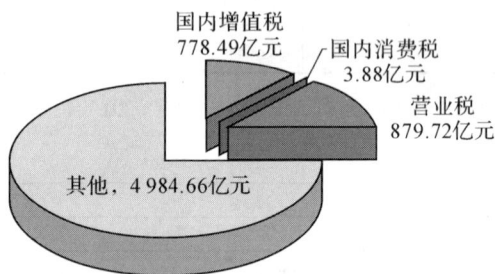

图 4　2014 年个体经营税收收入构成

2014 年，个体经营税收收入比上年增加 88.24 亿元，同比增长 1.3%，在个体经营税收收入中，国内增值税比上年增加 43.05 亿元，同比增长 5.9%；国内消费税比上年增加 0.37 亿元，同比增长 10.5%；营业税比上年减少 181.30 亿元，同比下降 17.1%；其他税收比上年增加 226.12 亿元，同比增长 4.8%。

三、2014 年中国民营经济税收特点分析

（一）2014 年民营经济税收收入分月度分析

民营经济税收收入走势受私营企业税收收入和个体经营税收收入走势的双重影响，表现为 1 月最高为 2 300.53 亿元，占全年民营经济税收收入的 12.0%，2 月最低为 1 267.75 亿元，占全年民营经济税收收入的 6.6%，最高是最低的 1.81 倍。民营经济税收运行走势受私营企业影响较大，主要原因是大部分的税收收入来自私营企业。

私营企业税收收入占民营经济税收收入的比重平均为 65.3%，分月度看最高的 1 月达到 69.9%，最低的 3 月为 59.4%；个体经济税收收入占民营经济税收收入比重，平均为 34.7%，分月度看最高的 3 月达到 40.6%，最低的 1 月为 30.1%（见表 5 和图 5）。

表5　2014 年民营经济税收收入分月度情况　　　单位：亿元　%

月份	私营企业		个体经营		民营经济	
	绝对数	占民营经济比重	绝对数	占民营经济比重	绝对数	占全年比重
1 月	1 609.20	69.9	691.33	30.1	2 300.53	12.0
2 月	842.10	66.4	425.65	33.6	1 267.75	6.6
3 月	841.93	59.4	574.41	40.6	1 416.34	7.4
4 月	1 052.79	66.9	521.41	33.1	1 574.20	8.2
5 月	1 071.73	65.9	553.52	34.1	1 625.25	8.5
6 月	1 197.55	67.5	575.57	32.5	1 773.12	9.3
7 月	1 075.03	67.5	518.75	32.5	1 593.78	8.3
8 月	774.27	61.3	489.47	38.7	1 263.74	6.6
9 月	860.45	61.1	548.69	38.9	1 409.14	7.4
10 月	1 145.62	69.5	501.83	30.5	1 647.45	8.6
11 月	877.82	62.1	536.18	37.9	1 414.00	7.4
12 月	1 138.39	61.6	709.93	38.4	1 848.32	9.7
合计	12 486.88	65.3	6 646.74	34.7	19 133.62	100.0
平均	1 040.57	—	553.90	—	1 594.47	—

资料来源：国家税务总局收入规划核算司. 税收月度快报. 2014 年 1—12 月.

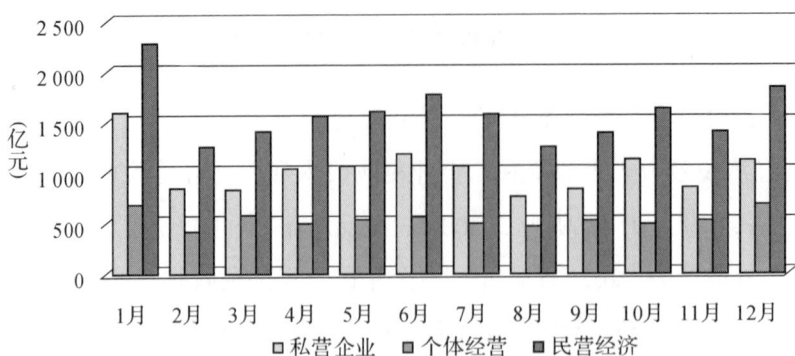

图5　2014 年民营经济税收收入分月度状况

（二）2014 年民营经济税收整体运行分析

2014 年，中国民营经济税收收入 19 133.62 亿元[1]，比上年增加 964.72 亿元，同比增长 5.3%，低于税收收入增长速度 0.2 个百分点，占全国税收收入的 14.7%，较上年下降 0.4 个百分点[2]。其中，私营企业税收收入为 12 486.88 亿元，比上年增加 876.49 亿元，同比增长 7.5%，占民营经济税收收入的 65.3%，占全国税收收入的 9.6%；个体经营税收收入为 6 646.74 亿元，比上年增加 88.23 亿元，同比增长 1.3%，较上年下降 20.8 个百分点，占民营经济税收收入的 34.7%，占全国税收收入的 5.1%（见表6、图6）。

表6　2014 年中国民营经济税收收入状况　　　　　单位：亿元　%

经济类型	税收收入	占民营经济税收收入	2013 年	比上年增加	同比增长	占全国税收收入
私营企业	12 486.88	65.3	11 610.39	876.49	7.5	9.6
个体经营	6 646.74	34.7	6 558.51	88.23	1.3	5.1
民营经济	19 133.62	100.0	18 168.90	964.72	5.3	14.7

资料来源：国家税务总局收入规划核算司.税收月度快报.2014 年 12 月.

总之，2014 年以来，虽然受到国际金融危机的影响，中国经济增长速度放缓，税收收入增长速度也较上年减缓，受其影响，民营经济税收收入绝对数量

---

①　民营经济税收收入为私营企业和个体经营合计数。

②　2014 年民营经济税收收入占全国税收收入的 15.1%。

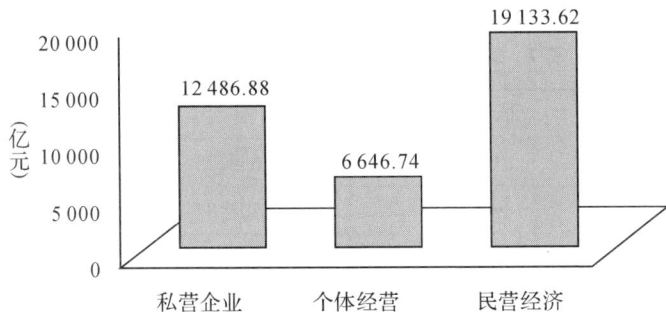

图 6　2014 年民营经济税收收入

增加较少，而且，增长速度也保持了低于名义经济增长速度态势，民营经济税收收入在全部税收收入中的地位较上年有所下降，尽管如此，民营经济税收仍然是税收收入中不可或缺的重要组成部分。

四、2015 年民营经济税收收入总量预测

2015 年是落实十八届四中、五中全会精神之年和实施"十二五"规划即将收官的关键一年，国内稳增长与调结构相结合的宏观政策组合效果进一步显现，改革为中国经济发展注入新的动力，"十二五"重点建设项目初见成效，加之世界经济复苏步伐有望加快等有利因素将推动中国经济企稳回升。2015 年应进一步加大改革力度，继续把握稳中求进的总基调，以提高经济增长质量和效益为中心，实行积极的财政政策和稳健的货币政策，积极稳妥地推进城镇化，增强消费对经济增长的基础作用，发挥投资对经济增长的关键作用。

（一）2015 年 1—9 月民营经济税收收入运行情况分析

2015 年 1—9 月，私营企业税收收入累计实现 9 708.63 亿元，比 2014 年同期增加 383.59 亿元，同比增长 4.1%。个体经营税收收入累计实现 4 875.28 亿元，比 2014 年同期减少 23.53 亿元，同比降低 0.5%。

2015 年 1—9 月，民营经济税收收入累计实现 14 583.91 亿元，比 2014 年同期增加 360.06 亿元，同比增长 2.5%。从民营经济税收收入分月度运行看，1 月 2 306.95 亿元，2 月 1 374.59 亿元，3 月 1 403.23 亿元，4 月 1 560.52 亿元，5 月 1 594.43 亿元，6 月 1 843.05 亿元，7 月 1 698.88 亿元，8 月 1 348.71

亿元，9月1 453.54亿元（见表7）。

表7　2015年1—9月民营经济税收收入状况　　单位：亿元　%

经济类型	私营企业	个体经营	民营经济
1月	1 672.70	634.25	2 306.95
2月	865.75	508.84	1 374.59
3月	885.42	517.81	1 403.23
4月	1 062.95	497.57	1 560.52
5月	1 075.95	518.48	1 594.43
6月	1 252.10	590.95	1 843.05
7月	1 167.42	531.46	1 698.88
8月	823.19	525.52	1 348.71
9月	903.14	550.40	1 453.54
1—9月累计	9 708.63	4 875.28	14 583.91
比上年同期增减	383.59	−23.53	360.06
同比增长	4.1	−0.5	2.5

资料来源：国家税务总局收入规划核算司.税收月度快报.2015年1—9月.

（二）2015年民营经济税收收入预测

由于对2015年的民营经济税收收入预测属于短期预测，可以简单地按照近年来的民营经济税收收入发展情况进行短期外推预测。

表8　2010—2014年中国民营经济税收收入状况　　单位：亿元　%

年份	税收收入	增加额	增长率
2010	11 149.04	2 111.66	23.4
2011	14 763.57	3 614.53	32.4
2012	16 164.36	1 400.79	9.5
2013	18 168.90	2 004.54	12.4
2014	19 133.62	964.72	5.3
平均数	—	2 019.25	16.6

根据表8资料，我们可以采用平均增加额法和平均增长率以及平均弹性系数来预测2015年民营经济税收收入。

1. 增加额法预测。按 2010—2014 年 5 年平均增加额 2 019.25 亿元，预测 2015 年民营经济税收收入为 21 152.87 亿元，比 2014 年增长 10.6%。按 2014 年增加额 964.72 亿元，预测 2015 年民营经济税收收入为 20 098.34 亿元，比 2014 年增长 5.0%（见表 9）。

2. 增长率法预测。按 2010—2014 年 5 年平均增长率 16.6%，预测 2015 年民营经济税收收入为 22 309.80 亿元，比 2014 年增加 3 176.18 亿元。按 2014 年增长率 5.3%，预测 2015 年民营经济税收收入为 20 147.70 亿元，比 2014 年增加 1 014.08 亿元（见表 9）。

表 9　2015 年中国民营经济税收预测值　　　　　单位：亿元

指标 方法	税收收入 增长率（%）	税收收入增加额	税收收入预测值
增加额法	10.6	2 019.25（前 5 年平均）	21 152.87
	5.0	964.72（上年数）	20 098.34
增长率法	16.6（前 5 年平均）	3 176.18	22 309.80
	5.3（上年数）	1 014.08	20 147.70
平均	9.4	1 798.56	20 932.18

综上分析预测结果：2015 年民营经济税收收入预测值在 20 098.34 ~ 22 309.80亿元的可能性较大，结论预测值为 20 932.18 亿元，比 2014 年增加 1 798.56亿元，增长 9.4%。

五、看法和建议

（一）对民营经济税收运行的几点看法

1. 2014 年，民营经济税收实现 19 133.62 亿元，占全国税收收入的14.7%，较上年下降0.4个百分点，同比增长5.3%，较同期税收收入增长回落7.1个百分点。因为民营经济税收的低速增长，降低了民营经济税收在全部税收收入中的地位。2014 年，民营经济税收比上年增加964.72 亿元，比上年少增加1 039.82亿元，占全部税收收入增加额的13.9%，较上年回落7.9个百分点。可以这样说，民营经济税收在税收运行中的作用越来越重要，对税收收入增速的影响作用越来越强，日益成为税收运行中不可或缺的重要部分，民营经济税收的运行状况已在很大程度上影响着税收收入的运行态势。

2. 从民营经济税收两大组成部分看，来自个体经营的税收增长较快。2014年，个体经营税收较上年增长 1.3%，增速回落非常之大，远远低于上年 22.1% 增速，同时也低于私营企业 7.5% 增速 6.2 个百分点。2014 年，个体经营税收较上年增加 88.23 亿元，仅为上年 1 188.97 亿元的零头，占民营经济税收增加额的 9.1%，不到 1 成（上年为 59.3%，近 6 成）。因为个体经营税收的低速增长，其在民营经济税收中的比重也较上年下降了 0.4 个百分点。透过税收看经济，个体经营已经成为民营经济的一支不可或缺的力量。

3. 私营企业税收作为民营经济税收的主要来源，其收入结构直接影响了民营经济的税收收入结构。从私营企业税收结构来看，2014 年，国内增值税是私营企业税收的主要来源，占私营企业税收的 41.0%，比上年低 0.6 个百分点，基本保持了平稳运行态势，增值税的平稳运行确保了私营企业税收的平稳运行。私营企业营业税较上年下降了 0.5 个百分点，继续保持私营企业第二大税种的地位。企业所得税受经济运行的影响波动较大，比上年增长 7.0%，低于私营企业税收增长 0.5 个百分点，受此影响，企业所得税占私营企业税收的比重较上年下降 0.1 个百分点。个体经营税收收入结构，由于受其所处的行业影响，个体经营增值税所占比重较低，仅为 11.7%，营业税所占比重达到 13.2%，较上年回落 3 个百分点，但仍然是第一大税种，所占比重高于增值税 1.5 个百分点。未来"营改增"将对个体经营税收结构产生重大影响，需要密切关注。

4. 2015 年 1—9 月，民营经济税收增长 2.5%，低于全部税收收入增长 3 个百分点[①]。民营经济税收低速增长的主要原因是个体经营税收增长为 - 0.5%，比上年同期减少 23.53 亿元。同时，也可以看出，2015 年对小微企业税收的优惠政策加大力度继续发挥了作用。私营企业税收增长 4.1%，低于全部税收收入增速 1.4 个百分点，较上年同期增加 383.59 亿元，正是由于私营企业税收的增速下滑不大，才保障了民营经济税收运行态势的平稳运行，没有因个体经营税收的下滑而下降太大。2015 年全年民营经济税收运行态势如何，私营企业税

---

① 2015 年 1—9 月全国税收收入增长 5.5%。

收运行态势仍然起主导作用。

（二）民营经济税收政策回顾

民营经济中绝大多数是小型微利企业，它们在增加就业、促进经济增长等方面具有不可替代的作用，对国民经济和社会发展具有重要的战略意义。目前中国没有针对不同所有制类型的税收优惠政策，主要是根据企业大中小（微）不同类型采取差异化的税收政策。因此，对民营经济税收政策大体可以用小微企业税收政策来说明。中国目前针对小微企业的税收政策主要有：

1. 增值税和营业税方面。（1）自2013年8月1日起，对增值税小规模纳税人中月销售额不超过2万元的企业或非企业性单位，暂免征收增值税；对营业税纳税人中月营业额不超过2万元的企业或非企业性单位，暂免征收营业税（财税［2013］52号）。（2）自2014年10月1日起至2015年12月31日，对月销售额2万元（含本数，下同）至3万元的增值税小规模纳税人，免征增值税；对月营业额2万元至3万元的营业税纳税人，免征营业税（财税［2014］71号）。

2. 企业所得税方面。符合条件的小型微利企业，减按20%的税率征收企业所得税（《企业所得税法》第二十八条第一款）。（1）自2010年1月1日至2010年12月31日，对年应纳所得税额低于3万元（含3万元）的小型微利企业，其所得减按50%计入应纳税所得额，按20%的税率缴纳企业所得税（财税［2009］133号）。（2）自2011年1月1日至2011年12月31日，对年应纳所得税额低于3万元（含3万元）的小型微利企业，其所得减按50%计入应纳税所得额，按20%的税率缴纳企业所得税（财税［2011］4号）。（3）自2012年1月1日至2015年12月31日，对年应纳所得税额低于6万元（含6万元）的小型微利企业，其所得减按50%计入应纳税所得额，按20%的税率缴纳企业所得税（财税［2011］7号）。（4）自2014年1月1日至2016年12月31日，对年应纳所得税额低于10万元（含10万元）的小型微利企业，其所得减按50%计入应纳税所得额，按20%的税率缴纳企业所得税（财税［2014］34号）。（5）自2015年1月1日至2017年12月31日，对年应纳所得税额低于20万元（含20万元）的小型微利企业，其所得减按50%计入应纳税所得额，按20%的税率缴纳企业所得税（财税［2015］34号）。

3. 印花税方面。自2014年11月1日至2017年12月31日，对金融机构与小型、微型企业签订的借款合同免征印花税（财税〔2014〕78号）。

（三）对民营经济税收政策建议

1. 采取小（包括微型企业，下同）企业税收优惠专门立法，建立系统的小微企业税收制度。2002年颁布的《中小企业促进法》为中国制定、完善和实施促进中小企业发展的税收优惠政策确定了法律依据。《中小企业促进法》第二十三条明确提出国家利用有关税收政策支持鼓励中小企业的设立和发展。建议尽快对该法进行修订，并改为《小（微）企业促进法》。对小（微）①企业实现更加优惠的税收政策、更加简洁的税收征管。

2. 加强税收政策的针对性和有效性，建立高效公平的税收优惠体系。积极强化税收优惠政策的导向性，重点鼓励小企业的产业升级、技术创新和再投资、开拓国际市场等领域。一是通过采取定期减免、投资抵免等税收优惠措施鼓励创办小企业。二是通过施行研发费用抵免、先进设备加速折旧、技术转让所得税优惠等办法鼓励中小企业进行技术创新，借鉴国外经验，增加"盈亏前抵"的方式降低高新技术小企业的投资风险，准予用以后年度的利润弥补亏损。三是通过采用投资抵免、提取研发风险准备金税前扣除、亏损结转等手段降低小企业的成本和风险。四是通过再投资减免税、出口退税等政策缓解中小企业融资困难，鼓励小企业投资和开拓海外市场。

3. 逐步拓宽小企业税收普惠政策的适用主体范围。一是要适当扩大小企业享受普遍税收优惠政策的适用主体范围，研究借鉴国外的做法，将按利润多少确定企业所得税税率的方法改为按国家划型标准确定税率，使划型为小微的企业都能享受到普惠的照顾，以鼓励小企业的健康发展。二是要妥善处理增值税和营业税起征点的问题。适当优化增、营两税的起征点，探讨将起征点改为免征额，使"点"上和"点"下的小企业一样均能享受到定额的免征，扩大税收优惠受益面。

4. 实行有利于小企业内部融资的税收优惠政策。为促进小企业的发展，大多数市场经济发达国家在统一税收制度的基础上，对小企业融资实行税收减免及其他优惠政策，为小企业自筹资金提供便利条件。通过各种税收优惠，可使小企业的税收减少一半以上，使其税负总水平由占增加值的30%降至15%左

---

① 有时为论述方便简称小企业，包括微型企业。

右，而且这些优惠政策针对所有小企业，是一种普惠政策。当前，中国小企业外部融资较难，其资金来源大部分依靠自我积累，所以适当的税收优惠对小企业内部融资有重要的意义，它能让更多的资金留在企业以供其发展。

5. 采用"简单税"的征收方式，完善纳税服务，建立小企业征税便利制度。小企业特别是初创的微企业，大多数会计核算不够规范，利润微薄，纳税成本明显高于大中型企业，其税收支出的成本会制约其发展，所以建议借鉴国际经验，本着"简征管、轻税负"的原则，将目前对微企业征收的税种进行合并，实现向税基统一、少税种、低税率的"简单税"转变，对总收入或利润进行低税率征收，对无纳税能力的微企业实行免税。同时优化税收管理服务体系，简化办税程序，改进征管手段，延长纳税期限，强化税法宣传，推广多元化的申报缴税制度，适应信息化时代的要求，推动税务部门扁平化，鼓励小微企业采用电子申报，实行计算机审计制度，进一步推广电话服务，探索预约服务，降低收税成本。规范税收执法行为，明确执法标准和程序，保护小微企业合法经营。

参考文献

[1] 侯作前. 全球中小企业税收优惠制度改革及借鉴 [J]. 财贸研究，2009（6）.

[2] 姚建英. 基于新企业划型标准的小微企业税收政策取向 [J]. 中国市场，2012（1）.

[3] 马蔡琛. 促进西部开发财税政策的效应评价与路径选择 [J]. 税务研究，2010（2）.

[4] 中小微企业发展的政策轨迹与走向研究课题组. 中国小型微型企业发展的政策选择与整体趋势 [J]. 改革，2012（2）.

[5] 张文春. 借鉴国际经验减轻小微企业税负 [J]. 中国金融家，2011（12）.

[6] 杨默如. 借鉴国外中小企业税收政策，完善中国税收制度 [J]. 涉外税务，2009（6）.

[7] 付广军. 促进民营企业发展的税收政策研究 [J]. 山东经济，2004（4）.

[8] 付广军，孟丽. 非公有制经济发展的财政支持政策研究 [J]. 华东经济管理，2005（10）.

[9] 王钦敏. 中国民营经济发展报告（2013—2014）[M]. 北京：社会科学文献出版社，2015.

课题组组长：付广军

课题组成员：史书新　张玉春　龙海红　李冬梅①

───────────────

① 付广军：国家税务总局税科所研究员；史书新：中国华融资产管理公司高级会计师；张玉春：首都经济贸易大学副教授；龙海红：财政部财科所副研究员；李冬梅：北京石油化工学院助理研究员。

2014 年民营上市公司研究

摘　要：截至 2015 年 7 月初，民营上市公司数量达到 1 546 家，近几年上市步伐明显加快。在经济持续下行的背景下，这些民营上市公司 2014 年实现了营业收入和利润增长的平稳增长，实现营业总收入 4.02 万亿元，比 2013 年增长 12.3%；实现利润总额 3 398.9 亿元，比 2013 年增长 14.4%。

关键词：民营上市公司　营业总收入　利润总额　净资产收益率

过去两年，中国经济面临较大的下行压力，2014 年 GDP 增长 7.3%，与 2013 年相比下降 0.4 个百分点，2015 年三季度 GDP 增速更是下降到了 6.9%。投资、消费和出口增速都有较大幅度的下滑。在经济如此困难的背景下，民营上市公司也面临较大的调整压力，而整体营业收入和利润能保持平稳的增长，实属不易。

美国经济正逐渐从金融危机中恢复，欧洲和日本仍在延续较为宽松的政策，而主要新兴市场国家经济出现明显下降，使得全球经济并不景气。美国经济和就业持续改善让美联储开始考虑加息，货币政策正常化为时不远；欧洲和日本仍在利用宽松政策对抗通缩风险，经济也慢慢有所恢复。不仅是中国，巴西、俄罗斯等新兴市场国家经济过去两年都出现了明显的下滑，俄罗斯经济陷入深度的衰退，巴西甚至陷入了滞胀，这对中国的整体出口构成较大的下行压力，也会影响到民营上市公司的状况。

未来中国经济将进入一个中速增长的新常态，"十三五"期间经济增长或将维持在 6.5% 左右，同时面临着长期增长趋势下行和周期性需求下降的双重冲击。中期来看，中国经济面临地方政府和企业债务高企、房地产面临下行风险，部分行业产能过剩依然严重，实体经济资金成本上升等一系列问题，经济恢复缺乏强劲的动力。展望 2015 年，在房地产持续下行的压力下，中国经济增速可能会回落到 7% 左右，仍然需要稳健的货币政策和积极的财政政策支持。民营上市公司仍将面临较为困难的宏观环境，需要自身做出更为积极的调整。

未来几年，民营企业仍会保持较快的上市扩张步伐，占所有 A 股上市公司的比重还会进一步上升，改革释放出的制度红利会大大提高民营企业的发展空间。

一、规模与成长性

2014 年年初 IPO 开闸之后，民营企业又迎来了一波快速的上市潮。2014 年新增民营上市公司 102 家，而 2015 年上半年又新增了 167 家。民营上市公司的快速扩张始于 2010 年，自 2010 年以来，已经累计增加了 900 多家民营上市公司，几乎占了所有民营上市公司的 60%。如果去掉 IPO 暂停的 2013 年，2010 年以来平均每年新增民营上市公司约 180 家，未来几年仍有望维持年均 100 家左右的增长速度。

2014 年以来整体经济下行压力明显增大，但民营上市公司的业绩依然保持平稳。1 546 家民营上市公司 2014 年共实现营业收入 4.02 万亿元，比 2012 年增长了 12.3%，增速比 2013 年下降了约 4 个百分点；实现总利润 3 398.9 亿元，比 2013 年增长了 14.4%，增速比 2013 年略微下降 1.3 个百分点，2015 年上半年利润增长还逆势上升至 18%。这表明整体经济的增长质量提高，政策比以前更容易让民营企业受益。

（一）保持快速的上市步伐

在经历了 2013 年 IPO 停发后，2014 年和 2015 年民营公司保持了快速的上市步伐，占 A 股上市公司数量的比重进一步提升，已经成为 A 股市场最主要的力量。截至 2015 年 7 月初①，民营上市公司数量达到 1 546 家（见表 1、图 1）。

---

① 自 2015 年 7 月初之后，由于受到股市大幅下跌的影响，证监会暂停了 IPO 的发行。

表1　历年民营上市公司数量及占比　　　　　单位：个　%

年份	新增民营上市数量	累计民营上市数量	A股上市数量	民营占A股上市数比重
1990	3	3	8	37.50%
1991	1	4	12	33.33%
1992	13	17	49	34.69%
1993	23	40	157	25.48%
1994	32	72	258	27.91%
1995	9	81	279	29.03%
1996	57	138	461	29.93%
1997	58	196	656	29.88%
1998	27	223	754	29.58%
1999	22	245	848	28.89%
2000	51	296	981	30.17%
2001	22	318	1 060	30.00%
2002	20	338	1 128	29.96%
2003	24	362	1 195	30.29%
2004	43	405	1 294	31.30%
2005	8	413	1 308	31.57%
2006	32	445	1 374	32.39%
2007	65	510	1 500	34.00%
2008	54	564	1 577	35.76%
2009	73	637	1 675	38.03%
2010	274	911	2 023	45.03%
2011	243	1 154	2 302	50.13%
2012	122	1 276	2 459	51.89%
2013	1	1 277	2 461	51.89%
2014	102	1 379	2 586	53.33%
2015 上半年	167	1 546	2 780	55.61%

数据来源：Wind、SEEC.

2008 年以后，民营上市公司扩张势头加快，其数量占所有 A 股上市公司的比重从 2008 年的 35.76% 上升到 2011 年的 50% 以上。在经历了 2013 年的短暂停顿之后，最近两年民营上市步伐继续保持快速增长，到 2015 年上半年民营公司上市数量占 A 股上市公司比重进一步提升到 55.61%。

未来民营企业的上市前景如何？过去几年，民营企业上市步伐加快与整个宏观经济的结构调整和融资结构调整密切相关。在宏观经济结构上，由过去投资主导转向消费主导，由过去以工业为核心的第二产业为主转向以服务业为核心的第三产业为主导，同时也更加注重创新能力，这种转变有利于有实力的、持续性更好的民营企业发行上市。在融资结构上，过去中国的企业主要依赖于银行为主的间接融资，导致这些年企业和地方政府的债务高企已经不堪重负。为了优化融资结构，降低融资成本，需要加大直接融资的比重，这就给民营企业加快上市创造了条件。

目前，中国直接融资的比重一直是 G20 国家中最低的。虽然从增量的角度来看，中国直接融资比重近几年呈现持续增长态势，2014 年年底已达 17.4%。但这一比重的不断上升，主要来源于近些年企业债券融资额的大幅上升，而股票市场的融资额相对较低。2014 年企业债券融资在社会融资规模的占比上升到 14.7%，而股市融资的占比仅为 2.6%，其导致的后果是企业整体的负债率较高，全社会杠杆率攀升。

从国际经验看，一个国家的经济发展水平越高，直接融资所占比重也就越大，而且产业的升级和转型与直接融资也有密切关系。传统制造业或形态较为简单和稳定的产业，往往能有效地依靠银行的支持得到发展；创新经济或高科技产业等具有较大的不确定性，需要有像资本市场这样的投融资双方风险共担、利益共享、定价市场化和服务多层次等机制特点的融资方式来加以支持。这也是为什么资本市场的发展往往与高科技或战略新兴产业的发展是紧密相连的原因。所以，股票市场的繁荣和发展，符合中国经济结构调整和产业升级创新的要求。

鉴于经济结构调整和融资结构调整的需要，未来民营企业仍会保持较快速的上市步伐，预计未来五年仍有望保持每年 100 家左右的上市速度。

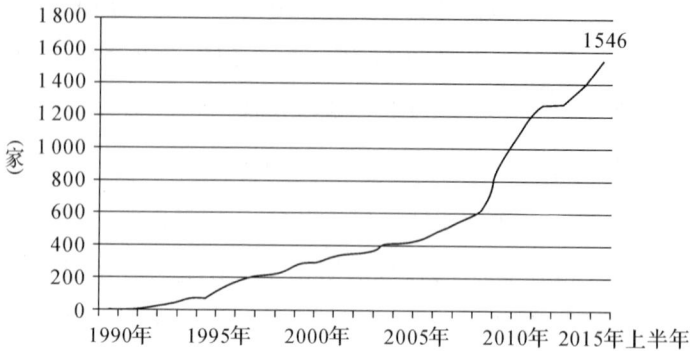

图 1　历年民营上市公司数量①（单位：家）

数据来源：Wind、SEEC.

（二）营业收入略有下降

在宏观经济不断下行的背景下，这两年民营上市公司的营业收入增速也有所下降。1 546 家民营上市公司 2014 年共实现营业收入 4.02 万亿元，比 2013 年增长了 12.3%，增速比 2013 年下降了约 4 个百分点。进入 2015 年压力明显更大了，不过民营上市公司营业收入增速大致保持着平稳，2015 年上半年实现营业收入 2.08 万亿元，比 2014 年上半年增长 12.2%（见图 2）。

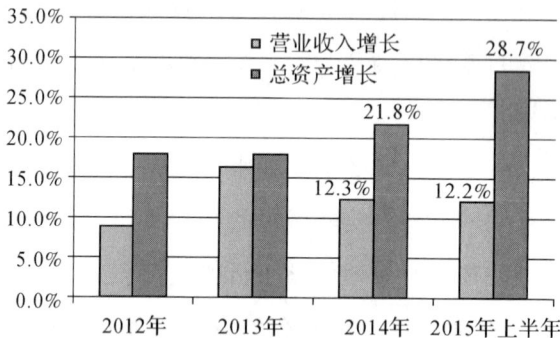

图 2　2012—2015 年民营上市公司营业收入和资产增速

数据来源：Wind、SEEC.

营业收入排名前十的民营上市公司全部集中在制造业与批发和零售业这两

---

① 每年民营上市公司的数量在 Wind 资讯上都会有些微小的调整，本研究报告以最新调整数据为准。2015 年上半年的民营上市公司数量，时间截至 2015 年 7 月 2 日，本文以下分析均基于这 1 546 家民营上市公司。

个行业。排名前三位的是美的集团、苏宁云商和新希望，营业收入分别为1 423.1亿元、1 089.3亿元和700.1亿元，其中美的集团和苏宁云商营业收入都突破1 000亿元。美的集团的前身就是美的电器，这三家企业过去几年牢牢把持着民营上市公司营业收入前三的位置（见表2）。

2011年上市的三家企业——长城汽车、庞大集团和比亚迪分别占据营业收入排行第四至第六位，已经连续三年杀进营业收入前十。随着中国居民收入的不断提高，居民消费将由以前的日用生活品、资源类产品逐渐向耐用品转移，而汽车就是其中之一。未来全球车市的增长中估计有80%来自新兴市场国家，中国无疑是其中最有吸引力的市场，这为民营汽车企业的做大做强创造了有利的宏观环境。

表2　2014年营业收入排名前十的民营上市公司　　　　　单位：亿元

排名	公司名称	所属行业	营业收入	总资产	利润总额
1	美的集团	制造业	1 423.1	1 202.9	139.9
2	苏宁云商	批发和零售业	1 089.3	821.9	9.7
3	新希望	制造业	700.1	334.0	29.1
4	长城汽车	制造业	626.0	613.5	96.4
5	庞大集团	批发和零售业	603.1	677.5	4.7
6	比亚迪	制造业	582.0	940.1	8.7
7	爱施德	批发和零售业	483.2	89.3	0.3
8	如意集团	批发和零售业	456.4	80.2	7.7
9	九州通	批发和零售业	410.7	241.3	7.5
10	永辉超市	批发和零售业	367.3	154.8	10.8

数据来源：Wind、SEEC.

如果从市值角度看，截至2015年10月31日，已有六家民营上市公司的市值超过1 000亿元，它们分别是比亚迪、苏宁云商、美的集团、上海莱士、万达院线和恒瑞医药，其中比亚迪的市值已经超过1 400亿元。

（三）利润增速保持平稳

在2012年利润负增长后，2013年民营上市公司利润增长明显反弹，2014年和2015年上半年仍保持了较为平稳的增长。2014年民营上市公司实现总利润 3 398.9 亿元，比 2013 年增长了 14.4%，增速比 2013 年略微下降 1.3 个百分点，2015 年上半年利润增速进一步上升至 18%。

从 2008 年金融危机后民营上市公司的利润增速看，与国民经济的整体运行密切相关，当经济强劲反弹时，利润增速较高；当经济处在下行通道时，利润增速也会逐渐下降。2008 年受到金融危机的冲击，2008 年四季度 GDP 增速跌至 6.6% 的低点，当年民营上市公司利润下降近 15%；随着"四万亿"刺激政策的推出，中国经济强力复苏，到 2010 年一季度 GDP 增速达 12.1%，带动民营上市公司利润在 2009 年增长超过 40%；之后经济开始逐渐下行，民营上市公司利润增速也逐渐回落，2012 年 GDP 增长只有 7.7%，创下 1998 年以来的最低经济增速，民营上市公司也在 2012 年再度出现利润负增长。

不过，最近两三年的情况有了一些变化，虽然宏观经济仍然面临非常大的下行压力，经济增速已经跌至 7% 附近，但民营上市公司的利润依然保持了平稳增长。2013 年 GDP 增速是 7.7%，与 2012 年持平，但民营上市公司利润却实现大幅反弹。2014 年经济增速继续下降至 7.3%，民营上市公司利润增速也只是略微回落至 14.4%，且在 2015 年上半年经济形势继续恶化的背景下，利润增速反而有所上升。这些表现从侧面反映出，在整体经济下行压力较大的背景下，民营企业比以前更受益了，也说明我国经济增长的质量在提高，特别是大型的、规范的民营企业竞争力提高了。近几年实施的定向宽松政策很有针对性，很多政策是直接针对中小企业，使得民营企业比以往更容易得到政策的惠及。央行不断地降准降息，也有利于降低民营企业的融资成本。

利润总额排名前三位的是美的集团、长城汽车和华夏幸福，分别实现利润总额 139.9 亿元、96.4 亿元和 50.6 亿元。在利润排名前十的民营上市公司中，除了长航凤凰外，主要集中在制造业和房地产业。美的集团在 2014 年利润总额不仅增长了 39.7%，而且在整个家电业整体需求疲软而下滑之际，2015 年上半年美的仍然实现了 23% 的利润增长。在整体房地产下行压力加大的情况下出现了明显分化，华夏幸福和雅戈尔仍分别实现了 41.1% 和 83.1% 的增长，而荣盛发展利润只有 9.8% 的增长（见表 3）。

表 3　2014 年利润排名前十的民营上市公司

排名	公司名称	所属行业	利润总额（亿元）	利润总额增长
1	美的集团	制造业	139.9	39.7%
2	长城汽车	制造业	96.4	-2.8%
3	华夏幸福	房地产业	50.6	41.1%
4	荣盛发展	房地产业	45.1	9.8%
5	长航凤凰	交通运输	43.4	-193.9%
6	雅戈尔	房地产业	39.0	83.1%
7	浙江龙盛	制造业	33.3	83.3%
8	海澜之家	制造业	32.3	1747.2%
9	宇通客车	制造业	30.5	46.2%
10	新希望	制造业	29.1	3.5%

数据来源：Wind、SEEC.

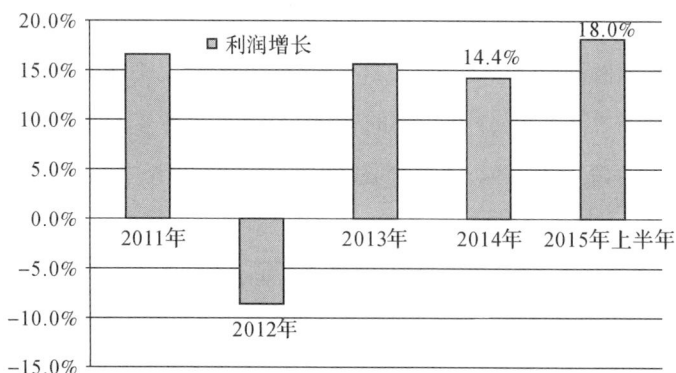

图 3　2011—2015 年民营上市公司利润增长

数据来源：Wind、SEEC.

二、行业分布特征

本文的行业分类参照证监会对于上市公司的分类标准，分为制造业，信息技术服务业，批发和零售贸易，房地产业，建筑业，采矿业，农林牧渔业，水利、环境和公共设施管理业，租赁和商务服务业，科学研究和技术服务，交通运输、仓储业和邮政业，文化、体育和娱乐业，电力、热力及水的生产和供应业，综合类，住宿和餐饮业，卫生和社会工作，金融业，共17个大类。

受到比重最大的制造业营业收入和利润下降的影响，整体民营上市公司的业绩略有回落。房地产业在民营上市公司中的地位不断上升，已经逐渐取代信息技术业和批发零售业，成为利润贡献第二大行业，它在2014年的利润明显下滑。金融业则受益于牛市，2014年业绩出现了爆发式增长。

(一) 制造业有所下滑

民营上市公司中制造业的数量继续扩张，截至2015年7月初达1 127家，占所有民营上市公司的比重为72.9%，比2013年的比重略有提升。不过，最近两年制造业所占比重日益趋于稳定，随着经济结构调整的变化，第三产业在国民经济中的比重不断提升，未来新增的民营上市企业可能会越来越集中到非制造业行业。

由于制造业在民营上市公司中处于绝对核心的地位，2014年制造业的营业收入和利润增速都略有下滑，是导致整体民营上市公司业绩略差于2013年的主要原因。

2014年制造业实现了营业收入26 711.6亿元，比2013年增长12.3%，增速比2013年下降1.1个百分点；同时，2014年制造业实现利润总额2 267.2亿元，比2013年增长了13.0%，增速比2013年下降近6个百分点（见表4）。

表4　2014年民营上市公司各行业营业收入和利润　　　单位：亿元

行业分类	家数	营业收入	增长率	利润	增长率
制造业	1127	26 711.6	12.3%	2 267.2	13.0%
信息技术服务业	112	1 024.0	32.9%	159.6	30.7%
批发和零售贸易	61	5 986.8	6.3%	167.1	12.4%
房地产业	52	2 087.9	15.8%	315.9	− 10.0%
建筑业	40	1 724.5	13.5%	120.9	2.1%
采矿业	28	509.5	12.3%	83.4	− 4.7%
农、林、牧、渔业	23	296.4	7.1%	15.8	22.0%
文化、体育和娱乐业	17	180.2	40.3%	53.1	55.6%
水利、环境和公共设施管理业	15	136.2	31.3%	28.0	− 18.9%

行业分类	家数	营业收入	增长率	利润	增长率
租赁和商务服务业	15	821.8	22.4%	42.4	42.8%
科学研究和技术服务	14	104.5	18.3%	17.5	9.0%
交通运输、仓储业和邮政业	13	247.0	13.6%	66.6	NA
综合类	9	122.1	-16.8%	7.4	481.1%
电力、热力及水的生产和供应业	8	135.3	8.2%	26.8	2.8%
住宿和餐饮业	4	9.0	-19.3%	-11.9	120.2%
卫生和社会工作	4	50.8	23.7%	8.0	57.2%
金融业	4	61.2	90.8%	31.2	227.2%

数据来源：Wind、SEEC.

过去几年，制造业都处在持续下滑的趋势之中。制造业固定资产投资增速已经从 2011 年的 31.8% 逐步下降到 2015 年 1—9 月 8.3% 的个位数增长。一方面，人口红利慢慢消失之后，制造业成本低廉的时代一去不复返；另一方面，2014 年下半年以来美元大幅升值，而人民币对美元汇率保持稳定，使得人民币相对于其他货币被动大幅升值，增加了制造业出口的成本。目前，工业领域的产能过剩仍很严重，而且工业的通缩形势还在恶化。截至 2015 年 9 月，工业品出厂价格（PPI）同比增长 -5.9%，已经连续 40 多个月负增长，这对制造业非常不利。

（二）房地产业遭遇寒冬

经过几年的发展，房地产业已经成为民营上市公司中仅次于制造业、批发零售业的第三大行业（以营业收入衡量），如果从利润额度看，房地产业已经跃居第二大行业。房地产业是 2013 年民营上市公司中业绩最好的行业之一，但进入 2014 年则成为了拖后腿的行业。

2014 年房地产业实现营业收入 2 087.9 亿元，比 2013 年增长 15.8%，增速比 2013 年大幅下降了 22 个百分点；实现利润总额 315.9 亿元，比 2013 年减少了 10%，增速比 2013 年大幅下降了 54 个百分点。

房地产业正在告别过去十多年的高速增长，正迈过繁荣的顶点，未来房地产业面临较大的下行压力。随着房地产政策的进一步放松，2015 年房地产销售得到一定程度的改善，2015 年 1—9 月商品房销售面积累计同比增长 7.5%，比 2014 年 -7.6% 的增长提高了近 15 个百分点，这也使得 2015 年上半年民营上市公司的房地产业有所回暖，2015 年上半年，民营房地产上市公司营业收入增长 32.8%，增速比 2014 年提高了 17 个百分点；利润总额增长 22%，也告别了 2014 年的利润负增长。

不过，2015 年的改善与 2013 年的改善一样，可能很难具有持续性，只是由于房地产政策的宽松带来的销售改善。目前，只有一、二线城市保持了相对较好的势头，三、四线城市房地产仍然供过于求，库存累积严重。虽然房地产销售有所改善，但并没有带来房地产投资的增长，这说明房地产企业只是借销售回暖消化库存，对未来前景仍持谨慎态度，所以不敢加大投资的力度。2015 年 1—9 月，房地产固定资产投资累计同比增长只有 2.6%，比 2014 年下降了近 8 个百分点。综合而言，未来民营房地产业仍需要做好打困难战和持久战的准备。

（三）其他行业特点

除了房地产外，采矿业，水利、环境和公共设施管理业表现也不理想。2014 年采矿业实现营业收入 509.5 亿元，比 2013 年增长 12.3%，增速比 2013 年大幅下降 14.5 个百分点；实现利润总额 83.4 亿元，比 2013 年下滑 4.7%，过去三年利润都出现大规模负增长。2014 年水利、环境和公共设施管理业实现营业收入 136.2 亿元，比 2013 年增长了 31.3%；实现利润总额 28 亿元，比 2013 年大幅下滑 18.9%。

凭借 2014 年下半年开启的牛市，金融业的业绩大幅飙升。2014 年金融业实现营业收入 61.2 亿元，比 2013 年大幅增长 90.8%；实现利润总额 31.2 亿元，比 2013 年大幅上涨了 227%。不过，股指在 2015 年 6—8 月出现大幅下跌，股市成交量大幅萎缩，这会影响金融业 2015 年下半年的产值。

三、地区分布特征

广东、浙江和江苏三大东部民营企业聚集地业绩平稳，第二梯队的北京、山东和上海的民营上市公司业绩稳中有升，西部省份中四川和陕西的表现相对抢眼。

（一）东部业绩平稳

广东、浙江和江苏牢牢把持着民营上市公司数量前三的位置，这三个省的民营上市公司数量约占整个民营上市公司的 45.2%，营业收入占了 50.2%。它们 2014 年的营业收入增速都有所下降，但利润增速存在明显分化：广东的民营上市公司利润增长明显下降，浙江保持稳定，江苏增长反而有所加快。

其中，广东的民营上市公司为 272 家，2014 年实现营业收入 7 959.4 亿元，增速为 17.8%，比 2013 年下降了 6.4 个百分点，实现利润总额 600.7 亿元，增速为 0.7%，比 2013 年大幅回落了 40 多个百分点；浙江的民营上市公司有 238 家，2014 年实现营业收入 6 088.8 亿元，增速为 9.3%，比 2013 年下降了 5.1 个百分点，实现利润总额 553.4 亿元，增速为 14.2%，与 2013 年增速基本持平；江苏的民营上市公司有 189 家，2014 年实现营业收入 6 131.3 亿元，增速为 11.4%，比 2013 年稍微回落 0.7 个百分点，实现利润总额 376.7 亿元，增速为 31.6%，比 2013 年反弹了近 14 个百分点。

接下来的第二梯队北京、山东和上海 2014 年业绩也都稳中有升。北京凭借首都的独特优势，民营上市公司的数量持续增长，2014 年北京的民营上市公司已经达到 128 家，位列第四。在 2012 年和 2013 年利润出现了负增长，2014 年实现逆转，实现利润 304.9 亿元，增速为 14.1%，营业收入增速也从 2013 年的 12.9% 提高到 2014 年的 19.3%。山东和上海 2014 年民营上市公司数量分别增加到 96 家和 85 家，利润增速相对 2013 年都有小幅提升。

（二）其他一些省份的特征

西部省份中四川和陕西的表现较为突出。这几年四川的民营上市公司稳步增加，已经成为民营上市公司第七大聚集地，2014 年实现营业收入 1 638.3 亿元，增速为 3.9%，比 2013 年下降了 3.3 个百分点，但利润总额却实现了 22.2% 的增长；2014 年陕西民营上市公司实现营业收入 176.0 亿元，增速为 6.7%，比 2013 年下降了近 10 个百分点，但利润却由 2013 年的负增长变成 2014 年暴增 48.0%。

最近两年东北的经济状况很糟糕，其民营上市公司的营业收入增长也有不同程度下降，但利润反而脱离了负增长，表现并不差。2014 年辽宁的民营上市公司实现营业收入 484.2 亿元，增速为 3.6%，利润增速则由 2013 年的

－31.3%逆转至5.7%；吉林的民营上市公司2014年实现营业收入274.9亿元，增速为17.7%，利润增速由2013年的－4.2%逆转至13.5%；黑龙江的民营上市公司2014年实现营业收入278.7亿元，增速仅为0.6%，但利润增速则由2013年的－10.4%上升至12.5%（见表5）。

表5　2014年民营上市公司省（区、市）分布状况　　　单位：亿元

省份	家数	营业收入	2014年增长	2013年增长	利润	2014年增长	2013年增长
广东	272	7 959.4	17.8%	24.1%	600.7	0.7%	42.5%
浙江	238	6 088.8	9.3%	14.4%	553.4	14.2%	14.1%
江苏	189	6 131.3	11.4%	12.1%	376.7	31.6%	17.7%
北京	128	2 310.0	19.3%	12.9%	304.9	14.1%	－ 3.7%
山东	96	2 238.2	12.6%	12.3%	166.5	12.2%	11.8%
上海	85	1 487.3	9.7%	15.9%	171.4	17.7%	15.0%
四川	58	1 638.3	3.9%	7.2%	112.8	22.2%	5.5%
福建	51	1 314.6	16.7%	20.1%	95.3	14.9%	8.5%
安徽	43	1 074.7	13.2%	16.4%	68.4	0.5%	－ 9.2%
湖南	40	871.0	12.8%	12.5%	72.7	－ 12.2%	25.4%
湖北	39	992.7	22.8%	16.6%	122.3	1 428.9%	－ 72.8%
河南	37	774.7	12.2%	11.4%	86.9	21.2%	8.4%
辽宁	37	484.2	3.6%	2.2%	31.3	5.7%	－ 31.3%
河北	26	1 998.3	7.8%	27.5%	237.5	9.2%	65.2%
吉林	20	274.9	17.7%	27.3%	49.0	13.5%	－ 4.2%
重庆	18	536.3	9.5%	22.5%	40.3	－ 4.8%	－ 2.6%
广西	16	478.8	－ 2.5%	4.9%	29.2	10.2%	17.7%
海南	15	202.4	2.8%	18.8%	12.7	－ 49.4%	20.8%
内蒙古	15	558.6	12.4%	15.3%	40.5	－ 0.1%	13.9%
黑龙江	15	278.7	0.6%	20.2%	32.1	12.5%	－ 10.4%
天津	13	249.6	13.7%	23.7%	30.7	9.9%	31.4%
甘肃	13	204.2	29.5%	38.3%	22.8	40.0%	33.2%
江西	13	396.4	1.8%	8.1%	22.0	8.2%	0.7%

省份	家数	营业收入	2014 年增长	2013 年增长	利润	2014 年增长	2013 年增长
陕西	13	176.0	6.7%	17.1%	14.1	48.0%	-63.6%
山西	13	202.4	-9.6%	13.2%	6.1	-55.1%	-39.8%
新疆	12	544.4	24.6%	35.0%	26.6	-15.3%	6.9%
西藏	8	163.7	18.3%	7.5%	16.1	-8.0%	-4.8%
云南	7	130.5	-2.8%	21.6%	11.5	8.9%	-9.4%
贵州	6	192.1	46.2%	52.8%	33.2	36.9%	62.2%
宁夏回族自治区	6	125.9	-3.8%	14.2%	3.7	-21.1%	-41.0%
青海	4	130.9	-1.5%	12.4%	7.4	-9.8%	NA

数据来源：Wind、SEEC.

四、偿债与盈利能力

2007 年以来，民营上市公司的资产负债率呈逐渐下降的趋势，从 2007 年的 56.3% 下降到 2011 年的 48.9%。不过，2011 年之后资产负债率有所上升，2014 年逐渐上升至 53.6%。所有 A 股上市公司的资产负债率基本稳定在 85% 左右的水平。同时，民营上市公司的流动比率也结束了此前逐步上升的势头，2013 年流动比率为 1.43，比 2012 年略微下降了 0.04，连续四年出现下降。这说明，民营上市公司的偿债能力比之前有所下降（见表 6）。

从资产净利率和净资产收益率两个指标看，民营上市公司的盈利能力这两年稳中有升。2014 年资产净利率为 4.7%，与 2013 年持平；2014 年净资产收益率为 10.4%，比 2013 年提高 0.6 个百分点。不过从长期的趋势看，盈利能力与 2009—2011 年相比还是明显下降，毕竟整体经济在不断下行，净资产收益率平均下降了近 4 个百分点，资产净利率也平均下降了 2 个百分点左右。

表 6   2007—2014 年民营上市公司盈利和偿债能力变化

	资产负债率	流动比率	资产净利率	净资产收益率
2014 年民营上市公司	53.6%	1.43	4.7%	10.4%
2013 年民营上市公司	53.3%	1.47	4.7%	9.8%

续表

	资产负债率	流动比率	资产净利率	净资产收益率
2012 年民营上市公司	50.8%	1.56	4.6%	9.4%
2011 年民营上市公司	48.9%	1.64	6.6%	13.0%
2010 年民营上市公司	49.4%	1.67	7.2%	14.6%
2009 年民营上市公司	53.4%	1.47	6.3%	13.9%
2008 年民营上市公司	53.7%	1.34	5.3%	11.7%
2007 年民营上市公司	56.3%	1.19	5.8%	15.1%
2014 年所有 A 股上市公司	85.2%	1.14	1.8%	12.8%

数据来源：Wind、SEEC.

五、不同控制类型上市公司比较

虽然民营上市公司的数量已经超过所有 A 股的半壁江山，但从规模来看仍然占比不高，民营上市公司营业收入只占所有 A 股的 13.8%，利润总额只占所有 A 股的 10%，民营上市公司做大做强之路还很长。

不过，从业绩来看，民营上市公司相对表现出色。2014 年民营上市公司营业收入增长 12.3%，增速仅次于公众企业；利润总额增长 14.4%，明显好于整个 A 股、中央国有企业和地方国有企业，仅落后于外资企业和其他企业（见表 7）。

表7 2014 年不同控制类型上市公司经营业绩比较　　单位：亿元

控制类型	家数	营业收入	营业收入增长	利润总额	利润总额增长
全部 A 股	2 779	289 638.8	6.2%	33 713.5	6.9%
民营企业	1 546	40 208.9	12.3%	3 398.9	14.4%
中央国有企业	338	151 486.6	4.2%	17 246.7	3.5%
地方国有企业	636	62 024.1	2.8%	4 270.3	2.1%
集体企业	16	1 269.1	0.4%	107.9	-1.1%
公众企业	123	31 118.7	16.2%	8 312.8	13.6%
外资企业	87	2 661.0	7.3%	300.3	42.6%
其他企业	33	870.5	4.7%	76.6	15.7%

数据来源：Wind、SEEC.

课题组成员：孙卜雷　廖宗魁

地 方 报 告

2014 年京津冀地区民营经济发展报告

摘　要：2014 年，是全面贯彻落实党的十八届三中全会精神、全面深化改革开局之年，是京津冀协同发展全面启动之年。京津冀地区民营经济整体实力不断增强，民营企业数量快速增长，拉动经济增长作用显著，经济结构进一步优化，社会贡献日益突出，但还存在着整体实力不够强、发展水平不够高、区域协同发展不够好等问题，面临着融资难、用地难、人才缺、创新难、扶持弱等发展难题。2015 年，在京津冀协同发展成为重大国家战略部署的背景下，三地民营经济将从当前经济发展的阶段性特征出发，继续坚持稳中求进的总基调，积极适应新常态，自觉把握战略定位，不断优化产业结构，实现持续稳步健康发展。

关键词：京津冀　民营经济　发展　报告

2014 年，是全面贯彻落实党的十八届三中全会精神、全面深化改革开局之年，是京津冀协同发展全面启动之年。在京津冀三地党委政府的重视支持下，区域民营经济继续保持平稳较快发展的势头，在经济增长、加快创新、拉动就业、保持稳定等方面发挥了应有的作用，为推动区域全面深化改革、促进经济社会平稳较快发展作出了重要贡献。

一、2014 年京津冀地区民营经济发展基本情况及特点

（一）政策环境不断优化

2014 年，北京市采取了一系列措施，不断完善民企发展环境。一方面，知

识经济领域新政层出，创新驱动不断加强，相继发布了《加快推进高等学校科技成果转化和科技协同创新若干意见》（京校十条）、《关于加快推进科研机构科技成果转化和产业化的若干意见》（京科九条）、《关于进一步创新体制机制、加快全国科技创新中心建设的意见》等新政。另一方面，强化职能部门服务意识，手续办理更加便捷。工商登记"宽进准入"，企业注册资金由"实缴"变为"认缴"，降低门槛，放松企业进入市场管制；实施营业执照"三证合一"，将工商营业执照、组织机构代码证和税务登记证三个证件合并成一个；共享国、地税系统基础数据，联合税务登记系统拓展至全部登记事项；简化投资项目审批流程，审批时限得到一定程度压缩。

2014 年，天津市相关政策文件连续出台，民企发展环境进一步优化。一是"民营经济 27 条"的 36 个相关配套政策陆续出台。民营企业市场准入限制逐步放开，允许"一照多址"、"一址多照"。取消注册资本最低限制，实施注册资本认缴登记制。加快综合化金融服务改革步伐，扩大自主知识产权质押融资规模，开通优质民营企业贷款"绿色通道"。实施"一站式办理、一次性告知、一条龙服务"，出台各类优惠税收政策、鼓励创新政策、人才引进政策。发挥法律维权和保护机制，构建和谐劳动关系。二是深入开展了"民营经济 27 条"及配套政策落实情况第三方评估工作。全市范围发放问卷 10 850 份，通过问卷调查、专题座谈、深度访谈等方式，对政策落实情况、投资环境改善和需要进一步解决的问题听取民营企业意见，并提出了对策建议，进一步推动政策落实。三是《天津市促进中小企业发展条例》正式施行。在创业扶持、资金支持、创新推动、转型升级、市场开拓、服务保障、权益保护七个方面提出 45 条指导意见，规范和扶植中小微企业加速发展。四是天津市促进民营经济和中小企业投资发展的相关政策措施逐步完善。出台《天津市行政许可管理办法》（津政发〔2014〕10 号）、《关于加快现代服务业发展的若干意见》（津党发〔2014〕8 号）、《天津市推进电子商务发展三年行动计划（2014—2016 年）》（津政发〔2014〕4 号）、《关于加强市场监管体系建设的意见》（津政发〔2014〕24 号）、《关于确定我市重点群体创业就业有关税收扣减限额标准的通知》（津财税政〔2014〕29 号），《天津市〈外经贸发展专项资金管理办法〉实施细则》（津财企〔2014〕29 号）等文件，进一步优化了民营企业发展环境。

河北省委省政府出台了《关于大力推进民营经济加快发展的若干意见》(冀发〔2014〕8 号)、《关于推进注册资本登记制度改革的实施意见》,实施"先照后证"、"一址多照"、"一照多址",大力推进工商登记制度改革。落实税收优惠政策,河北省地税系统 2014 年为民营企业办理税收优惠 92 万户次,减免税额 49.96 亿元,河北省国税系统 2014 年为小型微型企业办理企业税收优惠 197.07 万户次,减免税额 15.94 亿元。调整用地布局,将符合产业政策的民营企业用地纳入土地利用总体规划,2014 年共完成 166 个县级规划的修改调整。加强政策宣贯,组织开展了 11 场民营经济宣传和政策解读活动,帮助企业熟悉政策解难题,运用政策求发展。争取国家中小企业发展专项资金 19 116 万元,支持完善服务体系,改善融资环境和创新发展。省民营经济领导小组办公室、省有关部门和各市县出台配套措施,细化分工,明确责任,并采取汇报、调度、督查等方式,努力打通政策落实"最后一公里"。

(二) 民营经济实力不断增强

北京市私营企业和个体工商户的工商登记注册、国地税入库税收和城镇私营企业固定资产投资完成额显示,2014 年度和上年相比,北京市民营经济整体呈现出"五增两降"的态势,即私营企业户数增长 25.94%,私营企业从业人员增长 37.45%,私营企业注册资本增长 142.45%,城镇私营企业固定资产投资完成额增长 16.12%,个体工商户注册资本增长 17.61%;而个体工商户户数、从业人数分别减少 1.65% 和 8.35%。这一态势与最近五年的民营经济发展状况基本一致,体现出近几年来民营经济综合实力稳步上扬,个体经济趋向集约式发展,进一步优化了市场参与者的发展形式。

截至 2014 年年底,天津市已有各类市场主体 59.58 万户,注册资本 3.81 万亿元,同比分别增长 17.30%、21.21%。其中,民营企业 24.01 万户,注册资本 1.60 万亿元,同比分别增长 20.40%、25.46%。个体工商户 31.26 万户,注册资本 245.93 亿元,同比分别增长 16.77%、23.71%。2014 年,新登记市场主体数量和注册资本总额大幅度增长,新登记各类市场主体 13.19 万户,注册资本 4 508.36 亿元,同比分别增长 44.51%、112.33%。新登记民营市场主体(含民营企业、个体工商户、农民专业合作社)129 453 户,注册资本 3 086.53 亿元,同比分别增长 45.55% 和 123.61%,比重分别占新登记市场主体总量的98.13%、68.46%。新增民营企业54 580户，同比增长79.9%，占新注册企业的95.8%，民企数量增速明显。

2014年，河北省民营经济努力克服压减淘汰落后产能、综合治理大气环境和市场有效拉动不足等因素影响，加快调整结构，推进转型升级，实施创新驱动，总体实现了平稳较快增长，其总量所占比重超过全省经济的2/3，对全省经济发展起到了重要的支撑作用。2014年，河北民营经济单位个数达265.5万个，同比增长3.5%；民营法人企业达31.2万个，比上年增加3.6万个，同比增长13%。其中，小微型法人企业27.8万个，比上年增加3.4万个，占全部民营法人企业的89.1%，比上年提高0.65个百分点。

（三）金融创新力度持续加大

北京市不断加强民营经济融资平台建设，促使民营企业融资形式多样化。设立首家中小微企业金融服务有限公司，采用分阶段推进策略，有效缓解中小微企业融资困境；持续提供金融服务"一条龙"、"组合拳"，针对企业不同发展阶段，形成多种科技金融产品，打造"一条龙"科技金融服务模式；完善民营企业信用体系建设，畅通小微企业和金融机构、中介机构线上沟通联络渠道；推出针对初创企业的信贷产品，多家金融机构推出"零信贷"、"成长贷"产品，推动解决无固定资产抵押、无贷款记录的初创企业融资难题；进一步发挥政府资金引导作用，弥补市场失灵的缺陷，同时吸引更多的民间投资聚力发展。

天津市不断加大金融创新力度，努力改善融资服务环境，着力缓解民企融资难题，更好地推动大众创业、万众创新。《天津金融改革创新重点工作方案》获批，金融改革创新不断深化，融资租赁机构达到267家，业务总量占全国的1/4，全国首家民营金融租赁公司获准筹建，金城银行成为国内首批三家民营银行试点之一，意愿结汇、境外投资基金、期货保税交割、动产权属登记等创新业务扎实推进。《天津市中小微企业贷款风险补偿金管理办法（试行）》印发，主要以满足中小微企业流动资金贷款和技术改造贷款为目标，以帮助未曾取得金融机构贷款的中小微企业获得首笔贷款和无抵押、无质押、无担保企业获得信用贷款为重点，以政府为贷款损失提供风险补偿方式，支持金融机构放开胆子为中小微企业提供贷款，减少金融机构的后顾之忧。

2014 年，河北着力做大省级、做强市级、做实县级担保机构，加强对融资性担保机构的督查和非融资性担保机构的清理，规范全省融资体系建设，截至目前，全省共有融资性担保机构 587 家，担保资本金规模 666 亿元，当年完成担保额 1 246 亿元。进一步加强政银企保对接合作，建立政银会商机制，会同河北银监局、河北省工商联与 16 家商业银行签署总额达 6 851 亿元的扶持小微企业贷款战略合作协议，落实贷款 8 664.82 亿元；开展银企保对接活动 282 次，向商业银行推荐项目 3 106 个，解决小微企业贷款 1 020 多亿元，50 亿元支农再贷款和 85 亿元再贴现限额的 60% 用于小微企业，并专项安排 20 亿元支小再贷款限额支持小微企业发展。设立"河北省小额票据贴现管理中心及各市分中心"，为 393 家小微企业办理小额票据贴现业务 9 315 笔，贴现金额 60.35 亿元。全省实现新增境内外多层次资本市场挂牌上市企业 145 家，全部为民营企业。其中，创业板 2 家、香港 2 家、"新三板" 19 家、天交所 31 家、石交所 75 家、其他股权交易市场 16 家。新增扶贫小额贷款公司 38 家，总数达到 86 家，注册资本达 23.86 亿元。

（四）区域经济增长贡献不断攀升

京津冀地区民营企业为促进区域经济增长发挥了重要作用。2014 年，北京市全年实现地区生产总值 21 330.8 亿元，比上年增长 7.3%。以民营经济为主体的第三产业增加值增长最快，占比最高，为 16 626.3 亿元，比上年增长 7.5%，占全市地区生产总值的 77.9%。2014 年，北京市完成全社会固定资产投资 7 562.3 亿元，比上年增长 7.5%，其中民间投资完成 2 620.7 亿元，占全社会固定资产投资总额的 34.65%，同期增长 8.3%。2015 年上半年共推动轨道交通、城市道路、综合交通枢纽、污水处理、固废处置和城镇供热等市政基础设置重点领域的 126 个市场化试点项目，民营资本在社会经济发展中的作用日益凸显。

2014 年，天津民营经济增加值 7 100.42 亿元，增长 14.9%，占全市生产总值的比重达到 45.2%。民营工业总产值 10 845.75 亿元，增长 21.7%，快于规模以上工业 14.4 个百分点。民营经济实现税收 1 209.92 亿元，同比增长 15.9%，快于全市税收增幅 2.4 个百分点，占全市的 41.51%。民营经济约吸纳了全市城镇就业总人数的 75%。全年民间投资 6 743.68 亿元，增长 32.1%，快于全社会投资 17 个百分点，比重达到 57.9%。民营企业出口 114.69 亿美元，增长 22.9%，快于全市出口 15.6 个百分点。

2014 年，河北民营经济总量比重超过全省经济的 2/3，对全省经济发展起到了重要的支撑作用。累计完成增加值 19 894.4 亿元，同比增长 7.5%，占全省 GDP 比重为 67.6%，同比提高 1.6 个百分点；上缴税金 2 713.4 亿元，同比增长 6.2%，占全省全部财政收入的 72.1%，同比提高 1.9 个百分点；实现营业收入 95 500 亿元，同比增长 9%；全省民营法人企业从业人员比上年增加 57 万人，累计达到 1 030 万人，同比增长 5%。其中，小微型法人企业吸纳从业人员比上年增加 32 万人，累计达到 675 万人，同比增长 4.5%。全省民营法人企业全年累计完成固定资产投资 15 400 亿元，平均增幅 14.3%，保持了稳定增长，其中民营工业企业完成固定资产投资 8 900 亿元，同比增长 18%。民企投资支撑依然是河北省民营经济保持稳定较快发展的重要力量。

二、京津冀地区民营经济发展存在的问题

2014 年，中国经济整体形势逐渐步入新常态，增长速度、经济结构和发展驱动都出现了新变化。长期制约民营经济发展的一些固有矛盾还没有从根本上得到解决，在适应新常态的过程中，新问题和新困难不断出现，三地民营经济的发展面临着新旧双重挑战。

(一) 体制阻碍一定程度上仍然存在

尽管党的十八届三中全会把市场在资源配置中的"基础性作用"提升为"决定性作用"，为民营经济发展提供了坚实的政策基础。但在具体实践中，各部门齐抓共管的民营经济发展组织协调机制运行尚不够顺畅，尤其是对小型、微型企业的地位仍然不够突出。

尽管深化改革取得了一定成效、政府职能转变已经释放出了更大的市场空间，但政府在发挥职能作用时仍然存在缺位和越位现象，严重制约着民营经济的自由发展。近年来，国家出台了一系列政策措施，鼓励民营资本进入金融电信、市政公用事业、政策性住房建设等传统上一直拒民营企业于千里之外的行业。民营资本在这些领域刚刚起步，参与程度有待加深，作用发挥还不明显。比如，在鼓励民营企业参与国有企业改制、重组的过程中，双方的体制鸿沟仍

然是合作的最大障碍，导致民营企业短时间内难以真正成为平等竞争的市场主体。

（二）民营企业面临的实际困难还比较大

一是融资难。银行贷款主要投向大中型企业，小微企业很难达到规定条件，即使能得到贷款，也主要是"流贷"，长期贷款难，且无法享受基准利率，贷款成本高，浮动利率大多在30%～50%或更高。多数获贷中小企业难以得到全款，半数以上贷款以利息保障金或押金之类名目被扣下，但企业仍需支付全额利息。

二是用地难。国家对土地宏观调控日益趋紧，管理更加严格，用地指标基本保障省级重点项目，多数中小企业项目很难列为重点项目，或达不到政策规定标准，拿不到用地指标。小微企业用地更是难上加难，无论在扩大增量还是挖掘存量方面，民营企业的用地需求都远远没有得到满足。

三是人才引进难。招不上、用不起、留不住的现象较为普遍。大部分高校毕业生不愿去中小企业就业，农村青壮年更愿到大中城市打工。民营企业在户籍管理、档案管理、职称评定、职业资格鉴定、住房和子女入学入托等基本保障问题上很难与机关和企事业单位相比，单纯靠企业自身设置的各种奖励和待遇的方式留住人才的可能性并不大，加上员工薪酬成本上涨过快，使多数中小企业难以承受。

四是创新成本高。一方面，京津冀三地产权交易体制存在强制性进场交易管理规则以及抽取提成比例过高的问题，服务费、席位费、交易提成等各项费用大大提高了民营企业，尤其是小微型民营企业参与产权交易的成本，在很大程度上减少了企业与新科技成果亲密接触的机会，限制了民营经济的创新发展。另一方面，主要受产业结构调整影响，比如河北省民营企业主要分布在装备制造、金属制品、化工、纺织等产业，受国家宏观调控和低层次产业结构以及企业品牌意识差、装备落后、技术人才短缺、企业管理滞后等因素影响，企业创新意识不强，创新实力不足。

五是中小企业扶持弱。相对于较大型企业，中小企业获取各种资源的能力相对较弱，但其对公共服务的现实需求又远比大企业强烈，各级政府自觉不自觉地对大企业大项目关注更多，对中小企业关注不够。

（三）协同发展程度还比较低

京津冀协同发展，是在我国进入"三期"叠加新阶段，以习近平为总书记的党中央审时度势做出的一项重大国家战略。长期以来，由于受"行政区经济"发展理念的束缚，京津冀之间存在着严重的地方保护主义、市场分割和行政壁垒，形成了"画地为牢"、"以邻为壑"的误区，区域内统一的共同市场难以形成，区域内部资源配置不均衡，这些都严重制约着区域经济协同发展巨大能量的发挥。从京津冀、长三角、珠三角三大经济区经济发展情况的对比（见表1）来看，作为我国三大经济圈之一，京津冀的经济发展水平与长三角、珠三角相比仍存在着不小的差距。

表1　京津冀、长三角、珠三角三大经济区经济发展情况对比（2013年）

项　目	京津冀	长三角（沪苏浙）	珠三角（广东）
面积（万平方公里）	21.6	21.1	17.98
占全国陆地面积的比重	2.32%	2.26%	1.93%
人口（亿人）	1.09	1.59	1.06
占全国总人口的比重	7.9%	11.7%	7.8%
地区生产总值（万亿元）	6.2	11.8	6.2
占全国GDP的比重	10.9%	20.8%	10.9%
比2004年增长	253%	241%	230%
全社会固定资产投资（万亿元）	3.92	6.28	2.23
占全国全社会固定资产投资比重	8.8%	14.0%	5.0%
比2004年增长	460%	308%	280%
社会消费品零售总额（万亿元）	2.3	4.4	2.5
占全国社会消费品零售总额比重	9.7%	18.5%	10.7%
比2004年增长	305%	330%	300%
进出口总额（亿美元）	6 125.4	13 278.2	10 916
占全国进出口总额的比重	14.7%	31.9%	26.2%
比2004年增长	308%	219%	206%

数据来源：中华人民共和国国家统计局.

三、京津冀地区民营经济发展趋势展望

（一）密集支持政策力挺民营企业发展，政策将更加宽松

近年来，中央、京津冀及其各相关部门陆续出台一系列力挺民营企业发展的政策措施，为民营经济发展打造了良好的政策环境。例如，延长小微企业减税实施期限，提高优惠政策实施范围的上限；进一步减少和规范涉企收费，减轻企业负担；进一步扶持小微企业发展，推动大众创业、万众创新等。尤其是《关于扶持小型微型企业健康发展的意见》，从税收优惠、金融担保、创业基地、信息服务等方面布局小微企业长远发展，被业内称为小微企业发展"新国十条"。加上京津冀三地各自出台的一系列支持政策，相信这些利好政策将迎来京津冀民营经济发展的又一个春天。

（二）全面推进依法治国的战略部署，市场环境将更加公正

党的十八届四中全会对全面推进依法治国做出了全面部署和总体安排，强调社会主义市场经济本质上是法治经济。随着全面依法治国的推进，市场主体的经济活动都将在法治轨道上进行，民营企业的财产权、知识产权将会依法受到保护，市场秩序、行政执法将会依法得到规范，权利公平、机会公平、规则公平的法律制度将会得以完善，依法经营、守法诚信将会成为企业生存的根本。习近平总书记倡导的"官商之间淡如水，要相敬如宾，不要勾肩搭背"将会成为新型政商关系的根本准则。这对营造各种所有制经济平等使用生产要素、公平参与市场竞争、同等受到法律保护的良好政务环境和市场环境将会起到极大的推动作用，为民营经济发展带来新的机遇，并将使民营企业在财产保护、市场准入、税收优惠、企业并购等具体领域都有章可循。

（三）重大历史机遇的叠加，市场空间将更加广阔

随着京津冀协同发展战略上升为国家战略，"一带一路"的持续推进，这些重大历史机遇的叠加，必将给京津冀一体化发展带来强劲动力。京津冀是继珠三角和长三角之后，中国第三个经济发展引擎，将成为中国未来20年改革开放和跨越发展的前沿阵地。京津冀协同发展的大战略，经过长期酝酿已经进入快车道，由"恋爱期"步入"蜜月期"，三地新一轮高水平、深层次、全方

位的合作已拉开帷幕。丝绸之路经济带和 21 世纪海上丝绸之路是中国未来 30 年的对外大战略。向"一带一路"沿线输送物美价廉的中国资本、商品、服务和智力，对三地民营企业而言是不可多得的"走出去"的重大机遇。京津冀三地要充分利用自身独特优势，提升核心产业含金量，按照优势互补、合作共赢的原则，共同获取发展红利。

(四) 全面改革持续深入，创新发展路径将更加明晰

民营经济凭借其机动、灵活、极富创新力的特点，最有希望成为创新发展、提质增效的主要推动力量。积极支持"战略性新兴产业"，就是用新技术拓展市场。这些领域里有可能造就与现在完全不同的市场、产品和商业模式。例如，在新能源、互联网与移动互联网、人工智能、环保、文化与传媒等领域，民营企业是最有动力和能力打造出符合市场需求的创新产品与服务的。从政府的角度看，随着经济下行压力进一步增大，各方面对国有经济的认识会日趋客观和理性，和民众一样，政府及其相关部门对于民营经济的创新也同样很高的期待，因此，2015 年及今后，民营经济的创新必将得到政府更大力度的支持。

四、进一步加快京津冀地区民营经济发展的建议

(一) 按照《京津冀协同发展规划纲要》，加快京津冀三地产业对接

《京津冀协同发展规划纲要》的出台，确定了北京"四个中心"、天津"一基地三区"、河北"一基地三区"的职能定位，就是将京津冀地区看作一个经济社会共同体来统筹安排的，而并非"利益大拼盘"或"利益平衡"得出的结果。这将有利于三地调整发展重点，扬长避短，形成优势互补、利益相融的共同体经济板块，对于避免通过恶性竞争行为抢夺产业、资源、市场等发展要素而互相影响、互相拖累具有重要意义。京津两地都在大力发展电子信息、生物制药、新材料等高新技术产业，这种城市间不同程度的重复布局，不利于区域间协同发展。从生产要素结构看，河北省仍然以劳动密集型和资源密集型产业为主，天津处于从资金密集型向技术密集型转化的阶段，北京则完全以技术密集型产业为主。提升经济区域概念，以便充分发挥区域内三地企业的积极性和主动性。加强京津冀三地工商联系统的对接，根据三地资源禀赋不同，因地

制宜引导利益协调，因时制宜推进区域合作，积极探索区域内财政横向利益分配，调动各方积极性。

(二) 全面深化体制改革，激发市场活力

进一步深化科技体制改革，完善激励创新的政策措施，聚集高端领军人才，提升企业技术创新能力，促进产业链、创新链、资金链融合，打通科技与经济之间转移转化通道，促进高校和科研院所科技成果转化，充分释放全社会的创新创造活力；进一步深化包括财政体制和金融体制改革在内的整个经济体制改革，处理好市场和政府的关系，完善金融体制机制，加大政策扶持力度，建立专门为中小微企业提供服务的金融机构和机制，完善信用担保体系，解决担保实力弱、资金来源单一且资金补偿机制缺乏等问题，为民营企业更好更快发展营造良好社会融资环境；进一步深化行政体制改革，继续加大简政放权力度，积极探索完善"负面清单"管理模式，对具有所有制歧视、不符合相关法律规定的坚决予以调整修订甚至取消，破除"玻璃门"、"弹簧门"，大胆"放行"，真正做到"非禁即入"、"非禁即可"；进一步加强政府效能建设，减少不必要的审批手续，减少不必要的审批环节，简化办理程序，提高办事效率，公开办事程序，公开办事期限，公开办事结果。

(三) 鼓励民营企业转型升级，推动民营经济健康持续发展

①在方向上给予引导。鼓励民营企业改造提升传统产业，引进新工艺、新装备、新技术，增创传统产业的规模、技术和市场优势；进军战略性新兴产业，培育一批战略新兴产业中的骨干企业，引导小微企业向"专、精、特、新"方向发展；发展生产性服务业，做大做强做精服务业，大力发展高端服务业。②在政策上给予倾斜。进一步扩大中小企业发展专项资金、科技型民企技术创新基金规模，明确扶持小微企业资金比例；完善落实结构性减税政策，通过减税、缓缴"五险一金"等方式帮助企业渡过难关；多渠道帮助民营企业拓宽市场，在政府采购方面优先选择本地民营企业。③在服务上给予支持。在民营企业特别是中小企业聚集区，搭建技术、电子商务、物流、信息等服务平台，加快科技成果转化和产业化；支持民营企业以质量求生存谋发展，争创中国驰名商标，支持"中华老字号"做大做强，努力打造一批国内知名品牌。

（四）创新金融供给，进一步加大财政金融扶持力度

各银行金融机构降低门槛，简化贷款手续，程序更加公开透明，尽可能地提供方便，进一步加大对民营企业特别是中小微企业的资金扶持力度；大力发展中小微金融机构，进一步拓宽融资渠道，缓解中小微企业的融资难、融资贵问题，帮助广大中小微企业渡过难关，加快发展；进一步落实"积极创新金融产品，提供利用动产、仓单、税单、保单、股权、知识产权、商标权等抵押质押贷款业务，以及应收账款、供应链保理融资和票据贴现等融资服务"政策；建议政府推出一些能够帮助创业型企业分担风险、增加收益的金融产品，并对企业的金融风险及时做出评估与指导；完善中小企业信用担保运营体系，扩大信用担保自身规模；建立专项基金和合作基金。

（五）强化民营企业重要地位，积极推动各项政策落到实处

不断深化对民营经济在吸纳就业、提高收入、促进创新等方面重要作用的认识，改变偏见和成见，消除歧视和小视。牢固树立服务民营企业就是推动经济发展、保持和谐稳定的理念。重点抓好京津冀三地出台扶持民营企业、小微企业发展政策措施的落实，着力解决政策落地迟缓、配套措施出台不及时、部门间政策衔接不顺畅等问题。把民营经济发展情况纳入对各级党政领导班子业绩考核评价和工作责任目标考核。把民营企业认不认可，老百姓看不看好，作为干部目标考核、部门绩效考核的基本内容。以清理审批事项、精简审批程序为重点，以提升服务民企政府部门的工作效能为目标，加大巡查力度，确保对各种审批项目特别是非行政许可审批项目，该取消的做到坚决取消；大力推行"一站式服务"和并联审批、限时办结、办理公示、服务承诺等制度，提高办事效率。严格查处干扰和影响民营企业正常生产经营的"三乱"行为。完善从政策制定、执行到监督、反馈的各项机制，推动各部门制定操作性强的实施细则。加大政策公开和宣传力度，明确责任主体，建立跟踪督查和责任追究制度，进一步增强政策执行力。

课题组负责人：孙增泰

课题组成员：

　　河北省工商联：孙增泰　畅彦周　刘思绮　金　勇　牛海鹏

北京市工商联：王报换　朱效荣　李金舟　杨通林　王新春
　　　　　　　　柴　彬　唐　宁　张一鸣
天津市工商联：牛予其　苑庆彬　杨　雨　高振中　倪建学
　　　　　　　　侯力永

2014年东北三省和内蒙古自治区
民营经济发展报告

摘　要：2014年，面对复杂多变的国内外经济形势，东北三省和内蒙古自治区党委、政府牢牢把握"稳中求进"的总基调，坚持把发展民营经济作为优化结构、加快发展的一项重大战略，采取更加有力的措施，着力为民营经济发展营造优良发展环境，使民营经济得到平稳发展，为区域经济发展和社会稳定作出积极贡献。

关键词：东北三省　内蒙古自治区　民营经济　发展

一、区域民营经济发展基本情况

1. 民营经济总量稳步提升。2014年，东北三省和内蒙古自治区区域民营经济实现增加值43 942.22亿元，同比增长7.4%，占区域GDP的比重达到58.3%。从区域内各省区看，辽宁省民营经济增加值完成19 450亿元，同比增长7.2%，占全省GDP的67.9%，规模以上工业民营企业主营业务收入80 772.4亿元，同比增长2.75%。吉林省民营经济增加值完成7 053.7亿元，同比增长6.7%，占全省GDP的50.9%，规模以上工业民营企业主营业务收入30 008亿元，同比增长10.3%，占全省规模以上工业企业主营业务收入的51.25%。黑龙江省民营经济增加值完成7 416.4亿元，同比增长6.1%，占全省GDP的49.3%，规模以上工业民营企业主营业务收入5 432.1亿元，同比下降2.8%，占全省规模以上工业企业主营业务收入的41.5%。内蒙古自治区民营经济增加值完成10 022.12亿元，同比增长13.59%，占全区GDP的56.4%，规模以上工业民营企业主营业务收入12 828.77亿元，同比增长12.8%，占全区规模以上工业企业主营业务收入的67.3%（见图1）。

2. 实缴税金总体略有下降。2014年，东北三省和内蒙古自治区民营企业

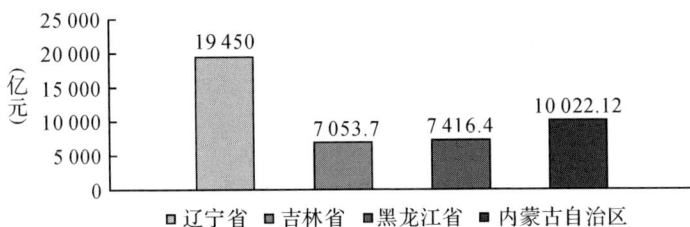

图1 三省一区民营经济增加值

实缴税金 5 483.74 亿元，同比下降 2.2%。从区域内各省区看，辽宁省民营经济上缴税金 2 169 亿元，同比增长 0.1%，占全省税收的 40.3%，规模以上工业民营企业实现利润总额 4 696 亿元，同比下降 1.9%。吉林省民营经济上缴税金 774 亿元，同比增长 3.4%，占全省税收的 87.51%，规模以上工业民营企业实现利润总额 595.6 亿元，同比增长 6.9%。黑龙江省民营经济上缴税金 862.5 亿元，同比增长 4.4%，占全省税收的 39.1%，规模以上工业民营企业实现利润总额 301 亿元，同比下降 10.3%。内蒙古自治区民营经济上缴税金 1 678.24 亿元，同比下降 10%，占全区税收的 80.8%，规模以上工业民营企业实现利润总额 982.69 亿元，同比下降 6.5%（见图2）。

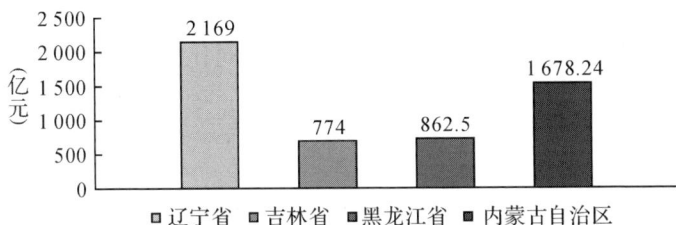

图2 三省一区民营经济实缴税金

3. 企业数量、规模有所增加。2014 年，东北三省和内蒙古自治区民营经济单位户数达到 665.6 万户，同比增长 4.9%。从区域内各省区看，辽宁省民营经济单位户数达到 185.4 万户，同比增长 0.71%，其中企业 37.9 万户，同比增长 1.2%；个体工商户 147.5 万户，同比增长 0.6%。吉林省民营经济单位户数达到 146.3 万户，同比增长 17.5%，其中企业 19.7 万户，同比增长 21.1%；个体工商户 126.6 万户，同比增长 13.9%。黑龙江省民营经济单位户数达到 191.3 万户，同比下降 0.8%，其中企业 21.6 万户，同比增长 0.9%；个体工商户 169.7 万户，同比下降 1.1%。内蒙古自治区民营经济单位户数达到 142.64 万户，同比增长 10.8%，其中企业 20.17 万户，同比增长 21.72%；个体工商户 122.17 万户，同比增长 11.17%（见图 3）。

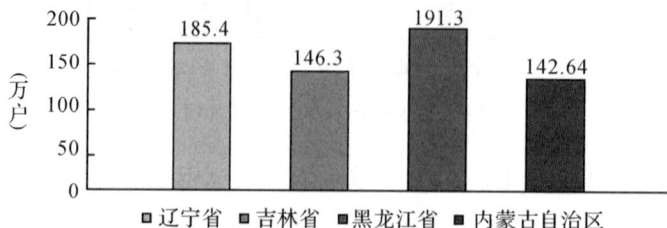

图3 三省一区民营经济单位户数

4. 就业、投资持续作出贡献。2014 年，东北三省和内蒙古自治区民营经济领域从业人员 3 108.21 万人，同比增长 3.5%；民间固定资产投资 35 548.69 亿元，同比下降 8.5%。从区域内各省区看，辽宁省民营经济领域从业人员 1 153.2 万人，同比下降 1.55%；民间固定资产投资完成 14 361 亿元，同比下降 6.7%。吉林省民营经济从业人员 688.5 万人，同比增长 5.1%；民间固定资产投资完成 8 040.58 亿元，同比增长 1.9%。黑龙江省民营经济从业人员 723.3 万人，同比下降 1%；民间固定资产投资完成 6 068.8 亿元，同比下降 2.1%。内蒙古自治区民营经济从业人员 543.21 万人，同比增长 16.2%；民间固定资产投资完成 7 078.31 亿元，同比下降 23.45%（见图 4）。

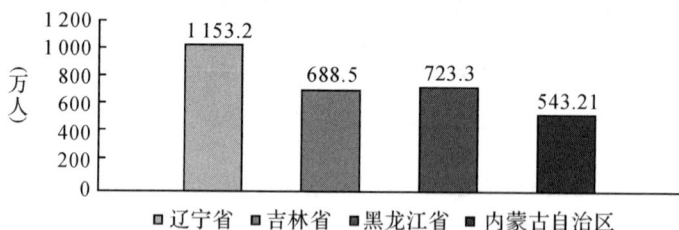

图4 三省一区民营经济领域就业人数

5. 对外经贸继续发展。2014 年，东北三省和内蒙古自治区实现进出口总额 694.29 亿美元，占整个区域进出口总额的 35.8%。从区域内各省区看，辽宁省民营经济进出口总额为 331.3 亿美元，占全省进出口总额的 29.1%。吉林省民营经济进出口总额为 32.83 亿美元，占全省进出口总额的 12.4%。黑龙江省民营经济进出口总额为 210.4 亿美元，同比增长 7.6%，占全省进出口总额的 54.1%。内蒙古自治区民营经济进出口总额为 119.76 亿美元，同比增长 31%，占全区进出口总额的 82.29%（见图5）。

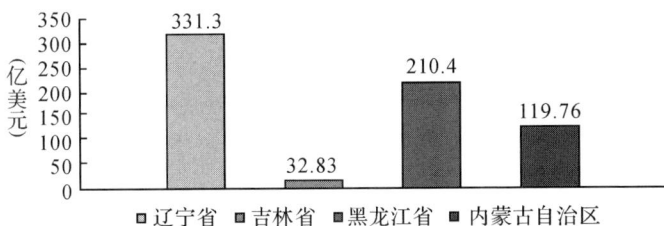

图5　三省一区民营经济进出口总额

二、区域内民营经济存在的问题

1. 发展环境不够优化。①在政策落实方面，近年来，国家和各省区出台了一系列支持、推动中小企业发展的政策措施，但相当一部分政策落实不到位，在市场准入、财税金融支持和民营经济服务体系建设等方面都还有较大差距。一是由于一些鼓励和扶持政策过于原则化，缺乏有针对性和可操作性的配套及督办落实措施。二是由于信息不对称，许多民营企业不知情或知情晚，真正享受到的优惠政策并不多。三是由于一些政策措施是对现有利益格局的再调整，"中梗阻"和不主动作为等问题致使政策落实受到或明或暗的抵制。②在职能转变方面，2013年以来，东北三省和内蒙古自治区均着力加大行政审批事项清理力度，发展环境得到较大改善，但仍存在"政出多门、多头管理、职责不明"等一系列问题。③在行业垄断方面，有些由政府权力派生出来的行使行政权的事业单位、企业、协会、相关中介机构等存在垄断、办事周期长、收费高等现象。企业在项目建设和生产经营过程中，部分消防、水、电、气等垄断部门存在指定施工单位和供货商现象，费用大大高于市场平均水平。

2. 部分行业产能过剩，企业创新能力不足。一是部分企业转型升级慢，不适应市场需求变化，生产经营困难。以内蒙古自治区为例，2014年由国家核准的炼铁、焦炭、铁合金、电石、造纸、水泥、铜冶炼、铅冶炼、化纤、制革、稀土等行业及化工、热力、碳素等行业淘汰落后产能企业（生产线）有78家，全部为民营企业。从2014年起，自治区不再审批钢铁、水泥、电解铝、平板玻璃等产能严重过剩行业新增产能项目。二是创新能力弱，缺少品牌意识，缺乏市场竞争力。一方面，由于多数民营企业仍处于成长期，自主创新存在着投入高、风险大、周期长等诸多不确定因素，为维持生存，导致企业缺乏创新动力。另一方面，虽然近年来越来越多的民营企业逐步树立了自主创新意识，但由于缺乏研发队伍、技术平台和资金支持，企业科技创新和技术开发能力严重不足，拥有自主品牌的民营企业不多。以吉林省为例，全省已注册的私营企业户数虽然达到19.7万户，但是拥有知名品牌的企业却不多，皓月、大成等企业虽然自身资产规模较大，但是仍存在一定的局限性，尚未形成广泛的品牌效应。而数量众多的中小型企业，由于缺乏创新意识和能力，具有自主品牌产品的企业更少，一些企业主要是依赖贴牌加工维系生存，缺乏市场竞争力。

3. 生产要素供应紧张。一是融资渠道单一，融资难、融资贵问题仍然突出。银行基于降低贷款成本和违约风险等因素，对中小企业存在歧视、惜贷、限贷等现象。中小企业即使符合贷款条件，直接或通过担保从银行取得贷款，综合成本也达15%以上，大大高于行业的平均回报率。企业流动贷款到期，"还旧借新"办理倒贷成本较高，周期较长，对企业生产经营带来严重影响。如果通过民间借贷，成本更高达20%～40%，企业难以承受，个别企业甚至因此倒闭。以辽宁省为例，据第四季度对全省2301户中小企业调查问卷结果显示：只有不到2%的企业不认为融资难，绝大部分中小企业觉得融资比较难，其中20%的企业感觉非常难。不到6%的企业认为融资成本下降了，大部分中小企业觉得融资成本过高。二是劳动力成本上涨过快。目前民营企业普遍存在用工紧缺现象。企业在生产经营过程中面临人员流动性大、招工难，尤其是人才引进难、留住难，难以满足企业正常生产经营的用工需要。一些企业为避免停产半停产，采取加薪、提高工资补贴待遇等措施招聘员工，导致用工成本大幅上升。据黑龙江省工商联2014年对131家中小微企业监测结果显示，116家企业反映劳动力成本上涨过快，其中96家企业生产经营因此产生较大困难。从行业来看，制造业中56%的企业和服务业中52%的企业，均反映劳动力成本同比上涨10%～30%，个别企业甚至更高。

4. 税费负担重。从税收来看，企业反映纳税负担重是区域内各省区普遍现象，制造业企业表现得更为突出。国家正在进行财税体制改革，企业希望通过改革能为他们减轻负担。从缴费方面看，2014年以来，区域内各省区通过取消、停征、合并部分行政事业性涉企收费项目和降低收费标准，较大幅度减轻了企业负担，但搭车收费、变相收费等问题仍然存在，企业负担重的问题仍未从根本上得到解决。以内蒙古自治区为例，乌兰察布市一家投资50万元的养殖项目，在河北省有关部门做了环境评估报告，支出环评费用8 000元。乌兰察布市有关部门对此项目的环境评估费用为15万元，企业最终补交14.2万元的差额，环评报告获得通过，收费标准高得惊人。另外，各省区为职工缴纳"五险一金"已约占工资总额近40%，企业普遍反映缴费比例高、负担重。

5. 社会化服务体系不健全。民营企业点多面广，行业复杂，对外部环境依赖性强。为民营企业发展提供服务的公共服务机构数量少，服务功能弱，与突出发展民营经济的需求不适应。一是市场中介组织发育不成熟，机构数量少，规模小，服务水平不高，中介市场秩序不规范。二是商会、协会作用发挥不充分，各省区行业商会、协会无论是在数量上还是功能上离民营企业发展的要求都有相当大差距，行业覆盖面低，作用发挥有限。三是民间资本参与服务体系建设程度不高，受市场准入难、市场竞争环境不公平等多种因素制约，民间资本介入服务体系可参与性不高。

三、对策建议

1. 深化改革，进一步改善民营经济发展环境。一是加大政策落实力度。进一步完善各项支持民营经济发展的政策措施，明确政策落实的责任主体，积极推动各级政府部门履职尽责，及时制定各项政策配套措施，不折不扣贯彻落实。二是继续深化行政审批制度改革。进一步加快清理行政审批事项，下放审批权限，简化审批手续，提高行政效能。加大对有关事业单位、协会、中介机构等由政府权力派生出来的行政权力的清理规范。三是加大力度推动垄断行业市场化改革。切实放宽市场准入领域，鼓励和引导民间资本进入基础产业和基础设施、市政公用事业、社会事业、金融服务等领域；禁止垄断企业指定施工单位和供货商等行为，让民营资本平等参与垄断行业项目的招投标，努力营造公开、公平、公正的市场环境。

2. 促进企业转型升级，拓宽市场营销渠道，提升企业核心竞争力。一是引导民营企业进入战略性新兴产业、高科技产业、现代农牧业和生产性服务业等领域，引导民营企业的业务应用向综合集成和产业链协同创新转变，创造新的产能领域。二是发挥大型企业集团主业突出、市场占有率高、自主研发能力强、技术装备先进的带动效应，促进大企业与中小企业分工协作，延伸产业链条，提升区域产业配套能力。三是促进企业不断提高科技创新水平，积极依托产业优势，打造知名品牌，对掌握核心技术、拥有发明专利的企业，在技术攻关、产品研发、成果转化等方面，给予重点支持。四是大力支持民营企业参与国家"一带一路"发展战略，加强与境外国家和地区中小企业主管部门及服务机构的沟通与合作，搭建交流平台，帮助企业开拓国际市场。

3. 拓宽融资渠道，加强人才引进培养，保证企业发展所需生产要素。加大解决融资难、融资贵力度。一是按照国务院东北振兴 35 条"在东北地区试点民间资本发起设立民营银行等金融机构"和中央经济工作会议提出"东中西部都要加快新设民营银行步伐"的要求，积极推动在区域内设立民营银行和民营信用保险公司。二是加快融资担保体系建设，规范和完善融资担保和再担保机构，财政进一步加大对担保机构开展中小企业融资担保业务的支持。三是统筹落实已设立的工业贷款周转金（过桥资金），有效支持企业流动贷款到期"还旧借新"倒贷。四是发挥"中小微企业板"融资功能，促进中小微企业股权交易融资。加大与投融资机构和中介服务机构的合作，推进中小企业集合债、票据、小微企业增信集合债及私募债等债券的发行工作，扩大中小微企业债券融资规模和范围。

4. 拓宽就业渠道，提升员工素质。一是加大高素质管理人才的引进和留驻力度，提高企业管理层次，以高素质人才的带动效应，促使更多的普通劳动者主动提升技能和素质，获取更广泛的就业空间。二是采取"定向培训"、"订单式培训"方式，建立校企合作培训机制，使培养的人才能够快速适应岗位需求，缩短员工和企业的磨合期，降低企业用工成本。三是发展和规范劳动力市场，使劳动力供求双方通过市场实现合理流动和优化配置，加强劳动监察，健全劳动力市场运行规则，维护用工单位、劳动者的主体地位和合法权益。

5. 落实税收优惠政策，清理行政事业收费项目，降低企业运营成本。一是全面落实支持民营企业发展的税收政策，合理放开地方政府促进民营企业的税收优惠限制，将现有促进民营企业发展的税收优惠政策予以长期化。二是继续清理规范行政事业性和非行政事业性涉企收费项目，对已清理规范的涉企收费项目要落到实处。

6. 完善社会化服务体系，发挥好商会职能作用。一是政府逐步加大对服务中小企业中介机构的扶持力度，坚持公益性和经营性有机结合。各级中小企业发展专项资金应重点用于支持如孵化器、中小企业信息平台、担保公司、草根金融、培训基地等服务中小企业中介机构建设，为面向中小企业的筹资融资、创业辅导、人才培训、经营管理等中介机构发展创造宽松环境。二是充分发挥商会、协会等社团和中介组织的行业管理与服务职能，加强教育培训、投融资、维权、人才交流、信息等服务载体建设，逐步形成内容丰富多样的商会、协会服务体系。三是鼓励民间资本参与服务体系建设。开放中小企业服务市场，吸引民间投资进入服务体系建设领域，支持运作规范的各类民营中介机构和服务组织，发挥其服务能力和业务覆盖能力，逐步形成有效的中小企业服务体系。

课题组负责人：吴永久
课题组成员：
    黑龙江省工商联：于庆华　李淑英　白金龙　汪晓松
    辽宁省工商联：单　伟　李文涛
    吉林省工商联：牛学民　朱乃芬　许　宁　刘俊杰
    内蒙古自治区工商联：高海涛　赵庆禄　张晓媛

2014 年中部六省民营经济发展报告

摘　要：2014 年在国内经济下行压力持续加大的情况下，中部地区各省民营经济依然保持了较高的增长速度，为本地区国民经济发展作出了重要贡献。本文从民营经济增加值、上缴税金、民间投资额、吸纳就业人数、个私企业数量和规模、私营企业产业结构、进出口额等变化情况分析研究了中部地区民营经济发展状况。文中对民营经济发展中遇到的困难和问题有分析，对未来经济发展的形势有展望，同时也提出了中部地区发展民营经济的若干对策和建议。

关键词：中部六省　民营经济　发展状况　困难　对策

2014 年，面对严峻复杂的形势，中部六省党委、政府高度重视和支持民营经济发展，以全面深化改革为统揽，出台一系列促进民营经济发展的政策措施，为民营经济持续快速健康发展提供了坚强保障。本地区民营经济增速虽有所放缓，但仍保持较高位运行，民营经济在地区经济增长、群众增收与财政增收、吸纳就业、促进和谐方面的支撑作用日益凸显。

一、中部民营经济发展状况

（一）民营经济增加值情况

截至 2014 年年底，中部六省民营经济增加值达 84 582.5 亿元，比上年增加 8 179.8 亿元，同比增长 10.7%，但增速较上年降低 1.2 个百分点，个别省份民营经济增加值甚至现负增长；民营经济占中部六省 GDP 比重的 61.0%，同比增加 1.0 个百分点（见表1、图1）。

表1　2014 年中部地区民营经济增加情况

分类 地区	本地区全社会 GDP		民营经济增加值情况		
	总额 （亿元）	同比 增速（%）	总额 （亿元）	同比 增速（%）	占全社会 GDP 比重（%）
山西	12 759.3	1.3	6 890.0	-1.3	54.0
安徽	20 848.2	9.5	11 946.0	10.2	57.3
江西	15 713.1	9.6	9 129.3	10.3	58.1
河南	34 932.5	8.9	25 815.1	13.1	73.9
湖北	27 349.9	10.7	14 905.7	11.9	54.5
湖南	27 034.5	10.3	15 896.3	10.3	58.8
合计	138 637.5	8.9	84 582.4	10.7	61.0

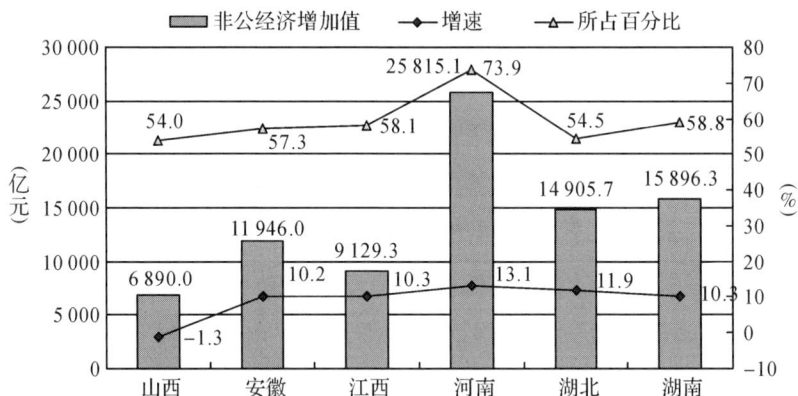

图1　2014 年中部六省民营经济增加值、占比及增速情况比较

（二）民营经济上缴税金情况

纳税方面，2014 年中部六省民营经济创造税收达 10 904.8 亿元，比上年增加 798 亿元，同比增长 9.0%，比上年增加 1.0 个百分点。河南和湖北增速分别比上年增加 12.2 个和 9.7 个百分点，但山西、安徽、江西和湖南民营经济税收增速下滑明显，分别达 16.8 个、18.0 个、7.9 个和 7.6 个百分点。民营经济创造税收占中部地区税收总额的 62.6%，同比下降 0.5 个百分点（见表2）。

表2　2014年中部地区民营经济纳税情况

分类 地区	全部 总额（亿元）	民营经济税收情况		
		总额（亿元）	同比（%）	占税收总额比重（%）
山西	2 073. 4	997. 3	-16. 9	48. 1
安徽	3 087. 6	2 065. 6	13. 2	66. 9
江西	2 282. 4	1 597. 7	13. 3	70. 0
河南	3 544. 7	2 236. 7	17. 5	63. 1
湖北	3 631. 5	2 516. 6	16. 8	69. 3
湖南	2 797. 4	1 491. 0	6. 7	53. 3
合计	17 417. 0	10 904. 9	9. 0	62. 6

（三）民营经济固定资产投资情况

2014年，中部六省民间投资总额为90 398. 4亿元，比上年增加15 908. 1亿元，同比增长21. 4%，增速比上年低5. 2个百分点，本地区六个省份民间投资增速全部比上年减缓；占本地区全社会固定资产投资的比重为72. 4%，较上年增长2. 6个百分点，反映本地区全社会投资比民间投资减缓更明显（见表3）。

表3　2014年中部地区民间投资情况

分类 地区	全部 总额（亿元）	民间投资		
		总额（亿元）	同比（%）	占全社会固定资产投资比重（%）
山西	11 968. 3	6 977. 5	14. 6	58. 3
安徽	21 246. 1	14 681. 0	20. 9	69. 1
江西	14 683. 1	11 188. 5	15. 2	76. 2
河南	30 790. 8	25 433. 2	23. 2	82. 6
湖北	24 307. 1	17 039. 3	23. 3	70. 1
湖南	21 948. 9	15 078. 9	22. 1	68. 7
合计	124 944. 3	90 398. 4	21. 4	72. 4

(四) 民营经济吸纳就业情况

在吸纳就业方面,中部六省民营经济为当地安置就业都作出了很大贡献,有效地缓解了社会就业压力,为保稳定、惠民生、促发展发挥了重要作用。截至 2014 年年底,中部六省个体工商户和私营企业合计从业人员 5 028.5 万人,比上年增加 914.3 万人,同比增长 22.2%。如湖北同比增加 288.3 万人,增加人数最多,同比增长 24.9%,占总增加从业人数的 32.4%。其中,中部地区个体工商户从业人员 2 884.0 万人,比上年增加 595.0 万人,同比增长 26.0%;私营企业从业人员 2 144.5 万人,比上年增加 333.3 万人,同比增长 18.4%(见表 4)。

表 4 中部地区 2014 年民营经济吸纳就业情况

指标 地区	私营经济		个体经济	
	从业人员(万人)	同比(%)	从业人员(万人)	同比(%)
山西	242.8	12.3	229.1	9.6
安徽	373.2	15.5	443.2	16.0
江西	398.6	20.5	378.0	10.6
河南	391.8	18.9	502.4	25.5
湖北	498.2	21.7	946.1	26.7
湖南	239.9	21.1	385.2	15.9
合计	2 144.5	18.4	2 884.0	26.0

(五) 个私企业数量情况

截至 2014 年年底,中部六省实有个体私营企业 1 479.5 万户,比上年增加 223.5 万户,同比增长 17.8%,增幅比上年高 7.4 个百分点。其中实有私营企业总数达 253.2 万户,比上年增加 52.65 万户,同比增长 26.3%,增幅比上年高 10.6 个百分点;实有个体工商户总数达 1 226.3 万户,比上年增加 170.84 万户,同比增长 16.2%,增幅比上年高 6.7 个百分点。中部地区私营企业平均注册资本为 351.6 万元,同比增加 8.0%;个体工商户平均为 6.4 万元,同比增加 12.3%(见表 5)。

表5　中部地区 2014 年个体私营经济发展情况　　　单位：　亿元

分　类 地　区	私营企业				个体工商户			
	户数（万户）	同比增长（%）	注册资本（亿元）	同比增长（%）	户数（万户）	同比增长（%）	资产总额（亿元）	同比增长（%）
山西	26.6	20.6	11 745.2	35.0	108.8	8.74	517.1	26.7
安徽	45.2	27.8	17 106.3	45.6	187.8	11.9	1 309.8	31.7
江西	32.9	25.1	3 014.8	138.0	154.3	12.3	1 347.5	30.2
河南	51.8	36.8	25 192.6	66.8	249.2	25.2	1 538.9	42.1
湖北	58.3	27.6	16 629.7	43.0	320.8	19.5	1 915.2	27.9
湖南	38.4	25.9	15 336.1	49.1	205.5	12.5	1 226.1	24.9
合计	253.2	26.3	89 024.7	36.4	1 226.4	16.2	7 854.6	30.9

（六）私营企业规模情况

截至 2014 年年底，中部六省注册资本为 100 万~500 万元的私营企业有 614 811 户，占本地区私营企业总数的 24.3%，比上年增加 171 441 户；注册资本为 500 万~1 000 万元的私营企业有 191 604 户，占本地区私营企业总数的 7.6%，比上年增加 61 143 户；注册资本为 1 000 万~1 亿元的私营企业有 210 859 户，占本地区私营企业总数的 8.3%，比上年增加 66 715 户；注册资本为 1 亿元以上的私营企业有 11 345 户，占本地区私营企业总数的 0.5%，比上年增加 3 553 户（见表6、图2）。

表6　2014 年中部地区私营企业注册资本情况

分类 地区	100 万~500 万元			500 万~1000 万元		
	户数（户）	同比增长（%）	占全部比重（%）	户数（户）	同比增长（%）	占全部比重（%）
山西	67 019	22.0	25.2	17 279	33.3	6.5
安徽	123 137	42.0	27.2	37 032	47.7	8.2
江西	92 200	39.5	30.7	27 800	41.1	9.2
河南	156 881	40.1	28.6	58 841	54.7	10.7
湖北	71 044	41.1	12.2	21 813	45.0	3.7
湖南	104 530	42.7	27.2	288 39	46.7	7.5
合计	614 811	38.7	24.3	191 604	46.9	7.6

分类 地区	100 万～500 万元			500 万～1000 万元		
	户数 （户）	同比增长 （%）	占全部比重 （%）	户数 （户）	同比增长 （%）	占全部比重 （%）
山西	20 765	28.6	7.8	1 753	9.7	0.7
安徽	36 374	44.9	8.0	2 485	45.2	0.6
江西	28 200	41.1	9.4	1 078	50.4	0.4
河南	70 881	60.0	12.9	2 863	77.8	0.5
湖北	17 753	31.9	3.0	1 174	28.3	0.2
湖南	36 886	48.3	9.6	1 992	58.0	0.5
合计	210 859	46.3	8.3	11 345	45.6	0.5

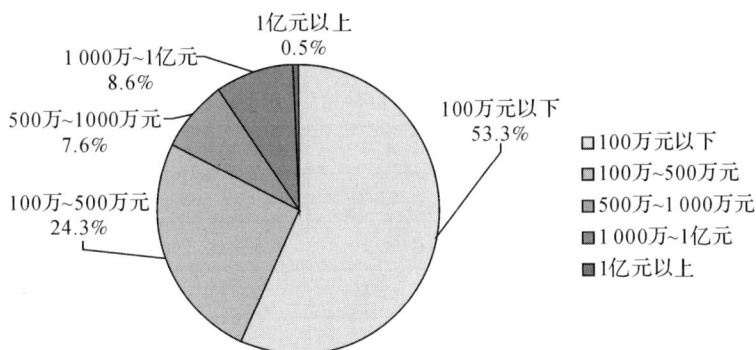

图2　2014年中部地区民营企业规模情况

在2014年中国民营企业500强中，中部六省共有52家企业入围，比上年减少7户，占总数的10.4%（见表7）。说明中部地区私营企业尽管总数有较大增长，但总体实力还不强，只有湖北和河南进入前10名，而且户数还有所减少。

表7　2014年中部地区进入全国民营企业500强情况

分类 地区	进入全国民营企业500强情况		
	户数（户）	同比增加户数	排名
山西	4	-4	21
安徽	2	-1	23
江西	6	2	17
河南	14	-1	9
湖北	15	-3	6
湖南	11	0	12
合计	52	-7	—

（七）私营企业产业结构情况

截至 2014 年年底，中部六省私营企业中从事第一产业的有 14.4 万户，同比增长 55.1%；从事第二产业的有 52.9 万户，同比增长 18.8%；从事第三产业的有 191.1 万户，同比增长 29.3%。第一产业和第三产业民营企业均有较大幅度增长，分别为 28.6% 和 18.6%，第二产业增速降低为 9.1%，产业结构更趋合理。三个产业的结构比例由 2013 年的 4.8∶21.9∶73.3 转化为 2014 年的 5.6∶20.9∶73.5（见表 8、表 9、图 3）。

表8　2014 年中部地区私营企业产业分布情况

分类 地区	第一产业		第二产业		第三产业	
	户数（万户）	同比增长（%）	户数（万户）	同比增长（%）	户数（万户）	同比增长（%）
山西	1.49	23.1	4.9	13.1	20.2	22.4
安徽	2.82	96.0	12.3	8.9	30.2	31.0
江西	2.05	29.1	8.5	18.1	22.3	27.6
河南	3.11	64.7	11.0	22.1	40.7	39.5
湖北	2.83	47.4	8.8	30.8	48.5	29.0
湖南	2.08	70.5	7.4	19.8	29.2	26.2
合计	14.4	55.1	52.9	18.8	191.1	29.3

表9　2014 年中部地区私营企业产业结构情况　　　　　单位:%

分类 地区	私营企业					
	第一产业		第二产业		第三产业	
	比重	增长	比重	增长	比重	增长
山西	5.6	23.1	18.4	13.1	76.0	22.4
安徽	6.2	17.0	27.1	8.9	66.7	31.0
江西	6.2	29.1	25.9	18.1	67.8	27.6
河南	5.7	20.6	20.0	−10.8	74.3	2.0
湖北	4.7	47.4	14.6	30.8	80.7	29.0
湖南	5.4	34.5	19.1	−5.3	75.5	−0.4
合计	5.6	28.6	20.9	9.1	73.5	18.6

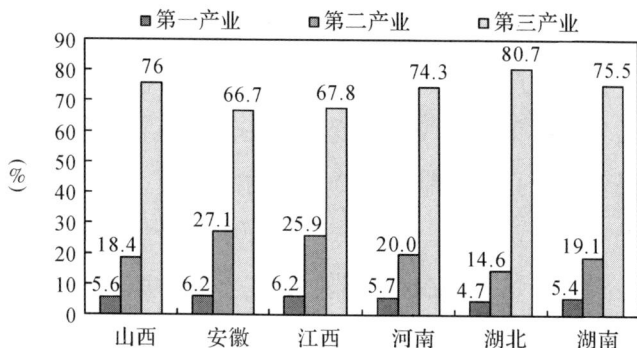

图3　2014年中部六省民营企业三产业分布比较

（八）民营企业进出口贸易情况

2014年中部六省民营企业累计实现外贸进出口额达1 014.6亿美元，同比增长18.2%，比上年增速低6.8个百分点，个别省份出现负增长；占本地区进出口总额的42.1%，比上年降低3.3个百分点（见表10）。

表10　2014年中部地区民营企业进出口情况

分类 地区	进出口总额		民营企业进出口情况		
	总额（亿美元）	同比（%）	总额（亿美元）	同比（%）	占进出口总额比例（%）
山西	162.5	2.8	45.5	−20.0	28.0
安徽	492.7	8.2	218.2	5.1	44.3
江西	427.8	16.4	257.4	15.6	60.2
河南	644.3	7.5	139.1	7.5	21.6
湖北	430.6	18.3	178.2	49.2	41.4
湖南	310.3	23.2	176.2	51.8	56.8
合计	2 468.2	12.7	1 014.6	18.2	42.1

二、当前中部地区民营经济发展存在的问题和困难

（一）融资难问题仍然突出

一是银行对产能过剩行业紧缩银根。2014年，部分行业如钢铁业、煤炭、平板玻璃、水泥、电解铝、光伏、石化产业产能过剩问题更加突出，过剩率少

则30%，多则达95%以上。各大银行出于资金安全的考虑，均收紧信贷。如山西对整个民营煤焦铁行业实行全面收紧，13家银行、9家担保公司对山西涉煤民营企业关紧了信贷大门，各大银行的授信、审批权限上收总行。二是融资渠道不畅。除少数发展前景好、成长速度快的民营企业有可能在证券市场上获得融资，大多数民营企业只能依靠银行贷款和自筹资金。国家和地方各类补贴虽连年增加，但是不少企业反映，资金分配程序不公开、不透明，能够到手的资金很少。政策性资金补贴分散在多个部门，起不到财政扶持的引导作用。三是融资难成为制约民营新兴产业发展的最主要因素。从金融服务来看，战略性新兴产业融资的金融工具相对单一，服务市场化不足，金融创新相对乏力。虽然一些金融机构针对新兴产业的中小企业推出了应收账款质押贷款、动产质押类信贷和联贷联保等创新金融产品，但由于缺少对新兴产业特征的充分考量，引发企业因有效抵押品不足而不能及时获得银行贷款。

（二）创新发展困难较大

一是创新环境不公平。在获取创新资源方面，中小微企业处于不利地位，立项难、审批难等问题依然未得到解决。由于市场监管不到位，知识产权保护不力，违法成本较低，企业之间互相模仿、侵犯知识产权的现象比较普遍，严重破坏了企业创新坏境。高技术企业认定标准不合理，对研发投入占销售收入的比例要求过高，大多数中小微企业很难达到。二是企业创新能力不强。在创新意识方面，一些中小微企业特别是从事传统行业的企业，依赖原有发展路径，认为技术创新与自身关系不大，小富即安的现象比较普遍；还有一些企业存在畏难情绪，不敢创新。在创新能力方面，受人才、资金和技术的制约，大多数企业自主研发能力、引进吸收集成能力较弱，产品和服务始终无法向价值链中高端发展。三是企业实力整体偏弱。中部六省2014年入围全国民营企业500强的仅有52家，占10.4%，与上年相比，中部六省入选民营企业500强的数量减少7家，除湖北、河南外，其他省份排名均靠后，且大多为200名以后的企业。企业都是单兵作战，没有形成创新合力，造成资源浪费甚至恶性竞争。

（三）发展要素制约加剧

一是人才短缺。调研显示，80%的民营企业反映人才缺乏，高端人才、管理人员、技术工人缺口较大。一些企业是招一批、走一批，严重影响企业后续发展。究其原因，主要是体制机制不完善。①缺上升平台。与大型国有企业、高校和科研院所相比，民营企业上升通道较窄，高端人才个人发展受限。②缺研发保障。民营企业稳定性差，研发资金、平台建设有效保障不足，研发风险较高。③缺产学研有效对接，产学研围绕项目进行的短期合作较多，对相关技术领域缺乏长期的跟踪和研究，新技术、新成果无法及时应用。二是生产成本上升。民营企业生产资料和劳动力生产成本的上升，主要是原材料及能源购进价格上涨、人力成本上升，增加了企业生产成本，导致企业经营业绩普遍下滑，部分企业的日子可谓是"步履维艰"。三是企业用地难。调研显示，近半数企业反映土地限制了民营企业发展，特别是小微企业用地难问题更为突出，原因在于：土地供应量有限，国家严格的土地调控政策以及对大项目用地优先保障，使小微企业用地更加困难，一些小微企业只能租用土地或厂房，始终处于无地可用的窘境；用地政策上灵活性相对不足，使企业无法获得所需用地；审批办证难，虽然有用地指标，但由于手续繁、关卡多、时间长，缺乏绿色通道，致使其迟迟不能取到国有土地使用证。

（四）发展环境亟须优化

一是思想观念有待转变。某些地方和部门思想解放还不够，鼓励支持快速发展的氛围还不够浓厚，如给企业减负的税收、收费等执行不到位；市场准入难，如民间资本进入公共领域、未禁止领域等存在"玻璃门"、"弹簧门"、"旋转门"。企业所处的政商关系复杂和敏感，商业与政治难以分割，严重影响企业的发展和成长。在政策执行中，一些部门还有根深蒂固的所有制偏见，习惯给企业贴"姓公姓私"的标签，搞差别对待。二是政务环境有待改善。现实中，一些握有实权的部门不依法办事，工作人员不依法行政。如有的地方不守信用，上一届政府签好的协议和项目，换一届领导就不认了；还有的单方面宣布关停小企业，废除特许经营合同等，使得民营企业的正当经营权益难以保障。三是法治建设有待加强。没有强力的法治保障，民营企业就是一个易碎品。"严格立法、普遍违法、选择执法"成了这些年对待民营企业的全国性现象。民营企业发展和法治秩序之间没有处于和谐的共生状态，部分企业法治意识仍较薄弱，利用法律保障的意识也不强，从而既不能保证民营企业产权的安全，也无法保证民营企业健康发展。

三、中部地区民营经济运行形势判断

2015 年，我国经济发展环境依然错综复杂，受国内外需求不足影响，企业出口压力加大，面临的发展环境也将更加复杂，但中部地区民营企业发展也有诸多有利因素和支撑条件，机遇与挑战并存。

从国际经济走势看，世界经济中的风险性不确定性因素仍较多。全球经济总体未恢复到危机前的增长水平，国际贸易保护主义不断抬头以及由于土地、劳动力等综合成本上升造成我国出口国际竞争力有所下降，这些因素持续对外贸出口造成不利影响。随着美国货币政策逐步回归常态，一旦通胀抬头，美联储在 2015 年加息的概率便会加大。在美国银根收紧的同时，欧日却在继续加大刺激力度，这种反向的宏观政策将产生多种效应，其中最显性的是汇率波动。主要新兴市场经济体新一轮改革的范围、力度影响全球经济成效。对于新兴国家，结构调整的力度将会进一步加大，这必将在促进经济增长的同时有效控制通胀。欧洲经济走出低迷的可能性模糊不清。2014 年 11 月，为避免欧元区经济陷入通缩泥潭，欧洲央行决定注资 1 万亿欧元购买担保债券和资产支持债券，其资产负债表规模随之扩大到 3 万亿欧元的峰值。欧洲央行还决定将再融资利率保持在 0.05% 的超低水平。如此大规模且长时间的宽松货币政策，在防止经济进一步恶化的同时，也为经济的长期增长埋下隐患。

从国内经济走势看，我国经济增速正逐年下降，从 2010 年的 10.6% 下降至 2014 年的 7.3%。产能过剩和资源错配的矛盾依然严重，而且制度因素以及环境因素对我国经济增长的制约性越来越强，消费和进出口难以保持 2012 年之前的增速水平。中国制造业采购经理指数（PMI）一直在枯荣线附近徘徊，且一直未出现明显反弹趋势，反映出生产环节需求持续疲弱，且无明显改善迹象。在外需增长没有显著改善的背景下，内需增长也持续下滑，消费者价格指数（CPI）和生产者物价指数（PPI）均低于市场预期，进入 2015 年 PPI 同比增速屡创五年新低，通缩风险可能进一步加剧。影响民营经济发展的因素主要有：一是房地产市场短期难以出现强劲回升。2014 年以来房地产市场景气度不断下降，虽然已出台了解除限购、放宽首套房贷款认定标准和降息等政策，这些政策可能改善房地产市场形势，但受房地产市场阶段性过剩严重、房价下行

预期强等因素影响，难以很快扭转低迷态势。房地产行业前后向产业关联度高，与钢铁、建材、家电、装饰材料等多个行业紧密相关，且房地产投资占固定资产投资比重达 1/4，房地产市场低迷将严重掣肘投资及相关行业的增长。二是环保指标造成的强约束。"十二五"规划中期评估显示，环保指标完成进度滞后，规划中 4 个节能环保的约束性指标都未能达标。为了确保节能环保指标在"十二五"后两年达标，国家将"实施最严格的资源节约和生态环境保护制度"。2015 年是"十二五"规划的收官之年，有些地方为完成环保指标，可能会采取强制措施。三是供给因素约束不断加强。劳动力、土地、资本等供给因素进一步趋紧，对经济增长的约束不断加强。当然，我们也应看到虽然一些短期、结构性与长期性因素将会对经济增长造成冲击和制约，但国内基本面和改革因素仍可支撑经济保持中速增长。一方面，政策效应逐步释放。中央出台了一系列定向调控政策措施，以及扶持民营企业健康发展的措施办法。中国积极的财政政策和稳健的货币政策还具备较大的运用空间，政策效应也将会最终体现为拉动经济增长进而带动民营企业发展。另一方面，改革红利将逐步显现。2014 年政府推出一系列改革措施，包括加大简政放权的力度、允许民间资本创办金融机构、放宽市场主体准入，以及以充分发挥市场决定性作用为核心的价格改革等。2015 年还将实施一批重大改革。这些改革对经济增长潜力的提高作用将在未来一段时期显现出来，对中部地区民营企业发展壮大具有积极作用。

从中部地区情况看，中部省份均实现经济规模不断扩大，质量和效益明显提升，但增速明显减缓。在当前中国经济进入中速增长期之际，区域发展格局也由东部地区"一马当先"进入"西高东低"转换期。在经济新常态背景下，中部各省也充分发挥后发优势，释放累积潜能，实现赶超与跨越。如河南正依托郑州航空港经济综合实验区，努力创造条件申建中国（河南）自贸区，探索内陆地区建设自贸区的经验模式，同时，还积极承接以富士康为代表的跨国公司和沿海地区产业转移；湖北、湖南在努力建设"两型社会"的同时，分别推出了武汉工业倍增计划、科技转化黄金十条，设立湘江新区等措施；山西重点围绕国家综合能源基地建设，发展七大产业，深化国资国企改革，发展特色优势产业；安徽进一步融入长三角，复制推广 16 项上海自贸区制度成果，实现合肥海关长江经济带区域通关一体化，设立合肥综合保税区；江西省推动昌九一体化发展，制订了《推动昌九一体化工作方案》等系列专项方案，明确南昌临空经济区和共青城为先导区。另外，中部地区各省积极探索和加快全面开放的步伐，积极融入、主动对接"一带一路"、"长江中游城市群"战略，民营企业将迎来难得的发展机遇。此外，中部地区各省委、省政府近年对民营经济高度重视，特别是对中小微企业扶持力度逐步加大，在税收、资金、创业、体系建设等方面密集出台政策措施，简政放权，营造全社会关心支持民营企业发展的良好环境，企业发展的政策环境和社会环境将得到进一步改善。

四、促进中部地区民营经济发展的对策和建议

从 2016 年开始，是我国的"十三五"时期，它既是我国全面深化改革的攻坚期，也是改革红利的释放期。中部地区迎来了"一带一路"、"中部崛起"、"长江经济带"、"中三角"等多种战略机遇，民营经济进入了"黄金十年"。民营企业在未来机遇期，必须从全局的战略高度出发，认清形势，积蓄力量，实现自身的跨越式发展。

（一）从战略高度重视民营经济发展

民营经济是区域经济发展的生力军，民营经济是经济增长的重要引擎和支撑创业创新的中坚力量。与沿海发达省份相比，中部地区民营经济发展不够的问题仍很突出，民营企业小、弱、散的发展特点没有根本改变，与构建中部崛起重要战略支点的要求很不相适应。"十三五"乃至今后更长时期，民营经济将是区域经济发展的重点。要从战略高度上明确民营经济是"主力军"这一定位，把加快发展民营经济摆上重要议事日程，以最解放的思想、最前沿的理念、最灵活的机制和最优化的环境，加快推进运行机制市场化、组织结构现代化、发展布局集群化、增长方式集约化，使民营经济成为中部经济发展的主力军。研究提出一批重大工程和重大项目，创新政府投资模式，加大力度推进民营企业参与混合所有制改革，注重民营龙头企业和品牌的培育。

（二）进一步激发创新创业活力

创新、创业是中国经济发展的新引擎。中部地区创新创业活力和能力还不够，还有较大比例的民营企业处在传统产业和过剩产业中同质化竞争，战略性新兴产业和现代化服务业发展不够。深入落实国务院《关于发展众创空间推进

大众创新创业的指导意见》（国办发〔2015〕9号），把鼓励支持创新创业放在更重要的位置，着力从聚合金融资本和人才资本两个创新主要素上进行突破。一是充分利用高新技术产业开发区、大学科技园、孵化器和高校、科研院所的有利条件，组织发挥行业领军企业、创业投资机构、社会组织等社会力量的主力军作用，推动科技型民营企业加快成长。二是加强各类科技计划和创业扶持资金的整合，围绕产业链建设创新链。以解决产业发展的科技创新需求为导向，强化企业作为自主创新的主体地位。三是高度重视现代化服务业和战略新兴产业的发展，为推进大众创业、万众创新提供有力的支撑。四是采取设立专项资金、建立创业基地、举办创新创业竞赛等形式，支持科技人员和大学生创新创业。

（三）着力优化发展环境

中部地区民营经济发展环境总体是好的，但在一些地方发展环境方面的突出问题仍然存在，严重制约着民营经济发展。要通过营造发展环境鼓励民营资本加大投资力度。一是做到待遇同等。从思想根源上消除长期以来形成的"双重标准"、"有色眼镜"看待民营企业的惯性思维，从政绩考核制度设计上破除"懒政"、"怠政"、"不作为"的行为，努力营造各种所有制依法平等使用生产要素、公平参与市场竞争、同等享受法律保护的体制环境。二是加强金融服务。目前，中部民营企业面临外部下行压力大，内部经营成本上升快，利润下滑幅度大，融资难、用工难、转型难等前所未有的挑战。要从金融服务创新上下大力气，加大财政性资金支持，根据各省优势产业，建立一批产业引导基金，为民营企业"扶上马"、"送一程"。加大力度优化商业银行对民营企业，尤其是小微企业的贷款管理，通过提前进行续贷审批、设立循环贷款、施行年度审核等措施减少企业高息"过桥"融资。三是重点做好减负降压。及时公布并落实"三大清单"（权力清单、责任清单、涉企收费清单），认真落实支持中小企业发展的税费优惠政策，切实减轻企业税赋负担。加快实行注册资本认缴登记制和工商先照后证登记制，建立完善企业设立、变更、投资"一表申请、一口受理、一章审批、四证联办"的服务模式。充分发挥中部地区企业"走出去"支撑体系功能，推进海关、检验检疫"一次申报、一次查验、一次放行"，实现通关便利化，降低企业"走出去"的时间和资金成本。四是优化法治环境。进一步规范行政机关、司法机关的权限范围和公共权力运行的各个环节，确保行政机关、司法机关依法行政、公正司法，在执法过程中，区别对待企业和企业家。近年来，各省出台了一系列政策措施支持民营经济发展，但很多民营企业反映，支持民营经济发展的政策落实情况并不好。各地各部门要加大政策的宣传、落实力度，让广大民营企业和创业人员真正了解政策、掌握政策、用好政策、享受政策。对现有政策的贯彻落实要引入第三方评估和监督，使制定的经济政策符合实际，满足企业发展需要。五是构建新型健康的政商关系。按照习近平总书记的要求："官""商"交往要有道，相敬如宾，不要勾肩搭背、不分彼此，要划出公私分明的界限。因此，官商要依法划清国家利益与企业利益、公共利益与私人利益的边界，官商各行其道，党纪国法要求国家工作人员依宪执政、依法行政、依规行事、规范用权、公平公正。企业家在商言商，领导企业从事各种经营活动要与国情政体相适应，在国内外法律允许的框架下遵循市场规则和管理规定，守法经营，诚信经营，"取财有道"。

（四）突出抓好企业家队伍建设

企业家是社会最稀缺的资源，是社会最宝贵的财富，是民营经济发展的"关键要素"。民营企业家骨干队伍培育是民营经济发展的重要支撑。与沿海地区相比，中部地区劳动力结构仍以低层次为主，高素质企业家、高层次人才和职业经理人队伍严重不足，培训滞后，制约了民营企业转型升级和向战略新兴产业发展的步伐。各地区要统筹抓好民营企业家队伍建设，一要整合各部门各渠道的培训资源和培训资金，通盘筹划安排企业家的梯次培养工程，制定民营企业实际需要的"培训菜单"，优化"实战型"师资队伍，加强对培训效果的跟踪评估，加快构建企业家的终身学习培训体系。二要根据各省特点明确提出民营经济品牌建设目标，通过凝聚民企力量，叫响民间品牌，发挥民营企业家领袖的示范引领带动作用，为民营经济发展集聚新势能。三要高度关注民营企业的代际传承问题。各省应前瞻性地制定民企接班人培养方案，财政适度安排专项引导资金，实施民营企业传承的引导与培育工程，充分整合利用第三方培训力量，加大对新生代企业家的培育工作。

（五）充分发挥商（协）会促进民营经济发展的作用

改革不断深入，"小政府，大社会"已经成为一个必然的趋势。大力加强商（协）会建设，使其成为服务民营经济的重要抓手。一是出台相关政策，明确把行业标准制定、资质认定、质量认证、行业自律等适宜于行业协会商会承担的行业管理职能下放给行业商（协）会，支持商（协）会开展行业统计、行业调查、制定行业发展规划、价格协调和公信证明等工作。二是充分发挥行业商（协）会沟通政府、企业和市场的桥梁纽带作用。建立政府部门与行业协会联席会议制度，让政府及时了解行业发展中存在的问题，帮助解决行业发展中遇到的困难。政府在出台与行业管理有关的政策法规、召开与经济发展和行业管理相关会议及制定行业发展规划时，邀请行业协会商会参加，并充分听取其意见建议。三是建立政府职能转移和购买服务制度，明确政府向商（协）会购买服务的基本原则、实施范围和主体、承接对象和条件、购买形式、操作流程、支付方式和职责分工等细则。

（六）加强中部区域经济协作

一是加快建立长江经济带一体化发展机制。统筹推进长江经济带各城市间的各类规划对接、基础设施对接、产业发展对接，启动拥江发展规划编制，推进市场主体登记注册的一体化，建立一体化的社会信用系统，避免重复投资和恶性竞争，在长江经济带和城市群建设中形成合力。以全面参与长三角城市群和"十三五"规划编制为契机，引导各地推进"多规合一"试点，提高示范区发展质量和水平。二是分类整合一批开发园区。各省之间、同省之间的园区重复建设问题，多数园区内企业关联度不大且未形成产业集群。应从中部地区发展大局出发，根据产业特点、基础条件、各地实际进行分类、归并和整合，重点对发展较慢、产业雷同、隶属同一区域内的园区，采取"中心辐射带动"、"一区多园"等方式进行整合，按照产业集中、企业集群、土地集约、要素集中的原则，形成分工合理、优势互补、特色鲜明的产业布局。在分类整合的基础上，明确各开发园区的法律地位和产业定位，推动各开发园区转型升级。三是实行相对协调配套的招商引资政策。严格产业规划的约束性，规范各开发园区的发展定位，统筹协调土地、资金等要素，避免各园区之间的恶性竞争，避免各省之间出台冲突性的招商政策，陷入恶性竞争。实施非均衡、差异化的政策扶持，由面到点，研究针对具体园区、具体产业、具体项目的承接政策。不断强化服务意识，优化招商软环境，确保招商政策落实的连续性和长期性，保护和提高企业转型发展的积极性。四是提升中部地区经济发展的配套能力，推动产城融合发展。目前大多数园区的基础设施配套较为完善，但是各省相关产业配套、人才配套、资金配套等软环境的配套能力不足。因此，要把产业集群发展同区域经济发展、新型城镇建设有机结合起来，推动公共服务、基础设施一体化建设，充分发挥产业发展、公共服务、吸纳就业、聚集人口功能，努力把长江经济带打造成宜业宜居的城市群。

课题组负责人：吴曙光

课题组成员：

  湖南省工商联：吴曙光 谢商文 湛建阶

  山西省工商联：郎宝山 闫晓红 王小东

  安徽省工商联：李俊波 李增流 刘学峰 凌 冰 储 灵 李晓雯

  江西省工商联：于也明 杨 旭 刘春春

  河南省工商联：程国平 李 莉 孙同军 张 涛

  湖北省工商联：罗昌兰 唐万金 尹周斯达 陶 兴

2014 年西南地区民营经济发展报告

摘　要：2014 年，面对复杂严峻的国内外形势，党中央、国务院坚持稳中求进的工作总基调，把改革创新贯穿于经济社会发展各个领域、各个环节，着力推动经济保持中高速增长，迈向中高端水平。重庆、四川、贵州、云南西南四省市按照中央统一部署，加快推进全面深化改革，积极融入西部大开发、"一带一路"和长江经济带发展战略，加快推进经济转型升级，切实提高发展质量和效益，区域民营经济继续保持良好的发展势头。本文综合概述了 2014 年度西南四省市民营经济发展的总体情况和主要问题，对今后一段时期民营经济发展进行了展望，并提出建议和意见。

关键词：西南四省市　民营经济　发展综述　展望

一、西南四省市民营经济发展状况

2014 年，重庆、四川、贵州、云南西南四省市高度重视发展民营经济，积极实施一系列政策举措，释放改革红利，激发市场活力，着力调结构、转方式、补短板、促升级。支持鼓励民营企业"走出去"，积极拓展海外市场。推进民营企业参与混合所有制改革，实现国有、民营融合双赢。总体来说，西南四省市民营经济发展效益和质量进一步提高，呈现平稳较快发展态势。

1. 经济总量稳步增长。2014 年，西南四省市民营经济实现增加值 32 866.7 亿元，增长 11.9%。民营经济增加值占 GDP 的比重达到 50.7%（见表 1）。其中，四川省民营经济总量最大，占本地 GDP 的比例位于西南四省市第一；贵州省民营经济发展势头强劲，增加值同比增长 22.4%，连续两年实现 20 + 增长。

表1　2014 年西南四省市民营经济增加值情况

分类 地区	民营经济增加值			
	总额（亿元）	同比增长（%）	占本地 GDP 比例（%）	对本地经济增长贡献率（%）
重庆	6 998. 1	11. 4	49	53. 2
四川	15 709. 8	9. 5	55. 1	60. 6
贵州	4 200. 0	22. 4	46	60. 82
云南	5 958. 8	10. 1	46. 5	56. 8
合计	32 866. 7	11. 9	50. 7	—

2. 市场主体持续增加。截至 2014 年年底，西南四省市民营经济主体达 861.7 万户，同比增长 11.7%。其中私营企业达到 164.1 万户，同比增长 27.8%；个体工商户达到 696.2 万户，同比增长 8.2%（见表2）。从表2可以看出，2014 年西南四省市民营经济市场主体均实现两位数增长，占各省市市场主体比例都在 95% 以上，一大批新兴业态市场主体正在成长壮大。如重庆市电子商务经营主体持续增多，至 2014 年年底已达 12 万余户、网站（网店）18 万余个，较上年年底分别增长 11% 和 25% 以上，成为一大亮点。

表2　2014 年西南四省市民营经济市场主体增长情况

分类 地区	民营经济市场主体				
	市场主体 （万户）	同比增长 （%）	占全省（市） 比例（%）	其中	
				私营企业（万户）	个体工商户（万户）
重庆	165. 4	12. 5	96. 2	44. 4	121. 0
四川	341. 8	19. 3	96. 3	64. 2	277. 6
贵州	154. 2	22. 8	95. 7	26. 2	128. 0
云南	200. 3	15. 0	97. 4	29. 3	169. 6
合计	861. 7	11. 7	—	164. 1	696. 2

3. 投资主体地位更加稳固。2014 年，西南四省市完成民间固定资产投资 31 184.3 亿元，同比增长 23.6%，占本地区固定资产总投资比例的 55.1%（见表3）。其中，四川省民间固定资产投资总额连续两年超过万亿元，对地方经济

拉动作用明显。

表3　2014年西南四省市民营企业固定资产投资情况

分类　　地区	民间固定资产投资		
	金额（亿元）	同比增长（%）	占本地区固定资产投资比例（%）
重庆	6 558.0	21.7	49.6
四川	13 210.2	14.8	56.0
贵州	6 240.0	24.8	71.8
云南	5 176.1	1.4	46.7
合计	31 184.3	23.6	55.1

4. 进出口额增长较快。2014年西南四省市民营企业进出口实现1 032.4亿美元，同比增长40.8%，占西南四省市进出口总额的50.1%（见表4）。其中，重庆市民营企业进出口额为440亿美元，在2013年负增长的基础上实现大幅增长79.8%，位居第一。云南省民营企业进出口额对该地区贡献突出，占比达到了81.4%。

表4　2014年西南四省市民营企业进出口情况

分类　　地区	民营企业进出口		
	金额（亿美元）	同比增长（%）	占本地区进出口额比例（%）
重庆	440.0	79.8	46.1
四川	277.0	18.4	39.5
贵州	74.2	45.2	68.7
云南	241.2	20.2	81.4
合计	1 032.4	40.8	50.1

5. 财税贡献更加突出。2014年，西南四省市民营经济纳税（国税和地税）4 129.3亿元，较2013年增长7.8个百分点，占四省市税收总收入的38.2%（见表5）。其中，贵州省民营经济纳税增幅达20.2%，占比达62.4%，均列四省市第一。

表5　2014年西南四省市民营经济纳税情况

分类 地区	民营经济财税贡献		
	金额（亿元）	同比增长（%）	占本地区进出口额比例（%）
重庆	1 000.8	9.4	46.0
四川	1 485.8	5.4	36.6
贵州	1 121.2	20.2	62.4
云南	521.5	-6	18.7
合计	4 129.3	7.8	38.2

6. 解决就业成效突出。2014年西南四省市民营企业和个体工商户就业人数达2 850.0万人，较上年新增107万人，同比增长3.9%，占四省市城镇就业总数的比重达73.7%（见表6）。其中，云南省民营企业解决社会就业占比达82.7%，位于四省市前列。

表6　2014年西南四省市民营企业吸纳就业情况

分类 地区	民营企业解决就业		
	从业人员（万人）	同比增长（%）	占本地区城镇就业总数比重（%）
重庆	737.2	5.8	75.2
四川	983.7	3.0	73.0
贵州	428.6	23.6	62.1
云南	700.5	11.2	82.7
合计	2 850.0	3.9	73.7

二、2014年西南四省市民营经济发展中存在的问题

2014年，西南四省市民营经济发展平稳，主要经济指标均实现稳中有升。但是，受基础较差、起步较晚、观念滞后、人才缺失、科技薄弱和区位劣势等因素制约，总体发展水平与东部发达地区相比仍存在较大差距。民营经济规模小、实力弱、发展不足、活力不强的现状没有根本改变，企业融资难、融资贵、用地难、用地贵、缺技术、缺人才，以及管理水平不高、创新力度不够、转型升级较慢等问题仍然存在，发展的道路上仍然面临诸多挑战。

1. 经济总量仍偏小。纵向比较，西南四省市民营经济得到了长足发展，经济总量不断增大，但横向与沿海发达省份相比差距仍然较大。统计表明，2014年，西南四省市民营经济增加值总和不及广东省，差距十分明显（见表7）。

表7　2014年部分省市民营经济增加值比较

省市	实现增加值（亿元）	占 GDP 比重（%）
广东	35 070.6	51.7
江苏	27 857.8	42.8
浙江	26 019.8	64.8
上海	5 796.1	24.6
四川	15 709.8	55.1
重庆	6 998.1	49.0
云南	5 958.8	46.5
贵州	4 200.0	46.0

注：数据来源于各省市工商局网站。

2. 市场主体不够多。2014年，西南四省市民营经济市场主体虽然均实现了较大幅度的增长，市场活力进一步增强，但总体上与广东、浙江、江苏等沿海发达地区还有较大差距。尤其是民营经济市场主体万人拥有量，西南四省市与沿海发达地区相比差距十分突出，由此可见，西南地区民营经济发展活跃程度仍然不足，发展水平相对落后（见表8）。

表8　2014年部分省市民营经济主体活动单位比较

省市	民营主体总量（万户）	私营企业（万户）	个体工商户（万户）	万人拥有量（户/万人）
广东	641.4	194.8	446.6	615.0
浙江	395.6	111.3	284.4	726.9
上海	151.2	112.2	39.0	656.8
江苏	528.5	157.4	371.1	671.8
四川	337.0	64.2	272.9	419.1
重庆	165.4	44.4	121.0	573.3
云南	200.3	29.3	169.6	424.9
贵州	154.2	26.2	128.0	439.0

注：数据来源于各省市工商局网站。

3. 结构调整压力大。中央全面深化改革战略的持续推进，给民营经济转型升级带来了巨大机遇，西南四省市民营企业加快转型升级步伐，一批大型龙头企业在困境中寻求发展新路。例如，四川省民营企业巨头新希望集团牵手五粮液集团，首度试水混合所有制的饲料项目；复星集团积极参与四川沱牌舍得集团有限公司股权转让及增资扩股；重庆市宗申、隆鑫向通用航空、无人机等高端产业升级；力帆、小康向新能源汽车领域升级；金科向新地产（综合社区服务、产业地产运营）、新能源（风光电）转型升级。但受资金、人才、技术制约，西南四省市中小民营企业主要集中在房地产业、制造业、批发零售业等传统产业以及"三高一低"（高投入、高消耗、高污染、低效益）等资源开采行业。在当前国家大力实施的机器人、互联网＋、物联网、大数据、云计算等相关新兴产业领域，西南地区民企涉足不多，参与不够，结构调整压力较大，转型升级后劲不足。

4. 民企实力有差距。一是规模体量较小。在2014年中国民企500强名单中，西南四省市仅有30家入围，比2013年同期减少了3家，其中四川省减少2家、重庆市减少1家，四省市入围企业总数仅占排名第一位的浙江省的21.7%（见表9）。从入围企业经营情况来看，四川省排名第一位的新希望集团以778.9亿元营业收入总排名为20，重庆市排名第一位的龙湖地产总排名为71，云南省排名第一名的中豪置业总排名为81，贵州省排名第一位的宏益地产总排名为254。二是治理结构落后。西南四省市多数民企普遍采用"家族式"管理模式，很多企业主缺乏现代企业管理专业素养，治理结构不完善，管理水平不高。三是创新能力偏弱。西南四省市多数民企资金、人才、技术储备严重不足，加之地处内陆欠发达地区，区位条件处于劣势，通信交通等基础设施相对落后，信息相对闭塞，制约了企业的创新发展能力。同时，民营企业总体上缺少自主知识产权和核心技术，品牌价值不高，市场竞争力总体不足。

表9　2014年中国民企500强部分省区市入围企业数

省区市	总数	排名	省区市	总数	排名
浙江省	138	1	山东省	54	3
江苏省	96	2	广东省	24	4

省区市	总数	排名	省区市	总数	排名
河北省	19	5	内蒙古自治区	12	11
湖北省	15	6	湖南省	11	12
上海市	15	7	北京市	10	13
天津市	15	8	重庆市	10	13
河南省	14	9	云南省	6	17
四川省	13	10	贵州省	1	26

5. 政策落实不平衡。中央全面深化改革的系列政策给予了民营经济巨大的政策利好，但政策落实的力度与民营企业家的期待还有较大差距。尤其在中小企业公共服务体系建设上还比较薄弱，中小企业发展所需要的资金、技术、人才、信息、土地等要素资源不能及时有效地获取，政策举措对打破民营经济发展瓶颈的成效还没有充分显现。例如，在人才引进培育方面，虽然出台了一系列人才支持政策，但由于申请门槛太高、限制条件太多，对亟待人才支持的民营中小企业实际意义不大。同时，某些职能部门和机关干部存在改革创新、解放思想的力度不大，服务民营经济发展意识不强，办事效率不高，政策选择性执行等问题。

6. 推进混合所有制有待加强。西南四省市虽然就发展混合所有制经济出台了文件，明确了方向，强化了保障，但由于缺少配套措施，缺乏具体可操作的规程和办法，一些关键问题没有明确界定，使大部分民营企业家对参与混合所有制经济心有顾虑，缺乏信心，还在观望等待。例如：怎样保障民企在参与混合改革后的合法权益；如何界定国有资产的流失问题；哪些领域适合非公资本进入，可以采取哪种方式进入，是否可以控股；等等。如贵州省某民企在兼并国有企业后，一方面原有管理人员因失去体制内级别待遇，纷纷辞职跳槽，导致企业管理层断代；另一方面银行对被并购后的国有企业（之前所欠）的债务立即进行追讨，使得该民企现金流出现问题。

7. 融资难题仍待破解。2014 年，在国家大力发展资本市场、推进企业直接融资的背景下，西南四省市民营企业直接融资步伐有所加快。例如，2014 年重庆市民营企业新增"新三板"挂牌 14 家，在 OTC 挂牌超过 100 家。四川省挂牌和在申请的"新三板"企业的数量已经居于全国的第二梯队，共有 31 家企业在"新三板"挂牌，其中大多数是民营企业。云南省也有 21 家中小企业成功挂牌上市。但是，由于意识不强、政策不熟、渠道不畅等原因，西南四省市民营企业上市直接融资意识不强、困难较多、融资总量较少。大多数中小民营企业主要是通过银行、小贷公司等金融及中介机构间接获取资金。企业资金瓶颈仍然困扰着企业的发展。普遍感到从金融机构间接融资，一是获取难。多数中小微企业因缺少足够的贷款抵押物，信用度不高，很难从银行获取发展资金。二是成本高。据调研，担保、小额贷款公司的利率大多是基准利率的 4 倍以上，多数中小微企业，尤其是制造业等实体经济企业承受不起。三是融资险。商业银行普遍对民营企业惜贷、抽贷、停贷，甚至少数银行对民营企业到期贷款以"还旧借新"为条件，"骗取"企业还贷，部分企业为了续贷无奈向民间借贷等其他高额成本融资高价"过桥"，但还贷后银行不再续贷，使得企业资金链断裂，生存发展举步维艰，部分企业破产倒闭。

8. 法治环境需完善。在法治建设上，在某些地方、某些领域依然存在所有制歧视现象，"两个都是"、"三个平等"落实不到位，一些民营企业尤其是中小微企业在生产经营中无法得到与国企同等保障，现实中仍然存在着对民营经济收益权、经营权、所有权的侵权现象。少数执法部门和人员在执法中对民营经济重监管、轻保障，多要求、少服务，"四乱"问题及选择执法、执法不公、有法不依和违规使用自由裁量权等现象依然存在。同时，民营企业自身法律意识淡薄，部分民营企业家不善于运用法治思维、法治方式维护自身合法权益，存在"小富即安、大富不安"的思想，存在不学法、不懂法、不信法、不守法的现象。

三、西南四省市 2015 年民营经济发展展望

2015 年，国家加快实施"一带一路"和长江经济带发展战略、"走出去"战略，将给西南四省市民营经济带来更大的发展空间。西南四省市要以中央"四个全面"战略布局为总揽，在加强政策落实、完善混合举措、解决融资难题、推进法治建设、提高民企实力、加快转型升级上狠下功夫，为民营经济发

展创造更加宽松的外部发展环境。支持引导民营企业认识新常态、适应新常态、引领新常态，向创新转型要动力，向结构调整要助力，向互联网＋要活力，积极消解宏观经济下行压力带来的不利影响，扬长避短，厘清思路，提振信心，稳步发展。

1. 在区域合作上实现新突破。西南四省市肩负着引领西部广大欠发达地区实现大发展的重要历史使命。西南四省市发展阶段基本相当，面临着诸多共同问题，经济有着较大的互补性和较多的利益共同点。因此，西南四省市要充分融入西部大开发、"一带一路"和长江经济带建设的发展战略，进一步强化区域间合作共赢，深化"川渝合作示范区"、"成渝经济带"、"川滇黔区域合作共同体"成果，完善建立更广泛、更深入、更有效的合作机制，探索研究突破区划障碍的战略举措，组建地缘性经济合作组织。西南四省市工商联（总商会）要创新协调联动机制，为西南地区民营企业加强经贸交流与项目合作，促进民间资本互通互助、互惠互利牵线搭桥，推动区域内民营经济形成大产业、大集群、大品牌、大市场，实现大发展。

2. 在政策落实上取得新成效。加大对民营经济的政策支持和改革创新力度，为民营经济发展提供强力支撑。加快制定差别化促进民营中小微企业发展、民营企业进入特许经营领域、民营企业参与国有企业改革的具体办法和措施，并加强督导，强化落实。深化行政审批制度改革，推进权力清单管理，为民营经济营造更加宽松的发展环境，激发民营企业活力和民间创业热情。加快实施重点民营企业技术改造项目，支持中小企业加大研发投入，加强产学研结合，建立技术中心，重视专利保护。加快公共服务平台建设，完善服务功能，拓展服务领域，创新服务模式。鼓励房地产企业、采矿企业及处于产业链低端的初级加工企业向新一代信息技术、生物医药、节能环保等战略性新兴产业及现代物流、软件外包、文化创意等现代服务业转型。通过素质提升培训和政府购买服务等方式，让小企业掌握市场环境变化，认识并复制优秀的商业模式，激发创新能力，创造新兴业态，创新商业模式。

3. 在混合所有制改革上完善新保障。西南四省市应结合自身实际和企业发展改革需求，落实出台发展混合所有制经济实施细则，推动国有企业、民营企业融合发展、合作共赢。明确规定混合所有制企业人财物和产债权的处置办法，明确要求依法保护民营资本合法权益，确保民营资本与国有资本"同股同权同酬"；明确提出混合后国有企业员工分流、保障的具体办法，以免成为混合企业的沉重包袱。进一步完善联系协调机制，定期发布信息、公布项目、解决问题，积极为发展混合所有制经济排忧解难。有效建立混合所有制联系协调机制，完善相应政策举措，切实为发展混合所有制经济提供有力制度保障。

4. 在破解融资难题上拓展新途径。支持金融机构创新拓展信贷产品服务，开展存货、不动产、林权等抵押贷款以及知识产权、股权、应收账款等收益权质押贷款业务。助推民营银行筹建，支持民企组建机电（工业）产品、房贷、汽车等行业性金融公司，以及发起和控股金融租赁公司等新融资平台，不断提升自我造血功能。支持有条件的民企发行公司债券、企业债券、集合债券和有实力的民企通过 IPO 上市、OTC 交易、引进战略投资等方式实现直接融资。积极探索鼓励民营小贷公司实现向村镇银行转型，引导民间金融进入正规金融渠道，规避系统性金融风险。全面落实中国人民银行等十部委联合发布的《关于促进互联网金融健康发展的指导意见》，鼓励支持民营企业发展互联网金融业态，帮助民营经济实体企业缓解融资难题。

5. 在民企法治建设上建立新秩序。按照全面推进依法治国战略要求，积极打造民营经济良好法治环境，营造民企守法经营氛围，推动民营经济依法公平参与市场竞争，保障民营企业和民营企业家合法权益。推动各级政府坚持依法行政，按照"法无授权不可为、法无禁止皆可为、法定职责必须为"的市场经济、法治经济准则，用法治思维、法治理念、法治方式处理民营经济发展中存在的问题。切实消除制度壁垒，加紧清理和修订束缚民营经济发展的规则和政策。加强对民营企业家的普法宣传，培养和增强民营企业家守法诚信、依法经营意识。

6. 在推动民企发展上取得新作为。完善引导、服务、保障民营企业发展政策举措，引导民营企业克服畏难情绪和小富即安思想，把存量做强，把增量做大，在"强"字上多思考，在大"字"上多用劲。一是适应大趋势。适应新一轮产业革命的大趋势，做好企业中长期发展战略调整。二是思路大转变。按照互联网时代的要求转变思路，建立"互联网＋"的商业模式。三是融入大战略。把企业的发展融入国家"一带一路"战略和西部大开发战略。四是走向大市场。立足本土放眼世界，利用"渝新欧"、"蓉新欧"经济及大湄公河等有利优势积极"走出去"参与国际合作，拓展国际市场。五是实现大作为。鼓励支持具备条件的商会、民企抱团发展，实现多形式、多层次的联合联盟，组建新的有实力的抱团集团，走集群发展道路。支持、引导、服务有条件的民营企业积极上市直接融资，解决流动性困难，实现规模化扩张。

课题组负责人：王　涛
课题组成员：
 重庆市工商联：陈孝维　杨浩林
 四川省工商联：李光金　喻晓春　张文道
 贵州省工商联：谭亦先　粟良美　吴　洁
 云南省工商联：刘可杰　陆志国　赖德淑

2014年西北地区民营经济发展报告

摘　要：2014年，我国宏观经济步入中高速运行的新常态，西北地区（陕西省、甘肃省、宁夏回族自治区、青海省、新疆维吾尔自治区及新疆生产建设兵团）主动适应经济发展新常态，把握经济发展新机遇。在全球经济复杂多变、国内经济下行压力增大的情况下，西北地区民营经济发展环境进一步改善，活力和创造力进一步激发，继续呈现出持续稳定快速发展的良好态势，为西北地区经济社会稳定发展作出了重大贡献。本报告在分析2014西北地区民营经济发展特征和制约发展要素的基础上，重点就新常态下西北地区民营经济发展对策做了深入研究，以供决策参考。

关键词：西北地区　民营经济　特征　新常态对策

2014年，中国经济步入新常态，西北地区（陕西省、甘肃省、宁夏回族自治区、青海省、新疆维吾尔自治区及新疆生产建设兵团）民营经济经济面对复杂多变的国际国内环境，在经济新常态下坚持在发展中转型、在转型中发展，着力转变发展方式，推进结构调整，在支撑增长、促进创新、扩大就业、增加税收、扶贫帮困等诸多方面继续取得积极成效，充分发挥了社会主义现代化建设的重要推动力量的作用。

一、2014年西北地区民营经济发展特征

2014年西北地区民营经济依托独特地缘优势、资源优势和政策优势，自身发展活力明显提高，层次日益提升，基础更为稳固，总体呈现经济总量持续攀升、企业数量继续增加、产业结构更趋合理、民间投资稳健增长的良好发展势头和鲜明区域特点，在繁荣经济、稳定增长、改善民生、增加就业、维护稳定方面发挥积极作用，社会贡献日益凸显。

（一）稳增长作用凸显

2014 年西北地区民营经济完成增加值 17854.0 亿元。民营经济增加值占全地区 GDP 的比重达到 41.1%，值得注意的是，在 2014 年经济下行压力较大，部分行业和企业生产经营困难的情况下，西北民营经济增加值同比增长 14.9%，为中国经济增速保持在合理区间作出了贡献。

表1　2014 年西北地区民营经济完成增加值

地区＼分类	地区 GDP（亿元）	民营经济增加值		
		增加值（亿元）	同比增长（%）	占 GDP 的比重（%）
陕西省	17 693.4	9 324.4	11.0	52.7
甘肃省	6 835.2	3 123.7	9.0	45.7
宁夏回族自治区	2 752.0	1 320.0	8.6	48.0
青海省	2 301.1	761.7	18.0	33.1
新疆维吾尔自治区	9 260.6	2 648.5	16.4	28.6
新疆生产建设兵团	1 738.7	675.7	26.0	38.6
合计	40 581.0	17 854.0	14.9	41.1

（二）扩投资成效显著

2014 年，西北地区民间投资总额达到 18 083.8 亿元，同比增长 27.1%，占全地区固定资产投资的 43%。西北地区民间投资初步呈现领域拓宽、总量扩大、比重提升、活力增强、氛围良好的态势。

表2　2014 年西北地区民间投资

地区＼分类	地区固定资产投资（亿元）	民间投资		
		投资额（亿元）	同比增长（%）	占地区固定资产投资的比重（%）
陕西省	18 358.0	8 433.2	21.1	45.9
甘肃省	7 759.6	1 635.7	45.4	21.1
宁夏回族自治区	3 200.9	1 787.9	17.8	55.9
青海省	2 911.1	1 240.1	21.5	42.6
新疆维吾尔自治区	9 752.8	4 066.9	26.7	41.7
新疆生产建设兵团	1 750.0	920.0	29.8	52.6
合计	43 732.4	18 083.8	27.1	43.0

（三）促就业贡献加大

2014 年，西北地区民营经济员工人数合计达到 1 266.8 万人，比上年增加 241.1 万人，表明西北民营经济不仅有效缓解了城镇新增长劳动力、失业人员和企业下岗职工就业，而且还吸纳了大量农村富余劳动力，已经成为吸纳就业的主要渠道之一。除了直接贡献，西北地区企业还影响着择业人群的就业意愿，越来越多的人选择到民营企业就业。

表3　2014 年西北地区民营经济组织从业人员

分类 地区	私营企业		个体工商户		合计（万人）
	从业人员 （万人）	同比增长 （%）	从业人员 （万人）	同比增长 （%）	
陕西省	—	—	—	—	401.5
甘肃省	148.3	25.5	169.5	16.4	317.8
宁夏回族自治区	108.2	15.0	67.7	24.7	175.9
青海省	—	—	—	—	94.3
新疆维吾尔自治区	93.0	14.6	124.0	13.5	217.0
新疆生产建设兵团	41.3	11.0	19.0	10.0	60.3
合计					1 266.8

（四）保民生效用增强

2014 年，西北地区民营经济缴税总额合计 3 197.5 亿元，占地区缴税总额的 51.7%。民营经济逐步成为西北地区财政收入的重要来源，保民生、促稳定效用进一步得到加强。

表4　2014 年西北地区民营经济缴纳税收情况

分类 地区	地区税收 收入(亿元)	民营经济缴纳税收收入		
		总额(亿元)	同比增长(%)	占地区税收收入的比重(%)
陕西省	2 729.7	1 609.0	6.6	59.9
甘肃省	1 066.6	421.2	20.3	39.5
宁夏回族自治区	475.6	293.0	2.3	61.6
青海省	355.6	211.3	3.9	59.4
新疆维吾尔自治区	1 737.8	663.0	11.0	38.0
新疆生产建设兵团	含在新疆	—	—	—
合计	6 365.3	3 197.5	8.8	51.7

（五）添活力作用强劲

2014 年西北地区民营经济单位数为 433.6 万户，增加 72 万户，增幅 20%。其中，私营企业 73.6 万户，增长 29.8%；个体工商户 360.0 万户，增长 18.1%。西北地区民营经济单位高速增长，是依靠市场机制培育的西北地区经济发展的新动能，活力强劲。

表5　2014 年西北地区民营经济组织户数　　　　　单位： %

分类 / 地区	私营企业		个体工商户		合计
	户数（万户）	同比增长（%）	户数（万户）	同比增长（%）	（万户）
陕西省	34.5	26.7	127.4	21.4	161.9
甘肃省	15.6	39.2	87.2	18.3	102.8
宁夏回族自治区	3.6	92.1	35.5	18.0	39.1
青海省	3.5	34.6	26.0	24.0	29.5
新疆维吾尔自治区	15.9	19.0	71.9	11.3	87.8
新疆生产建设兵团	0.5	16.0	12.0	13.0	12.5
合计	73.6	29.8	360.0	18.1	433.6

（六）促开放水平提升

2014 年西北地区民营经济外贸进出口 1 903.2 亿美元，占西北地区外贸进出口总值的 79.8%，西北地区民营经济已发展成为地区企业"走出去"的重要力量，成为促进西北地区对外开放水平提升的主要力量。

表6　2014 年西北地区民营经济对外贸易发展情况　　　　单位： %

分类 / 地区	地区外贸进出口总值（亿美元）	民营经济外贸进出口		
		总额（亿美元）	同比增长（%）	占地区外贸进出口总值比重（%）
陕西省	1 693.6	1 465.2	5.5	87.0
甘肃省	86.5	54.7	16.9	63.2
宁夏回族自治区	54.4	42.1	98.8	77.4
青海省	17.0	14.8	35.0	86.9
新疆维吾尔自治区	276.7	228.1	9.8	82.5
新疆生产建设兵团	119.9	98.3	6.1	82.0
合计	2 248.1	1 903.2	28.7	79.8

（七）总体实力待加强

西北地区民营经济尽管取得了较大发展，但整体实力还明显偏弱，总量少、规模小，特别是具有较大影响和明显示范带动作用的大企业、大集团、大品牌少，高科技含量、高附加值的企业少。多数民营企业经营管理水平不高，现代企业管理制度不健全，自主研发投入和创新动力不足，信用评级普遍不高，捕捉市场信息能力不强，市场竞争力偏弱。从2014年度中国民企500强排名看，西北地区只有10家企业入围（新疆广汇集团以营业收入总额1 092多亿元排名第14位，位于西北地区首位），远低于浙江省123家。

表7　西北地区民营企业入围2014年中国民营企业500强　　单位：万元

500强序号	企业名称	省区市	营业收入总额
14	新疆广汇实业投资（集团）有限责任公司	新疆维吾尔自治区	10 923 638
21	西安迈科金属国际集团有限公司	陕西省	7 726 111
31	陕西东岭工贸集团股份有限公司	陕西省	6 084 083
84	新疆特变电工集团有限公司	新疆维吾尔自治区	3 533 083
114	宁夏宝塔石化集团有限公司	宁夏回族自治区	3 018 131
130	宁夏天元锰业有限公司	宁夏回族自治区	2 742 963
229	金花投资控股集团有限公司	陕西省	1 745 285
427	陕西黄河矿业（集团）有限责任公司	陕西省	1 054 612
444	宁夏宝丰集团有限公司	宁夏回族自治区	1 022 198
456	陕西荣民集团	陕西省	1 000 532

（八）社会责任勇担当

西北地区民营经济发展虽不及发达地区，但西北地区民营企业家致富不忘社会、致富不忘国家，富而思进，致富思源，每当遇到特大自然灾害时，在党和国家需要的时候，民营企业家都能纷纷伸出援助之手，积极为党和国家排忧解难，表现出了高度的社会责任感。如由中国光彩事业促进会、自治区党委、自治区人民政府、新疆生产建设兵团共同主办的"中国光彩事业南疆行"活动在新疆喀什市成功举办，300多名知名民营企业家参会，向南疆四地州及兵团捐款6 840万元，完成产业项目签约266个，达成投资意向金额1 734.8亿元，其中签订合同148个，投资金额1 175.5亿元。据不完全统计，陕西省2014年民营企业共投入33 817.81万元用于救灾、扶贫、新农村建设、慈善助学、大病救助等；2014年在酒泉举行的光彩陇原行暨智慧陇原行大型系列活动中，全国工商联、华邦控股集团和甘肃省非公有制经济人士为酒泉市瓜州县、玉门市捐款1 035万元，用于移民乡发展设施养殖项目。现场签约文化旅游、商贸流通等合同项目18个，签约金额90.27亿元。

西北地区民营经济实现了持续稳定快速发展，在科学发展的道路上取得了令人瞩目的成绩。但民营经济依然是全区经济发展的短板，小、少、弱、散的总体状况没有发生根本扭转，与民营经济发达地区相比还存在较大差距。例如，企业总体实力不强，自主创新能力不足，品牌质量水平不高，产业结构不尽合理，科技成果转化率比较低等。这些也是西北地区民营经济的显著特征。

二、制约西北地区民营经济发展要素分析

西北地区民营经济发展势头良好，运行质量显著提高，但整体上总量少、规模小、层次低、结构差问题客观存在，整体竞争力不强，依然是地区经济发展的"短板"。西北民营经济依然面临着来自思想观念、政务环境和舆论环境的制约以及人才短缺、融资难、融资贵、税费重以及"玻璃门"、"弹簧门"、"旋转门"等内外因素的影响和制约。

（一）思想不够解放是制约西北地区民营经济发展的最大障碍

党的十八大以来，兄弟省市纷纷自上而下掀起新一轮思想解放热潮，高度重视和高位推动民营经济大发展。相比之下，西北地区对民营经济发展观念陈旧，思想不够解放，仍然不同程度地存在恐私拒私思想，在实际工作中对民营企业存在偏见和歧视，没有形成重视、关心、支持民营经济发展的强大合力、舆论导向和社会氛围。在观念上存在重国有企业轻民营企业，在行动上重管理轻扶持，导致了民营经济在政策规划、资金帮扶、项目倾斜等方面存在不平

等。一些地方政府以 GDP 增长论英雄，缺乏兴商重商亲商的观念，有些部门对民营经济的认识较为片面，只注意了民营企业的个人利益，而忽略了其对社会的贡献，缺乏服务意识和热情。社会舆论在对民营企业及民营企业家的认识和看法上仍然存在不少负面因素，特别是部分媒体的宣传作品对民营企业和民营企业家存在歧视和偏见，使其呈现出极其负面的歪曲形象。

（二）人才缺乏成为影响西北地区民营发展的主要因素

近年来，人才缺乏开始成为影响西北民营企业可持续发展的重要问题。大量民营企业既面临人才总量不足、结构失衡的挑战，又遭遇引才难、留才更难的困境。以陕西省为例，据调查，32.1% 的受访企业认为目前面临的主要问题是人才匮乏，在所有问题中排在首位。随着企业转型步伐的加快，高水准、高技能人才的需求大量增加，人才缺乏已成为实体经济发展需要突破的最大困境，成为制约西北民营经济发展的主要因素。

（三）融资难、融资贵、税费重问题依旧困扰西北民营经济发展

融资难、融资贵、税费重的问题，长期以来一直困扰着中小企业。虽然相继出台了多项针对中小企业的贷款和税收优惠政策，但在具体实施过程中，银行贷款手续繁杂、抵押物限制较多、只能短期贷款、与优惠利率无缘等问题常常使企业望而却步。西北地区民营企业主要通过国有银行融资，而银行普遍收缩银根，不愿为民营企业放贷，即便是放贷也要由第三方担保，转嫁银行的风险，但增加了企业的融资成本。也有部分企业通过担保公司和小额贷款公司融资，但融资成本高，通过担保公司贷款，融资成本达到 11%（年利率加担保费）以上；通过小额贷款公司，融资成本在 15% ~ 20%，中小微型企业根本无力承受。此外，多数企业反映税负负担重。

（四）"玻璃门"、"弹簧门"、"旋转门"依然存在

随着多项鼓励支持民营经济发展政策的陆续出台和政府简政放权步伐的加快，西北民营企业发展环境已有了较大改善，但在重大决策上，政策措施执行力度不够，导致民营经济发展的"玻璃门"、"弹簧门"、"旋转门"时有发生。政府部门在促进非公企业发展中存在"政出多门、相互交叉、缺乏协调"的问题。从政策落实方面讲，因部分政策是对现有利益格局的再调整，因此会受到

或明或暗的抵制，致使企业对很多优惠政策"不知情"或"难知情"；也有不少优惠政策被设置了种种条件和限制，加之个别审批核准政策尺度模糊、审批程序烦琐且透明性不高、审批时间过长等问题，无形中提高了企业享受优惠的成本，因此企业常常只能选择"知难而退"。

三、新常态下西北地区民营经济发展对策

（一）新常态，理解新变革

2014 年年底中央经济工作会议强调，"认识新常态，适应新常态，引领新常态，是当前和今后一个时期我国经济发展的大逻辑"，而面对新常态，"观念上要适应，认识上要到位，方法上要对路，工作上要得力"。对民营企业来说，新常态是一次变革，不适应新常态的将淘汰出局。在西北地区民营企业中，称得上能够引领新常态的企业屈指可数，绝大多数企业在努力适应新常态之中。现阶段我国处于前期政策消化期和新政策理解适应期，经济增长速度下行，增长动力转化、结构调整带来的挑战无处不在，是考验企业家洞察力和企业战略灵活性的时候。面对新常态变革，西北民营企业和民营企业家要高度重视，充分理解新常态，尽快适应新常态，提升市场竞争力。

（二）新常态，抢抓新机遇

现阶段，我国经济正处于转型升级的关键时期，广大西北地区民营企业必须紧紧把握"中国制造业 2025"、"一带一路"、"互联网＋"等国家战略实施带来的机遇，坚持走质量效益型发展道路，加快实现从要素驱动发展向创新驱动发展的转变，进一步增强活力，提升核心竞争力，提高经营水平，扎实做大做强做优，以转型升级的新成效，为我国经济持续健康发展、不断提高综合国力作出新的更大的贡献！

（三）新常态，树立新理念

西北地区生态脆弱，经济发展与资源环境约束矛盾日益突出。在新常态下要树立绿色发展理念，坚持生态文明与经济建设融合发展。西北地区可以共同推进沙漠化治理，开展生物多样性保护、环境改善等合作，大力发展生态旅游、健康养老和绿色环保产业，把生态优势转变为产业优势、经济优势、发展

优势，努力打造区域环境合作共同体，共建绿色大西北。

(四）新常态，锻造新模式

新常态下，"互联网＋"兴起，传统商业模式受到严峻考验。互联网、大数据、云计算等新技术的普及将对企业的运营模式、组织结构、资源配置方式带来革命性影响，O2O（线上线下电子商务）、OTA（在线旅游）等新的商业模式层出不穷，渐成气候。西北民营企业面临千载难逢的后发赶超机遇，主动为企业植入互联网新基因、构筑新模式，改变竞争规则，重构产业价值，西北民营企业有希望在"互联网＋"新浪潮锻造新模式，开发新产品，拓展新渠道，布局新业态，从而赢得新发展。

(五）新常态，强化新意识

当前西北民营企业对外开放程度普遍不高，视野的局限导致多数企业缺乏产业链意识、品牌意识、合作意识和公关意识在内的现代化经营意识。西北民营企业更应增强战略创新意识，着力强化企业家和管理团队的现代化经营管理意识。一是加强产业链研究，密切跟踪产业发展趋势，学会站在全产业链上系统思考问题，逐步学会从全球资源配置的视角出发从事企业经营和决策。二是树立"品牌高于一切"的企业经营意识，树好品牌、用好品牌，让企业品牌成为提升企业资源配置能力的推手。三是西北民营企业在对外竞争经营过程中要注意协调和合作，在正常竞争的同时避免无序发展和恶性竞争。四是重视企业软实力的建设，主动出击做好竞争区域的公关工作，提升企业在当地的综合形象。

(六）新常态，重视新规划

2015 年，是国家"十二五"规划纲要实施的最后一年，更是编制"十三五"规划的重要一年。这是西北民营企业站在新的高度审视发展，梳理思路，调整战略部署的大好时机。企业通过层级的"十三五"规划和专项规划编制，能够明确企业发展战略，抓住国家产业振兴的有利时机，进行战略调整和发展模式转型。西北地区工商联要协助民营企业编制和实施科学、规范的规划纲要与发展战略，进而推动西北民营企业未来五年，乃至更长时期的可持续发展。

（七）新常态，连接新丝路

"新丝绸之路经济带建设"是习近平总书记提出的一项气势恢弘的战略构想，顺应和平发展、合作、共赢的时代潮流，赋予古老的丝绸之路以崭新的内涵，具有跨时代的重大意义。一条丝路连接陕甘青宁新，贯穿欧亚大陆，涉及多个新兴经济体。陕西"建设丝绸之路经济带新起点"，甘肃"建设丝绸之路经济带黄金段"，宁夏"打造丝绸之路经济带的战略支点"，青海"建设成为丝绸之路经济带的绿色通道、战略基地、重要节点"，新疆"建设成丝绸之路经济带上的核心区"。西北地区在丝绸之路经济带建设中的人文、政策、区位及产业优势明显。丝绸之路经济带建设，为西北民营企业提供了难得的发展机遇和广阔的市场空间，为西北民营企业与沿线国家优势互补、开放发展开启了新的机遇之窗。

加强西北地区战略协调，强力推动西北地区基础设施建设互连互通、信息资源互换共享、经济贸易互促共进。以"交流合作、优势互补、产业联动、共赢发展"为原则，打破行政区划界限，整合丝绸之路优势资源，共同经营打造丝绸之路，将西北地区区位优势转化为发展优势。

（八）新常态，打造新智库

西北地区工商联可以借助全国工商联联系广泛和自身科教实力，打造丝绸之路经济带战略协同创新中心。本着学术前沿性、实践问题性、资源联动性、对策有效性的原则，大规模、高水平地组织对西北地区丝绸之路战略协同、民营经济协同聚合发展等问题进行深入研究。战略协同创新中心汇聚科技人才智慧和力量，为西北地区丝绸之路经济带建设的战略布局、规划制定、重大任务实施建言献策。开展企业技术创新能力评估咨询，为企业发展方向调整、市场开拓等提供"智库"支持。进一步推动西北民营企业在更大范围、更广领域、更深层次上与丝绸之路经济带沿线地区进行合作。

（九）新常态，完善新机制

社会主义市场经济本质上是法治经济。全面推进依法治国，不断完善法治环境，加强对企业和个人权益的保护，在给民营企业带来重大利好的同时，也对民营企业及民营企业家提出了更高要求。

良好的公司治理、高效的经营机制是企业改革、持续健康发展的基石。特变电工作为世界能源事业提供系统解决方案的服务商，26 年里，通过自强不息，创新求变，从一个资不抵债、濒临倒闭的街道小厂，成长为中国最大的能源装备制造企业、世界输变电制造行业的骨干企业，如今已经成为国际知名的大企业。广汇集团作为中国民营企业 500 强中的新疆领军企业，也是新疆唯一一家入围"千亿元俱乐部"的企业。它们的实践表明，只有继续深化改革，依靠体制机制创新，充分调动各方面的积极性，企业才能焕发出更大的活力。

（十）新常态，孵化新环境

西北地区民营经济要想在新常态下实现新跨越，必须建设廉洁高效的政务环境，各级政府要加快转变职能，把更多的精力放在监管、服务上来；各职能部门要主动作为，对于国务院和地方确定的政策措施，要认真落实。进一步改进工作作风，创新服务方式，不断充实服务内容，优化审批流程，缩减审批时间，提高审批效率，加强监督检查，确保办事廉洁，进一步提高企业对行政服务窗口工作的满意度，全力打造"人民满意"的服务环境。

四、新常态下西北地区民营经济发展新希望

当前我国正处于全面深化改革、全面建成小康社会、实现中华民族伟大复兴的关键时期。"十二五"即将结束，"十三五"正向我们走来，西北地区民营企业做大做强做优拥有广阔的前景。加快西北地区民营经济的发展是工商联和民营企业家的责任，要继续发扬"敢为天下先、爱拼才会赢"的闯劲，进一步解放思想，改革创新，敢于担当，勇于作为，不断做大做强，促进联合发展，实现互利共赢。西北地区工商联组织要带领广大的民营企业家，坚定对中国特色社会主义的信念、对党和政府的信任、对企业发展的信心及对社会的信誉，一定能够在新系统下，将西北民营经济发展不断推向更高水平，为我国经济提质增效升级、进一步增强综合国力作出新的更大的贡献！

课题组负责人：屈开平
课题组成员：

　　新疆生产建设兵团工商联：袁　媛　李自学　孙润涛　曹文润

　　　　　　于三宝

陕西省工商联：宋永华　赵昌奎　高　鹏

甘肃省工商联：姬书平　吕晓明　王慧芹　王瑜娟

青海省工商联：冶青云　宜青华　王宏志　祁　琰　沙千里

宁夏回族自治区工商联：余明清　廉俊杰　陈建民　纪泽东

新疆维吾尔自治区工商联：葛　敏　邓铁梅　常雅琼

2014 年珠三角区域民营经济发展报告

摘　要：2014 年珠三角民营经济在世界经济复苏缓慢、国内经济发展新常态和经济结构深入调整的背景下，顶住了年初外贸出口大幅下滑的压力，坚持稳中求进的发展路径，加快转型升级步伐，不断提高创新能力，积极走出去参与"一带一路"建设，民营经济总量稳步增长，经济结构不断优化，组织数量和规模持续扩大，社会贡献进一步加大，为全省经济发展作出了重要贡献。但珠三角民营经济外向型经济特征显著、产业层次低、同质化竞争较普遍、自主创新能力弱、企业资金面偏紧等仍然制约着民营企业较快发展。解决好目前珠三角民营经济发展中存在的问题和困难，需要从增强发展信心、加快投资体制改革、加强科技创新和"走出去"等方面来共同努力。

关键词：民间投资　走出去　科技创新

一、发展总体概述

1. 发展实力不断增强。珠三角地区民营经济在全省民营经济中占有重要地位，是广东省民营经济发展的主引擎和重要支撑。2014 年，广东民营经济完成增加值 35 070.59 亿元，同比增长 8.3%，其中珠三角地区民营经济完成增加值 27 382.7 亿元，同比增长 16.4%，占全省民营经济增加值的比重达 78.08%，比 2014 年提高 4.7 个百分点，领先优势和整体实力进一步增强。珠三角地区中民营经济总量最大的仍然是广州、深圳、佛山和东莞，分别为 6 530.97 亿元、6 132.25 亿元、4 653.59 亿元、2 806.65 亿元，四市占珠三角地区民营经济增加值的比重为 73.49%，较 2014 年下降 5.33 个百分点，表明其他五市民营经济增长迅猛，追赶步伐加快；增长速度最快的是惠州和佛山顺德区，同比增长 11% 和 10.8%，增长速度较慢的是中山和珠海，分别为 7.5% 和 7.9%，低于全省民营经济的平均增速。

2. 民间投资快速增长。2014 年广东全面开展企业投资管理体制改革试点工作，确立企业的投资主体地位，落实企业投资自主权，推动引导民间投资进入各领域，为民营经济健康发展注入强大动力，广东民间投资实现较快速度增长，成为拉动全省固定资产投资、改善产业投资结构的重要力量。2014 年，广东民间固定资产投资 15 065.02 亿元，同比增长 20.3%，增速连续四年超过20%，比全省固定资产投资增速高 4.4 个百分点，占全省投资的比重为58.1%，比上年提高 2.2 个百分点，对全省固定资产投资的贡献率为 71.4%，拉动全省投资增长 11.4 个百分点，成为全省投资增长的最重要最的驱动力。珠三角地区大型企业集聚优势突出，经济实力雄厚，对全省民间投资加快发展的引领带动作用明显。东莞、中山、江门、肇庆四市民间投资扛大梁，占全市总投资比重过半，达 66.55%、68.0%、58.88%、77.94%。从民间投资增速来看，广州、珠海、江门、肇庆均高于全省民间投资增速，其中珠海市增速迅猛，增长 55.7%，远超全省平均水平。

3. 市场活力有效激发。2014 年以来，在珠三角地区商事制度改革试点的基础上，广东加快推进注册资本认缴登记制和放宽工商登记其他条件改革，进一步降低市场主体准入门槛，加快改革经营范围登记，简化登记手续，探索实施"一址多照"、"一照多址"等措施，商事制度改革成效显著，改革红利持续释放，增强了经济发展内生动力，提升了发展质量效益，市场活力明显增强。①民营经济组织单位数增速加快。2014 年广东民营经济单位数达 657.44 万户，同比增长 15.9%，比上年提高 3.0 个百分点，增速创 2008 年以来的新高。其中，私营企业 194.83 万户，同比增长 27.4%；个体工商户 446.59 万户，同比增长 11.9%。目前，广东民营经济单位数、私营企业数、个体工商户数均居全国第一位。②民营经济组织规模进一步扩大。2014 年，私营企业、个体户户均注册资本分别为 390.52 万元、2.85 万元，同比增长 31.7%、14.0%。

4. 民营经济税收稳步增长，社会贡献持续加大。①民营经济是广东税收增长的重要动力。2014 年，全省民营税收收入 7 838.15 亿元，同比增长 10.7%，增速比上年提高 1.2 个百分点，其中，私营企业税收收入为 1 360.08 亿元，增长 11.7%；个体户税收收入为 797.12 亿元，增长 8.4%。②民营经济在保民生上发挥重要作用。2014 年民营经济从业人员达 3 117 万人，其中私营企业从业人员 1 204 万人，个体户从业人员 1 105 万人，全省新登记个体私营经济从业人员达 591.6 万人，同比增长 32.1%，创造了更多的就业机会，就业主渠道地位凸显。

二、发展的主要特点

1. 产业结构持续优化。珠三角民营经济产业结构进一步优化，加快由工业主导向服务业主导转型，服务业持续往高层次、高水平方向发展，成为经济稳定增长的重要支撑。2014 年广东新登记企业在第三产业的比重为 85.56%，同比上升 0.91 个百分点。2014 年珠三角民营经济第一产业完成增加值 1 000.99 亿元，同比增长 8%；第二产业完成增加值 10 979.66 亿元，同比增长 20.68%；第三产业完成增加值 15 402.09 亿元，同比增长 14.6%，珠三角民营经济三大产业比重为 3.7∶40.10∶56.2。从纵向来看，与 2013 年珠三角民营经济三大产业（3.9∶38.68∶57.42）机构相比，第一产业持续降低，第二产业稳步提升，第三产业略有下滑，珠三角民营经济的产业结构继续优化。从横向来看，与 2014 年广东省民营经济三大产业（9.1∶44.2∶46.7）及珠三角三大产业（1.9∶45.26∶52.84）构成比，珠三角民营经济服务业发达，地区经济整体发展的贡献率继续加大。

2. 与海丝沿线国家贸易活跃。在国家和广东省"一带一路"战略的推动下，民营企业"走出去"步伐不断加快。2014 年，广东民营企业对外贸易、投资合作已遍布全球 100 多个国家和地区，与"一带一路"沿线国家地区贸易投资活跃，已经成为走出去发展的重要力量。从进出口来看，与海丝沿线贸易成为民营经济对外贸易的主要增长点。2014 年广东民营企业进出口总额达 2.3 万亿元，同比略有下降，但对海丝国家贸易增长较快，进出口值 5 189 亿元，增长 32.1%，其中出口 3 488 亿元，增长 44%；2014 年，广东省有海丝国家贸易记录的民营企业达 23 640 家，占同期全省总数的 60.8%。从对外投资来看，2014 年，民营企业对"一带一路"沿线国家投资项目 7 个，总投资额为 35.614 亿美元，分别占全省民营企业境外投资项目的 41.2% 和总投资额的 75%。"一带一路"沿线国家成为广东省民营企业对外投资的主要目的地。

科技创新能力进一步增强。2014 年，广东大力推进"大众创业"、"万众创新"，通过政府财政、税收优惠、环境建设、智力支撑等方面的扶持政策及措施大力支持企业创新，企业的技术创新主体地位加速提升。2014 年珠三角研发经费支出占地区生产总值的比重达 2.65%，技术自给率超过 70%，研发人员达 47.8 万人，万人发明专利拥有量达 18.8 件，区域创新能力连续七年居全国第二位。目前，珠三角已拥有新型研发机构达 106 家，新增 973 首席科学家项目 9 项、国家重大科技基础设施 2 家、国家级孵化器 9 家。技术改造方面，2014 年，珠三角完成工业技改投资 1 140.5 亿元，增长 38.9%，占工业投资比重达 24.6%，提高 4.6 个百分点。珠三角地区中深圳创新能力最为突出，2014 年深圳共为 858 家企业减免税收 50 多亿元，科技型企业超过 3 万家，占全省的60%；国家级高新技术企业超过 4 700 家，占全省的 57%，深圳已经成为珠三角地区创业创新的领头羊和排头兵。其他地市中，广州、东莞、中山出台加快发展工业机器人和智能装备产业的实施意见，佛山建立优质技改项目贷款风险补偿基金，加快推进"机器换人"。与此同时，珠三角民营骨干企业也加快发展，民营超百亿企业 66 家，增加 10 家，占珠三角超百亿企业的 1/3，深圳华为、顺德美的集团等民营企业年主营业务收入超千亿元。

三、面临的形势和困难

在国际经济复苏缓慢、内需动力不足的背景下，以加工贸易为主的珠三角民营经济要继续保持健康稳定增长，需积极应对以下几个方面的问题。

（一）珠三角地区民营经济发展潜力巨大

从地区经济增加值比重来看，珠三角民营经济占比较低，还有较大发展空间。2014 年珠三角地区民营经济占地区生产总值的比重为 44.2%，比全省平均水平低 7.5 个百分点。从珠三角内部看，经济越发达的地区，民营经济占地区生产总值的比重越低。广州、深圳等地民营经济发展潜力还有待进一步挖掘，对地区经济发展贡献也大有可为。

（二）加快转型升级迫在眉睫，任重道远

珠三角地区民营企业以加工贸易为主，外向型特征明显，正步入高速增长后的转型期，高耗能、高投入、低效益的粗放型发展方式已经难以为继，转型升级迫在眉睫。2014 年上半年广东出口出现断崖式下跌，3 月更创下 38.7% 的深度跌幅，上半年进出口同比下降14.9%，其中加工贸易同比下降15.1%。民营企业进出口下滑厉害，上半年进出口下降25.44%，私营企业进出口下降27.6%，下半年在多方努力下，广东对外贸易企稳回升，但全年进出口仍同比下降1.4%，加工贸易和私营企业进出口均下降1.2%。转型升级已经成为民营企业持续健康发展的内在动力和必然要求，但民营企业转型升级任重道远。从企业自身来看，大多数民营企业仍处于小规模粗放发展阶段，表现为企业规模小、产业关联度不高、层次低、产品技术水平低、创新能力弱等，转型升级自身本领不强。从国内环境看，中国正处于结构调整爬坡过坎的阶段，传统产业的产能过剩程度还比较大，内需动力不足，去库存、去产能化周期较长。从国际环境看，珠三角制造业当前承受着来自低端、高端竞争的双重压力：一方面珠三角地区生产要素成本持续上升，制造业低成本优势逐渐丧失，部分重点企业生产线和产品订单向内地、周边国家和地区转移，周边国家劳动密集型产业实力日益增强，一般制造业竞争加剧；另一方面，发达国家有"制造业回归"的趋势，大力发展本国实体经济，减少了对发展中国家的进口，在与国外高端制造业的竞争中，珠三角传统产业、产品优势不明显，面临着前所未有的国际市场竞争压力。

（三）融资难、融资贵没有有效缓解

中小微企业资金面偏紧情况仍然普遍。从民营企业自身来看，民营企业中绝大部分是小微企业，存在规模小、资产少、内部治理和抗风险的能力弱等问题，融资渠道窄，信贷依赖度较高，也很难进入资本市场融资。从金融机构来看，银行与企业信息不对称，银行放款意愿低。据了解，小微企业贷款利率一般上浮30%以上。从融资链来看，因直接融资通道不顺畅，中小微企业融资借助担保公司或者民间借贷来周转，贷款链条被拉长，融资成本大幅度提高。

（四）"走出去"面临诸多困难

珠三角地区地缘优势突出，民营企业"走出去"发展动力足，但受行政管理体制、投融资体系以及企业自身和复杂的国内外环境影响，民营企业走出去面临不少问题和困难。一是现有的体制机制不适应发展需求，境外投资管理权限有待进一步下放，特别是外汇管理限制企业投资规模，影响经营效率。民营企业对走出去政策的知晓度和配合度不高，财政税收支持政策惠及面窄。二是

"走出去"所需关键要素如融资、信息服务紧缺,特别是国际经营管理和专业技术人才短缺成主要障碍。三是企业海外投资经营风险不断增加,面临局势安全、政策调整、汇率波动、双重税收、劳资工会等各种风险叠加考验。

(五)自主创新能力不足

珠三角地区中小微企业数量大,产业层次偏低,受规模、人才、设备等影响,企业技术管理或研发机构不健全,研发经费投入不足,开发性人才短缺,创新能力和成果产业化的能力偏弱,创新产品较少,品牌影响力不强。民营孵化器发展还处于起步阶段,政策、资金支持力度小,企业也缺少创新成果产业化资金,无法迅速实现科技成果产业化。此外,技术创新成果维权难,一些企业表示知识产权案件立案难、取证难、赔付少、执行难,侵权行为时有发生,挫伤走自主研发道路的企业的积极性。

四、发展前景与展望

当前,珠三角民营经济发展存在的诸多问题中,有些是宏观政策方面的,有些是企业自身的,要破解制约珠三角民营经济发展的瓶颈和困难,必须以优化发展环境、加快推进体制改革为重点,以加快提升企业自主创新能力为着力点,帮助民营企业把握发展机遇,加快转型升级。

一是政策红利持续释放提振发展信心。党的十八大明确强调要坚持"两个不动摇",强调保证各种所有制经济依法平等使用生产要素、公平参与市场竞争、同等受到法律保护,充分体现了以权利公平、机会公平、规则公平为原则的改革取向。特别提出要支持小微企业特别是科技型小微企业发展,充分体现了在全面深化改革大潮中,大力发展民营经济的决心和信心。十八届四中全会提出的全面推进依法治国对民营经济发展意义重大,将进一步保障民营企业能够在公平、公正的法治环境下正常生产经营,并通过法律、法治鼓励创新,保护创造,将为民营经济发展带来巨大红利。当前我国经济社会发展基本面长期向好的趋势没有改变,市场潜力巨大,生产要素综合优势明显,市场经济体制不断完善,全面深化改革不断推进,将释放更多发展机遇,同时"大众创业"、"万众创新"将极大激发市场经济活力,民营企业要进一步坚定发展信心,沉着应对挑战,主动把握机遇,实现新发展。

二是企业投资管理体制改革的不断深入将极大推动民间投资。当前，广东省积极推进新一轮的企业投资管理体制改革，省政府印发出台了《广东省企业投资项目实行清单管理的意见（试行）》以及企业投资项目准入负面清单、行政审批清单、政府监管清单等。这是广东省投资体制改革的一项重大举措，标志着全省企业投资项目管理方式的重大转变。公布准入负面清单，将进一步放宽企业投资准入，尤其是民营企业投资准入；列明行政审批清单，加快实现投资审批流程优化、程序规范、公开透明、权责清晰；实行政府监管清单，进一步规范投资主体行为，有序地推动企业投资。"三单"管理的推出将进一步扫除阻碍民间投资发展的不利条件，创造更加公平、公正、公开的民间投资环境，推动民间投资蓬勃发展。

三是"走出去"战略为民营经济发展提供了广阔空间。广东提出打造成为"一带一路"的战略枢纽、经贸合作中心和重要引擎的定位，在2014年成功举办了21世纪海上丝绸之路国际博览会的基础上，2015年广东进一步全面统筹，协调推进一带一路发展战略，在全国率先发布《广东省参与建设"一带一路"的实施方案》（以下简称《实施方案》），成为首个完成与国家"一带一路"战略规划衔接并印发《实施方案》的省份。《实施方案》加大政策、财政、投融资和信息服务，推动与沿线国家的合作，从促进重要基础设施互连互通、提升对外贸易合作水平、加快产业投资步伐等九大领域做出重大部署，同时制定了配套实施方案，并梳理形成了《广东省参与"一带一路"建设实施方案优先推进项目清单》，大力推进68个项目，总投资达554亿美元。基础设施的互连互通、贸易信息的快捷便利化、重大项目建设的稳步推进等这些重要举措，将为民营企业"走出去"搭建广阔发展平台，民营企业应充分发挥组织结构灵活、市场应变经验丰富等优势，加快补齐短板，实施品牌战略，加强科技创新，积极参与"一带一路"建设，拓展国际市场，获取原材料，转移优势产能，拓展发展空间。

四是科技创新将为民营经济发展提供不竭动力。珠三角地区民营经济要加快发展，必须依靠技术进步和科技创新，调整产业布局，提高产品核心竞争力，加快转型升级。近日广东出台了《当前推进珠江三角洲地区科技创新一体化行动计划（2014—2020）》，重点推进广州、深圳创建国家自主创新示范区，支持佛山、顺德建设省自主创新特区，大力推进广佛肇、深莞惠、珠中江三大创新圈产业公共服务平台的共建共享。民营企业要善于把握大势，顺应大势谋发展。要加大研发投入，加强技术改造，熟悉政策文件，积极申报科技创新项目，争取在财政资金、科技金融、创新人才上获得重点支持，增强自主创新能力。

课题组负责人：郭汉毅
课题组成员：潘丽珍　宋　瑜　张定玉　周海堂

2014 年长三角地区民营经济发展报告

摘　要： 长三角作为全国民营经济发达地区之一，广大民营企业积极应对经济发展新常态，深化改革，开拓创新，促进了长三角地区民营经济持续健康的发展。2014 年，长三角地区民营经济实现增加值 67 841.16 亿元，上海、江苏、浙江分别达到 6 256.06 亿元、35 473.1 亿元和 26 112 亿元，民营经济呈现良好的发展态势。同时，长三角地区民营经济的发展还面临不少困难和挑战，经济增长动力不足，部分企业生产经营困难，结构调整阵痛显现，转型升级任务艰巨，企业家在发展企业的思想上出现困惑和迷惘。这些困难和问题，应引起长三角地区各级党委、政府的高度重视，亟须采取行之有效的措施，化解难题，优化环境，以促进本地区民营经济的健康发展。

关键词： 长三角　民营经济　发展成就　存在问题　对策建议

　　2014 年，面对复杂多变的宏观经济环境和艰巨繁重的改革发展任务，作为民营经济发展较快的长三角地区[①]（江苏、浙江、上海两省一市），紧紧围绕中央和地方决策部署，积极应对经济发展新常态，坚持稳中求进的工作总基调，全面深化改革，扎实推进民营经济稳定健康发展，在促进长三角地区经济社会稳定发展中作出了积极贡献。

　　[①]　上海市民营经济统计范围包括私营企业、集体企业、个体经营户以及私营控股、集体控股企业，本文有关上海民营经济的数据由上海市工商联提供。江苏民营经济统计调查的范围：江苏省行政区域范围内除国有控股以外的内资企业和个体经营户，具体包括集体企业、股份合作企业、集体联营企业、其他联营企业、其他有限责任公司（剔除国有控股企业）、股份有限公司（剔除国有控股企业）、私营独资企业、私营合伙企业、私营有限责任公司、私营股份有限公司、其他内资企业和个体经营户，本文有关江苏民营经济数据由江苏省工商联提供。浙江省民营经济指个体工商户、私营企业、集体企业以及私营控股企业、集体控股企业等所有制经济，本文有关浙江省民营经济数据由浙江省工商联提供。

一、2014 年长三角民营经济发展总体概况

1. 发展稳健，经济总量持续增加。2014 年，长三角地区民营经济发展较为平稳，总量稳步提升。全年实现经济增加值 67 841.16 亿元，占三地生产总值的 52.68%，较上年增长 0.98 个百分点。其中，上海民营经济增加值为 6 256.06 亿元，较上年增长 7.1%，占全市生产总值的 26.6%；江苏民营经济增加值为 35 473.1 亿元，比上年增长 9.1%，占全省 GDP 比重的 54.5%；浙江民营经济实现增加值 26 112 亿元，较上年增长 10%，占全省 GDP 比重达 65%。

2. 实力增强，企业规模不断扩大。目前，长三角地区民营经济发展已经逐步由过去分散粗放型经营，走向规模化集约式发展，规模实力不断增强。至 2014 年年末，长三角私营企业共计 380 万户，比上年增加 49.96 万户，同比增长 15.1%。其中，上海私营企业共 113 万户，同比增长 19.9%，注册资本 4.2 万亿元，同比增长 56.4%；江苏省私营企业达 157.4 万户，比上年年底增加 12.3 万户，私营企业注册资本总额 5.6 万亿元，户均 355 万元；浙江私营企业 109.6 万家，同比增长 17.1%，占全省企业总数的 90% 以上。在最新的"中国民营企业 500 强"榜单中，上海、江苏、浙江共有 243 家企业入围，接近全国一半。其中浙江入围企业 138 家，连续 17 年居全国首位。

3. 投资平稳，发展活力有所加强。2014 年，长三角地区民营经济完成投资 42 961.17 亿元，同比增长 10.2%。其中，上海实现民间投资 1 701.47 亿元，同比增长 7.2%，增速较上年提高 4.9 个百分点，快于上海全社会固定资产投资增速 0.7 个百分点；江苏实现民间投资 28 077.7 亿元，同比增长 14.8%，占全部投资的比重为 67.6%，比上年提高 0.6 个百分点；浙江完成民间投资 14 782 亿元，同比增长 20.1%，占固定资产投资的比重达 62.8%，比上年提高 1.4 个百分点。

4. 外向发展，对外贸易成效显著。经过多年的发展实践，长三角民营经济在扩大进出口规模、积极利用外资、"走出去"等方面都取得了优异的成绩。2014 年，三地民营企业总计实现出口额 3 447.39 亿美元，比上年增长 10.8%。其中，上海民营企业实现出口总额 407.89 亿美元，同比增长 8.0%，较上年提高 1.8 个百分点，全市核准民营企业对外直接投资项目 464 个，投资总额

67. 06 亿美元，占全市对外投资总额的 54.6%；江苏民营企业实现出口总额
1 128. 5 亿美元，占全省出口总额的 33%，同比增长 5%，高于全省出口增速
1.7 个百分点，高于外资企业增速 3.4 个百分点；浙江民营企业实现出口 1 911
亿美元，比上年增长 14.3%，高于全省出口平均增速 4.4 个百分点，占全省出
口总值的 69.9%，比上年提高 2.9 个百分点。

5. 贡献突出，引擎作用日益增强。随着民营经济总量占比越来越高，对全
省经济社会发展的贡献越来越大，已成为推动地方经济增长的新引擎。2014
年，长三角民营经济实现税收 13 490.09 亿元，同比增长 9.8%，占各类所有制
经济税收收入的 50% 以上。其中，上海市民营经济完成税收收入 2 296.19 亿
元，较上年增长 11.8%，增速较上年回落 0.6 个百分点，快于全市平均水平
0.9 个百分点；江苏民营经济上缴税金 6 012.6 亿元，同比增长 9.5%，占全省
税务部门直接征收总额的 56.6%；浙江民营经济上缴税金 5 181.3 亿元，较上
年增长 9.0%，占全省各类所有制经济税收的比重为 69.9%，比上年提高 2.9
个百分点。

三地民营企业共吸纳从业人员 5 433.3 万人，同比增长 15.6%。其中，上
海私营企业从业人员共 669.3 万人，同比增长 0.8%；江苏全省私营企业和个
体工商户登记的从业人数达到 2 615 万人，比上年年底增长 2.8%，其中，私营
企业从业人数达到 1 973 万人；浙江全省民营企业吸纳从业人数达到 2 149 万
人，同比增长 6.9%，占全社会就业总量的 59.1%。

二、2014 年长三角民营经济发展特点

2014 年，在各地党委政府的正确引导下，广大民营企业主动适应经济发展
新常态，积极参与国家战略实践，着力调整优化产业结构，加快转变发展方
式，在矛盾中破解难题，积极保持平稳较快发展势头。三地民营经济发展呈现
各不相同的发展特色。

1. 上海：自贸区改革试点带动创业热情，服务业引领发展，转型发展取得
良好成效。

上海自贸试验区改革试点实施以来，有效带动了民间创业热情。2014 年，
全市工商注册登记的民营新设企业达 26.06 万户，在全市新设企业中的占比达

到94.9%。民营新设企业注册资本全年合计11 037.16亿元，同比增长2.54倍。自贸试验区新设私营企业7 166户，占全部企业的63.3%；注册资本2 011.89亿元，占全部企业的43.3%。

在创业热潮的带动下，2014年，上海民营经济服务业增加值达到4 146.40亿元，同比增长8.2%，在民营经济增加值中所占比重由上年的65.5%进一步提高至66.3%，继续引领各产业增长。全市民营服务业积极探索新业态，试点新模式，在金融、房地产、运输邮政、电子商务、餐饮服务等行业全面拓展业务领域，质量效益取得进一步提高。一大批民营企业以科技创新、制度创新、模式创新为驱动，坚持以创新为基础，通过拓展国内外合作，提升核心竞争力，积极实现转型升级，不仅为全市创新、转型提供了重要支撑，也为广大中小企业树立了榜样。

2. 江苏：民营经济整体实力显著提升，创新能力逐渐增强，开放发展水平不断提高。

2014年江苏民营经济对全省GDP的贡献率达54.5%，拉动经济增长4.8个百分点；民营工业对规模以上工业增加值增长贡献率达65.2%，比上年提高0.3个百分点，居各经济类型首位。2014年全省百强民营企业营业收入入围门槛超过100亿元，达101.5亿元。苏宁控股集团、江苏沙钢集团有限公司年营业收入均超过2 000亿元，恒力集团、中天钢铁集团有限公司超过1 000亿元，苏宁环球集团有限公司、三胞集团有限公司、南京钢铁集团超过500亿元。

近年来，江苏民营企业由原来主要集中在劳动密集型、科技含量较低的加工配套产业，加快向先进制造业、现代服务业和新兴产业领域拓展。民营企业积极投身创新驱动，转型升级主战场，成为创新的重要组成部分。民营高新技术企业数量占全省的70%，研发投入约占全省企业的2/3，一大批科技型民营企业快速成长，成为引领行业发展的排头兵。84 315家民营科技企业拥有有效专利数37.1万件，近半数以上的民营科技企业建有独立研究开发机构，能自主开发新产品或新工艺。

江苏作为开放型经济大省，外向型经济发展取得扎实成效。2014年，江苏民营企业实现出口总额1 128.5亿美元，同比增长5%，高于全省出口增速1.7个百分点，高于外资企业增速3.4个百分点；民营企业出口总额占全省出口总

额的 33%，较上年提高 0.5 个百分点，对全省出口增长贡献率由上年的 31.7%
提升到 46.3%。

3. 浙江：高技术服务业发展较快，民营工业发展平稳，"走出去"态势
良好。

2014 年，浙江全省高技术服务业保持较快发展，3 299 家规模以上高技术
服务业企业实现营业收入 2 716.5 亿元，同比增长 16%，实现利润总额 704.1
亿元，同比增长 22.2%。其中，阿里巴巴旗下的浙江天猫技术有限公司、淘宝
（中国）软件有限公司、阿里巴巴（中国）有限公司和支付宝（中国）网络技
术有限公司表现突出，四家公司共实现营业收入 645.9 亿元，利润总额 350.2
亿元，同比分别增长 53% 和 41.8%，占规模以上高技术服务业的 23.8%
和 49.7%。

全省规模以上民营工业发展平稳，2014 年实现增加值 10 332 亿元，比上年
增长 7.1%；实现利润 3 544 亿元，比上年增长 5.1%。其中，私营企业 1 221
亿元，增长 5.5%，高于全部规模以上工业 0.4 个百分点。2014 年，全省规模
以上工业完成出口交货值 12 085 亿元，增长 5.2%；新产品产值 19 415 亿元，
比上年增长 21.6%，高于工业总产值增幅 15.2 个百分点；制造业中，高新技
术产业增加值 4 283 亿元，增长 8.5%，占规模以上工业的比重为 34.1%。

随着浙江全省民营经济稳定健康发展，2014 年民营企业"走出去"发展态
势良好，呈现总量大、分布广、领域宽、抱团多、趋势好等特点。在全省经审
批和核准的境外投资项目中，90% 来自于民营企业。民营企业境外投资遍布全
球 142 个国家和地区，正在逐步从以境外营销网络建设为主向境外投资设厂、
资源能源开发、收购国际知名品牌等多领域拓展，特别是海外并购已成为浙江
民企对外投资的重要方式。

三、长三角民营经济发展面临的主要挑战

当前，我国经济发展面临不少困难和挑战，经济增长动力不足，部分企业
生产经营困难，结构调整阵痛显现，转型升级任务艰巨。长三角地区民营经济
走在全国发展前列，同样遇到了不少挑战，具体表现在如下几个方面。

1. 企业发展信心不足。受整体环境影响，实体经济市场需求不足，多个行

业产值增幅出现回落,企业"跑路"、倒闭现象时有发生。经济下行压力大,转型升级难度大,科技创新风险大,使得相当多的企业家对市场前景预期多数持谨慎态度,再发展信心不足,坚守实业意愿不强,投资动力匮乏。以江苏为例,2014 年,江苏企业景气指数全年的走势是从一季度 127.3 相对高位逐季回落,三季度落入 120 下方,四季度继续微弱下行至全年最低点 117.4,四季度环比、同比分别下降 0.9、3.6。企业家信心指数同步下行,2014 年四季度江苏企业家信心指数为 116.8,环比、同比分别下降 1.1、0.2。

2. 企业融资难题依然突出。民营企业规模较小,可抵押资产较少且缺乏充足的资本积累,因此普遍存在着发展资金紧张、贷款难的问题。流动资金的短缺一直是制约企业发展的瓶颈。虽然随着金融市场改革的深化,优质民营企业融资难问题得到了很大改善,但大部分民营企业发展过程中仍然存在着严重的资金缺口。从间接融资来看,一方面国有商业银行贷款审批程序复杂、周期长,会导致综合借贷成本较高;另一方面大量民企的企业制度不够成熟规范,信息不透明,大银行很难解决二者之间的信息不对称问题,银行出于风险防范不愿提供融资服务。同时,证券市场对私营企业的开放度低,民营经济利用债券融资和股权融资的空间十分狭小,能通过证券市场直接募集资金的私营企业极少。中长期发展资金的匮乏,使得民营企业难以做强做大。

3. 企业用工成本增加,经营压力增大。多年的经济持续快速增长,使我国大部分地区尤其是沿海地区劳动力成本进入了一个快速上升期。劳动力工资快速增长,在直接增加居民收入的同时,也推动了国内企业用工成本的整体快速攀升。从调研情况看,用工成本快速上升已经成为当前多数企业,尤其是小微企业面临的主要困难。根据江苏省统计局 2014 年调查问卷情况来看,更多的企业用工成本有不同程度的增加,比重达到 83.7%,比三季度增加 4.4 个百分点;另外,16.3% 的企业用工成本没有增长,相应减少 4.4 个百分点。其中,用工成本增长幅度在 0%～5% 和 5%～10% 的企业比重最大。

4. 知识产权保护亟待大力加强。当前,我们国家虽然加大了知识产权保护的法规制度建设和管理力度,但仿冒他人技术、专利、商标、品牌现象仍大量存在,知识产权纠纷案数量呈加速上升趋势。知识产权违法成本低、维权成本高的现象没有根本改变。企业对申报知识产权心存顾虑。部分民营企业自主研发具有领先水平的核心技术，不敢申报国家专利。比如，浙江台州某企业自主研发的多用途新型特种橡胶传送带，目前在国内市场处于领先位置，市场前景十分广阔，但由于担忧在申报专利的过程中，经拍照、生产过程阐述等环节会造成专利技术泄密，一直不敢申报专利。因此，侵犯知识产权的问题十分突出。

5. 社会环境有待进一步优化。政府不作为现象时有发生，庸政懒政怠政现象有所抬头。一些政府部门工作人员办事动力不足，过于惧怕"工作上出事"，更加注重所谓的"安全"。他们疏远企业，疏远企业负责人，造成企业办事很多时候面临给不给办的尴尬境地。有些党政干部一改以往与企业家热情交往的态度，敬而远之，甚至避而远之，对企业家及企业缺乏应有的尊重和支持，不利于民营企业健康发展和企业家健康成长。一系列扶持经济发展的政策措施，散落于各个不同的政府部门，政策效应无法充分显现。有些政策缺乏跟进和细化措施，"玻璃门"、"旋转门"、"弹簧门"现象仍然存在，既影响民间投资的信心和决心，也影响经济发展的活力和动力。

四、进一步促进长三角民营经济发展的对策建议

企业遇到的实际困难，以及企业家思想上出现的困惑迷惘，应当引起各级党委、政府的高度重视，要从"四个全面"战略布局的高度，迅速采取行之有效的措施，化解难题，优化环境，促进经济平稳健康发展。

1. 着力提振企业发展信心。当前形势下，强化依法行政，进一步厘清政府与市场的边界，着力营造公平正义的市场环境与良好的法制政策环境。大力加强服务，深入企业，关心企业，与企业加强联系，想企业之所想，解企业之所难，在改进服务中传递信心。充分利用深化经济体制改革带来的机遇，引领企业发展。积极抓住"一带一路"、"长江经济带"建设等国家战略实施的有利契机，从各地实际出发，及时出台相关配套政策与实施细则，积极引导广大企业投身其中，加快"走出去"，抢抓商机，拓宽发展新空间。各级党委、政府要加强引导，着力营造"大众创业、万众创新"的时代热潮，激发创业创新热情，增强发展信心。

2. 切实缓解企业融资难题。完善民营企业尤其是中小微企业融资服务体

系，引导各地创新银企对接模式，推进商业银行、担保公司、小贷公司、创投公司与中小微企业对接合作。开展互联网金融与担保结合的创新业务试点，推动建立银担合作风险分担机制。推进融资超市、转贷应急资金和统贷平台建设，支持各地中小企业转贷平台扩大业务规模，拓宽融资渠道。

3. 大力助推企业开拓市场。鼓励和支持民营企业参与国际国内市场竞争，充分利用国际国内两个市场、两种资源，不断增强市场竞争力，充分利用国家和地方各类经贸合作交流平台，帮助中小企业开拓国内外市场，鼓励行业协会等组织企业参展参会。发挥大型龙头骨干企业带动作用，整合产业链上下游企业形成战略联盟，推动企业集群式"走出去"。引导和鼓励一批省级特色产业集群建立专业商务网站，支持产业集群与行业专业网站互连互通，助推企业开拓市场。

4. 着力强化知识产权保护。完善专利权的审核机制，严格落实专利权审核的保密工作责任制，采取更加有力的措施，防范专利审核泄密，更好地保护技术创新者的权益。进一步简化专利申报、审核环节，缩短审核时间，提高审核效率。加强社会诚信体系建设，稳步推行诚信档案信息共享机制，加大对失信行为的处罚和追究，营造失信企业和个人终身或限期淘汰氛围，大幅提高企业和个人的失信成本。严格对知识产权的法律保障，对侵犯知识产权的案件审理要从严、从快、从重，广泛利用媒体宣传。探索建立对民营企业知识产权保护的法律救助机制，让知识产权受侵害的企业有时间、打得起、打得赢官司，从根本上减轻技术创新企业维权的成本和压力。

5. 切实提高政府行政效能。进一步加大行政审批"减、转、放、免"力度。加快行政审批制度改革，衔接好国家下放的行政审批权限，着力推进行政审批流程再造，切实做到简政放权让利。创新工作方式，积极开展"访企解难进万家"、"万名干部进万企"等活动，深入企业了解实情，解决企业的困难，推进工作落实，形成全社会关心企业成长和发展的良好氛围。积极构建政商关系新生态，依法依规积极构建新型政商关系，建立健全党政干部与企业家交往的约束机制，逐步形成法制基础上的良性政企互动关系。积极畅通企业与政府部门的联系渠道，不断完善政府部门与企业家共同参与的联席会议制度，解决企业实际困难，提升政府服务水平，优化发展环境。对近年来出台的促进经济发展的相关政策落实情况进行彻底的排查，积极开展"第三方评估"，逐一对照，对政策落实不到位或没有落地的要厘清情况、彻底整改，对不符合当前形势的及时做出调整，坚决杜绝政出多门和推诿扯皮的现象，促进各项政策落地生根。

课题组负责人：何昌林
课题组成员：
    江苏省工商联：高寿凯　欧　坚
    上海市工商联：徐惠明　张　捍　韩　莹
    浙江省工商联：黄正强　刘志义　景柏春

2014 年北京市民营经济发展报告

摘　要：2014 年是全面贯彻落实党的十八届三中全会和全面深化改革的开局之
年，本民营经济发展报告由基本情况及特点、发展存在的主要问题和
发展趋势展望及对策建议等部分构成。本发展报告阐述首都民营经济
持续发展向好并对经济贡献不断攀升、经济发展环境不断得到优化、
民营企业履行社会责任并参与光彩公益，并指出制约发展的体制机制
障碍、制约发展的一些实际困难、民营资本进入的领域和程度有限及
京津冀三地民营经济协同发展程度较低等方面的问题，并提出了发展
的趋势展望和相关的意见建议。

关键词：北京民营经济　京津冀协同发展　首都新功能定位

2014 年是全面贯彻落实党的十八届三中全会精神、全面深化改革的开局之
年。在首都确认新的核心功能定位和京津冀协同发展成为重大国家战略部署的
大背景下，北京民营经济从当前经济发展的阶段性特征出发，继续坚持稳中求
进的总基调，积极适应新常态，自觉把握首都城市战略定位，自觉考虑发挥首
都经济的影响和示范作用，不断优化升级产业结构，实现了持续稳步健康
发展。

一、2014 年北京民营经济基本情况及特点

（一）民营经济持续向好发展

北京市私营企业和个体工商户的工商登记注册、国地税入库税收和城镇私
营企业固定资产投资完成额（见表 1）显示，2014 年度和上年相比，北京市民
营经济整体呈现出"五增两降"的态势，即私营企业户数增长 25.94%，私营
企业从业人员增长 37.45%，私营企业注册资本增长 142.45%，城镇私营企业
固定资产投资完成额增长 16.12%，个体工商户注册资本增长 17.61%；而个体

工商户户数、从业人员分别减少 1.65% 和 8.35%。这一态势与最近五年的民营经济发展状况基本一致，体现出近几年来民营经济综合实力稳步上扬，个体经济趋向集约式发展，进一步优化了市场参与者的发展形式。

表1　2014 年私营、个体经济工商登记注册、国地税入库税收和
城镇私营企业固定资产投资完成额

分　类	私营		个体	
	本期累计	上年同期	本期累计	上年同期
工商登记注册				
户数（户）	848 099	673 436	653 319	664 306
从业人员（人）	7 255 948	5 278 964	1 029 973	1 123 814
注册资本	432 893 097	178 551 821	2 180 772	1 854 185
国地税入库税收合计				
入库税收合计				
城镇私营企业固定资产投资完成额（亿元）	335.7	289.1	—	—

（二）民营经济对全市经济的贡献不断攀升

2014 年，北京市委、市政府更加重视民营经济，制定了一系列非公有制经济企业进入特许经营领域的具体办法，落实促进中小企业发展条例，及时解决民营企业特别是中小微企业发展中的困难和问题，进一步优化了北京民营经济的发展环境，民营经济发展潜力得到进一步释放，对全市经济的贡献不断攀升。

1. 民营企业发展成绩突出，纳税额增幅明显

2014 年，北京市全年实现地区生产总值 21 330.8 亿元，比上年增长 7.3%。按产业来看，第一产业实现增加值 159 亿元，占全市地区生产总值的 0.7%；第二产业增加值 4 545.5 亿元，比上年增长 6.9%，占全市地区生产总值的 21.4%；以民营经济为主体的第三产业增加值增长最快，占比最高，为 16 626.3 亿元，比上年增长 7.5%，占全市地区生产总值的 77.9%（见图1）。

同时，民营经济迅速入驻并迅猛发展的一些新兴产业也为国民经济发展作出了突出贡献。例如，文化创意产业全年实现增加值 2 794.3 亿元，比上年增

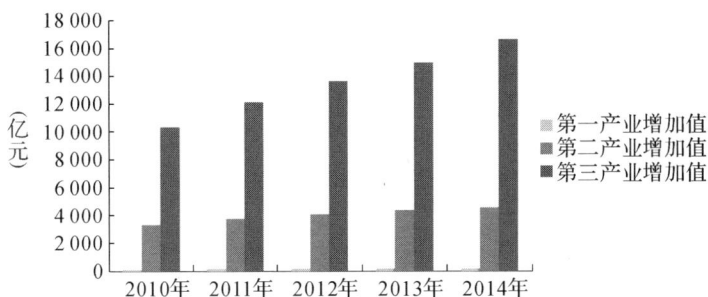

图1　近五年来三大产业增加值变化情况

长8.4%，占地区生产总值的比重为13.1%，比上年提高0.1个百分点；信息产业实现增加值3 134.4亿元，增长9.8%，占地区生产总值的比重为14.7%，比上年提高0.3个百分点；生产性服务业实现增加值11 072.5亿元，增长9.3%，占地区生产总值的比重为51.9%，比上年提高0.8个百分点（见图2）。

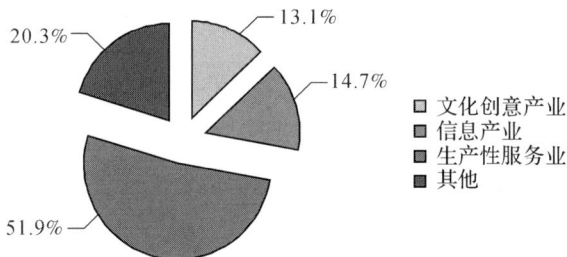

图2　新兴产业的GDP贡献比例

民营经济占主体的新兴金融业、信息服务业、科学技术服务业表现突出，增速分别达到98.5%、58.2%和40.9%；同期，各行业个人所得税都实现了两位数增长，尤其是科学技术服务业和信息服务业增速最高，分别达到32.6%和31.9%。

从重点税源的行业分布来看，截至6月底，本市地税共有税源户126万户，其中纳税百万元以上企业1.5万户，增长8.5%；从行业来看，科学技术服务业和商务服务业户数分别增长11.3%和10.7%。新增税源继续向新兴行业聚集，9万户新增税源带动增收24.8亿元，带动税收增长1.5个百分点。

2. 民间投资占比明显提高，社会资本向重点行业和领域聚集

民间资本是否活跃是一个地区经济是否活跃的关键指标之一，最能反映优

质资源的配置趋势。2014 年，北京市完成全社会固定资产投资 7 562. 3 亿元，比上年增长 7. 5%，其中民间投资完成 2 620. 7 亿元，占全社会固定资产投资总额的 34. 65%，同期增长 8. 3%。

2014 年上半年，市政府在重大科技成果转化和产业化项目资金、文化创新发展专项资金等多领域的固定资产投资中安排引导放大资金 113. 8 亿元，预计带动社会投资超过 1 000 亿元。在政府资金的撬动下，大量社会资本向高新技术、文创和公共服务领域聚集。本市基础设施领域的市场化改革在贯彻落实《引进社会资本推动市政基础设施领域建设试点项目实施方案》的过程中持续深化，推动轨道交通、城市道路、综合交通枢纽、污水处理、固废处置和城镇供热 6 个市政基础设置重点领域的 126 个市场化试点项目，民营资本在社会经济发展中的作用日益凸显。

3. 融资机构业务规模和金融水平显著提高，小微企业受益多

2014 年，北京市经济金融保持了平稳适度增长的良好态势，金融业成为带动全市经济增长和财政收入增长、构建“高精尖”经济结构的第一支柱产业。

一方面，银行业金融机构积极调整业务结构和贷款投向，加强产品、机构和管理创新，较好地支持了实体经济发展，包括小微企业在内的各类信贷业务实现了较快增长。截至 2014 年年底，全市共有融资性担保机构 130 家，融资性担保责任余额 1 901. 67 亿元，对小微企业的在保余额达 413 亿元，覆盖小微企业 4. 5 万户；全市共批设小额贷款公司 89 家，实现 16 个区县全覆盖，年内累计发放贷款余额 191. 94 亿元。

另一方面，融资性担保公司和小额贷款公司有效带动了社会资金的运行，重点解决了科技、文创、三农类小微企业融资难问题。小微企业本外币贷款余额为 4 373. 2 亿元，同比增长 18. 1%，增速比大型企业、中型企业分别高 7. 4 个和 4. 6 个百分点。

（三）民营经济发展环境进一步优化

1. 知识经济领域新政层出，创新驱动不断加强

一是完善支持知识经济创新的政策机制，加快推进市级层面科技政策创新。北京市积极推进北京技术创新行动计划，继中关村示范区“1 +6”政策持续实施、“新四条”实施细则正式出台之后，2014 年，北京市又相继发布了

《加快推进高等学校科技成果转化和科技协同创新若干意见》（京校十条）、《关于加快推进科研机构科技成果转化和产业化的若干意见》（京科九条）、《关于进一步创新体制机制、加快全国科技创新中心建设的意见》等新政，进一步优化了科技成果使用权处置、科技金融创新、新技术新产品应用的市场环境和政策环境。

二是加大知识产权保护力度。2014 年，北京以世界知识产权组织在京设立中国办事处为契机，进一步加强知识产权国际交流与合作，设立知识产权法院，大力推动知识产权的保护和运用，为知识经济提供法律保障。2015 年，中国分别在北京、上海、广州设立知识产权法院，审理知识产权民事和行政案件，落实国家知识产权战略，发挥司法保护知识产权的重要作用。全国检察机关加大知识产权司法保护力度，与有关部门共建打击侵权假冒信息平台，坚决打击侵权行为，妥善办理科研活动和成果转化中的案件，严格区分罪与非罪，支持和保护科技创新。

三是加强科技创新投入。根据北京市财政局《关于北京市 2014 年预算执行情况和 2015 年预算草案的报告》显示，2014 年，北京市强化科技创新驱动发展，共投入 191.2 亿元，引导 676 个重点实验室为企业提供研发服务，推动生物医药、能源结构等领域关键技术转化，支持移动互联网、集成电路等创新型产业集群培育项目及战略性新兴产业发展。

四是新技术交易成果显著。统计显示，2014 年，北京吸纳全国战略性新兴产业技术合同 40 431 项，成交额为 1 020.1 亿元，分别占全国的 16.6% 和 14.3%。技术市场推动了电子信息、新能源与高效节能、生物医药和医疗器械等新兴产业快速发展，吸纳技术合同成交额分别增长 24.3%、25.7% 和 13.1%。一些新技术进入交易市场并快速增长，2014 年以大数据、云计算、物联网为"标的"的交易项数为 288 项，是 2011 年的 2.4 倍。

2. 职能部门强化服务意识，手续办理更加便捷

一是工商登记"宽进准入"。企业注册资金由以往"实缴"改变为"认缴"，不再收取验资证明，降低了门槛，放松了企业进入市场的管制；60% 以上的登记业务可网上申请，超过 1/3 的事项可直接核准。仅政策实施的头三个月，北京即新设企业 6.97 万户，同比增加 77.96%。

二是营业执照"三证合一"。三证合一就是工商营业执照、组织机构代码证和税务登记证三个证件合并成一个。2014年6月4日，国务院《关于促进市场公平竞争维护市场正常秩序的若干意见》（国发［2014］20号文）在"改革市场准入制度"中提出"简化手续，缩短时限，鼓励探索实行工商营业执照、组织机构代码证和税务登记证'三证合一'登记制度"，各地纷纷响应。8月，通州区在全市各区县首推"三证合一"市场主体准入联办审批制度，申请企业只需在区行政服务中心窗口一次性办理登记，就能在4个工作日后领取载有税务登记号、组织机构代码号的工商营业执照，实现一证代替三证（见表2），启动了北京市各区县三证合一制度改革的进程。

表2　北京市通州区企业开张实现"三证合一"创新

创办一家企业："先证后照" → "先照后证" → "三证合一"	
质监局：核发组织机构代码	申办企业在"三证合一"联办窗口一次性提交所有材料，相关部门协同合作，内部审批系统完成部门之间数据交换和信息共享传输，从而完成全部审批，直到最后公章刻章完毕交付企业，实现企业和监管部门的"双减负"。
国税局：核发税务登记号	
地税局：核发税务登记号	
统计局：进行统计登记	
公安分局：批准刻公章	
工商分局：核发营业执照	
形成营业执照、税务登记证、组织机构代码证（共三个）	营业执照同时印税务登记号和组织机构代码号（共一个）

三是国税办税服务更加规范便捷。2014年，北京国税普通发票领用、税控机打普通发票验旧等涉税事项全市通办，实现企业跨区领取发票，北京成为全国首个省级国税业务通办的城市。

四是国、地税系统实现基础数据各部门共享。联合税务登记系统拓展至全部登记事项，纳税人可自由选择任何一方申请办理。

五是多个投资项目审批流程得到简化。审批时限得到一定程度的压缩，并联审批等举措的推出，使得审批时限从原来需要经历80多个环节、300多个工作日压缩到50多个环节、平均109个工作日。

3. 民营经济融资平台建设得到加强，融资形式多样化

一是设立中小微企业融资专项服务平台。北京市金融工作局加强中小微企

业融资平台建设，会同首都金融服务商会发起设立首家中小微企业金融服务有限公司，采用分阶段推进策略，有效缓解中小微企业融资困境，第一阶段建立信息发布平台、企业数据库和种子基金；第二阶段引入融资保荐人、担保公司、资产管理公司、小额贷款公司等多种交易主体，丰富融资渠道；第三阶段通过数据与实体机构的有效结合，实现平台撮合交易。

二是持续提供金融服务"一条龙"、"组合拳"。中关村持续为小微和初创企业提供金融支持"组合拳"，即信用贷款、股权融资和股权质押贷款等，并推动园区企业发行中关村企业私募债；针对企业不同发展阶段形成种子期"零信贷"和天使投资、初创期的创业投资基金、成长期的"瞪羚计划"、成熟期的企业并购等多种科技金融产品，形成"一条龙"科技金融服务模式。

三是完善民营企业信用体系建设。中关村管委会率先建立起领先全国其他高新区的信用体系建设，在公共政策中叠加对企业的信用要求，并鼓励各类金融机构在信贷评审中使用企业信用报告，使信用贷款成为中关村企业腾飞的重要跳板；2014 年，中关村信用信息平台建设进一步完善，畅通了小微企业和金融机构、中介机构线上沟通联络渠道，推动了信用产品的市场化应用进程。截至目前，中关村科技企业信用信息平台已有会员单位 4 500 余家企业，累计使用信用报告 8 500 余份。此外，2014 年，北京市工商联积极倡导守法诚信经营，引导非公企业践行社会主义核心价值观，扎实开展"四信"教育活动和诚信经营主题教育活动，为民营企业信用体系建设营造良好的社会氛围。

四是各类金融机构推出针对初创企业的信贷产品。北京银行承办"中关村零信贷小微企业金融服务拓展活动"，多家金融机构推出"零信贷"、"成长贷"产品，推动解决无固定资产抵押、无贷款记录的初创企业的融资难题。

五是政府资金引导作用进一步发挥。政府资金的引导作用，在于弥补市场失灵的缺陷，同时吸引更多的民间投资聚力发展。中关村 2001 年即在全国率先设立了创业投资政府引导资金，到 2014 年，中关村参与设立的创投基金已达 33 家，基金承诺出资总规模达 178 亿元，是中关村政府创业投资引导承诺出资总额 10 亿元的近 18 倍；截至 2014 年 5 月，中关村参与设立的创投基金总额超过 42 亿元，共投资科技型企业 181 家，其中绝大多数是民营科技型企业。

六是通过其他途径为企业提供资金支持和服务。强化政府采购功能，市财政局与中小企业签订的政府采购合同金额占全市的比重达到 95%；投入 7.6 亿元，扩大中小企业发展基金规模，通过贴息、奖励等引导方式，促进金融机构、社会资本支持初创期、成长期的小微型企业的融资规模达到 53.9 亿元，为产业高端化发展积蓄了力量；在"2014 首都非公经济金融服务推进会"上，北京市工商联与北京经济技术开发区、中关村创投协会、北京股权交易中心签署战略合作协议，围绕多层次资本市场、互联网金融、商业保理等开展推介，向到会的 400 名企业家发布符合非公经济特色的创新金融产品和服务，并印发千余册《金融服务手册》。

（四）民营企业认真履行社会责任，积极参与光彩公益事业

光彩公益事业是引导和促进非公有制经济健康发展与非公有制经济人士健康成长的重要平台。2014 年，在北京市工商联的组织引导下，北京民营企业在参与区域经济发展、社会主义新农村建设、捐资助学、扶贫赈灾等方面作出了突出贡献。

一是积极推动区域经济协调发展。近 50 家企业参加光彩事业南疆行、信阳行、哈尔滨行和咸宁行活动，捐款超过 600 万元；100 余家企业参与新疆自治区和和田地区招商会、大凉山农副产品招商推介会、北京新发地拉萨净土健康产业展示厅招商活动等；近 80 家企业参与对口支援南水北调招商考察和推介活动，为北京市对口支援的丹江口水库库区建设发展作出贡献；200 余家企业参加"中国光彩事业西藏行"和"拉萨市招商推介会"等活动，捐资 250 余万元为拉萨市工商联改善办公环境。

二是积极参与新农村建设。北京市工商联成功组织开展"甜蜜的事业——平谷光彩行"活动，近 200 家民营企业参与活动，50 余家企业捐资 100 余万元。北京中腾时代集团公司以产业合作为主、公益帮扶为辅的企业发展方向在平谷投资 8 亿元，开发了占地 230 亩的红木文化产业园项目。

三是积极参与捐资助学、扶贫助残、赈灾捐款等活动。据不完全统计，2014 年，在工商联的组织引导下，民营企业为云南鲁甸地震灾区捐款 2 381 万元，捐赠物资折价 260 万元，合计 2 641.156 万元；为延庆二中、四川会理县实验学校、北京交大、北京医师协会等多家教育机构捐款、设立奖学基金累计 600 余万元。

二、北京民营经济发展存在的主要问题

2014 年，中国经济整体形势逐渐步入新常态，增长速度、经济结构和发展驱动都出现了新变化。一方面，长期制约民营经济发展的一些固有矛盾还没有从根本上得到解决；另一方面，在适应新常态的过程中，新问题和新困难不断出现，北京民营经济的发展面临着新旧双重挑战。

（一）制约民营经济发展的体制机制障碍仍未根本消除

一是民营经济在各类经济形式中的地位仍然不够突出。尽管十八届三中全会把市场在资源配置中的"基础性作用"提升为"决定性作用"，为民营经济发展提供了坚实的政策基础，但在具体实践中，各部门齐抓共管的民营经济发展组织协调机制运行尚不够顺畅，尤其是小型、微型企业的地位仍然不够突出。

二是适宜民营企业发展的市场空间仍然不够广阔。尽管深化改革取得了一定成效，政府职能转变已经释放出了更大的市场空间，但政府在发挥职能作用时仍然存在缺位和越位现象，严重制约着民营经济的自由发展。

三是国有企业和民营企业之间的体制鸿沟仍然难以消除。尽管发展混合所有制经济是民营企业发展的重要机遇，但在鼓励民营企业参与国有企业改制、重组的过程中，双方的体制鸿沟仍然是合作的最大障碍，导致民营企业短时间内难以真正成为平等竞争的市场主体。

四是现行产权交易体制的弊端一定程度上限制了民营经济的创新发展。目前北京产权交易体制存在强制性进场交易管理规则以及抽取提成比例过高的问题，服务费、席位费、交易提成等各项费用大大提高了民营企业，尤其是小微型民营企业参与产权交易的成本，在很大程度上减少了企业与新科技成果亲密接触的机会，限制了民营经济的创新发展。

（二）制约民营经济发展的一些实际困难仍未彻底解决

土地、资金、人才等关键性资源的不足，一直是困扰民营经济扩大发展的重要因素，民营企业在获取这些资源方面的成本高、难度大等实际困难仍将在一定时期内长期存在。

一是拿地难。无论在扩大增量还是挖掘存量方面，民营企业的用地需求都

远远没有得到满足，主要体现在土地价格高、拿地审批手续复杂、企业对土地政策调整信息掌握不及时、闲置土地处置难等方面。

二是人才引进难。民营企业在户籍管理、档案管理、职称评定、职业资格鉴定、住房和子女入学入托等基本保障问题上很难与机关和企事业单位相比，单纯靠企业自身设置的各种奖励和待遇的方式留住人才，对原本实力就不太雄厚的小微企业而言也颇有难度，民营企业人才荒和国有单位人才过剩并存，民营企业人才队伍建设和发展受到严重制约。

三是融资难。从金融机构的角度讲，长久以来，传统银行信贷结构模式主要是针对管理相对完善、现金流充足或者抵押品丰富的大中型企业设置的，往往由于抵押物不足、信用意识淡薄、财务管理混乱等方面的诸多限制，多数民营企业很难成功从银行获得贷款。近年来，各类金融机构不断创新融资模式，推出针对小微企业的专项融资产品，但受益企业的范围仍然非常有限。从政府角度讲，各项扶持政策在执行过程中，向民营企业倾斜的力度与企业实际需求之间仍然存在不小的差距。一方面，对民营企业而言，获得财政资金支持的门槛比较高，即使及时获得了相关信息并完成申报工作，最终能够获得扶持资金的企业还是凤毛麟角；另一方面，规模大、效益好的国有企业和大型民营企业更容易符合标准而获得财政支持，挤占了有限的资源，进一步降低了中小微企业获得财政支持的比例。

四是社保缴费负担重。随着社保体系日益完善，企业规范化发展的一个重要标志就是企业员工社保体系是否健全。但对民营企业特别是小微企业而言，由于其经营发展能力和盈利能力相对较弱，持续缴纳社保费的能力也相对较弱，小微企业社保欠费或中断的现象时有发生，这也严重影响到企业的生存能力和市场竞争力。

（三）民营资本进入的领域和程度仍然非常有限

近年来，国家出台了一系列政策措施，鼓励民营资本进入金融电信、市政公用事业、政策性住房建设等传统上一直拒民营企业于千里之外的行业。但民营资本在这些领域刚刚起步，参与程度有待加深，作用发挥还不明显。当前，尽管北京市在以上领域推出了一系列市场化试点，但政策落实和市场培育尚需要一个渐进过程，有数据显示，北京市以民营资本为主体的民间投资比重仅占全社会投资的 1/3 左右，低于全国 60% 的平均水平。

（四）京津冀三地民营经济协同发展程度仍然较低

京津冀协同发展，是在中国进入"三期"叠加新阶段，以习近平为总书记的党中央审时度势做出的一项重大国家战略。长期以来，由于受"行政区经济"发展理念的束缚，京津冀之间存在着严重的地方保护主义、市场分割和行政壁垒，形成了"画地为牢"、"以邻为壑"的误区，区域内统一的共同市场难以形成，经济总量尚未形成规模，区域内部资源配置不均衡，这些都严重制约着区域经济的健康持续发展。从京津冀、长三角、珠三角三大经济区经济发展情况的对比（见表3）来看，作为中国三大经济圈之一，京津冀的经济发展水平与长三角、珠三角相比仍存在着不小的差距。

表3　京津冀、长三角、珠三角三大经济区经济发展情况对比（2013）

项　目	京津冀	长三角（沪苏浙）	珠三角（广东）
面积（万平方公里）	21.6	21.1	17.98
占全国陆地面积的比重	2.32%	2.26%	1.93%
人口（亿人）	1.09	1.59	1.06
占全国总人口的比重	7.9%	11.7%	7.8%
地区生产总值（万亿元）	6.2	11.8	6.2
占全国 GDP 的比重	10.9%	20.8%	10.9%
比 2004 年增长	253%	241%	230%
全社会固定资产投资（万亿元）	3.92	6.28	2.23
占全国全社会固定资产投资比重	8.8%	14.0%	5.0%
比 2004 年增长	460%	308%	280%
社会消费品零售总额（万亿元）	2.3	4.4	2.5
占全国社会消费品零售总额比重	9.7%	18.5%	10.7%
比 2004 年增长	305%	330%	300%
进出口总额（亿美元）	6 125.4	13 278.2	10 916
占全国进出口总额的比重	14.7%	31.9%	26.2%
比 2004 年增长	308%	219%	206%

数据来源：中华人民共和国国家统计局.

三、北京民营经济发展趋势展望及对策建议

2015 年是全面完成"十二五"规划的收官之年。北京民营经济应坚持经济工作稳中求进的总基调，积极适应经济发展的新常态，以提高经济发展质量和效益为中心，进一步优化升级经济结构，加快创新驱动发展的步伐，抓住机遇，应对挑战，迎难而上，谋求新的增长和成绩。

（一）北京民营经济发展趋势展望

1. 密集政策力挺民营企业发展，民营经济将迎来更加宽松的政策环境

近年来，中央、北京市及其各相关部门陆续出台一系列力挺民营企业发展的政策措施，为民营经济发展打造了良好的政策环境。例如，延长小微企业减税实施期限，提高优惠政策实施范围的上限；进一步减少和规范涉企收费，减轻企业负担；进一步扶持小微企业发展，推动大众创业、万众创新等。尤其是《关于扶持小型微型企业健康发展的意见》从税收优惠、金融担保、创业基地、信息服务等方面布局小微企业长远发展，被业内称为小微企业发展"新国十条"。无论中央和市级层面的政策，北京民营企业在信息获取上较其他省市有着独特的优势。

2. 全面改革和创新持续深入，民营经济创新将迎来更加利好的大环境

2015 年，中国的改革和创新步伐将进一步加快，民营经济凭借其机动、灵活、极富创新力的特点，最有希望成为创新发展、提质增效的主要推动力量。各级政府积极支持的"战略性新兴产业"，以市场的眼光来看，就是用新技术拓展市场的可能性。这些领域里有可能造就与现在完全不同的市场、产品和商业模式。例如，在新能源、互联网与移动互联网、人工智能、环保、文化与传媒等领域，民营企业是最有动力和能力打造出符合市场需求的创新产品与服务的。从政府的角度看，随着经济下行压力进一步增大，各方面对国有经济的认识会日趋客观和理性，和民众一样，政府及其相关部门对于民营经济的创新也同样持有很高的期待，因此，2015 年及今后，民营经济的创新必将得到政府更大力度的支持。

3. 依法治国全面推进，民营经济将迎来更加规范的法制环境

全面推进依法治国、建设法治国家有利于进一步释放经济潜力，推动经济

增长，必将为民营经济创造更加公平、透明、坚实的生长土壤。一是健全的法律法规制度体系有利于切实保障民营经济在市场竞争中的平等法律地位，是优化民营经济发展环境的关键因素。二是不断修订完善和新建的法律法规正在逐步打破旧有制度对民营经济的"限制性"指导思想，民营经济的发展权利必将日益得到尊重和保护。三是政府各部门出台的各种实施细则、配套办法越来越细化和规范，使民营企业在财产保护、市场准入、税收优惠、企业并购等具体领域都有章可循。

4. 京津冀协同发展战略上升为国家战略，民营经济将迎来更加广阔的发展空间

京津冀是继珠三角和长三角之后中国第三个经济发展引擎，将成为中国未来 20 年改革开放和跨越发展的前沿阵地。从京津冀协同发展的历史沿革，我们不难看出，京津冀协同发展的大战略，经过长期酝酿已经进入快车道，由"恋爱期"步入"蜜月期"，三地新一轮高水平、深层次、全方位的合作已拉开帷幕。

作为京津冀协同发展的领头羊，北京市已于 2014 年出实招助推三地融合，例如，市财政投入 25.0 亿元设立京冀协同发展产业投资基金，为本市外迁企业入驻河北产业园区提供综合服务；投入 17.5 亿元，推动新机场重点项目拆迁，落实京津冀协同发展重大战略。2015 年，类似的扶持力度必定有增无减。随着京津冀一体化发展的不断深入，北京民营经济必将成为受益者。

5. "一带一路"持续推进，民营经济将迎来"走出去"的最好机遇

海上丝绸之路经济带和 21 世纪海上丝绸之路是中国未来 30 年的对外大战略。向"一带一路"沿线输送物美价廉的中国资本、商品、服务和智力，对民营企业而言是不可多得的"走出去"的重大机遇。民营企业在参与"一带一路"建设的过程中，为了取得更大的收益和成功，必然要做出更加理性、科学的选择，比如要更加脚踏实地，练好内功，做好人才储备和技术储备；充分利用自身独特优势，提升核心业务含金量，按照优势互补、合作联运原则，共同获取发展红利；根据实际情况选择进入和参与建设的方式，学会从配角角度实现自身利益和利润的最大化。

（二）北京民营经济发展的对策建议

1. 加快信贷结构调整，更直接对接民企需求

建议调整银行指标监管体系和激励机制，应加大对民营企业贷款的投放力度。设立中小企业贷款占比或者创新型民企贷款占比等指标来考核银行对民营企业的融资支持力度。

大力推动信贷产品和服务创新，做好信用贷款、知识产权抵押贷款、信用保险和贸易融资、股权质押贷款等试点工作，扩大民营企业融资规模。完善小额贷款服务体系，支持民企发行信托计划、企业债券、中小企业私募债、集合票据及其他新型债务融资工具。充分发掘科技创新类民营企业的知识产权等无形资产的市场价值，盘活融资资源渠道。加大对民企股权融资、知识产权质押融资的支持力度。要把财政资金支持股权融资的关键放在支持股权机构发展，做大母基金的规模上，切实放大财政资金的效用。适当提高财政资金对知识产权质押贷款的贴息比例，加大对知识产权评估机构的扶持力度，进一步扩大风险备偿金规模。强化知识产权评估标准的统一协调，积极探索出一套权威实用的知识产权评估体系并建立统一的服务平台，完善知识产权质押登记制度，从而通过提高知识产权市场价值的效用发挥水平来提高民企贷款成功的比例。

2. 创新财政资金补贴方式，试行竞争分配

建议调整财政支出结构，拓宽财政支持创新资金渠道，弱化政府部门公用经费支出，减少国有企业的政策性补贴支出。改变财政补贴资金的行政决定式发放方式，引入竞争性分配模式，并使之制度化、规范化和程序化。重点是围绕产业链部署创新链，围绕创新链完善资金链，通过市场来决定补贴资金配置。在科技领域促进形成完整实用的从技术研发、实验、样品、规模化生产和市场渠道化建设等支撑链条，为技术转移和科技产业化提供"一站式"服务。在文化领域加快公司制、股份制改造，鼓励社会资本参与国有文化企业改制重组，扩大面向民营经济的文化资助和文化采购。

3. 积极推动民间投资匹配政府职能转移

建议稳妥进行政府购买服务，出台政府职能向社会组织转移职能目录和承接转移的社会组织目录。在市级层面搭建统一的产业调整转移工作平台，对不符合战略定位的存量企业，技术升级改造一批，转移疏解一批，淘汰退出一

批，深化落实《北京市新增产业的禁止和限制目录（2014 版）》。同时，由于民营企业增资动力不足，居民投资渠道较少，导致占收入主体的工资性收入增长缓慢，城镇居民财产性收入比重长期偏低，建议试行税收优惠额直接转移核定为工资增资额的联动制度，实现民企税负与员工增资联动化。

4. 推进产权交易体制改革创新

建议金融交易、林权交易、碳排放交易、采矿权交易等技术含量较高的产权交易，采取走产学研相结合的发展模式。这样既能提升专业服务水平，又为投资企业和科研院所技术应用疏通市场渠道，比之仅在产权交易机构运行模式要更加科学和富有效率。

5. 加快京津冀三地工商联对接协同

京津两地都在大力发展电子信息、生物制药、新材料等高新技术产业，这种城市间不同程度的重复布局，不利于区域间协同发展。从生产要素结构看，河北省仍然以劳动密集型和资源密集型产业为主，天津处于以资金密集型向技术密集型转化的阶段，北京则完全以技术密集型产业为主。总体上，河北省仍处于工业化中期，天津正在由工业化中期向后期转变，北京则已进入工业化后期，即信息化、服务化的阶段。北京、天津正在向发展高端产业的阶段推进，而高端产业发展所需要的资金、智力资源和技术等生产要素，河北尚不能实现充分供给。同时，京津冀地区与国内其他经济圈的情况有所不同。长三角为上海"一主中心"，浙江和江苏作为"两副"也是经济较发达省份，至于珠三角的"双中心"即广州和深圳本身同处在广东一省域范围内。京津冀三地行政区划和发展阶段不同，则更具协同发展的挑战和需要。

建议较之行政区域，可以提升经济区域概念，以便充分发挥区域内三地企业的积极性和主动性。加强京津冀三地工商联系统对接协同，根据三地资源禀赋不同，因地制宜引导利益协调，因时制宜推进区域合作。京津科技转移提升河北产业水平，积极运用河北资源丰富、劳动密集优势互补发展，探索区域内财政横向利益分配，调动各方积极性。

课题组成员：朱效荣　李金舟　杨通林　王新春
　　　　　　柴　彬　唐　宁　张一鸣

2014 年福建省民营经济发展报告

福建省工商业联合会

摘　要： 在各级党委政府的重视支持下，福建省民营企业在经济新常态下攻坚克难，逆势而上，作为民营企业主体部分的私营企业和个体工商户稳步发展，工商联商会组织网络不断健全。民营工业企业运行态势良好，企业创新成果显著，龙头企业凸显支撑引领作用，民营企业已成为"走出去"的主力军、拉动投资和外贸进出口的主要动力。在新形势下激发民营经济发展潜力活力，需要进一步创新驱动加快转型升级，以产业龙头为引领调结构，抢抓机遇引导民企走出去，落实政策营造企业发展环境。

关键词： 创新创造　调整结构　民企"走出去"　优化发展环境

2014 年以来，在经济面临较大下行压力的新常态下，福建省委省政府深入贯彻中央"四个全面"战略布局，坚持稳中求进工作总基调，保持战略定力，激发改革动力，释放创新活力，支持民营经济在创业创新创造中提升竞争力，带动福建在总量增长的同时实现结构优化，在传统产业升级的同时推动新兴产业崛起，在产业做大做强的同时保持生态良好。2015 年上半年，福建省经济发展总体平稳，始终保持在全国第一方阵。但是经济新常态下，增长动力和下行压力并存，仍然需要继续优化民营经济发展环境，提升服务两个健康的水平，以改革创新促发展、增活力。

一、福建省民营经济发展的总体状况

2015 年是全面深化改革的关键之年，也是中央支持福建进一步加快经济社会发展的机遇之年。2014 年习近平总书记两次来闽，两次给福建省干部群众回信，对加快福建科学发展跨越发展做出一系列重要指示，提出了"努力建设机制活、产业优、百姓富、生态美的新福建"的新定位，希望福建切实落实进一步加快科学发展跨越发展的战略部署，切实加快特色现代农业建设，切实保障和改善民生，切实把从严治党落实到实处。2015年4月，李克强总理来闽考察，对福建提出希望：按照中央"四个全面"的战略布局，紧紧抓住经济建设中心不放，使经济社会发展迈上新的台阶。中央做出支持福建进一步加快经济社会发展的重大决策部署，福建跻身第二批自由贸易试验区和21世纪海上丝绸之路核心区，与2014年年初获批的全国首个生态文明先行示范区一起，形成"三区叠加"的发展战略新格局。接二连三的政策利好鼓舞八闽，福建民营经济发展面临难得机遇，潜力和空间巨大。

民营经济是福建省经济的最大特色和优势所在，是推动福建省科学发展跨越发展的重要力量。省委、省政府十分关注和支持福建省民营经济的发展，2014年以来陆续出台了30多项促进全省民营经济健康发展的政策措施，特别是2015年7月出台的《关于进一步加快产业转型升级的若干意见》、《福建省实施〈中国制造2025〉行动计划》，为民营经济创新升级、融入"工业4.0"营造了良好环境，创造了有利条件。省主要领导多次实地调研民营企业，表达对民营经济的重视和期盼。在省政协十届三次全会上，尤权书记希望民营企业家要积极主动适应新常态，提高抗风险能力，并提出紧盯市场需求、加快全面创新、加强管理、读懂用好政策四项要求等。在2015年6月18日召开的异地商会及民营企业家代表座谈会上，尤权书记、苏树林省长表达了对民营企业家浓浓的关心、关爱情怀，希望把在外闽商"请回来"，让在家闽商"走出去"，共同把福建打造成创业、创新、创造的热土，并要求各级政府为企业提供更好的政策环境、更完善的要素保障、更高效的行政服务、更优良的工作生活环境。省委九届十四次全会邀请22位民营企业家列席会议并参加分组讨论，这在省委全会尚属首次。省政协张昌平主席专门会见列席省政协十届三次全会的闽籍异地商会会长。这些都充分体现了省委省政府对民营企业的殷切希望，体现了尤权书记所言"加快产业转型升级，关键是发挥企业主体作用"。

福建省民营企业发展环境持续改善，实现平稳较快的发展，为保增长、调结构、促转型作出了积极贡献。2014年，福建省民营经济实现增加值16 171.80万亿元，增长9.8%，占全省GDP的67.2%，"三分天下有其二"，对经济增长的贡献率达66.3%以上。2015年1—6月，福建省民营经济实现增加值7 067.82亿元，同比增长9.4%，占全省GDP的比重为67.5%，对GDP增长的贡献率为73.3%。

作为民营企业主体部分的私营企业和个体工商户保持平稳较快的发展态势。截至2015年6月底，全省实有私营企业57.39万户，注册资本31 380.2亿元，同比分别增长27.92%、45.42%；全省个体工商户实有146.93万户，资金数额1 127.52亿元，同比分别增长22.18%、45.24%。

工商联商会组织网络不断健全。截至2015年6月底，福建省工商联会员有16.2万个，所属各类商会1 902家，其中异地商会1 122个、行业商会359个。

二、福建省民营经济发展的主要特点

2014年以来，在福建省各级党委政府的关心支持下，福建省民营企业主动适应增长速度换挡、发展方式转变、经济机构调整、增长动力转换的新形势，在日趋激烈的市场竞争面前攻坚克难，逆势而上，在新一轮科技革命和产业变革中强化创新驱动，寻求多元发展，成为加快打造福建产业升级版的重要动力。

1. 民营工业企业运行态势良好。民营工业企业成为经济的重要支撑。2014年，规模以上民营工业实现增加值6 429.51亿元，占全省规模以上工业增加值的64.1%，对规模以上工业增长的贡献率为58.1%，拉动规模以上工业增长6.9个百分点。规模以上非公有制企业实现利润总额1 850.40亿元，同比增长5.4%，对全省规模以上工业企业利润增长的贡献率达89.7%。2015年上半年，规模以上民营工业企业资产总额1.39万亿元，实现增加值3 347.29亿元，占全省规模以上工业增加值的64.3%，对规模以上工业增长的贡献率为60.2%。

由于福建省民营企业大部分由中小微型企业组成，因此，加大小微企业培育和扶持力度，是近年来福建省发展民营经济工作的重点。截至2015年6月底，全省共有小微工业企业62 277户，1—6月，全省小微工业企业实现总产值10 160亿元，同比增长16.8%；实现增加值2 562亿元，同比增长14.6%；实现主营业务收入8 852亿元，同比增长15.9%；实现利润总额406亿元，同比增长16.4%。小微工业企业主要生产、效益指标增速均高于全部工业企业。

2. 加快创新推动产业结构调整。福建省民营经济在传统产业转型升级的同时，特色产业和产业龙头不断做强做大，朝着"调整优化存量、做大做优增量"方向迈开步伐。在改造提升传统产业方面，如福州恒捷差别化纤维项目、泉州嘉泰数控机械项目、漳州旗滨玻璃深加工项目、龙岩坤孚镁合金深加工项目、平潭利亚船厂产业项目等，都通过技术改造和产品创新让传统产业焕发新活力。一批科技含量高的新兴产业项目，如福州诺希新材料项目、厦门一品威客公司、莆田高世代免办、三明金森林单细胞育苗中心、南平正大欧瑞信生物科技项目、宁德新能源锂电子电池生产项目等，通过实施重大科技攻关、推进业态创新和商业模式创新，使新兴产业不断发展壮大。

创新创业的氛围日益浓厚。全省已建设 200 个创客中心，各地的创业孵化基地和创客中心纷纷建设并投入运营，一大批新创、初创企业落户并健康成长。

企业的创新主体作用越来越突出。截至 2014 年年底，全省高新技术企业和创新型企业数量分别达到 1 779 家和 428 家，全省 89.5% 的研发投入由企业完成，84.2% 的 R&D 活动人员集中在企业，新上省级科技项目由企业牵头或为主承担的经费比重达 76.7%。

3. 龙头引领打造聚合品牌效应。龙头企业的支撑引领作用日益凸显，2014 年省级工业龙头企业实现工业总产值 8 094 亿元，增速比同期全省规模以上工业高 6.3 个百分点。因其带动，全省主营业务收入超百亿元的企业（集团）已有 37 家，超千亿产业集群增至 10 个。

以龙头为引领，聚合企业品牌，形成"搭载效应"，造就晋江鞋业、南安建材、莆田家具等区域品牌。雪人、九牧王、安踏等一批国际化程度较高的民营企业开展跨国品牌并购，实现快速打入国际市场。截至 2015 年 6 月底，全省注册商标总量达 38.42 万件，居全国第 5 位。其中，地理标志商标 248 件，居全国第 2 位；驰名商标 432 件，居全国第 5 位；地理标志驰名商标 23 件，居全国第 1 位；马德里国际注册商标 1 180 件，居全国第 4 位。其中大部分为民营企业品牌。

4. 民营企业成为"走出去"的主力军。截至 2015 年 3 月，全省累计核准和备案对外直接投资企业 1 802 家，对外实际投资额累计 85.42 亿美元。其中民营企业在全省多元化的投资主体中占据举足轻重的地位，约占所有对外投资企业总数的90%。亚洲为对外投资的主要地区，在亚洲地区的投资存量达31.2亿美元，占78.6%；投资行业实现广覆盖，基本上覆盖了国民经济所有行业类别，其中，批发零售业项目数最多，农、林、牧、渔业对外投资额领先，租赁和商务服务业、批发和零售业、制造业、建筑业、采矿业、交通运输、仓储和邮政业、房地产业等行业合计占比为95.3%，其他行业占4.7%；自然人对外投资活跃，投资形式灵活多样，总体投资规模小，多属自发"走出去"；涌现出一批通过"走出去"实现资源获取、品牌拓展、业务开拓、产能转移、跨国并购、合作提升的典型企业。

5. 民营经济是拉动投资和外贸进出口的主要动力。民营经济日益成为拉动福建省经济增长的主要动力，其中在拉动投资和外贸进出口上表现得更为突出。2014年，全省民间投资首破万亿元，达到11 039.44亿元，比全省投资增速高4.5个百分点，民间投资占固定资产投资的比重为59.1%，对投资增长的贡献率为71.0%，拉动投资增长13.5个百分点。2015年1—6月，全省民间投资5 990.32亿元，同比增长18.4%，占固定投资的比重为60.4%，对投资增长的贡献率为63.0%，拉动投资增长11.0个百分点。

2014年全省民营企业进出口834.04亿美元，增长10.9%，增幅比国有企业和外商投资企业分别高6.5个和12.0个百分点，居各类企业之首，对同期全省进出口增长贡献率达100.3%，拉动全省进出口增长4.8个百分点。2015年1—6月，全省民营企业出口304.61亿美元，同比增长11.0%，高出全省出口平均水平6.7个百分点，增幅比国有企业、外商投资企业分别高出17.3个和13.5个百分点，对全省出口增长贡献率达135.0%，拉动全市出口增长5.8个百分点。

6. 民营企业在多元发展中集聚优势。福建省民营企业通过资本运营、市场运营，在创新多元发展中集聚新优势。2014年全省共23家企业在境内外资本市场上市或再融资，募集资金273.8亿元。2015年上半年，全省共计22家企业在境内外资本市场首发上市、再融资，共募集资金228.24亿元，33家企业完成"新三板"挂牌工作，18家挂牌企业完成融资2.93亿元。同时，福建省民营企业着力拓展市场网络，充分发挥专业市场、电子商务、营销联盟等重要作用，促进产销协作、供需对接，扩大了闽货市场的占有率。闽企综合实力不断增强，7 家民营企业入围 2015 年中国民营企业 500 强。

三、关于推动民营经济转型升级、打造产业升级版的思考

当前经济下行的压力仍然没有缓解，福建省民营经济发展仍然存在龙头企业数量少带动弱、产业整体竞争力和创新力不强、人才资金土地等要素获取困难、投资实体经济意愿不高等问题。破解难题的关键就是促进企业转型升级，需要进一步深化改革，加大政策扶持力度，着力推动民营经济实现"五个转变"，即发展模式由数量扩张型向质量效益型转变，产业结构向更加协调、更加优化转变，发展动力向深化改革、创新驱动转变，制造模式向智能化、网络化、服务化转变，资源利用方式向高效、清洁、安全转变。

1. 强化创新驱动，加快转型升级步伐。新一轮科技革命和产业变革风起云涌，唯有创新方能让企业立于不败之地。必须支持和引导企业实施以技术创新为核心的全面创新，推动技术、产品、营销、管理的全面升级。在技术创新上，企业要加强先进适用技术开发应用，做好消化吸收和整合再创新；政府要努力培育市场化的创新机制，在保护知识产权、维护市场公平、改善金融支持、深化激励机制、集聚优势人才等方面积极作为。在产品创新上，企业要以需求为导向，树立"生产一代、试制一代、研发一代和构思一代"的产品生产理念，重视产品的二次创新。在营销创新上，引导企业把握"互联网＋"新兴业态发展机遇，运用大数据分析市场需求，有效整合利用各类资源要素，开展高效精准营销，实施名牌带动战略，推动产业由价值链的中低端向中高端攀升，打响"福建制造"品牌。在管理创新上，引导企业家更加重视管理的科学化、精细化，主动对标国内外同行业先进管理水平，从企业战略规划、生产组织、技术开发、财务管理、市场营销到风险管理、售后服务等各个环节，形成一套标准化、规范化、流程化的管理制度，最大限度向管理要效益。出台产业税费扶持政策，在企业转型升级期给予必要的税费减免，减轻企业负担，缓解成本压力；对拓展成效明显的企业新增税收给予一定比例奖励；对自有品牌开拓国际市场企业和省级以上重点培育及发展的企业采取"一企一策"，并对政府承诺的扶持协议保证扶持资金及时到位。

2. 突出龙头引领，调整产业结构。通过舆论宣传、利益引导、技术培训和推广精益生产等多种途径提升福建省龙头企业的整体工艺水平，引导扎堆产业链低端的中小企业向产业链缺少或薄弱环节拓展、向高附加值的辅料配件领域拓展、向基础性新兴产业延伸拓展。一是着力改造提升传统产业。加快机械、船舶、汽车、轻工、纺织、食品等行业成套设备及生产系统的智能化改造，推动数控技术和智能装备在工业领域广泛应用。着力推动重点产业、传统优势产业和劳动密集型产业逐步实现"机器换工"，大力发展循环经济和清洁生产。严格监管电力、钢铁、水泥、造纸等高耗能产业，对落后工艺要抓好节能技术改造。二是着力做大做优增量。大力推进电子信息、石油化工、机械制造等主导产业高端化、集聚化发展。进一步培育壮大新一代信息技术、生物与新医药、节能环保、新能源、新材料等产业。高度重视培育中小型科技企业。遴选梳理一批科技小巨人领军企业，实行领导挂钩、重点培育、重点发展，努力培养一批专精特的行业龙头企业、一批拥有核心技术的创新型企业。三是着力推动产业融合发展。大力发展电子商务、互联网金融、远程技术支持等服务业新兴业态，加快发展面向制造业、现代农业的信息技术服务、研发设计、技术转移、创业孵化、商务服务、现代物流等生产性服务业。积极发展旅游休闲、健康养老、文化体育等生活性服务业。加快发展现代特色农业，发展绿色农业、精细农业、特色农业，并加快与二产、三产融合发展。

3. 利用两区优势，引导民营企业"走出去"。福建自贸试验区和21世纪海上丝绸之路核心区是福建在新常态下孕育出的新机遇，为民营企业"走出去"创造了新的契机、新的优势。我们要加快体制机制创新，为民企"走出去"创造更加便利的发展环境。加强统筹规划，建立健全部门联席机制，成立民营企业境外投资促进中心，建立民企"走出去"过程中诉求反映的"绿色通道"。发挥产业优势，引导市场转移型产业、劳动密集型产业、资源进口替代型产业、民族传统特色产业融入21世纪海上丝绸之路建设。加大资金扶持，提高对实施"走出去"战略财政支持力度，采取项目贷款贴息、资源回运运费补助、保险费用补助等方式鼓励民企"走出去"。强化配套服务，推动国家层面出台海外投资促进法，反倾销、反补贴与保障海外投资措施及相关法律法规，完善和优化民营企业境外投资的法律环境和政策保障。

4. 狠抓政策落实，营造小微企业健康发展环境。建议修订《企业所得税法实施条例》规定的小型微利企业的认定标准，使得更多小型、微型企业享受优惠税率。提高小微企业营业税免征额，对营业税纳税人中月营业额不超过 5 万元的企业或非企业性单位暂免征收营业税，加大对小微企业的扶持力度。通过优惠税率引导企业增加自有资金和外部投资。着力建设为创业者和初创企业提供低廉租金、完善服务的创业平台，加快建设企业信用信息平台，不断完善小微企业信用评价制度。研究制定银行激励考核办法，单列对"小贷险"业务考核指标，在信贷规模、机构铺设等方面出台奖励措施，规范银行业贷款融资收费标准。大力发展民营银行，对民营银行不设限，成熟一家审批一家，促进金融业充分竞争。加大政府性融资担保公司的财政投入力度，为缓解小微企业融资难、融资贵问题创造条件。规范银行业贷款融资收费标准，进一步清理政府性收费项目，及时向社会公布收费目录、标准。进一步放宽住所登记条件限制，继续推进"一址多照"、"一照两址"、集群注册等住所登记改革，为创业创新提供低成本场所。

课题负责人：李建南
课题组成员：曹宛红　董静怡　何欣荣
执　　　笔：董静怡

2014 年山东省民营经济发展报告

山东省工商业联合会

山东省委、省政府高度重视发展民营经济，于 2014 年 7 月 4 日召开了全省民营经济工作会议，省委、省政府出台了《关于加快全省民营经济发展的意见》，从推进投资创业便利化、支持民营经济转型升级、改善要素市场环境、强化法治保障等多个方面细化了对民营经济的支持政策，助力民营经济在发展中唱好主角。各级党委、政府深入推进相关改革，积极优化营商环境，扶持新注册小微企业，激励和保障大众创业、万众创新，有效激发了民营经济发展的活力和创造力，促进了全省民营经济平稳较快发展。

一、基本情况

（一）总量情况。截至 2015 年 6 月底，山东省实有个体私营市场主体（包括个体工商户、私营企业、农民专业合作社，下同）522.0 万户，注册资本（金）49 012.2 亿元，同比分别增长 20.3% 和 48.4%。其中：全省实有个体工商户 396.4 万户，从业人员 852.1 万人，资金数额 2 477.4 亿元，同比分别增长 18.0%、16.7% 和 35.0%；实有私营企业 111.3 万户，从业人员 990.7 万人，注册资本（金）43 146.5 亿元，同比分别增长 29.2%、17.3% 和 50.4%；实有农民专业合作社 14.2 万户，出资总额 3 388.3 亿元，成员总数 389.6 万个，同比分别增长 21.9%、35.7% 和 140.5%。

（二）2015 年上半年新登记情况。2015 年上半年，全省新登记个体私营市场主体 52.3 万户，注册资本（金）5 815.0 亿元，同比增长 22.6% 和 38.6%。其中，全年新登记个体工商户 37.7 万户，从业人员 82.0 万人，注册资本（金）338.7 亿元，同比分别增长 31.1%、29.9% 和 16.8%；新登记私营企业 13.5 万户，从业人员 87.2 万人，注册资本（金）5 169.3 亿元，同比分别增长 11.3%、7.9% 和 57.2%；新登记农民专业合作社 11 202 户，出资总额 307.0

亿元，成员总数 90.9 万个，同比分别增长 -37.9%、-50.0% 和 126.6%。

二、发展特点

（一）个体私营经济市场主体登记总量持续增加，增长速度趋于平稳。受惠于商事制度改革和全省加快民营经济发展等政策利好集中刺激，2014 年全省新登记个体私营市场主体呈现高速增长态势，共新登记 124.2 万户，同比增长 82.3%。2015 年随着改革的逐步推进，各项政策措施落地生根，全省个体私营市场主体登记数量仍保持在高位，但与 2014 年同期的"井喷式"增长相比，增幅已回归至正常水平。2015 年上半年，全省实有个体私营市场主体 522.0 万户，同比增长 20.3%；新登记个体私营市场主体 52.3 万户，同比增长 22.6%。

（二）个体私营经济市场主体比重提高，地位和作用更加突出。近年来，尤其是商事制度改革以来，全省个体私营市场主体发展迅速，户数、注册资本（金）增长速度远高于其他各类市场主体，成为推动山东省市场主体加快发展的主要力量。截至 2015 年 6 月底，全省个体私营市场主体实有户数（522.0 万户）与注册资本（金）（49 012.2 亿元），占各类市场主体总量的比重为 97.1% 和 64.4%，分别提高了 0.5 个和 6.6 个百分点；2015 年上半年新登记的各类市场主体中，个体私营市场主体户数和注册资本（金）的比重为 99.2% 和 88.3%，分别提高了 0.1 个和 6.4 个百分点。

（三）个体私营服务业发展迅速，产业结构进一步优化。2015 年上半年，全省新登记第三产业个体工商户、私营企业增加迅速，增幅明显高于第一、第二产业，所占比重进一步提高。全省新登记第三产业个体工商户、私营企业分别为 34.5 万户、10.7 万户，同比分别增长 38.7%、13.9%，增幅均高于第一、第二产业。全省新登记个体工商户第一、第二、第三产业户数比重为 3.7∶4.7∶91.6；新登记私营企业第一、第二、第三产业户数比重为 2.9∶18.2∶78.9，其中第三产业比重分别比上年同期提高了 5.0 个和 1.8 个百分点。

（四）个体私营经济吸纳就业能力增强，投资创业活力进一步提升。2015 年上半年，全省新登记个体工商户从业人员 82.0 万人，同比增长 29.9%，户均吸纳 2.2 人就业；新登记私营企业从业人员 87.2 万人，同比增长 7.9%，户均吸纳 6.5 人就业。截至 6 月底，全省实有个体工商户、私营企业从业人员合计达到 1 842.8 万人，比 2014 年同期增加 268.6 万人，同比增长 17.1%。从私营企业投资者年龄结构分析，自 2014 年以来，山东省青年创业者比重不断攀升，2015 年上半年全省新登记私营企业 20～40 岁的投资者占比达到 47.14%，比 2013 年提高了 9.48 个百分点；而与此同时，40～60 岁的投资者由 2013 年的47.81% 下降到 39.97%，下降了 7.84 个百分点。这说明，以商事制度改革为先手棋的系列改革措施，降低了准入门槛，激发了广大青年的创业创新热情，大众创业、万众创新活力提升。

（五）个体私营经济注销数量增幅较大，年报率居全国前列。受益于注册便利等"宽进"准入政策，新登记主体数量攀升，同时受年报公示等信用严管措施的影响，大批名存实亡市场主体办理注销登记，注销数量增幅较大，山东省个体私营经济同时呈现"大进大出"现象。2015 年上半年，全省个体私营经济市场主体注销 39.9 万户，同比增长 467.9%，其中个体工商户注销 378 319户，数量超过上半年新登记数量。截至 2015 年 6 月 30 日，各类市场主体 2013年、2014 年年报截止，全省 2013 年度企业、个体工商户年报率分别达到 92%和 85%，2014 年度企业、个体工商户、农民专业合作社年报率分别达到 91%、86% 和 95%。

三、主要举措

（一）形成加快民营经济发展的政策导向。2014 年 7 月，山东省委、省政府高规格召开全省民营经济工作会议，姜异康书记、郭树清省长亲自出席会议并做重要讲话。姜异康书记"四个并举"、"五个着力"的要求，指明了民营经济的发展方向。郭树清省长从十个方面做了具体部署。会议通过了《关于加快全省民营经济发展的意见》，推出加快民营经济发展"26 条措施"。《意见》坚持问题导向，牢牢把握全面深化改革的要求，突出了政府职能转变，突出了营商环境建设，突出了对民营企业一视同仁、重点扶持中小微企业发展。政策措施突破点多，含金量高，在推进投资创业便利化、改进和完善中介服务、改善要素市场环境、支持个体工商户转制为企业、支持小微企业灵活用工、财税社保政策支持、人才培训、民营企业家享受平等待遇等方面的力度都有所突破。为确保会议精神和《意见》的落实，省政府安排

6个督查组分赴17个市及6个省直单位进行督查。各市都高度重视，研究出台了相关配套实施意见，多项政策或工作机制有所创新。全省民营经济工作会议的召开和政策的出台，在全省上下形成了鲜明的政策导向，释放出加快推动民营经济发展的强烈信号，有效地优化了营商环境，激发了全省民间投资活力，市场主体和企业户数创历史新高，也为吸引省外企业来鲁投资兴业营造了良好的政策环境。

（二）开展全省民营经济大调研。省政府分别在烟台、潍坊、滨州、泰安、日照五市分片召开座谈会，听取民营经济主体意见。组织赴福建、海南等地就政府职能转变、优化发展环境、推动民营经济发展进行学习考察。省工商系统开展了"万家民营企业大走访"活动，对3.2万户民营企业进行了深入调研，对全省民营经济市场主体反映集中的44个问题进行汇总梳理。省委统战部、省工商联对全省民营经济发展情况和"玻璃门"、"弹簧门"、"旋转门"问题进行专题调研。这些调研成果为出台政策措施、改善营商环境提供了参考。

（三）大力加强与全国知名民营企业合作。借助山东省承办全国工商联十一届三次执委会议重大机遇，面向全国民企务实开展大招商活动，成立了郭树清省长任组长的省民营经济促进及招商工作领导小组，有关领导分头带队赴京津冀、长三角、珠三角和中西部，登门拜访全国工商联执委企业和知名民营企业，推介山东投资政策。组织参加了天交会、西洽会、西博会3个展会的展览展示和现场推介，策划实施长三角、珠三角、环渤海、中西部"走出去"和"两区一圈一带"、"请进来"等重点招商活动，召开了13个专题推介会进行重点招商。招商过程中，坚持项目必须符合"转调创"要求，坚决摒弃高污染、高耗能产业，使引进项目真正符合转调创方向，确保招商成果和实效，为全省经济社会发展引入活水和"金凤凰"。2014年12月，全国工商联十一届三次执委会议暨全国知名民营企业入鲁助推转调创洽谈会成功举办，山东省政府与全国工商联签署战略合作框架协议，集中签约50个项目，项目总投资额6 873.2亿元。经核定，到2014年11月底，全省累计签订合同项目2 234个，金额达28 995.7亿元，现代农业、高端制造业、现代服务业和战略性新兴产业签约项目数和引资额分别占项目总数的92.7%和总投资额的87.5 %，山东省国内招商取得重大成果。

（四）大力推进商事制度改革，释放改革红利。将改革工商登记制度作为简政放权、转变职能、深化改革的"先手棋"，依法有序推进，有效激发了市场活力，推动了民营经济发展。2014年2月，省政府出台《关于贯彻国发〔2014〕7号文件推进工商注册制度便利化加强市场监管的实施意见》，推出了一揽子便利化措施，召开全省电视电话会议进行安排部署。为确保改革政策落地，将便利化改革列入重大督查事项，及时研究解决实际问题，推动了改革顺利实施。中央电视台《焦点访谈》栏目对山东省推进便利化改革的做法进行了专题报道。改革举措的深入实施，有效激发了全省市场主体的活力和创造力，全省市场主体数量快速增加，规模不断壮大，改革红利得到充分释放。

（五）营造民营经济发展浓厚氛围。积极协调中央和省内主流媒体，对全省推动民营经济发展情况进行全面、系统、深入的宣传报道。《大众日报》开设"努力实现工作指导重大转变"、"微观山东"、"齐鲁非公经济优秀建设者"专栏，在头版头条位置连续刊发《解决民企发展难题》、《民营经济发展，企业资金缺口大，政府怎样在关键之处帮一把》等多篇重点报道。山东广播电视台开设"山东民企新创举"专栏，大众网、齐鲁网分别推出"聚焦山东民营经济"大型网络专题，加强与网民的互动交流，为民营经济发展营造了浓厚热烈的氛围。

四、下一步重点举措

（一）抓好政策落实，明确发展目标。根据省委、省政府部署要求，进一步抓好全省民营经济工作会议和《关于加快全省民营经济发展的意见》的贯彻落实工作，分解民营经济发展目标、任务，支持省工商联牵头对17个市开展民营经济发展环境考核工作，加强政策措施落实督导检查，具体措施抓落实、综合措施抓细化，建立促进民营经济发展的长效机制。研究建立民营经济统计、考核指标体系。积极协调各有关部门破解民营经济发展资金、人才等要素制约问题，重点研究创新开展第三方独立评估。通过编制《山东省民营经济"十三五"发展规划》，科学分析民营经济发展面临的机遇与挑战，明确"十三五"

时期山东省推动民营经济加快发展的主要任务和保障措施，引导促进全省民营经济转型升级、科学发展。

（二）采取积极措施，支持小微企业发展。按照李克强总理视察山东召开新创设小微企业座谈会时的指示精神，认真贯彻落实《国务院关于扶持小型微型企业健康发展的意见》，深入研究小微企业创设和发展中的问题，积极扶持新设立小微企业发展，形成示范效应，推动大众创业、万众创新，增添社会活力和发展内生动力。充分利用大数据、云计算，探索建立小微企业名录，开展小微企业跟踪分析，为小微企业发展提供政策指导。

（三）深化商事制度改革，推进登记注册制度便利化。继续推进简政放权，加快建立行政审批目录清单、行政权力清单、政府责任清单、市场准入负面清单和全省统一规范的政务服务平台。继续深化工商登记制度改革，进一步降低准入门槛，方便更多创业者拿到"入场券"。推进"三证合一"改革，全面实行工商营业执照、组织机构代码证和税务登记证"三证统发"，在试点基础上推行"一照三号"，并积极探索开展"一照一号"试点。探索开发建设"政府部门照后认领查询系统"，落实监管部门责任。

（四）坚持"宽进严管"，维护公平竞争的市场秩序。贯彻落实国发〔2014〕20号《关于促进市场公平竞争维护市场正常秩序的若干意见》和《企业信息公示暂行条例》等"一条例五规章"，积极推进监管方式创新，按照"谁审批、谁监管，谁主管、谁监管"的原则，推动"先照后证"后的事中事后监管责任落实，强化信息公示和信用监管、维护竞争秩序，营造公平竞争的市场环境。完善事中事后监管，强化信用监管，激励保障创业创新。依托市场主体信用信息公示系统，加强与相关单位的协同合作，强化信息公示和信用监管，对失信行为进行严格的信用监管、对违法行为进行严厉的行政处罚，提高个体私营企业守法经营意识，加大对创业创新成果的保护力度，形成保障创业创新可持续发展的良好机制。

（五）抓好洽谈会签约项目的推进落实。将全国知名民营企业入鲁助推转调创洽谈会签约项目的跟踪落地，作为2015年的重要工作提上议事日程，制定重大项目直接融资扶持政策，严格落实责任，协调解决项目落实中存在的问题。加大督查力度，对各市项目落地情况每季度进行一次集中调度，连续开展两三年，推动签约项目早日开工建设，在建项目尽快投产达效，力争创造较高的签约到位率，确保新招商项目落地生根。

课题组负责人：司学志

课题组成员：李承新　于宝莲　张小菲

2014 年广西民营经济发展情况

广西壮族自治区工商业联合会

摘　要：2014 年，广西壮族自治区民营经济积极应对错综复杂的经济环境，在
经济下行压力加大的情况下，坚持转方式、调结构，各项经济指标实
现平稳较快增长，对全区经济贡献进一步提升。

关键词：2014 年　民营经济　发展情况

2014 年，在自治区党委、政府的正确领导下，全区民营企业积极应对错综复杂
的经济环境，努力克服经济下行压力，坚持转方式、调结构，实现平稳较好发展。

一、民营经济主要指标完成情况

据有关部门统计：

——截至 2014 年 12 月底，全区个体工商户达 137.58 万户，注册资金
718.62 亿元，从业人员 281.15 万人，同比分别增长 10.65%、12.65%、
12.80%；私营企业发展到 34.87 万户，注册资本（金）8 647.40 亿元，从业人
员 289.87 万人，同比分别增长 23.43%、56.87%、11.66%。全区个体私营企
业新增从业人员 62.18 万人，同比增长 12.22%。

——2014 年全区非公有制规模以上工业增加值 4 063.47 亿元，增长 12.2%，占
全部规模以上工业比重为 70.4%，对全区规模以上工业增长贡献率为 79.1%。

——2014 年全区非国有固定资产投资 9 000.27 亿元，同比增长 19.20%，
占全部固定资产投资比重的 67.73%。其中民间投资 8 707.29 亿元，增长
19.9%，占全部固定资产投资比重的 65.5%。

——2014 年全区非公有制经济进出口总额为 320.5 亿美元，同比增长
24.2%，占全区进出口总额的 79%。其中：出口总额 212.4 亿美元，同比增长
30.2%，占全区出口总额的 87.3%；进口总额 108.1 亿美元，同比增长

13.9%，占全区进口总额的66.7%。2014年，广西民营企业进出口1 317.8亿元，增长30.2%，占广西外贸进出口总值的52.9%。

——2014年全区非公有制经济提供税收1 402.77亿元（自治区工商联测算，公式：全区非公有制企业上缴税收＝全区企业上缴税收总额－国有企业税收－国有控股企业税收－集体企业税收），同比增长7.83%，占全区总税收的70.85%。其中：提供地税收入700.93亿元，同比增长10.18%，占全区地税收入总额的78.5%；提供国税收入701.84亿元，同比增长10.85%，占全区国税收入总额的64.56%。

二、民营经济发展主要特点

2014年，自治区党委、政府把非公有制经济发展列入重点督查工作，于9月组织督查组深入各市督查；自治区人大常委会把非公有制经济发展情况列入重点监督工作计划，于10月组织开展监督调研活动；自治区政协把"加快非公有制经济发展"列入政协委员视察题目，于9月开展视察活动；自治区有关部门积极推进政策落实，组织开展"桂商情系故乡行"等活动；向社会推出第四批引入民间资本项目共552项，总投资3739亿元；安排300万元非公有制经济人士培训经费，开展了6期非公有制经济人士培训。全区民营经济各项指标实现平稳较快增长，对全区经济贡献进一步提升。

（一）个体私营企业较快增长

2014年，在工商登记注册改革的刺激下，全区个体私营企业登记注册增长较快，个体工商户新增开业21.56万户（见表1），私营企业新开业7.45万户（见图1）。截至2014年12月底户数

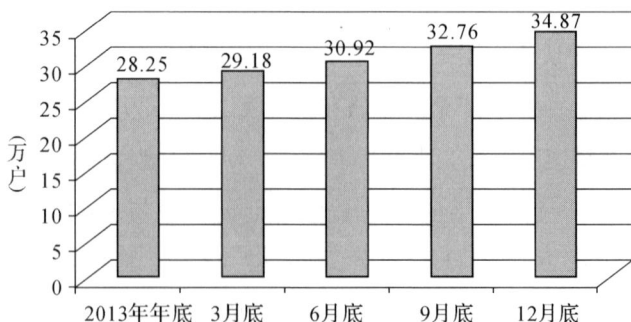

图1　2014年私营企业户数季度变化情况

增速比上年提高4.65个百分点，资金数额、从业人员增幅均超过12%；私营企业户数增幅保持在20%以上，私营企业注册资金增幅达56.87%（见图2），

户均注册资金从 2013 年的 195.13 万元提高到 247.99 万元，增长 27.09%（见表 2）。

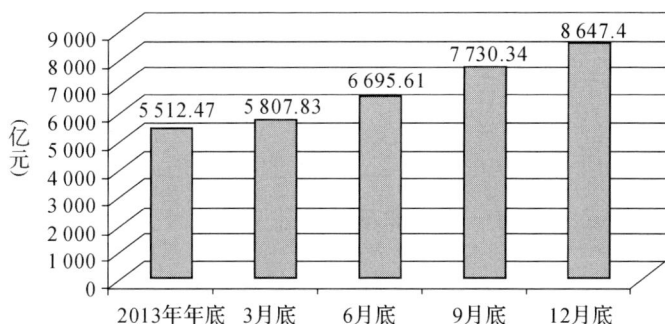

图 2 2014 年私营企业注册资本季度变化情况

表 1 2010—2014 年全区个体工商户情况

年份	户数 （万户）	增长（%）	注册资本 （亿元）	增长（%）	从业人数 （万人）	增长（%）
2010	115.87	−1.68	373.80	37.68	223.14	2.13
2011	114.16	−1.50	425.42	13.80	217.23	−2.60
2012	117.33	2.77	525.65	23.56	229.66	5.72
2013	124.34	6.0	637.9	21.4	249.24	8.53
2014	137.58	10.64	718.62	12.65	281.15	12.80

表 2 2010—2014 年全区私营企业情况

年份	户数 （万户）	增长（%）	注册资本 （亿元）	增长（%）	从业人数 （万人）	增长（%）
2010	13.70	25.85	2503.18	42.88	189.41	14.43
2011	18.07	31.90	3395.23	35.60	216.64	14.40
2012	22.69	25.58	4324.22	27.36	247.95	14.45
2013	28.25	24.5	5512.41	27.5	259.6	4.41
2014	34.87	23.43	8647.40	56.87	289.89	11.66

（二）民营企业对工业经济贡献进一步加大

2014 年，全区 5 287 家规模以上工业企业中，共有 4 567 家非公工业企业，占全部规模以上工业企业数的 86.4%，比重比上年提高 0.4 个百分点。全区规模以上非公有制工业企业实现增加值 4 063.47 亿元，比上年增长 12.2%，比全区规模以上工业增速平均水平高 1.5 个百分点，比国有控股的高 4.7 个百分点。虽然全区规模以上非公有制工业增加值增速同比下降 3.03 个百分点，下滑速度与 2013 年基本持平，但依然保持增长活力，对全区规模以上工业经济增长贡献率达 79.1%，拉动全区规模以上工业增长 8.4 个百分点。小微型规模以上工业企业实现增加值 2 107.94 亿元，增长 14.5%，增速高于全区平均水平 3.8 个百分点，比大中型企业高 5.9 个百分点；对工业增长贡献率达 47.2%，拉动增长 5.0 个百分点，已成为推动广西工业增长的生力军。

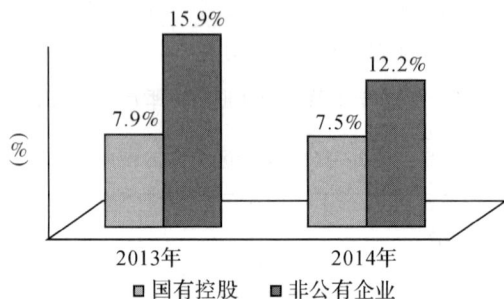

图 3　2014 年规模以上非公工业增加值占全区的比重

（三）民间投资拉动增长强劲

2014 年，民间投资持续活跃，比上年增长 19.9%，比全区固定资产投资增速高 3.2 个百分点，占全区固定资产投资比重的 65.5%，比上年提高 1.9 个百分点，保持较快增长态势（见图 4）。

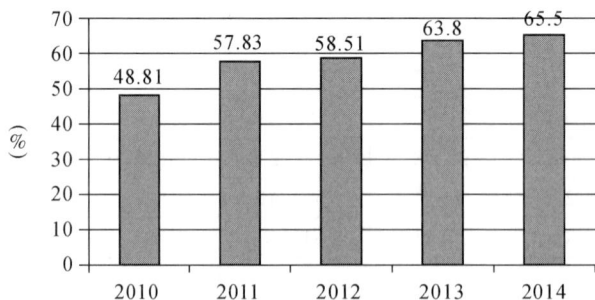

图 4　2014 年民间投资占全区投资的比重

（四）民营企业外贸进出口保持快速增长

上半年，民营企业进出口快速增长，进出口总额的增速高于全区进出口总额 12 个百分点,高于上年同期增速 36.9 个百分点,其中一季度增速高达 55.5%。下半年,民营企业进出口增长速度放缓,前三季度同比增长下降至 20.3%。但第四季度很快反弹,全年保持增长 30.2%,增速较 2013 年提高 10.2 个百分点,占全区进出口总额的比重比上年同期提高 3.17 个百分点,保持外贸进出口主导地位(见图 5、6)。

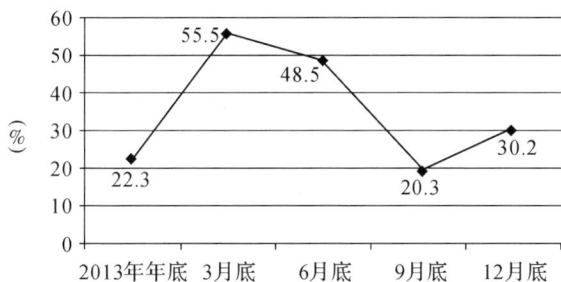

图 5　2014 年民营企业外留进出口季度增长速度

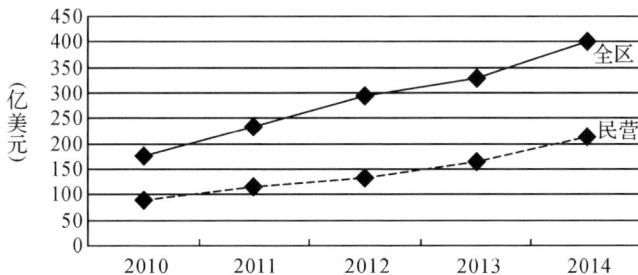

图 6　2010—2014 年民营企业外贸进出口额变化情况

(五) 私营经济税收贡献稳步提高

2014 年,个体经济受全面提高营业税起征点和电商快速发展的影响,上缴税收平稳小幅增长。但是,私营企业纳税增速比全区非公有制企业税收增长高 3.8 个百分点,比全区全部税收增长高 3.27 个百分点,比全区财政收入增长高 3.53 个百分点(见图 7)。

(六) 民营经济转型升级取得新进展

一是新兴产业发展速度快。2014 年以民营企业为主体的电子信息成为广西第 10 个千亿元产业,广西电子信息制造业完成工业总产值(现行价)1 527.51 亿元,同比增长 30.4%;工业销售产值(现行价)1 486.86 亿元,同比增长 29.9%;出口交货值 276.96 亿元,同比增长 13.9%;软件与信息技术服务业

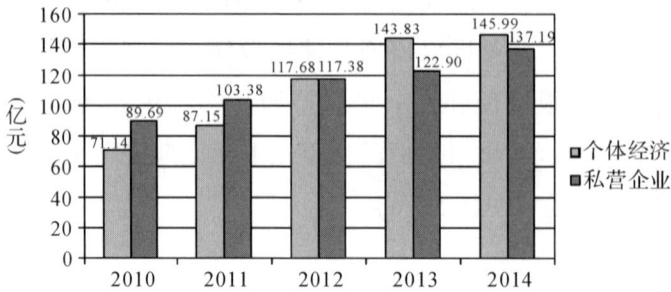

图 7　2010—2014 年个体私营企业纳税额变化情况

完成主营业务收入 101.11 亿元，同比增长 12.22%；完成软件业务收入 85.57 亿元，同比增长 13.38%；软件业务出口 237 万美元，同比增长 13.94%。其中，电子信息产业占广西近 50% 且非公有制企业占比近 95% 的北海市，2014 年完成产值 810 亿元，同比增长 24.6%；规模以上电子信息制造业产值 721.7 亿元，同比增长 39.3%，涌现了建兴光电、德昌电机、广西三诺电子等一批年产值超 30 亿元和广西惠科电子、冠捷科技等一批年产值超 10 亿元的非公有制电子信息制造企业。北海高新区软件和信息服务业、创意产业也初步形成集聚效应，完成产值 50 亿元。二是民营企业创新成效显著。一批企业技术创新、商业模式创新有效促进企业做大做强，如南方有色金属集团、平铝集团、中恒集团、金茂钛业、金源生物化工等技术先进的规模以上民营企业利润率超过 10%；推进一批条件较好的企业积极完善企业内部治理结构，通过资本市场融资步伐加快。桂林福达和柳药股份分别于 2014 年 11 月、12 月在上交所上市，6 月份广西升禾环保在"新三板"挂牌（目前共有 5 家），至年底全区在审企业 6 家，备案 56 家。自治区工商联中小微企业监测数据显示，抽样调查的 209 家中小微企业有 85 家企业投入技术改造 2.7 亿元，占 85 家企业营业收入的 7.11%。投入技术研发的企业有 67 家，占监测总数的 32%，其中，研发费用超过 100 万元的企业有 20 家，超过 1 000 万元的企业有 3 家。

三、民营经济发展面临困难和存在问题

（一）民营经济增速总体仍呈下行态势

2014 年，除了外贸进出口呈高速增长外，其余指标不同程度下滑。全区规

模以上非公有制工业企业增加值增速比上年下降 3.03 个百分点，全年增速从上半年的 17.4% 下滑 2.17 个百分点；民间投资增速同比下滑 10.4 个百分点；个体经济和私营企业纳税总额增速从上年的 13.47% 下降到 6.17%，下滑 7.3 个百分点；民营企业对外承包工程新签订合同金额同比下降 33.7%，实际对外承包工程营业额同比下降 10.75%（见图 8）。

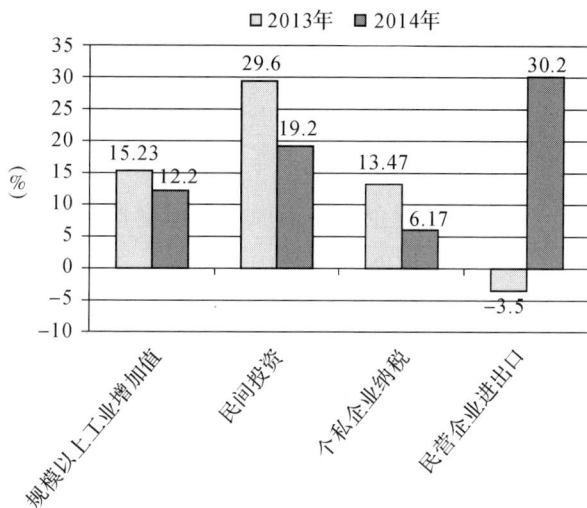

图 8　2013—2014 年主要民营经济指标增速情况

（二）中小微企业发展相对困难

从自治区工商联中小微企业监测数据看，2014 年度在线填报调查问卷的 224 家中小微企业，有效问卷 209 份，各项指标运行不是很理想。一是企业开工不足较多。在线填报调查问卷的企业基本是保持生产的企业，但有相当多未满负荷生产，209 家企业仅有 132 家实现了营业收入同比增长，占 63.16%，尚有 36.84% 的企业出现负增长，且有 22 家负增长超过 20%。二是企业利润不高。参与调查问卷的 209 家企业有 73.68% 实现利润增长，但是 33.49% 的利润率在 5% 以下，尚有 22.49% 的企业处于亏损状态。三是企业用工成本继续提高。本次调查有 92 家企业用工增长，有 34 家企业减员，占监测总数的 16.27%；有 160 家企业的用工成本同比增长，占监测总数的 76.6%，其中增幅超过 30% 的企业有 15 家。四是企业融资难依然突出。本次监测有 112 家企业从银行贷款融资，占监测企业总数的 53.59%，尚有 46.41% 的企业无法从银行融资，有 3 家企业从其他渠道融资。其中有 82 家企业的融资成本同比增长，占监测总数的 39.2%，增幅超过 30% 的企业 12 家，增幅超过 100% 的企业 4 家。

（三）传统支柱产业依然低迷

传统支柱产业受资金与市场双重挤压，进入了金融危机以来的最困难时期。一是制糖业已走到最低谷。2014 年国内食糖销售价格严重倒挂，民营制糖企业全面亏损，有的生存困难。规模最大的南华糖业集团营业收入下降超过 26%，利润下降超过 20%，其他中小制糖企业的利润下降超过 30%，永凯糖纸集团已步入托管资产渡难关境地。二是有色金属行业被迫限产。铅锌冶炼为主的河池市在镉污染事件中已淘汰了一批企业，余下 53 家有实力企业恢复生产、效益好转。但是铝产业中，民营企业在铝加工和配套产业占比较大，受全国产能过剩、全区电价偏高、企业资金断链等因素影响，多数企业处于停产、半停产状态，其中百色市电解铝产量下降 22%，民营企业为主的铝关联的石墨及碳素制品相应减产，下半年铝加工集聚的平果工业园区大部分企业处于停产、半停产状态。三是汽车与机械制造行业陷入资金周转困境。除柳汽、五菱等大型整车企业配套的民营企业维持运转外，其他专用汽车、机械制造等陷入困难状态。柳州延龙汽车有限公司的新能源汽车 2013 年进入工信部生产目录，但 2014 年因融资难等原因一直无法生产；柳州市某汽配企业因拖欠 6 万元电费，只能将价值 300 万元的私家车以 15 万元变卖补交电费；规模较大农机制造的开元机器公司依靠陆川县政府借给 2 000 万元资金缓解资金链断裂风险。四是冶炼行业产品价格一直走低。除了广西盛隆、贵港钢铁、诚德镍业、新振锰业等企业规模较大、创新能力较强的企业能保持生产和实现盈利之外，多数中小企业生产困难。崇左、百色、河池等市冶炼企业大面积停产，玉林市多数陶瓷企业生产能力利用率未超过 50%。五是房地产业市场疲软。房价总体上相对稳定，但销量明显下降，特别是商业地产、写字楼难以消化。除了万达、荣和等大型房地产商受冲击影响较小外，中小房地产企业维持困难，部分企业已停止建设或转型。六是商贸服务业不同程度下滑。传统商贸流通受电商冲击下降 20%~30%。调研了解到，南宁梦之岛百货销售下降约 60%，某工程机械零售企业销量下降 40%，某家电零售企业销售下降 28%，某高档汽车美容企业销售下降 50%。

（四）民营企业竞争力不够强

全区民营企业多为传统型企业，2014 年民营工业企业 100 强中，制糖、有色、冶金、电力、汽车、机械、建材、食品、饲料、医药等传统行业企业居多，高新技术、战略性新兴产业企业占比偏低。这些传统行业企业缺乏科技含量高、附加值高、具有自主知识产权和独特竞争优势的产品，导致企业盈利能力不强，承受成本上升压力日增，国际竞争力较弱，外向度不够高。据统计，2011 年至 2014 年，广西核准境外投资民营企业 143 家，中方协议投资额 18.86 亿美元，年均增长 39.82%，比全区境外投资中方协议投资额年平均增长 62.3% 低 22.48 个百分点。

四、进一步促推民营经济发展的建议

（一）力争保全支柱产业，保护重点企业

按照适者生存法则，重点扶强扶优、稳住支柱。一方面，做好支柱产业保全工作，加强全区支柱产业、优势产业中民营企业兼并重组的引导，保住支柱产业优势；鼓励大型国有企业、行业领军企业为其配套的民营企业、中小企业开展产业链担保融资，尽快支付中小企业的应付账款，甚至给予预付订单资金，保持产业集群不被打破。另一方面，在经济下行中，努力保护支柱产业的重点企业生存发展，抓紧对各支柱产业的企业进行调查摸底，有选择地保护行业龙头企业，支持技术先进、市场前景和发展潜力较好的企业，实行点对点扶持的解决办法，着重扶持有色、制糖等支柱产业的龙头企业、配套产业链关键环节企业，促进优势企业生存发展。

（二）着力帮助有实力的企业解决融资难题

当前形势下，民营企业特别是中小企业融资难问题短期内很难改善。因此，各级政府应重点帮助有实力、有发展潜力的企业解决融资难题。一是引导和鼓励企业用足用活资本市场，尤其是加快完善民营企业上市融资的扶持措施，鼓励支持已上市企业从资本市场融资发展。二是引导推动银行支持有实力的民营企业发展，应需援助，保驾护航。三是加大清理各级政府的地方债务，尽快把各级政府及政府部门拖欠民营企业的资金兑付给企业，缓解企业资金困难。

（三）努力通过法治渠道保全民企资产

当前全区民营企业运营困难加深，预计2015年将是民营企业出现风险的高峰期。因此，各级党委、政府要进一步加强和改进民营企业法律服务，坚持运用法治思维和法治方式，深化民营企业法律风险防范机制建设，努力为非公有制经济发展营造更加公平公正的法治环境，以法治凝聚改革共识、规范企业行为、促进矛盾化解、维护社会和谐。应破除谈破产就恐慌的心理，对于涉险企业及时启用破产法进行保护处理，确保破产企业资产保全，保障社会稳定，防止资产流失，保护行业优质企业渡过难关，减少地方政府压力。

（四）进一步优化民营企业发展环境，切实做到"法无授权不可为"，优化政务环境

一是切实深化行政审批制度改革，推广南宁经济技术开发区行政审批经验，真正做到"简政放权"；二是加强政府监督管理职能，加大对中介组织的监督管理力度，规范中介组织经营活动，减轻中介组织给予民营企业的负担；三是推进公正司法，加大治安管理，打击经济领域刑事犯罪行为，维护民营企业合法权益，营造良好治安环境；四是认真落实国家减税政策，真正使广西民营企业与外地企业有一个公平有利的发展环境；五是开展"清网工程"行动，清理网上夸大炒作广西触险预警企业的言论，对涉险或违法企业由公检法机关依法处理，少让媒体评判，减少社会恐慌和消除影响全区金融生态负面影响；六是充分发挥行业协会商会的服务与监督作用，构建政企、银企桥梁；七是加大扶持引进知名领军民营企业项目，着力解决引进项目的用地、用能、用工等方面问题，推进外籍和本籍、国企与民企人才同等待遇，保障知名行业领军企业顺利发展、带动发展。

（五）大力推进混合所有制经济发展

把发展混合所有制经济作为民营经济发展的重要渠道，深化国有企业改革。一是制定全区混合所有制经济发展更加详细、更具操作性、可执行性的实施办法，让各种所有制企业有法可依。二是进一步放宽对国有企业的管控，允许国有企业在一定程度和范围内自主决策资产使用，自主决策参与发展混合所有制经济。三是建立民营企业管理培训公共平台，提升民营企业整体素质能

力，引导民营企业完善法人治理结构，推进民营企业规范化管理，引导民营企业参与混合所有制经济发展。四是建立民营企业与国有企业交流平台，增进国有企业和民营企业甚至外商投资企业的交流、合作。

（六）加快推动民营企业提质增效升级

引导民营企业主动认识新常态，适应新常态，引领新常态，加快实施创新驱动发展战略。一方面，加大引导民营企业调整产业、产品结构，促进民营企业向农业现代化、现代服务业转型，尤其要依托信息技术、现代化科学技术和技能改造提升传统产业，推动新业态和新方式的商业、产业模式发展。引导民营企业全面参与"一带一路"战略，积极"走出去"，转移过剩产能，开拓海外市场。另一方面，推动发展创新经济，把培育发展战略性新兴产业和推动创新型产业集群发展作为当前重要任务，引导帮助民营企业拓宽融资渠道，加大科研投入，整合科技资金资源，实施品牌发展战略，着力建立以市场为主导、企业为主体的技术创新体系，不断增强核心竞争力。同时，重视企业的人才引进、培养工作，强化知识产权保护，推进企业产学研结合发展。

课题组成员：磨长英　唐振富　蓝家珍　赵开莉

2014 年海南省非公有制经济发展报告

海南省工商联（总商会）

一、海南省非公有制经济发展相关数据

1. 总量持续增长。据工商局数据初步测算，2014 年全年，全省累计企业总数 16.8 万家，其中非公有制企业 16.2 万家，占全部企业总量的 96%，其中纯私营企业 13.7 万家，占 8 成以上。个体工商户 34.2 万户，比上年增长 10.7%。全省非公有制经济体解决就业 186.7 万人，占全部所有制经济实体从业人员的 8 成。新型创新型企业增加。截至 2014 年年底，海南生态软件园入园企业达到 752 家，其中 95% 以上是非公有制企业、中小微企业，其中，一批本土电子商务企业迅速成长，园区基础设施和产业集聚水平得到提升。

2. 非公经济是河南省经济 "三大马车" 的主力军。投资方面，从增速看，1—12 月，民间投资增速比固定资产投资、国有经济、外商投资分别高 12.9 个、23.4 个、35.8 个百分点；比上半年提升 3.1 个百分点，民间投资始终保持着高速发展态势，成为全省固定资产投资增长的领头羊。从占比看，1—12 月，民间投资占全省固定资产投资的比重为 55.5%，比上年同期提升 4.9 个百分点，比上半年提升 1 个百分点，稳坐固定资产投资总额的半壁江山，接近全国民间投资占比平均水平，较好地缩小与民间投资发达省份的差距。消费方面，海南省统计局数据显示，2014 年全年，全省社会消费品零售总额 1 091 亿元，增长 12.2%。限额以下企业发展快于限额以上，总量占比超 5 成。据调研，零售企业几乎全部为非公有制企业，由此可见，绝大部分零售业绩为中小微企业、非公企业创造。进出口方面，非公经济进出口保持增长。在全球经济日趋复杂的情况下，全省外贸出口仍然保持两位数增长，但私营企业进出口出现大幅下降。2014 年全年，全省外贸企业进出口 919.1 亿元，与往年持平，其中，非公有制企业进出口 919 亿元，非公有制企业进出口增长 6%，保持 94% 的总占比，与上年持平，其中主要得益于外商投资企业进出口 780 亿元，占比

80%，外商独资企业同比增长 2.5 倍。相比之下，私营企业进出口同比下降 29%，出现了多年来的首次下降。

3. 非公经济税收贡献增长。2014 全年，全省税收总收入 846.1 亿元，其中非公有制经济缴纳 690.3 亿元，与上年同比增长 16.27%，占同期税收总额的 81.59%。其中，全省缴纳地税 447 亿元，非公经济缴纳 397.7 亿元，占 89%。全省缴纳国税 399.1 亿元，非公经济缴纳 292.6 亿元，占 73.3%，考虑到统计口径的调整，总占比与往年持平。但据省统计局调查显示，规模以上其他营利性服务业税负率均与上年同期持平，税负水平并未出现明显的下降。

二、非公有制经济发展存在的主要问题

（一）部分民企发展信心不足

据初步统计，对今后经营后势缺乏信心的中小微企业约占 6 成，究其原因，一是当前宏观经济形势依然严峻，企业发展环境没有得到根本好转，尤其是制造业发展模式受到挑战，企业家普遍持谨慎态度，扩大投资的意愿较低。二是市场复苏缓慢，企业海外订单和国内市场需求萎缩，很多企业不得不收缩生产线，影响企业销售增长。三是小微企业的土地产权不清晰，地区规划时有变动，企业对远期的可持续发展缺乏信心。

（二）企业效益下滑

据海南省统计局数据，全省规模以上工业企业利润出现下滑，截至 2014 年 11 月底，同比下降 8.9%，而企业亏损也出现面、量双增的局面，到 11 月末，全省规模以上工业企业亏损面比上年同期扩大了 2.7 个百分点；亏损企业亏损额同比增幅为 20.5%。企业盈利能力弱的原因：一是外部市场需求不足，企业营业额减少。二是企业生产成本上升挤压了利润空间，原材料、用工、环保压力，用地成本的增加，不能有效传递到流通环节，导致企业利润空间受到挤压。三是融资成本依然较高，关键在于企业用地没有确权，大多企业占用农地荒地很多年，无法获得政府部门颁发的工业用地土地证，如果土地拥有合法土地证，或者承包经营权能够抵押，融资就会变得相对容易。如文昌某企业反映落实企业用地性质后贷款立即变得相当容易，但"临时用地"审批极其漫长。四是企业自身产品缺乏技术含量，市场竞争力不强。

（三）政府服务水平和行政效率仍须大力提升

一是审批制度改革仍然需要深入贯彻执行。企业反映近年来一般证件类的审批速度有所提升，但一些关键权利性的审批仍然难上加难。一些政府部门或者办事人员从"吃拿卡要"变为"不作为"、"慢作为"，增加企业的时间成本、资金成本、仓储成本、人力资源成本。二是政府人员的服务水平需要大力提升。一些市县引进了新产业，如新能源、新材料和电子信息科技企业等，但在审批时领导和审批人员不知从何下手；一些新产品进口，海关缺乏相关经验，清关速度慢，企业只好转到深圳报关，增加了大量物流成本，故建议在引进培育新型产业的同时，加强对主管部门负责人和审批人员的培训工作。

（四）水、电、网络、物流等硬件设施短板影响企业竞争力

如不少企业反映出口东盟市场的海上运输时间较长，没有海口直达目的港的航船，货物必须经过其他港口中转，海运一个月才到达出口国港口，时间较长，造成交货周期延长、物流成本加大，产品价格缺乏竞争力。还有不少医药企业反映停电问题导致他们大大增加了生产成本，部分企业甚至将主要厂房设施逐步迁移到省外其他发达省市。在"互联网＋"日渐影响企业市场行为的今天，海南某印刷企业和某农业企业均认为海南信息网络水平低下制约了企业技术更新和效率的提高。

三、推动非公经济持续发展的建议

在调研中，企业呼吁，政府的企业服务观念要切实增强——"抓大不能放小"。大企业进入、大项目带动固然是快速增加本地财政收入的好办法，但是政府服务也要从小企业"练手"，藏富于民的关键还是小企业，大企业也是从小企业逐步发展壮大的。同时中小微企业为促进地方经济增长、解决就业与维护社会和谐稳定作出了积极贡献。

（一）政府行政效率需进一步提高

简政放权政策要落地，以方便企业扩大投资，激发市场活力，提振民企信心。一要对行业投资和管理的法规细化梳理，破除制约民企发展的行业规定。二要改进和规范投资项目的核准审批流程，减少中间环节，切实监督好审批时

间和效率。严格贯彻执行"多规合一",各主管部门从全省实际和企业实际出发,进行合法合理审批,相互协同配合。三要切实维护企业私有产权,保障企业各种投资利益不受侵犯,加快项目投资退出机制。

(二) 切实研究解决好小微企业的用地和经营场所问题

国土部门应同工信部门联合,对在全省经营多年的小微企业土地问题进行研究,出台可行性方案,在不违反国家法律的前提下,通过临时用地或其他形式,扭转长期以来企业用地实际不合法的现实,使企业安心经营、安心扩张,做强做大。河南省绝大部分市县有工业园、产业园规划,但大部分实际推进效果不理想,建议加大工业园区的工作力度,切实研究为当地中小微企业解决经营场所的问题,形成园区集群效应,拉动市县财政收入的增长和就业的增加。

(三) 加快水、电、网、物流等方面硬软件设施建设步伐

确保电力供应,加快通信网络发展。限电停电给企业效益带来很大影响,如一些医药企业反映停电导致昂贵药物变质,损失巨大。大力发展港口和船舶硬软件建设,降低河南省大宗货物出岛成本。加快发展物流行业,扶持电商发展,必须降低物流成本,提升物流速度,必须鼓励建立大中型物流基地,鼓励发展冷链物流,加快航空物流硬软件建设,使海南物流水平与国内发达地区接轨。

(四) 想方设法为企业解决融资难问题

建议河南省加大贷款贴息力度,继续给予大企业贴息支持,着力督促金融机构加强企业海外融资研究,在准入、贷款、担保、增信和信用保险等方面进行调整,推动银行以买方信贷、内保外贷、外保外贷、外保内贷等各种融资方式给予方便。引导银行推出多种金融产品,全力帮助企业解决融资难问题。

(五) 加大政策的落实力度

不少企业家反映,专项资金加强监管的形势下,一些部门某些工作人员害怕承担责任,将政策停在文件上,关在系统里,不普及、不宣传也不组织申报的现象时有发生。建议各级政府不仅要将专项资金的申请公告公布在网站和媒体上,编到册子里发送工商联和各类商协会,更要召开说明会广泛宣传、详细解释,真正使政策普惠,评定实现阳光、公开、公平、公正。降低各种专项资

金政策申报门槛，去除一些不必要的申报程序，进一步强化、规范各类优惠政策的监督执行，确保申报方便快捷又不失原则。加大对企业出口产品技术创新和新产品研发鼓励扶持。建议政府对出口企业进行汇率补贴和扶持，增强企业海外市场竞争力。

课题组成员：黄　琅　胡艺怀　王述华　杨华艳

2014 年西藏自治区民营经济发展报告

西藏自治区工商联

摘　要： 2014 年，西藏自治区党委政府高度重视非公有制经济的发展，在"五放"、"六支持"等一系列优惠政策的指引下，全区非公有制经济保持了持续快速、健康的发展态势，为西藏经济社会跨越式发展和长治久安作出了应有的贡献。

关键词： 2014 年　民营经济　发展状况

　　近两年来，自治区党委、政府坚持用经济发展的新常态思维转变观念，更加高度重视非公有制经济的发展，积极引领非公有制经济大发展、快发展，为非公经济发展注入了强劲动力。在"五放"、"六支持"等一系列优惠政策的指引下，全区非公有制经济始终保持了持续快速、健康的发展态势，为西藏经济社会跨越式发展和长治久安作出了应有的贡献。现将全区非公有制经济发展状况分析如下。

一、2014 年以来西藏自治区非公有制经济发展取得的重要成绩

　　一是非公有制经济已占据全区市场经济的主体地位，呈现出迅速发展的趋势。2014 年年底全区市场主体达到 13.98 万户，已占全区市场主体的 95.77%，注册资本 1 188.06 亿元，同比增长 70.69%。其中 2015 年第一季度末，全区非公有制经济市场主体达到 14.09 万户，占全区市场主体的 95.78%。

　　二是经济实力不断壮大，已成为全区经济结构转型升级的主要力量。非公有制经济的快速发展，打破了国有经济垄断投资领域的局面，使投资领域呈现出多元化的格局。2014 年，民营企业投资占全社会固定资产投资的比重超过 35%，完成消费品零售额 220 多亿元，占全区消费品零售总额的 75% 以上。非公有制经济投资领域不断拓宽，由过去的单一投资领域逐步向交通运输、采矿

业、水电业、房地产业、藏医藏药业、土特产业、城市建设等行业发展。而且，非公有制经济固定资产投资主要依靠自身积累和吸收民间私人资本，因此，非公有制经济对西藏所有制结构、投资结构、产业结构和企业组织结构调整起到了积极作用。

三是税收总额不断攀升，非公有制经济成为西藏税收的主要贡献者。2014年年底全区税收部门组织税收收入174.86亿元，其中非公经济税收收入163.06亿元，占全区税收的93.25%。2015年第一季度，全区税收部门组织收入64.73亿元，其中非公有制经济税收62.61亿元，占94.8%。非公经济已经成为全区提供税收的重要支撑，为全区经济社会各项事业发展作出了积极贡献。

四是社会效益显著提高，已成为全区转移就业的重要途径。近几年，全区非公有制经济依靠其自身灵活多样的经营方式，不断扩大生产规模，为社会提供大量的就业岗位，成为解决城镇、农牧区剩余劳动力的重要渠道，增加了群众的收入，促进了社会稳定。2014年年底，达到71.22万人；2015年第一季度末，达到72.65万人，有效地促进了社会就业，推动了民族团结，促进了社会和谐，维护了社会稳定。

五是非公有制企业规模不断发展壮大，有的已成为行业领军。据统计，截至2014年年底，全区营业收入上亿元的非公企业约80户，注册资金上亿元的有130家，近年来，约1 600家资金雄厚、竞争能力强、市场占有率高的知名企业入驻拉萨经济开发区、柳梧新区、达孜、堆龙德庆工业园区，壮大了全区经济实力，成为经济发展的主体、产业主体、税收主体和投资主体。全区共有11家上市公司，其中非公控股企业8家。当前拟培养上市公司7家，非公企业占6家。

六是非公有制企业的科技意识和品牌意识不断增强，创新能力逐步提高。西藏奇正藏药有限公司生产的奇正创可贴已经是全国著名品牌，5 100、珠峰冰川矿泉水已经成为国宴用水。非公企业拥有自治区著名商标53件，中国驰名商标9件。

七是行业分布广泛，经营领域不断拓宽。全区非公有制经济几乎涉及国民经济的各个行业，但是主要分布在建筑业、采矿业、特色产品加工业和传统第三产业，新兴行业涉足较少。个体工商户主要分布在批零贸易业、餐饮业、娱乐服务业、交通运输业、医药医疗行业等传统行业，所占比重超过90%；民营企业主要分布在医药行业、百货零售业、建筑业、采矿业、房地产业、交通运输业、食饮品加工业、中介行业、物流行业等。

非公有制经济进入较快的行业是批发零售业、住宿餐饮业，进入较慢的行业是农林牧渔业、社会服务业、文教卫生业、科研和综合服务业，进入较少的是金融保险业、咨询业、信息传输业、计算机服务及软件业等。西藏非公有制经济主要分布在劳动密集型的、适合小微企业生存和发展的第三产业。

八是非公有制经济企业成为造就优秀人才的摇篮。非公有制经济不断成长壮大的过程，也是一批优秀企业家不断成长、成才、成熟的过程。全区非公有制经济代表人士中，有全国政协委员3人，自治区政协常委23人，自治区各级政协委员342人；全国人大代表1人，自治区各级人大代表107人；非公有制经济人士全国劳动模范10名，自治区劳动模范62名，全国劳动奖章获得者14名。

总之，近两年来西藏非公有制经济保持了持续、快速的发展势头，非公有制经济市场主体数量迅速增加，规模效应更加凸显，经济总量、发展质量稳步提高，已经成为全区国民经济的重要组成部分、社会就业的重要渠道、地方财政一般预算收入的重要来源、发展县域经济与繁荣城乡市场的主导力量、招商引资的主要领域、对外贸易的排头兵及改革开放和转变发展方式的活力源泉。

二、加大招商引资工作力度，服务支持非公有制经济的举措更加给力

（一）全区发展非公有制经济的共识进一步增强

区党委、政府高度重视非公经济发展工作，区（中）直各单位、各地市立足各自实际，结合各自职能，提出切实可行的扶持非公经济发展优惠的政策措施。分别从团结、教育、引导、服务非公经济人士队伍发展壮大，从推动非公经济健康跨越式发展出发，特别是在落实扶持非公发展政策、帮助企业解决资金困难、实行优惠财税政策、优化非公企业发展环境、开展招商引资活动等方面出实招、办实事，都做了大量工作并取得了显著成绩。从各部门来看，区工商联充分发挥了党的统战工作和经济工作的重要职能，较好地发挥了桥梁纽带

和助手作用，推动了"两个健康"。特别是"一扩大、一减免、两提高"措施的落实，推动全区非公经济大发展、快发展的步伐。人行中心支行强化政策导向作用，加大信贷支持力度，鼓励引进与创新信贷产品和服务项目，推动担保体系和信用体系建设，确保"两个不低于"目标得以实现。区国税局从营造公平良好的税收政策环境方面入手，全面贯彻落实各项税收优惠政策，多措并举为非公经济发展提供良好服务。区人社厅认真完善落实，积极地加快社会保障体系建设，积极构建和谐劳动关系，加强非公专业技能人才队伍建设，取得了较好的成效。同时各相关部门都从各自的工作职能出发，为全区非公有制经济健康发展作出了积极的贡献。

（二）招商引资工作力度大，成果丰硕

区党委、政府高度重视招商引资工作，陈全国书记、洛桑江村主席亲自过问，多次做出重要指示，区党委、政府及相关部门努力拓宽招商引资渠道，吸引国内国外优秀民营企业进藏投资兴业等方面取得了新突破，强有力地推动全区经济社会发展步伐，为全区经济高质快速可持续发展提供了较好的基础和动力。

一是积极推动"2013年中国光彩事业西藏行"活动签约项目的落地工作。5月，自治区多吉次珠和区政协副主席、区工商联主席、总商会会长阿沛·晋源分别带队赴北京、河北、江苏、广东、四川等省市开展回访活动，表达西藏方面的诚意，对接项目进展，促进了签约项目落地、意向项目签约进度。到目前，落地开工和正在办理手续的项目有71个，实现落地资金近400亿元。

为了进一步加强非公企业招商引资工作，自治区成立了专门负责非公企业招商引资工作的光彩事业活动办公室，有关组建工作正在顺利进行。

二是成功举办"首届中国西藏旅游文化国际博览会"（藏博会）。2014年9月在拉萨成功举办了西藏"首届中国西藏旅游文化国际博览会"，签约项目33个，合同总额387亿元，区工商联除了完成组委会交办的任务外，积极协调联系7家民营企业的招商引资项目全部落地，投资达16.1亿元，占藏博会经贸洽谈签约总额的4.16%。

三是积极开展经贸洽谈工作。2014年4月，民建中央和自治区人民政府在贵州省毕节市黔西县联合举办"西藏自治区招商引资项目推介会"，共推介投资项目 321 个，涉及资金 845.5 亿元，25 家企业对相关项目表示有投资意向，其中有 3 家企业正式签订意向性协议，投资 5 亿元。目前浙江合盛集团投资的 1.5 亿元合同项目已落地达孜工业园区。

阿沛·晋源主席带队到中国旅游业商会和农业产业化商会进行了招商引资项目推介，参与了招商引资政策修订工作，同时带领企业参加了山东行、成都糖酒会等，推动成立了自治区特色组织展销公司，主办了芜根、藏猪、青稞产业研讨会，参加了一系列房地产项目、特色产品的展示推介会，推动建立了西藏特色产品电子交易平台等。

四是积极探索"以商招商"的好路子。西藏四川商会组织西藏、四川、新疆三地川商在拉萨进行投资项目签约，在藏投资 8.3 亿元。西藏烹饪协会参与林芝地区举办的松茸节项目签约投资 45.7 亿元，其中实现落地 10 个项目，共计 22 亿元。此外，参与了雪顿节期间项目招商活动，开展了以知识有家网创始人、博达惠恩知识产业集团董事长段博惠带队的企业家"西藏友谊行"活动、北大汇丰商学院活动及纵横咨询集团公司的招商活动等。

（三）各有关部门加强合作，共同推动非公经济大发展、快发展

区工商联与区党委政策研究室联合调研民企发展情况，确定建立民企与党政部门联系直通车机制；与自治区发展改革委、招商局、农科院、财政厅、工信厅等部门密切联系，收集整理了藏博会经贸洽谈项目；与自治区外办、台办就涉外、涉台经贸工作进行联系，探索形成资源共享、合作共赢的合作机制；与自治区人社厅共同推进企业和谐劳动关系的建立、高校毕业生就业招聘周等工作；与工商、税务部门召开工作联系座谈会，确立三方联系会议制度；与相关部门召开银企座谈会、政企座谈会，为非公企业与金融、政府部门搭建了沟通平台。与证监部门举办了两期资本市场培训，推进上市融资与企业改制工作，如金凯新能源的上市融资和改制工作。与西藏民院签订协议，一是签订专题研究《西藏非公经济发展报告》协议，二是与西藏民院法学院签订《法律维权方面的协议》，为非公经济组织法律维权工作提供强有力的后台支撑。

（四）搭建平台，推动西藏非公企业走出去

区工商联（总商会）先后与山东省青岛市、上海市黄浦新区工商联（商会）、成都市工商联分别缔结友好工商联（商会），林芝地区工商联与江苏省无

锡市工商联缔结友好工商联（商会），邀请四川省工商联、成都市工商联、新疆四川商会率民营企业家进藏考察。此外，2014 年，区工商联专门组织部分企业家赴日本、韩国进行学习考察和经贸洽谈，赴黑龙江省参加了"民企龙江行"活动等。

（五）积极为非公企业解决融资难问题

根据自治区有关领导的指示精神，区工商联积极推动解决小微企业融资难、融资贵问题，落实首批贴息贷款六家，其中五家已与相关银行签订 9 000 万元贷款协议。认真做好非公经济发展专项资金项目扶持工作，对各地市工商联 2015 年上报的 110 个项目进行初审，通过初步审核 56 家，连同 2013 年初审的 100 多个项目已全部上报区财政厅待专家终审。建立工商联面向非公经济的法律维权工作机制。建立中小微企业监测点，及时掌握非公企业发展动态。此外，2015 年区工商联加大了积极协调解决非公企业遇到的各种困难力度，协调解决了深圳汇业、乾立达汽贸公司、西藏科福源节能照明公司、四川科创集团、日喀则萨嘎热马达文化传播有限公司等在立项、投资、生产中存在的困难，向西藏银行推荐四家非公企业新增为股东，帮助多名大学毕业生到民营企业就业。

2015 年是西藏自治区成立 50 周年，中央又召开了第六次西藏工作座谈会，全国工商联将要召开第二次援藏援疆工作座谈会，我们坚信，在自治区党委、政府的坚强领导下，在全国工商联的有力指导和帮助下，在援藏省市工商联的无私帮助下，西藏非公有制经济一定会紧紧抓住当前大好的历史机遇，加快发展，健康发展，科学发展，为促进西藏经济社会跨越式发展和长治久安作出积极的贡献。

课题组成员：刘炳行　张云宝

地方专题报告

加快发展混合所有制经济
充分释放民营经济发展活力
——关于江苏混合所有制经济发展情况的调研报告

江苏省工商业联合会

为贯彻落实党的十八届三中全会精神，江苏省工商联组成调研组，对江苏混合所有制经济发展的状况进行了深入的调研。

一、江苏混合所有制经济发展的基本情况

混合所有制经济，是社会主义市场经济发展的重要经济形式。多年来，江苏混合所有制经济发展呈现良好态势。

1. 混合所有制经济广泛存在。起源于 20 世纪 90 年代末期的苏南乡镇企业产权制度改革，市属、县属国有企业和集体企业改制，形成了大量的混合所有制企业，成为江苏混合所有制经济的主体。据对江苏 100 家大型民营企业的问卷调查显示，11 家企业与国有企业有不同形式的参股混合，占比 11%，其中，7 家是国有企业对民营企业参股、4 家是民营企业对国有企业参股。江苏大生集团有限公司，其前身是大生纱厂，由清末著名实业家张謇先生创办于 1895 年。20 世纪末开始进行国有股权改制，经过多轮的改制，2003 年实现国有股权占股 60.41%、管理层及员工自然人股份占 39.59% 的股权结构，成为一家典

型的混合所有制企业。扬州市从 20 世纪 90 年代末期启动国企改制以来，对发展混合所有制经济一直十分重视，对于国企改制，凡是能民营的就彻底民营，国有资本全部退出，对暂时不具备条件的，积极吸收外来资本，成立混合所有制企业。

2. 混合所有制经济形式多样。江苏混合所有制经济的表现形式：一是国有股份保留在原改制企业，实现保值增值。这一类企业主要存在于由原集体、乡镇改制企业之中。江苏国有企业改制起步较早，国有股权在退出大量国有困难企业外，在效益较好的企业还保留了一部分国有股权，随着企业的不断发展，国有资产也在实现着保值增值。江苏邗建集团创建于 1972 年，是全省第一批省级建筑企业集团，2003 年经过产权制度改革，成为自然人控股的股份制企业。目前公司自然人大股东持有 51% 的股份，除了原建工局拥有 2 000 万的特别股以外，国有股份仍然保留了 1.2%，同股同权，均等受益。二是民营企业投资控股或参股国有企业，实现跨行业发展。江苏综艺集团由集体企业改制后，从传统的服装加工企业一举发展成为"以新能源为龙头、信息科技和股权投资为两翼"的国际性高科技投资控股集团。目前集团业务覆盖新能源、新材料、信息科技三大国家重点战略产业，现有下属公司 30 多家。南通瑞慈医院集团与上海多家国有机构合作，在上海成立瑞慈专业医疗机构，并且在全国各地设立瑞慈体检中心，取得了良好的发展业绩。三是国有企业控股民营企业，实现合作共赢。徐州建筑机械工程有限公司是民营企业徐州创导集团旗下的子公司，是国家定点从事建筑机械设计、研发、制造的专业公司，在全国建筑机械行业竞争激烈的市场环境中，一开始效益不佳。2009 年，公司进行股份重组，以 2.35 亿元的价格，将股份全部卖给了国有企业徐工集团。改制后，依托徐工集团在全国机械行业的领军地位与资源优势，公司在很短时间内扭亏为盈。四是国有投资公司与社会资本联合投资，实现共同发展。南通市国资委所属投资公司与国有企业自 2005 年以来，新出资设立混合所有制企业 26 家，占投资新建企业数的 38%。新成立的南通沿海集团有限公司，先后引进民营企业投资额 3.85 亿元，占集团注册总资本的 55%。无锡产业集团有限公司是 2008 年成立的一家国有独资公司，目前该集团投资的实体经济中，有民营股东的企业 14 家，其中国有资本 5.27 亿元、民间投资 21.3 亿元，国有资本有效地实现了聚集社会资金的功能，带动了国资民资共同发展。五是产业链内非公有制企业与国有企业互相参股，实现强强联合。徐州万通食品酿造有限公司是一家经营食品生产的中华老字号企业，2003年，公司引进同行业龙头企业恒顺集团的国有投资，组成徐州恒顺万通食品酿造有限公司，国有股份占80%，企业原有的股份占20%。通过改制重组，企业完成了两种所有制的互相融合，实现强强联合。目前，企业年产系列食品8万吨，成为淮海经济区最大的酿造生产基地。

3. 混合所有制经济领域不断扩大。在新能源、新材料、生物技术和新医药、信息技术和软件、物联网等新兴行业中，民间投资参股的混合所有制企业均占据主导地位。据我们对无锡产业发展集团有限公司的调查了解，在该公司投资设立的14家混合所有制企业中，民间投资达21.3亿元，占总投资额的80.2%。在14家混合所有制企业中，有5家从事新兴产业项目。徐州市混合所有制企业几乎涉及国民经济的各个行业。从行业结构看，主要集中在第二产业尤其是工业制造领域，第三产业则主要集中在交通运输、仓储和批发零售以及现代服务业。近年来，民间投资还广泛参与市政公用领域，通过特许经营方式，积极投资供水供气、污水垃圾处理等市政项目的运营和养护。

4. 混合所有制经济总量不断增加。目前，江苏规模以上工业企业中，混合所有制企业14 707家，占规模以上工业企业总数的32.1%；工业总产值4.7万亿元，占规模以上工业企业的39.5%；出口交货值5 934.5亿元，占规模以上工业企业的25.6%；利润总额2 996.6亿元，占规模以上工业企业的41.3%。混合所有制企业户均产值3.2亿元，是规模以上工业企业平均水平的1.2倍。

二、江苏混合所有制经济的发展特色明显

在各级政府的积极引导下，经过广大企业的实践探索，江苏混合所有制经济发展呈现较为明显的"江苏特色"。

1. 基础扎实。江苏发展混合所有制经济，不仅具有历史传统，而且拥有坚实的基础。改革开放以来，江苏民营经济发展迅速，从改革开放初期的"有益补充"，迅速发展为21世纪初期的国资、民资、外资"三足鼎立"。同时，港澳台、外资经济发展也十分迅速。2014年全年新批外商投资企业3 453家，新批协议外资472.7亿美元，实际使用外资332.6亿美元。港澳台、外资企业以

其灵活的运行机制和庞大的市场资源，为全省混合所有制经济发展注入了强劲的动力。

2. 形式多样。经过多年的探索实践，江苏混合所有制经济发展取得了良好的成效，涌现出形式多样的发展模式，不仅有产业链内国有民企合作的成功范例，也有跨领域、跨行业混合实现大发展的典型；不仅有以民引"央"、央企和民营的合作模式，也有国有民企合股、联合发展的经营模式；不仅有控股式兼并重组模式，也有二级市场收购的模式。形式多样的合作模式，充分彰显了江苏混合所有制经济也发展的蓬勃生机与活力。

3. 范围广泛。蓬勃发展的混合所有制经济，已然成为江苏调结构、促转型的重要力量，其投资领域已经深入经济发展的方方面面。在传统的竞争性领域，如制造业、房地产业以及其他维系百姓生活的各个方面，都有混合所有制经济的存在。在战略性新兴产业领域，如新材料、新医药、新能源等领域，也都涌现出大量的混合所有制企业。即使在基础建设、市政公用、社会事业等社会公共服务领域，混合所有制经济也已经大量存在。随着下一步全面深化改革的不断推进，江苏混合所有制经济涉足的领域将更加广泛。

三、混合所有制经济具有较大的优越性

发展混合所有制经济，是实现公有制和私有制经济互相融合、优势互补的创新制度，具有明显的制度优越性。

1. 混合所有制经济是实现市场资源配置的最佳形式。发挥市场在资源配置中的决定性作用，需要打破各种所有制形式的身份界限，消除各种所有制形式之间孤立并存、相互封闭、区别对待等不合理体制机制和政策导向，实现资源配置的公平和市场环境的公平。混合所有制经济正是在这样的客观要求下，顺应不同所有制经济间寻求联合、优势互补的内在要求而存在的产物，是所有制形式发展和完善的方向，可以实现市场资源的最佳配置，使经济运行更具活力。

2. 混合所有制经济是进一步深化国企改革的有效途径。国有企业改革，一直是中国经济体制改革的中心环节，发展混合所有制经济正是深化改革最为可行的途径。一方面，混合所有制经济有利于提升整体经济运行效率，实现国有

资本保值增值；另一方面，混合所有制经济有利于国有经济有进有退，可以有效避免激进式改革带来的动荡因素。另外，混合所有制经济有利于充分发挥国有资本影响力。混合所有制经济将国有与社会资本深度融合，有机统一，相互取长补短，共同发展，使国有资本在更为广泛的层面放大功能。

3. 混合所有制经济是培育现代企业制度的重要推力。发展混合所有制经济，推进两种或两种以上不同所有制经济的产权结合，只有在产权明晰、制度健全的基础上，才能实现长期合作与长远发展。因此，推动混合所有制经济的发展，进一步建立健全现代企业制度，形成权责统一、运转协调、有效制衡的法人治理结构，十分必要而且迫切。

4. 混合所有制经济是实现跨行业发展的有效方法。尺有所短，寸有所长。一般而言，一个企业在某一个行业或领域可以处于领军地位，但离开了自身所熟悉的行业，要想获得良好的发展，难度很大。混合所有制经济的发展，为企业实现跨行业发展做大做强的梦想提供了可能与捷径。企业之间通过股权合作，既可实现资金的聚集，又可实现产业和项目的扩张，短期内实现跨行业发展。

四、当前混合所有制经济发展面临的问题与困难

虽然江苏混合所有制经济发展迅速，但仍然存在一些困难和问题。

1. 思想观念有待进一步解放。当前，企业家有两种截然不同的想法与认识，一种是"不敢混"的心理，一种是"不想混"的思想顾虑。民营企业家存在着是否又是一次公私合营大运动的疑问与想法，因而出现"不敢混"的想法，亟待加强引导。同时，相当多的民营企业家表示，即使参与对国有企业的股权合作，也要在能对国有企业进行控股、民营企业拥有话语权的前提下才有可能。此外，国有企业领导人，长期以来具有一种天然的心理优势，对于改变企业身份与自身身份，他们不适应，也不愿意。

2. 体制障碍有待突破。发展混合所有制经济，一个重要的问题在于国有企业领导人行政化身份障碍，他们既"当官"又"挣钱"，是双重角色。同时，这种具有行政级别的国有企业领导人管理制度，使得国有企业领导人无法成为真正的职业经理人，因而也难以建立规范的现代企业制度，进而影响国有企业向混合所有制方向改革。

3. 准入领域有待扩大。"民间投资 36 条"及 42 项实施细则取消了许多民间投资进入限制，但实际运行中，民营资本在铁路、电信、金融、能源、社会事业等领域常遇到"玻璃门"、"弹簧门"、"旋转门"，难以真正进入。即使在显性门槛降低之后，对于民间资本进入垄断领域仍然存在着一些隐性障碍，诸如在利益分配、权益保护、平等参与等方面，仍然缺乏具体的细则与措施。

4. 民企整体实力有待加强。经过 30 多年的发展，江苏已经出现了一大批大型现代企业。但从总体上看，存在三个方面的问题：一是资本规模较小，大型民营企业集团数量较少，95% 以上为中小型民营企业。二是民营企业治理结构还不规范，即使是一些上市公司，企业家行为随意性仍很大，公司治理的规范水平也有待提升。三是民营企业多为家族式管理，企业管理现代化水平低，企业管理科学化、现代化受到家族人员素质的严重制约。

5. 市场环境有待优化。调研中，有企业家表示，民营企业与国有企业在诸如贷款、拿地等方面同等竞争中，总是低人一等、滞后一步。从法律体系看，现有法律还不能完全保证各种所有制经济同等受到法律保护，不能完全保证各种所有制企业依法平等使用生产要素、公开公平公正参与市场竞争，发展混合所有制经济的法律环境还有待完善，尤其是产权保护和产权流动的法律保障制度有待进一步完善。同时，因为历史遗留因素，相当一部分国有企业和国有股份仍然散落在各级政府部门。受部门利益驱使，他们对于进一步推进混合所有制经济发展有着天然的抵触，对于即将全面推进的深化改革，总是以各种理由和借口推托或阻碍。

五、进一步发展混合所有制经济的对策与思考

1. 解放思想，统一社会认识。党的十八届三中全会指出，混合所有制经济是中国基本经济制度的重要形式。这一科学论断，不仅明确了混合所有制经济的重要地位，更为快速发展混合所有制经济指明了方向。要积极引导广大民众充分认识混合所有制经济的优越性，加强舆论宣传，消除企业家"不敢混"、"不想混"的心理障碍。

2. 突破障碍，解决体制难题。一要切实推进国有企业管理体制改革。加大对国有企业实施去行政化改革力度，打破国有企业领导人的行政级别，为发展

混合所有制经济扫除体制障碍。同时，以市场化的激励机制，加强对国有企业职业经理人员的培育。二要加快确立混合所有制经济的市场主体地位。科学划分混合所有制经济范畴，把混合所有制经济纳入现有统计体系之中。三要逐步打破条块分割、画地为牢的国有资本管理现状。打破部门利益局限，对现存于各级政府相关职能部门的国有资产进行集中清理核算，将分散于各部门的国有资产统一划归政府国资部门名下，实行集中统一管理，逐步实现由政府管理国有企业模式向管理国有资本模式转变，促进国有资产保值增值。

3. 放开门槛，拓宽准入领域。全面清理各种准入障碍，建立完善便捷的市场准入通道，打破各种对民间投资障碍的"玻璃门"、"弹簧门"、"旋转门"。尽快在金融、石油、电力、铁路、电信、资源开发等领域向民间资本推出一批符合产业导向、有利于转型升级的项目，形成示范带动效应。对允许民资进入的垄断行业和垄断领域，尽早制定开放细则，设定进入的路径图和时间表。同时，鼓励支持广大民营企业积极参与城镇化建设，在基础设施建设、公共服务领域，为民营经济进入提供切实可行的准入通道。

4. 积极作为，优化市场环境。强化政策引导，做好顶层设计。结合实际，尽快出台可操作的、含金量高的国有企业改革意见和发展混合所有制经济的指导意见，明确改革思路、发展重点、实施方式和配套措施。积极营造公平竞争的市场环境，打破各种行政垄断，促进国有经济和非国有经济有机融合，共同发展。健全法律保障体系。完善归属明晰、权责明确、保护严格、流转顺畅的现代产权制度。政府要集中力量强化对产权市场秩序的监管，修改完善《公司法》等法律法规。

5. 加强引导，完善现代企业制度。引导民营企业加强制度创新、技术创新、管理创新，积极支持有条件的民营企业实施集团化发展，建立现代企业制度，充分发挥民营经济在发展混合所有制经济中的重要作用。积极推动民营企业向资本社会化转变，加强培育、积极扶持企业上市，帮助民营企业完成企业股份制改造。积极引导民营企业家提高自身素质，搭建各类交流平台，建立民营企业培训服务机制，促进民营企业健康发展。

执笔：欧 坚